Paraskewopoulos (Hrsg.) • Volkswirtschaftslehre

D1723379

Volkswirtschaftslehre

Grundriss für Studierende

Herausgegeben von

Professor Dr. Spiridon Paraskewopoulos

Bearbeitet von

Tilo Köhler-Cronenberg
Tobias Legutke
Andreas Mikoleizik
Professor Dr. Spiridon Paraskewopoulos
Dr. Angelika Patz

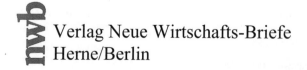

Verlag Neue Wirtschafts-Briefe
Herne/Berlin

Bearbeitervermerk:

ISBN 3-482-**52651**-6

© Verlag Neue Wirtschafts-Briefe GmbH & Co., Herne/Berlin 2004
http://www.nwb.de

Alle Rechte vorbehalten.

Dieses Buch und alle in ihm enthaltenen Beiträge und Abbildungen sind urheberrechtlich geschützt. Mit Ausnahme der gesetzlich zugelassenen Fälle ist eine Verwertung ohne Einwilligung des Verlages unzulässig.

Druck: Rheinhessische Druckwerkstätte, Alzey

Vorwort

Dieses Buch entstand auf der Grundlage von Vorlesungen an der Wirtschafts- und Sozialwissenschaftlichen Fakultät der Universität zu Köln und der Wirtschaftswissenschaftlichen Fakultät der Universität Leipzig. Die einzelnen Kapitel wurden von den Mitarbeitern des Instituts für Theoretische Volkswirtschaftslehre, Makroökonomik der Universität Leipzig überarbeitet, ergänzt und für die Lehrbuchform aufbereitet.

Immer wieder haben mich meine Studenten in den letzten Jahren gebeten, ihnen Gliederungen, Skripte und Prüfungsschwerpunkte für die Wissensaneignung und -überprüfung im Grund- und Hauptstudium zur Verfügung zu stellen. Mit diesem Einführungsbuch in die Volkswirtschaftslehre liefere ich ihnen alles auf einmal. Sie brauchen nur noch zu lesen!

Das vorliegende Einführungsbuch ist eine lohnende Ergänzung für die Prüfungsvorbereitung der Studenten der Wirtschaftswissenschaften im Grund- und Hauptstudium, stellt aber auch eine ergänzende Lektüre für volkswirtschaftlich Interessierte aller Fachbereiche dar und bietet eine theoretische Einführung in das Gebiet der Volkswirtschaftslehre für den praktisch tätigen Menschen. Natürlich kann dieses Buch kein Ersatz für ein eigenständiges Studium der Volkswirtschaftslehre sein, sondern dient als Leitfaden für die Auseinandersetzung mit grundlegenden volkswirtschaftlichen Theorien und Lehrmeinungen.

In einem in die Grundsachverhalte, Grundprobleme und Gestaltungsmöglichkeiten des Wirtschaftens einführenden ersten Teil werden die wichtigsten Kategorien und Begriffe der Volkswirtschaftslehre erklärt und die grundlegenden Elemente der Wirtschaftsordnungen und Wirtschaftssysteme dargestellt. Nahezu einmalig ist in einem Lehrbuch die ausführliche Analyse des Wirtschaftssystems der Zentralverwaltungswirtschaft am Beispiel der DDR, in der der Versuch unternommen wird, Gründe für den Zusammenbruch dieses Wirtschaftssystems herauszuarbeiten.

Der zweite Teil des Buches gibt eine Einführung in die mikroökonomische Theorie. Nach einer kurzen Erläuterung mikroökonomischer Grundbegriffe werden in den beiden Kapiteln Haushaltstheorie und Unternehmenstheorie wesentliche Elemente der mikroökonomischen Analyse vorgestellt.

Der dritte Teil widmet sich in den Kapiteln Volkswirtschaftliche Gesamtrechnung, Gegenstand der makroökonomischen Theorie sowie liberale und keynesianische Markttheorie der Darstellung grundlegender makroökonomischer Zusammenhänge. Die danach folgenden Kapitel vertiefen die hier gewonnenen Erkenntnisse:

Im Kapitel Geld werden die drei grundlegenden geldtheoretischen Ansätze, Klassik, Neoklassik und Keynes'sche Geldtheorie vergleichend gegenübergestellt und insbesondere das Wesen des Geldes im Rahmen der Geldpolitik behandelt.

Im daran anschließenden Kapitel Konjunktur wird das Problem kurz- bis mittelfristiger Aktivitätsschwankungen in Volkswirtschaften thematisiert. Nachdem der Begriff und typische Verlaufseigenschaften der Konjunktur beleuchtet wurden, stehen dabei die wichtigsten Theorieansätze und Grundmodelle von den Anfängen der Nationalökonomie bis zur Gegenwart im Mittelpunkt der Betrachtung.

Die Wachstumstheorie beschäftigt sich mit der langfristigen Entwicklung der wirtschaftlichen Leistungsfähigkeit von Volkswirtschaften. Der Klärung des ökonomischen Verständnisses von Wachstum schließt sich eine Betrachtung charakteristischer Merkmale der langfristigen Entwicklung der heutigen Industrieländer an. Die nachfolgende Erklärung des Wachstumsprozesses und insbesondere seiner Determinanten durch wachstumstheoretische Modelle stellt den Hauptteil dieses Kapitels dar.

In dem mit Verteilungstheorie überschriebenen Kapitel werden Anliegen, Grundbegriffe und theoretische Ansätze der Einkommensverteilung vorgestellt.

Im Kapitel Außenwirtschaft erfolgt der Versuch, ausgehend von der klassischen Begründung des internationalen Handels und der Darstellung währungstheoretischer Grundbegriffe, wichtige Tendenzen im heutigen Waren-, Dienstleistungs- und Kapitalverkehr darzustellen und die Frage nach dem Verhältnis von Protektionismus und Freihandel und der Rolle bedeutender supranationaler Institutionen zu beantworten.

Mein Dank gilt cand. Dipl.-Wirtschaftspädagogin C. Max und cand. Dipl. - Volkswirt M. Stumpf für das sorgfältige Lesen des Manuskripts und für wertvolle Hinweise zur Erhöhung der Verständlichkeit des Buches aus studentischer Sicht.

Ich danke dem Verlag und insbesondere Herrn Hansgeorg Säckel für das Vertrauen und vor allem für die Geduld, mit der er unser Buchprojekt begleitet hat.

Die trotz kritischer Hinweise und Korrektur eventuell verbliebenen Mängel gehen zu Lasten der Autoren.

Leipzig, im Oktober 2003   *Spiridon Paraskewopoulos*

Inhaltsverzeichnis

Einführung: Die Notwendigkeit des Wirtschaftens

Wirtschaften umfasst die zielgerichteten Tätigkeiten der Menschen bei der Organisation, Produktion und Verteilung von Gütern, welche unmittelbar oder mittelbar geeignet sind, materielle Bedürfnisse zu befriedigen.

Die zwingende Notwendigkeit zu diesen Tätigkeiten resultiert aus der Tatsache, dass die Erhaltung und Gestaltung des menschlichen Lebens von der Befriedigung materieller **Bedürfnisse** abhängt. Bedürfnisse können befriedigt werden, wenn die dafür geeigneten, d. h. von den Menschen gewünschten Mittel (Güter) im erforderlichen Ausmaß und in der verlangten Qualität vorhanden sind. Wären diese Güter in quantitativer und qualitativer Hinsicht unmittelbar als Darbietungen der Natur reichlich vorhanden, dann wären menschliche Anstrengungen in Form von (Arbeits-) Leistungen, d. h. wirtschaftlichen Tätigkeiten für die Beschaffung, Bearbeitung und Verteilung dieser Güter, nicht notwendig. Insofern ist die **Güterknappheit** eine weitere Bedingung für die Notwendigkeit des wirtschaftlichen Lebens. Die Gültigkeit beider Grundsachverhalte, die menschlichen Bedürfnisse und die Güterknappheit, erzwingen die wirtschaftliche Tätigkeit. Das Mindestziel dieser Tätigkeit wäre, einen von diesen beiden Sachverhalten so weit wie möglich zu begrenzen.

Bedürfnisse hängen mit unserer Natur zusammen, sie sind Bestandteil unseres Lebens und sie geben unserem Leben Sinn. Außerdem wäre ein Leben ohne Bedürfnisse wahrscheinlich eine sehr langweilige Angelegenheit. Insofern müssen Bedürfnisse so viel und so gut wie möglich befriedigt werden, wenn das menschliche Leben erhalten und angenehm gestaltet werden soll. Daher ist das **Ziel des wirtschaftlichen Lebens** die Bekämpfung des Knappheitsphänomens. Wirtschaftliche Tätigkeit ist nicht Selbstzweck, sondern erhält ihren Sinn durch dieses Ziel. Daraus folgt, dass eine Volkswirtschaftslehre die Aufgabe hat, Antworten auf die Frage zu finden, wie die Menschen als einzelne Personen und/oder als Gesellschaft dem Knappheitsphänomen am besten begegnen können.

Für diese Aufgabe werden die Wirtschaftswissenschaftler (Ökonomen) ausgebildet. Sie werden geschult, um einzel- und gesamtwirtschaftliche (mikro- und makroökonomische) Zusammenhänge zu erkennen, wirtschaftliche Sachverhalte zu analysieren, die erforderlichen Verhaltensweisen und die entsprechenden Institutionen zu empfehlen, die die Güterknappheit optimal zu bekämpfen vermögen.

Teil I: Grundsachverhalte, Grundprobleme und Gestaltungsmöglichkeiten des Wirtschaftens

1. Grundsachverhalte und Grundprobleme des Wirtschaftens

1.1 Bedürfnisse und Bedarf

Bedürfnis wird allgemein als die Empfindung eines Mangels mit dem Bestreben, den Mangel zu beheben definiert. Bedürfnisse zeichnen sich durch ihre Vielfältigkeit aus. Sie besitzen die Eigenschaften wiederkehrend und wandelbar zu sein sowie sich ständig zu vermehren. Formal gibt es verschiedene Abgrenzungskriterien zur Unterscheidung von Bedürfnissen.

Erstens spricht man von **absoluten** und **relativen** oder **Luxusbedürfnissen**. Absolute Bedürfnisse müssen befriedigt werden, sonst wird die physische Existenz der Menschen gefährdet. Relative Bedürfnisse sind verfeinerte Ansprüche, wie abwechslungsreiche Nahrung, modische Kleidung, Nikotin, Alkohol etc., die die Vielfältigkeit der Gestaltung des Lebens betreffen.

Zweitens wird zwischen **körperlichen** und **geistig-seelischen Bedürfnissen** unterschieden. Hierzu zählen Nahrung, Kleidung, Wohnung einerseits oder Bildung, Glaube, Liebe, Geborgenheit andererseits.

Drittens kann man zwischen **Individual-** und **Sozialbedürfnissen** unterscheiden, wie beispielsweise Nahrung, Kleidung, Wohnung, Glaube, Liebe oder Recht, Sicherheit, Verkehr, Sozialfürsorge etc.

Dem subjektiven Tatbestand der Bedürfnisse steht die Menge der Mittel zu ihrer Befriedigung als **objektiver** Tatbestand gegenüber. Daher sind nicht alle subjektiv empfundene Bedürfnisse Gegenstand des Wirtschaftens, sondern nur diejenigen Bedürfnisse, die zur Befriedigung von den einzelnen Menschen oder von der Gesellschaft (vom Staat) ausgewählt werden. Sie machen den so genannten **objektiven Bedarf** aus. Dieser Bedarf tritt dann auf dem Markt als Nachfrage in Erscheinung.

1.2 Güter als Mittel der Bedürfnisbefriedigung

Güter sind in der Sprache der Ökonomen Waren und Dienstleistungen, die direkt oder indirekt geeignet sind, menschliche Bedürfnisse zu befriedigen.

Diese Güter werden grundsätzlich in **knappe,** d. h. **wirtschaftliche** und in **freie** Güter unterschieden.

Freie Güter, wie Sonnenlicht oder Luft, sind in der Regel reichlich vorhanden, sind nicht knapp, sind von Natur aus konsumreif, verursachen keine Kosten und haben keinen Preis. Sie sind deshalb nicht Gegenstand des Wirtschaftens.

Wirtschaftliche Güter sind dagegen nicht unmittelbar Darbietungen der Natur, sie sind deshalb nicht von Natur aus konsumreif, sie müssen erst unter Aufwendung von Arbeit hergestellt und bearbeitet werden, um konsumiert werden zu können. Sie verursachen Kosten, aus denen in der Regel ein Preis resultiert.

Wir haben im Wirtschaftsleben mit **absolut knappen Gütern,** wie Nutzboden und Bodenschätzen und mit **relativ knappen Gütern,** wie Brot, Häusern, Autos etc. zu tun. Heute, in den modernen Volkswirtschaften, unterscheidet man wirtschaftliche Güter auch in **Sachgüter, Dienstleistungen** und **Rechte.**

Die Sachgüter werden in **Konsumgüter** und **Investitionsgüter** unterschieden.

Konsumgüter können **Verbrauchsgüter** und **Gebrauchsgüter** sein. Sie werden auch **Güter 1. Ordnung** genannt, weil sie unmittelbar dem Verbrauch zugeführt werden.

Investitionsgüter sind Güter 2. oder entfernter Ordnung. Sie werden in allen Stufen der Produktion verwendet, um letztlich Güter 1. Ordnung zu schaffen. Investitionsgüter sind **Kapitalgüter,** sie dienen im Produktionsprozess und werden auch als **Produktionsmittel** bzw. als **Produktionsfaktor Kapital** bezeichnet.

Dienstleistungen sind menschliche Leistungen, die konsumtiv oder produktiv verwendet werden können. Man unterscheidet deshalb zwischen **konsumdienenden** und **produktionsdienenden** Dienstleistungen. Die Leistung eines Piloten in einer Passagierluftfahrtgesellschaft ist beispielsweise eine dem Konsum dienende und die eines Unternehmerberaters eine der Produktion dienende Dienstleistung.

Rechte sind wirtschaftliche Güter, die in Form von Forderungen zum Ausdruck kommen, z. B. Lizenzen, Patente und Wertpapiere jeglicher Art.

1.3 Das Knappheitsphänomen

Nicht alle materiellen Bedürfnisse der Menschen einer Gesellschaft können vollständig befriedigt werden. Der Grund dafür ist die **Knappheit** der dafür geeigneten Güter.

Unter dem Sachverhalt der Knappheit wird die Tatsache verstanden, dass die Bedürfnisse in einer Volkswirtschaft innerhalb einer bestimmten Periode größer sind als die tatsächlich verfügbare und produzierbare Gütermenge.

1.4 Die volkswirtschaftlichen Produktionsfaktoren

Produktionsfaktoren dienen der Güterproduktion. Sie besitzen die Fähigkeit, mehr Wert zu schaffen als sie selber wert sind. Unterschieden wird zwischen **originären** (ursprünglichen) Produktionsfaktoren, wie dem Produktionsfaktor **Arbeit** und dem Produktionsfaktor **Boden** und **derivativen (abgeleiteten)** Faktoren, wie dem Produktionsfaktor **Kapital**. Gelegentlich wird in der Literatur auch der **technische Fortschritt** als vierter Produktionsfaktor erwähnt. Tatsächlich bestimmt dieser vierte Produktionsfaktor das Qualitätsniveau, d. h. die Höhe der Produktivität (Ergiebigkeit) der anderen Produktionsfaktoren.

Die Gesamtproduktion einer Volkswirtschaft hängt zum einen von den gegebenen Mengen (Quantitäten) an Produktionsfaktoren und zum anderen von der gegebenen Produktionstechnologie oder der Qualität der Produktionsfaktoren ab.

1.4.1 Der Produktionsfaktor Arbeit

Unter Arbeit versteht man die Fähigkeit des Menschen, einen Ertrag in physischen Gütereinheiten oder ein Geldeinkommen zu erzielen. Arbeit ist diejenige Tätigkeit der Menschen, die gegen Bezahlung eingesetzt wird, um Bedürfnisse zu befriedigen.

Je nach Abgrenzungskriterium kann die Arbeit eine **gelernte, angelernte** oder **ungelernte,** vorwiegend **geistige** oder vorwiegend **körperliche** sowie **dispositive** (leitende) oder **ausführende** Tätigkeit sein. Die Unterscheidung zwischen körperlicher und geistiger Arbeit ist nicht im strengen sich gegenseitig ausschließenden Sinne zu verstehen. Wesentlich ist, welcher Teil überwiegt. Der Anteil dispositiver Arbeit ist bei Unternehmern, auf allen Managementebenen oder bei Beamten und freiberuflich Schaffenden größer und ist in den meisten Fällen eine zumindest gelernte Tätigkeit, oft begründet durch ein Studium. Alle Arten von Arbeit enthalten eine schöpferische

Komponente, die bei der Entstehung von Kunstwerken und sonstigen Innovationen (Erneuerungen) besonders in Erscheinung tritt.

Originär im ursprünglichen Sinn ist nur die ungelernte Arbeit, zu deren Ausübung keine Investitionen in die Bildung bestimmter Fähigkeiten und Fertigkeiten getätigt werden mussten. In modernen Volkswirtschaften ist es aber zur Schaffung und Beherrschung neuer Technologien unabdingbar, sich ständig neues Wissen anzueignen. Das über Wissensinvestition entstandene **Humanvermögen** wird bei entsprechender Nachfrage nach qualifizierten Arbeitskräften zum **Humankapital** einer Volkswirtschaft.

1.4.2 Der Produktionsfaktor Boden oder Natur

Der Produktionsfaktor Boden oder Natur wurde im 17. und 18. Jahrhundert von den so genannten **Physiokraten** als alleinige Quelle des ökonomischen Wohlstandes einer Volkswirtschaft angesehen. Als Physiokraten bezeichnete man die französischen Nationalökonomen dieser Zeit, die eine auf dem Naturrecht basierende gesellschaftsphilosophische Lehre vertraten.

Ökonomisch wird der Produktionsfaktor Boden von seiner Verwendung her in drei Kategorien unterschieden: **Anbauboden, Abbauboden** und **Boden als Standort.**

a) Anbauboden: Bei dem Anbauboden handelt es sich um Bodenflächen, die für landwirtschaftliche Zwecke geeignet sind. Da der Faktor Natur selbständig oder auch durch entsprechende Bearbeitung durch den Menschen seine Kräfte regeneriert, kann er wiederholt Erträge abwerfen. Der Reichtum einer Volkswirtschaft hing früher wesentlich von der Menge und der Qualität des Anbaubodens ab. Vor 100 Jahre basierten ca. 90 % der Produktion und der Beschäftigung direkt oder indirekt auf diesem Produktionsfaktor. Insofern war in dieser Zeit der Stellenwert, den die Physiokraten dem Anbauboden gaben, sehr verständlich.

Ein wesentliches Merkmal des Faktors Boden ist seine Nichtvermehrbarkeit. Der Ertrag einer gegebenen Bodenmenge lässt sich durch vermehrten Arbeitseinsatz und durch gesteigerte Düngemittelzufuhr oder durch den Einsatz von Kapitalgütern nicht unbegrenzt erhöhen.

Bereits im 18. Jahrhundert sah sich der Physiokrat Turgot (1727 - 1781) aufgrund seiner empirischen Beobachtungen veranlasst, eine Gesetzmäßigkeit im Zusammenhang mit der Produktionsfähigkeit des Faktors Boden zu formulieren. Diese Gesetzmäßigkeit ist in der Literatur als das **"Gesetz vom abnehmenden Bodenertrag"**, oder wie man heute sagt, das **"Gesetz vom abnehmenden Grenzertrag oder Ertragszuwachs"** bekannt und wurde später auch für die anderen Produktionsfaktoren übernommen. Allgemein kann dieses Gesetz wie folgt formuliert werden:

Bei gegebenen Mengen eines Produktionsfaktors lässt sich der Gesamtertrag durch vermehrten Einsatz der anderen Produktionsfaktoren nur bis zu einer bestimmten Höhe noch steigern. Ab diesem Punkt führt ein weiterer Einsatz der variablen Produktionsfaktoren zu einer Abnahme des Gesamtertrags.

b) Abbauboden: Bei dem Produktionsfaktor Boden als **Abbauboden** verbraucht der Mensch von einem naturgegebenen Gütervorrat, ohne dabei den Wertverbrauch dieses Vorrates ersetzen zu können. Das ist bei allen Rohstoffen, wie Gold, Silber, Kohle, Erdöl, Erdgas etc. der Fall. Rohstoffe können eine notwendige, aber keine hinreichende Vorbedingung für den Reichtum einer Volkswirtschaft sein. Bei der Nutzung sollte im Interesse nachfolgender Generationen unter ökologischem und ökonomischem Aspekt die Endlichkeit der Vorräte an Bodenschätzen berücksichtigt werden.

c) Der Produktionsfaktor Boden als Standort der Produktion: Neben der Eigenschaft der Nichtvermehrbarkeit besitzt der Produktionsfaktor Boden eine weitere wesentliche Eigenschaft, nämlich die der Nichttransportierbarkeit. In den modernen Volkswirtschaften lässt sich der Boden zwar leicht "mobilisieren", etwa durch Anteilscheine in Form von Pfandbriefen, die durch ihren Ankauf und Verkauf ständig den Eigentümer wechseln können, der Eigentümer kann aber nicht seinen Boden dorthin mitnehmen, wo er ihn am besten gebrauchen kann. Diese Besonderheit der Nichttransportierbarkeit ist Ursache dafür, dass gleiche Mengen des Faktors Boden unterschiedliche Erträge nicht nur wegen der unterschiedlichen Fruchtbarkeit oder wegen der eventuell enthaltenen Rohstoffe abwerfen, sondern weil die Bodenflächen unterschiedlich günstig liegen. Die günstiger gelegene Bodenfläche erzielt eine **Lagerente** gegenüber der weniger günstig gelegenen Bodenfläche. Diese Eigenschaft des Faktors Boden spielt bei der Wahl des Standortes der Produktion eine wesentliche Rolle.

Die Volkswirtschaftslehre hat im Zusammenhang mit der Wahl des **Standortes der landwirtschaftlichen Produktion** im Wesentlichen folgende Frage zu beantworten: **Welche Anbauweise ist für einen gegebenen Standort ökonomisch optimal?** Die Optimalität der Anbauweise hängt in besonderem Maße von den Gegebenheiten der Umweltbedingungen ab. Klima und Bodenbeschaffenheit bestimmen also weitgehend die Anbaumöglichkeiten. Technisch wäre es sicher möglich, dass man in Sibirien Bananen anbaut, ob dies allerdings ökonomisch rentabel wäre, bleibt zu bezweifeln.

Für den **industriellen Standort** gelten andere Bedingungen. Der industrielle Unternehmer ist, im Gegensatz zum Landwirt, der an natürliche Bedingungen gebunden ist, in der Regel frei, den Standort zu wählen. Die Hauptrolle bei der Wahl des industriellen Standortes spielen wirtschaftliche Einflussfaktoren. Als solche gelten die Nähe zum Lieferanten, die Nähe zum Abnehmer, Verkehrs- und Telekommunikationswege, Handelsverkehrseinrichtungen, Abschreibungsmöglichkeiten und Zinsen, Steuerbelastungen sowie die Nähe öffentlicher Einrichtungen.

Die Standortwahl können aber auch außerwirtschaftliche Einflussfaktoren bestimmen. Als solche gelten politische und soziale Risiken, Tradition, subjektive Vorlieben für bestimmte Regionen usw.

1.4.3 Der Produktionsfaktor Kapital

Der Produktionsfaktor Kapital ist, wie bereits angeführt, ein derivativer, d. h. ein von den originären (natürlichen) Produktionsfaktoren Arbeit und Kapital über das Geld abgeleiteter Produktionsfaktor. Kapital sind produzierte Produktionsmittel.

Der Begriff Kapital lässt sich betriebswirtschaftlich und volkswirtschaftlich abgrenzen:

Unter **Kapital im betriebswirtschaftlichen Sinne** versteht man die finanziellen Mittel einer Unternehmung bzw. eines Betriebes, die sowohl eigener oder fremder Herkunft, **Eigen-** oder **Fremdkapital** sein können und auf der passiven Seite der Bilanz eines Unternehmens gebucht werden. Auf der aktiven Seite der Bilanz wird die Kapitalmittelverwendung erfasst. Hier wird dann von **Vermögen** gesprochen. Vermögen sind die im Unternehmen angelegten finanziellen Mitteln. Das in einem Betrieb tatsächlich vorhandene Vermögen kann sowohl **Anlagevermögen** (Betriebseinrichtungen, Maschinen etc.) als auch **Umlaufvermögen** (Energie, Arbeitskräfte etc.) sein.

Unter **Kapital im volkswirtschaftlichen Sinne** wird grundsätzlich **Geld-** und **Real- bzw. Sachkapital** verstanden. **Geldkapital** sind diejenigen finanziellen Mittel, die für den Kauf von Produktionsgütern (Produktionsfaktoren) bereitgestellt werden. Das Geldkapital bildet also eine Vorstufe zum Realkapital. **Realkapital** sind die produzierten Produktionsmittel, die direkt oder indirekt im Produktionsprozess eingesetzt werden. Das damit verfolgte Ziel besteht in der produktiveren Nutzung der eingesetzten Produktionsfaktoren Arbeit und Boden. Unter Realkapital subsumiert werden alle Gebäude für Produktionszwecke, alle Maschinen und maschinellen Anlagen eines Betriebes, Roh-, Hilfs- und Betriebsstoffe sowie alle volkswirtschaftlichen Güter, die mittelbar in der Produktion eingesetzt werden.

Obwohl die Produktion von Sachkapitalmitteln einen Produktionsumweg hinsichtlich der Konsumgüterproduktion darstellt, ist praktisch ohne den reichlichen Einsatz vom Sachkapital in keiner Volkswirtschaft ökonomischer Wohlstand möglich.

Begrifflich unterscheidet man das Realkapital auch in **produktives** und **soziales Kapital**. Unter produktivem Kapital versteht man alle Produktionsmittel, die direkt bei der Produktion im Betrieb eingesetzt werden (Betriebsgebäude, Maschinen etc.). Es handelt sich hier unter den Bedingungen einer Marktwirtschaft um eine privatwirtschaftliche Form des Kapitals. Soziales Kapital dagegen dient indirekt der Produktion. Darunter werden alle Einrichtungen verstanden, die als **Infrastruktur** zusammengefasst werden, wie Straßen, Energie- und Wasserwerke, Krankenhäuser, Schulen, Universitäten usw.

Die Bestimmung des Produktionsfaktors Kapital als Derivat schließt ein, dass er in mehreren Schritten entsteht. In jeder Volkswirtschaft ist heute die **Kapitalbildung** eine notwendige Voraussetzung für eine zufrieden stellende Versorgung der Menschen mit den gewünschten Gütern. Kapitalgüterproduktion ist allerdings keine billige und leichte Aufgabe, sondern verlangt in der Regel zunächst **Konsumverzicht** und den produktiven Einsatz des nicht konsumierten, gesparten Geldeinkommens durch **Investitionen**. Vorübergehender Verzicht auf Konsumgüterproduktion kann geleistet werden, wenn in der Volkswirtschaft ein gewisser Vorrat an Konsumgütern vorhanden ist (Notwendigkeit der Existenz eines **Subsistenzmittelfonds**). Die grundsätzlichen Voraussetzungen für die Kapitalbildung sind:

- Konsumverzicht in der Gegenwart,

- das Vorhandensein eines Subsistenzmittelfonds und

- die Investition des nicht konsumierten Geldeinkommens.

Grundsätzlich ist das Ziel der Kapitalbildung die Schaffung von Realkapital. Das ist möglich, wenn Geldkapital durch die Haushalte zur Verfügung gestellt wird. Diesen Vorgang nennt man **Sparen**.

Mit den Sparbeträgen kann ökonomisch zweierlei geschehen: Zum einen können der Ersatz des verbrauchten Realkapitals und zum anderen zusätzliches Realkapital finanziert werden. Die Finanzierung von Ersatz- und zusätzlichem Realkapital nennt man **Bruttoinvestitionen**. Sie setzen sich aus den **Ersatzinvestitionen** und den zusätzlichen, d. h. den **Erweiterungs-** oder **Nettoinvestitionen** zusammen. Da in der Regel die Kapitalgüter, die mit jeder Investition angeschafft werden, dem letzten Stand der Technik entsprechen, ist die Investition zugleich auch eine **Rationalisierungsinvestition**. Rationalisierungsinvestition bedeutet, dass die **Ergiebigkeit**

(Produktivität) der neuen Kapitalgüter höher ist, als die der bisher vorhandenen Produktionsmittel.

1.5 Der Sachverhalt der Produktion

Durch den Einsatz der Produktionsfaktoren werden Güter hergestellt. Dieser Vorgang wird **Produktion** genannt. Unterschieden wird zwischen einer technischen und einer ökonomischen Seite des Produktionsvorganges. Unter dem technischen Aspekt der Produktion versteht man die mengenmäßige Beziehung zwischen Faktoreinsatz und Faktorertrag (**Input-Output-Relation**). Dieser Sachverhalt wird durch die **Produktionsfunktion** dargestellt. Mathematisch ist der Ertrag (Y_r) die abhängige Variable und die Produktionsfaktoren ($m_1...m_m$) sind die unabhängigen Variablen:

(1.1) $Y_r = F(m_1...m_m)$

Da die Produktionsfaktoren knapp sind, müssen sie ökonomisch rational, d. h. wirtschaftlich nach dem **ökonomischen Prinzip** eingesetzt werden. Das heißt, entweder mit gegebenen Mitteln ein Maximum an Ergebnis zu realisieren (**Maximalprinzip**), oder ein Bedürfnis mit minimalen Mitteln zu befriedigen (**Minimalprinzip**).

Der rationale Einsatz der Produktionsfaktoren ist garantiert, wenn vorher sowohl die **technische** als auch die **ökonomische Effizienz** der Produktionsfaktoren berücksichtigt worden sind. Die Erstere wird dann erreicht, wenn von den verschiedenen bekannten Produktionsverfahren, dasjenige ausgewählt wird, welches mit einer gegebenen Quantität und Qualität von Produktionsfaktoren die größtmögliche Ertragsmenge hervorbringt, oder eine angestrebte Ertragsmenge mit den geringsten möglichen Faktoreinsatzmengen erzeugt.

Die ökonomische Effizienz wird realisiert, wenn das technisch effizienteste Verfahren auch das kostengünstigste ist.

1.6 Der Sachverhalt der Arbeitsteilung

Die Ergiebigkeit (die Produktivität) des Produktionsprozesses hängt außer von der Qualität, d. h. von der verwendeten Technologie der Produktionsfaktoren, auch von der Organisationsform des Arbeitsablaufs ab. Die Menschen sind sehr früh zu der Einsicht gekommen, dass nicht alle die gleichen Fähigkeiten, Fertigkeiten, Geschicklichkeiten, Begabungen usw. besitzen. Die daraus gezogene Schlussfolgerung war, dass nicht jeder alles machen kann und soll, sondern dass es für alle in einer Gesellschaft von Vorteil wäre, wenn jeder im Produktionsprozess jenes täte, welches er am besten kann. Diese Erkenntnis bedingt die Organisationsform der **Arbeitsteilung**, die eine Spezialisierung der Tätigkeiten der Mitglieder einer Volkswirtschaft verlangt. Historisch gesehen entwickelte sich die Arbeitsteilung vermutlich von den einfachen Formen der Herausbildung von **Berufen** zu den vielfältigen **industriell-technischen** Formen der Arbeitsteilung.

Infolge dessen entwickelten sich die Einzelwirtschaften (Subsistenzwirtschaften), die für den Eigenverbrauch produzierten, durch die zunehmende arbeitsteilige Spezialisierung im Verlauf der Jahrhunderte zu regional begrenzten Tauschwirtschaften, Volkswirtschaften, die heute zunehmend weltwirtschaftliche Verflechtungen aufweisen **(Globalisierung)**.

Der arbeitsteilig organisierte Wirtschaftsprozess auf nationaler und internationaler Ebene führte zu enormen Steigerungen der Leistungsfähigkeit der Volkswirtschaften. Dies hatte und hat allerdings den Nachteil, dass gleichzeitig einzelne Personen, Sektoren, Regionen oder Volkswirtschaften sehr stark in die Abhängigkeit des globalen und anonymen arbeitsteiligen Wirtschaftsprozesses geraten.

1.6.1 Formen der Arbeitsteilung

Als erste Stufe gesellschaftlicher Arbeitsteilung beschreibt die Wirtschaftsgeschichte die Spezialisierung von Ackerbau und Viehzucht. Als sich Teilleistungen insbesondere bei der Herstellung und Reparatur von landwirtschaftlichen Geräten hervor taten, verselbständigte sich das **Handwerk**, das seine Produkte vornehmlich an Kaiserpfalzen und religiösen Versammlungsorten anbot und somit Anteil an der Städtebildung hatte. Sehr bald spaltete sich aus Rationalitätsgründen der Handel vom Handwerk; es entstand neben dem lokalen der Fernhandel, der aufgrund seines finanziellen Erfolgs Kaiser und Könige kreditierte und als Handels- und Wucherkapital die Basis für das Kreditgewerbe legte.

Die fortschreitende industrielle, technologische und wirtschaftliche Entwicklung führte zu einer zunehmenden Spezialisierung innerhalb von Berufen. Es erfolgte eine **Berufsspaltung** (aus dem Berufsbild Schmied verselbständigte sich z. B. der Nagelschmied vom Hufschmied).

Die industrielle Entwicklung und das Bevölkerungswachstum erzwangen einen Prozess der ständig verfeinerten Produktionsmethoden, um die wachsende wirtschaftliche Versorgung zu gewährleisten. Es fand deshalb zum einen eine zunehmende innerbetriebliche Arbeitsteilung (**Arbeitszerlegung**) statt. Die höchste Stufe der innerbetrieblichen Arbeitsteilung ist **Fließbandproduktion**. Zum anderen vollzog sich infolge der industriellen Entwicklung auch eine zwischenbetriebliche Arbeitsteilung (**Produk-**

tionsteilung). Die Betriebe, die ursprünglich ein Gut vom Rohstoff bis zum Verkauf an den Endverbraucher bearbeiteten, spezialisierten sich auf einer Stufe des Produktionsvorganges. Damit begann eine industrielle **Produktionsteilung** zunächst auf regionaler, dann nationaler und später auf internationaler Ebene. Zur Illustration ausgeprägter internationaler Arbeitsteilung wäre es vorstellbar, dass ein neues Auto eines koreanischen Produzenten in Japan finanziert und in Italien designed wurde. Motor und Getriebe stammen aus Deutschland, in England wurde der Wagen montiert. Die Werbekampagne zur weltweiten Vermarktung des Wagens, konzipiert in Frankreich, organisierte eine kanadische Gesellschaft und filmte in Portugal.

1.6.2 Folgen der Arbeitsteilung

Arbeitsteilung bedingt Vor- und Nachteile:

a) Vorteile:
- Der Arbeitseinsatz erfolgt entsprechend den individuellen Fähigkeiten,
- Ausbildungszeiten verkürzen sich,
- Spezialbegabungen werden weiter entwickelt und gefördert,
- die Volkswirtschaft leistet eine gesteigerte Güterversorgung,
- das Pro-Kopf-Einkommen wächst,
- die Arbeitszeiten pro Produkteinheit werden verkürzt.

b) Nachteile:
- Es können physische und psychische Schäden infolge einseitiger Belastung und Eintönigkeit der Arbeit entstehen, die hohe Folgekosten induzieren,
- es bilden sich soziale Abhängigkeiten des Einzelnen vom Ganzen und des Ganzen vom Einzelnen, wodurch
- Störanfälligkeiten in den Volkswirtschaften entstehen.

Durch den technischen Fortschritt und moderne Organisationsmethoden verlieren die Nachteile allerdings ständig an Bedeutung.

1.7 Grundprobleme des Wirtschaftens

1.7.1 Das Lenkungs- bzw. das Allokationsproblem

Aufgrund der Knappheit von Konsum- und Investitionsgütern und infolge der Arbeitsteilung ist es aus ökonomischen Vernunftgründen erforderlich, dass eine möglichst sachlich optimale **Allokation,** d. h. eine zeitlich und regional optimale Verteilung der Güter bzw. der volkswirtschaftlichen Produktionsfaktoren innerhalb eines Wirtschaftsraumes erreicht wird. Dies ist notwendig, um den Menschen in diesem Wirtschaftsraum in der betrachteten Periode eine relativ hohe materielle Versorgung zu garantieren. Angestrebt wird eine optimale Lösung des **Lenkungs- bzw. des Allokationsproblems.**

1.7.2 Das Leistungsproblem

Die materielle Versorgung von privaten und öffentlichen Haushalten innerhalb eines Gemeinwesens wird von der Quantität und Qualität der vorhandenen Rohstoffe, der sachlichen Kapitalgüter, des Humankapitals, vom Grad der realisierten Arbeitsteilung und von der Lösung des Allokationsproblems bestimmt (vgl. Gutmann 1993). Von der Mobilisierung dieser Faktoren hängt die Lösung des **Leistungsproblems** ab, die sich als eine optimale Leistungserstellung innerhalb einer Gemeinschaft, die für die Gewährung eines hohen Wohlstandes der Mitglieder der Gesellschaft erforderlich ist, darstellt. Die optimalen Leistungen und damit die optimale Lösung des Leistungsproblems werden dann erreicht, wenn es gelingt, solche Organisationsformen des arbeitsteiligen Wirtschaftslebens einzusetzen, die für die handelnden Wirtschaftssubjekte in der Volkswirtschaft optimale Leistungsanreize und Leistungskontrollen hervorbringen.

1.7.3 Das Verteilungsproblem

Einkommen entsteht funktional als Entgelt für die Produktionsfaktoren (Faktoreinkommen für Faktorleistungen). In jeder Wirtschaft ergeben sich dabei zweierlei Probleme: Zum einen ist zu klären, wie hoch die Produktionsleistungen der einzelnen Leistungsträger bewertet werden sollen und zum anderen, wie diejenigen Personen in der Gesellschaft, die aus biologischen (Alter, Krankheit), gesellschaftspolitischen (unverschuldete Arbeitslosigkeit) oder sonstigen Gründen keine Produktionsleistungen erbringen können, am Verteilungsprozess beteiligt werden sollen. Es entsteht in jeder Volkswirtschaft ein **Verteilungsproblem.** Bei der Lösung dieses Problems wird die Art der Verteilung der erstellten Leistungen unter den Mitgliedern der Gesellschaft gesucht, welche die Lösung des Lenkungs- und Leistungsproblems innerhalb der Gemeinschaft möglichst nicht beeinträchtigt.

1.7.4 Das Interessen- und Machtausgleichsproblem

Dort, wo Menschen arbeitsteilig handeln, entstehen vielfältige Interessenkonflikte. Aus der Bewältigung dieser Interessenkonflikte resultiert die Gefahr der Entstehung und Etablierung wirtschaftlicher und möglicherweise auch politischer Macht, die dem Machthaber gestattet, " ...die eigenen Interessen zu Lasten derjenigen der anderen Partner des arbeitsteiligen Wirtschaftens durchzusetzen. So gesehen sind einzelwirtschaftliche Interessen Quelle einer sozialen Gefahr" (Gutmann 1993). Es entsteht ein **Interessen- und Machtausgleichsproblem.**

Wirtschaftspolitisches Ziel einer demokratisch organisierten Gesellschaft muss die Vermeidung einer gesellschaftlich unkontrollierten wirtschaftlichen und politischen Macht sein. Es wird nach einem Interessenausgleich zwischen den Mitgliedern der Gesellschaft gesucht. Im wirtschaftlichen Bereich geht es um das Vermeiden des Monopols, im politischen Bereich um die Verhinderung politischer Diktatur.

Für die Lösung der angeführten Probleme werden die geeigneten Ordnungs- und Organisationsformen des Wirtschafts- und gesellschaftlichen Lebens gesucht, weil davon ausgegangen wird, dass das Wirtschaften der Menschen und die Gestaltung des wirtschaftlichen Gemeinlebens weithin ordnungsbedingt sind. Die Probleme des arbeitsteiligen Wirtschaftens sind innerhalb und zugleich durch die Wirtschaftsordnung zu lösen (Hensel 1978). Die geeignete Wirtschafts- und Sozialordnung sowie eine mit der realisierten Wirtschaftsordnung konforme Prozesspolitik sollte daher den Mitgliedern einer Gemeinschaft bei der Erstellung und Verteilung von Leistungen - sowohl zwischen Regionen als auch zwischen Menschen - ein interessenausgleichendes und damit friedliches Gemeinleben ermöglichen.

2. Wirtschaftsordnungen, Wirtschaftssysteme und ihre Elemente

2.1 Wirtschaftsordnung als sittlich-moralische Ordnung

Das Ordnen des wirtschaftlichen Lebens wurde erst notwendig, nachdem es arbeitsteilig geworden war. Aus theoretischer Sicht ergibt sich die Frage nach den Leitbildern solcher Ordnungen. Im Judentum, in der Antike und der mittelalterlichen katholischen Zeit sowie in den Reformationslehren des 17. Jahrhunderts versuchte man mehr oder weniger naturrechtlich – wenn auch sehr unterschiedlich begründet - solche Wirtschaftsordnungen aus der Schöpfungsordnung abzuleiten.

In der griechischen Philosophie und im griechischen Ordnungsdenken war man bestrebt, eine ethisch-moralisch ideale Wirtschaftsordnungsform für die griechische Gesellschaft zu entwickeln und durchzusetzen. Insbesondere versuchte **Aristoteles** in seiner ökonomischen Theorie diesem Anliegen gerecht zu werden. Er unterschied u. a. zwischen der **Haushaltskunst** und der **Bereicherungskunst**, die auf das wirtschaftliche Verhalten der Menschen Einfluss nahmen. Nach Aristoteles war nach der Haushaltskunst wirtschaftliches Verhalten auf die **Bedarfsdeckung** ausgerichtet und deshalb ethisch-moralisch richtig. Für ihn fand die Haushaltskunst ihre natürliche Grenze in der Bedarfsdeckung, weil die Mittel für die Daseinserhaltung und -gestaltung nicht unbegrenzt sind. Die Menschen, die nach der Bereicherungskunst handelten, strebten dagegen nach dem Unendlichen. Aristoteles begründete dieses Verhalten mit dem bewussten oder unbewussten Verlangen der Menschen, ewig leben zu wollen, welches das Streben nach unendlicher Anhäufung von Mitteln erzwinge. Dieses Vorgehen führe zu einem ethisch-moralisch verwerflichen Verhalten, da die Menschen gezwungen werden, ihre Anlagen und Kräfte gegen das natürliche Verlangen der Bedarfsdeckung zu verwenden.

Die Ideen Aristoteles beeinflussten seit dem das theoretische Ordnungsdenken nicht nur der Griechen, sondern ganz Europas bis in die Gegenwart.

Ähnlich wie Aristoteles argumentierte im 19. Jahrhundert auch Karl Marx, um die kapitalistische Produktionsweise moralisch abzulehnen. In der kapitalistischen Produktion sei nicht der quantitativ und qualitativ fest bestimmte Bedarf an Gütern, die die Menschen brauchen, für die Tätigkeit einer kapitalistischen Unternehmung maßgebend, sondern allein die Vermehrung des Kapitals. An die Stelle der Fürsorge für Nahrung trete die Vermehrung des Kapitals. Ein abstraktes und unbegrenztes Ziel trat an die Stelle der begrenzten Bedarfsdeckung. Nach dieser Vorstellung ist das Streben nach unbegrenzter Bereicherung ebenfalls ethisch-moralisch verwerflich.

Die Religion, insbesondere im Mittelalter, bestimmte maßgebend das Wirtschaftsverhalten der Menschen. Sie galt über Jahrtausende als Rechtfertigungslehre für politische und ökonomische Machtverhältnisse. Adel und Geistlichkeit rechtfertigten ihre Macht durch dogmatische Glaubenssätze und begründeten damit ihr herrschendes Feudalsystem. Sie setzten es teilweise gewaltsam durch und proklamierten es als von Gott gewollte politische und wirtschaftliche Ordnung.

Die katholische und die orthodoxe Lehre betrachteten das Verlangen nach Reichtum als moralwidriges Verhalten. Man begründet dies vorwiegend mit der Auffassung des Apostel Paulus, der die Geldgier als die Wurzel allen Übels bezeichnete. "Wenn wir Nahrung und Kleider haben, so wollen wir uns daran genügen lassen. Denn Geldgier ist eine Wurzel allen Übels" (Die Bibel, 1. Timotheus).

Aus diesen Gründen sprachen sich diese Kirchen gegen die Erwerbsgier aus, die sie als ein Ergebnis der sündhaften Natur des Menschen ansahen. Ein Gegensatz zwischen der sündigen Welt und Gott wurde konstruiert, und gelehrt wurde den Menschen die Entsagung des Irdischen.

Mit diesen Lehren brachen der Protestantismus und insbesondere der Kalvinismus mit der Erklärung, dass das einzige Mittel, Gott wohlgefällig zu sein, nicht die Flucht von der Welt durch mönchische Askese sei, sondern die Erfüllung der innerweltlichen Pflichten, die sich aus der Lebenseinstellung des Einzelnen ergeben. Diese Vorstellungen hatten ihre Wurzeln im Judentum. Demnach wurde der Mensch geschaffen, um den Willen Gottes zu erfüllen. "Du hast ihn (den Menschen) zum Herrn gemacht über Deiner Hände Werk, alles hast Du unter seine Füße getan" (Die Bibel, Psalm 8).

Nach der Lehre des Judentums, die ihre Basis in der Bibel hat, wurde der Mensch als Abbild Gottes geschaffen und ist für seinen Mitmenschen (den Nächsten) sowie für seine natürliche Umwelt verantwortlich. Für alles, was der Mensch tut, ist er Gott gegenüber Rechenschaft schuldig. "Und Gott sprach, lasset uns Menschen machen, ein Bild, das uns gleich sei, die da herrschen über die Fische im Meer und über die Vögel unter dem Himmel und über das Vieh und über alle Tiere des Feldes und über alles Gewürm, das auf Erden kriecht ... Und Gott segnete sie und sprach zu Ihnen: Seid fruchtbar und mehret euch und füllet die Erde und machet sie euch untertan... " (Die Bibel, 1. Moses 1).

Demnach hätte der Mensch bei seiner Arbeit die moralische Pflicht, den Willen Gottes zu erfüllen. Eine seiner wichtigsten Aufgaben bestände darin, die Güter dieser Welt zu vermehren und zu verwalten. Nach dieser Lehre ist das Arbeitsmotiv, im Gegensatz zu Aristoteles und zu Marx, nicht primär in der Sicherung des persönlichen Lebensunterhalts, sondern in der Erfüllung des göttlichen Willens begründet. Damit wird die menschliche Arbeit Bestandteil der göttlichen Ordnung und als eine den Menschen von Gott gestellte Pflicht gesehen. Mit anderen Worten darf der Mensch mit seiner Arbeit nicht aufhören, wenn er seinen Bedarf gedeckt hat. Er arbeite für Gott. Daher sei es seine Pflicht, sich zu schulen und seine Fähigkeiten weiter zu entwickeln. Der Mensch solle nicht nur verwalten, sondern ständig versuchen zu verbessern und zu erneuern. Judentum und Protestantismus betrachten das Streben nach unbegrenztem Reichtum nicht als etwas Widernatürliches, sondern als Bestandteil der von Gott gewollten Ordnung.

Erst in der Zeit der Aufklärung und der Reformation begann sich allmählich das analytische Denken durchzusetzen und verdrängte schrittweise die moralisch-normative Naturrechtslehre. Viele Einsichten allerdings, die bis heute bewusst oder unbewusst das Wirtschaftsverhalten der Menschen beeinflussen, resultieren aus den religiösen philosophischen Vorstellungen der Vergangenheit und bilden die Basis für die existierenden, aber rechtlich nicht festgelegten moralischen und sittlichen Normen der Gegenwart. Sie sind ein Bestandteil der gesamten Ordnung einer Gesellschaft. In ihnen haben teilweise die rechtlichen Ordnungen der Gegenwart ihren Ursprung, die durch die jeweiligen Verfassungen und die daraus abgeleiteten Gesetze zum Ausdruck kommen.

2.2 Wirtschaftsordnung als institutionelle Rahmenbedingung

Das Denken in Ordnungen war die herrschende Lehre im 17. und 18. Jahrhundert. In den Wirtschaftswissenschaften wird heute von Wirtschaftsordnung dann gesprochen, wenn der Ordnungsrahmen innerhalb dessen der Wirtschaftsprozess einer Volkswirtschaft abläuft, feststeht. Nach der Ordnungstheorie besteht der Ordnungsrahmen aus den oben erwähnten sittlich-moralischen und religiösen Lebensformen, den Planungsformen, den Eigentumsformen, den Preisbildungsformen, den Unternehmensformen, den Formen der betrieblichen Zielsetzung, den Formen der betrieblichen Willensbildung und den Geldentstehungs- bzw. Geldvernichtungsformen. (vgl. Eucken 1952). Ihre Inhalte sowie die Art der Kombinationen dieser Teilordnungsformen bestimmen die Funktionsweise des jeweiligen Wirtschaftssystems.

Zwei von diesen institutionellen Ordnungsformen sind für die Konstituierung und die anderen für die Effizienz des Wirtschaftssystems maßgebend und bestimmend. Es sind die **Planungsformen** der Wirtschaftsprozesse, die den Koordinationsmechanismus des Wirtschaftssystems bestimmen, sowie die **Eigentumsformen,** die insbesondere die wirtschaftliche Effizienz beeinflussen. **Dezentrale** Planungsformen und **Marktkoordination** der einzelnen Pläne der Unternehmungen, der Betriebe, der privaten und öffentlichen Haushalte und von einzelnen Personen in Verbindung mit vorwiegend Privateigentum an den Produktionsmitteln charakterisieren die **marktwirtschaftlichen** bzw. die kapitalistischen **Wirtschaftssysteme.**

Zentrale Planung durch eine zentrale Planungsbehörde des Wirtschaftsprozesses in Verbindung mit Staatseigentum an den Produktionsmitteln sind dagegen die konstituierenden Ordnungsformen in den **Zentralverwaltungswirtschaften** z. B. in den sozialistischen Wirtschaftssystemen.

Eine Ordnungstheorie hat die Aufgabe zu erklären, aus welchen Zwängen, unter welchen Bedingungen, wie und gegebenenfalls wann solche Ordnungsformen entstehen und sich durchsetzen. Dazu muss die Theorie Aussagen darüber machen können, welche Probleme während der Konstituierungszeit zu erwarten sind und mit welchen wirtschaftspolitischen Mitteln sie bekämpft werden könnten.

In der Gegenwart zeigt sich ein solcher Prozess sehr beispielhaft im Zusammenhang mit der Etablierung von marktwirtschaftlichen Ordnungen in den ehemaligen osteuropäischen Staaten. Die Art und die Bedeutung der Teilordnungsformen, die die gesamte Wirtschaftsordnung bestimmen, werden im Folgenden kurz erläutert.

2.2.1 Planungsformen

Die Notwendigkeit der Planungsformen lässt sich mit dem Planungsproblem einer Volkswirtschaft begründen. Soll nämlich Knappheit gemindert bzw. Wohlstand erhöht werden, dann sind die knappen Mittel und Kräfte in einer Volkswirtschaft zu kalkulieren, zu bewerten, zweckmäßig zu kombinieren und einzusetzen. Mit anderen Worten: Der Einsatz dieser Kräfte und dieser Mittel muss geplant werden. Somit bedarf wirtschaftliches Leben immer der Planung. Insofern ist jede Wirtschaft eine "Planwirtschaft".

Die Erfahrung im Wirtschaftsleben zeigt, dass jede Verwendung eines ökonomischen Gutes gesondert geplant werden muss. Daraus resultiert, dass so viele Einzelpläne auszuarbeiten sind wie es Güterarten gibt. In einer modernen Volkswirtschaft existieren ca. 15 Millionen Güterarten.

Die Erfahrung lehrt, dass das Wirtschaften ein kombinativer Prozess ist. Güter werden nicht nur aus Gütern hergestellt, sondern sie stehen auch permanent in einer Konkurrenz zueinander. Man beobachtet überall eine

Konkurrenz der Mittel um die Ziele und eine Konkurrenz der Ziele um die Mittel (vgl. Hensel 1978).

Zwischen den Millionen Güterarten sowie zwischen den Mitteln und den Zielen sind also viele Milliarden technisch möglicher Beziehungen denkbar. Sollen aber die knappen Mittel nicht fehlgelenkt und verschwendet werden, sind nicht nur unter den Milliarden technisch möglicher Kombinationen die ökonomisch richtigen zu finden, sondern auch alle wirtschaftlichen Prozesse zugunsten der optimalen Knappheitsminderung sorgfältig abzustimmen. Bezogen auf die Planung heißt das: Die Millionen Einzelpläne sind zu einem gesamtwirtschaftlichen System von Plänen zu verbinden.

Ein gesamtwirtschaftliches Planungssystem entsteht nur mittels des Zustandekommens der einzelnen Pläne. Technisch mögliche Kombinationen knapper Güter erhalten die Bedeutung eines ökonomischen Planes, wenn diese Pläne den gesamtwirtschaftlichen Knappheitsgrad der geplanten Güter berücksichtigt haben.

Der Knappheitsgrad eines Gutes ist die Differenz zwischen den verfügbaren und den gewünschten Bedarfsmengen dieses Gutes. Daraus ergibt sich, dass die einzelnen Pläne und mit diesen ein gesamtwirtschaftliches Plansystem nur dann entstehen können, wenn im jeweiligen Plan die gesamtwirtschaftlichen Knappheitsgrade der einzelnen Güterarten erkennbar sind.

Nach dieser Argumentation gibt es so viele gesamtwirtschaftliche Planungssysteme wie es Arten des Anzeigens von Knappheitsgraden gibt.

In der systembezogenen ökonomischen Theorie sowie auch in der Praxis sind bisher nur zwei Möglichkeiten, gesamtwirtschaftliche Knappheitsgrade anzuzeigen, bekannt:
- durch Preise, die sich auf Märkten bilden, oder
- durch Mengensalden in güterwirtschaftlichen Planbilanzen.

Daraus resultieren zwei gesamtwirtschaftliche Planungssysteme, die sich logisch gegenseitig ausschließen. Im ersten Fall werden die wirtschaftlichen Gesamtprozesse **dezentral** in den Einzelwirtschaften und im zweiten Fall **zentral** geplant. Daher gibt es nach dieser Vorstellung nur Systeme dezentraler oder zentraler Planung als konstitutive Formelemente und damit auch Wirtschaftssysteme dezentraler Planung oder Wirtschaftssysteme zentraler Planung. Die Ordnungspolitik eines Landes muss folglich zwischen diesen beiden Arten von Planungssystemen entscheiden (vgl. Hensel 1978).

2.2.2 Eigentumsformen

Im Sinne der Wirtschaftsordnungstheorie wird der Begriff des "**Eigentums**" immer als "Eigentum an den Produktionsmitteln" verwendet. Das Eigentum an den Produktionsmitteln wird in der Regel als konstituierendes Element von Wirtschaftsmacht angesehen. Dies gilt sowohl für alle Formen des Privat- als auch des Staatseigentums an Produktionsmitteln.

Die Form des Eigentums ist maßgebend für die wirtschaftliche Effizienz des Wirtschaftssystems. Daher muss der Träger der Ordnungspolitik die geeignete Form für seine Volkswirtschaft finden. Gewöhnlich wird Eigentum als Verfügungsgewalt über wirtschaftliche Güter definiert.

Fallen tatsächliche und die juristische Verfügungsgewalt zusammen, dann ist Verfügung über wirtschaftliche Güter gleichbedeutend mit Leitung des Wirtschaftsprozesses. Insofern fallen auch Planungs- und Eigentumsform in diesem Fall zusammen.

Herrscht in einer Volkswirtschaft ausschließlich die Form des Staatseigentums oder die Form des Privateigentums in Verbindung mit Monopolmärkten ist das nicht nur Ausdruck von wirtschaftlicher Macht, sondern auch nicht selten Ausdruck von willkürlicher Machtausübung und wirtschaftlicher Ineffizienz.

Privateigentum dagegen in Verbindung mit Wettbewerb relativiert erheblich die wirtschaftliche Macht und erhöht die Leistungsfähigkeit der Eigentümer. Die Regelung der Eigentumsformen ist daher Aufgabe der Wirtschaftsordnungspolitik. Vor allem müssen Widersprüche bei der Kombination der Planungs- und Eigentumsformen vermieden werden. Zentrale Planung des Wirtschaftsprozesses und Privateigentum an den Produktionsmitteln vertragen sich langfristig nicht. Eine Kombination mit vorwiegend Staatseigentum an den Produktionsmitteln und dezentralem gesamtwirtschaftlichen Planungssystem ist ebenfalls schwer vorstellbar.

Eine rationale Ordnungspolitik ist deshalb für die Konstruktion eines entsprechenden Ordnungsrahmens erforderlich.

2.2.3 Preisbildungsformen

Die wirtschaftsordnungspolitischen Entscheidungen über Planungs- und Eigentumsformen stellen eine Vorentscheidung über die Preisbildungsformen dar, die in einer Volkswirtschaft gelten sollen.

Grundsätzlich wird zwischen staatlich festgesetzten Preisen und solchen, die sich auf den Märkten bilden, unterschieden. Die staatlich festgesetzten Preise können absolute Festpreise, Höchstpreise und Mindestpreise sein.

Absolute Festpreise werden vom Staat festgesetzt und dürfen keine Veränderung erfahren. Die Höchstpreise dürfen die festgesetzte Preishöhe nicht übersteigen (Käuferschutz), während die Mindestpreise diese Preishöhe nicht unterschreiten dürfen (Verkäuferschutz). Die Einhaltung dieser Regelungen bedarf eines starken bürokratischen Apparates.

Die Marktpreisbildung unterliegt teilweise auch der Wirtschaftsordnungspolitik. Marktprozesse werden bestimmt:

- erstens durch die Strukturelemente des Marktes, d. h. durch den Offenheitsgrad des Marktes, die Marktformen und die Marktphasen,

- zweitens durch die Zielsetzungen der Wirtschaftssubjekte, d. h. Gewinn-, Einkommens-, Nutzenerzielung und Kostendeckung sowie

- drittens durch die Absichten und Verhaltensweisen der Marktteilnehmer bei der Vereinbarung, dem Verhandeln der Verträge.

Auch der Staat kann durch wirtschaftspolitische Maßnahmen direkt oder indirekt Einfluss auf diese Elemente ausüben und auf diese Weise die Marktpreisentwicklung mitbestimmen. Wie weit der Staat im Rahmen einer Marktwirtschaft mit solchen Maßnahmen gehen darf, ist ein Untersuchungsgegenstand der theoretischen Wirtschaftspolitik.

2.2.4 Formen der betrieblichen Ergebnisrechnung

Die rechtliche Gestaltung von Unternehmensformen ist Aufgabe der allgemeinen Ordnungspolitik des Staates. Die realisierte rechtliche Form einer Unternehmung hat einen unmittelbaren Einfluss auf die Formen der unternehmerischen Willensbildung sowie auf die Formen des betrieblichen Rechnungswesens (Formen der betrieblichen Ergebnisrechnung). Beide Formen (Willensbildung und Ergebnisrechnung) beeinflussen die wirtschaftlichen Verhaltensweisen der Akteure und damit den Effizienzgrad des gesamten Wirtschaftssystems. Betriebliche Ziele, wie Gewinn-, Einkommens- oder Prämienerzielung, üben enormen Einfluss auf die Motivation der Handelnden und damit auf ihre Leistungsbereitschaft in einer Volkswirtschaft aus. Insofern können die Leistungsergebnisse einer Volkswirtschaft je nach den Zielen der Akteure unterschiedlich sein. Es hängt von der praktizierten Ordnungspolitik ab, ob die Betriebe bei Planerfüllung nach dem Gewinnprinzip, Einkommensprinzip oder Prämienprinzip handeln. Die Aufgabe der Ordnungspolitik ist es, die Kombination zu finden, die am besten geeignet ist, die Grundprobleme des Wirtschaftens zu lösen. Die bisherige Erfahrung hat gezeigt, dass höchste wirtschaftliche Leistungen dann erbracht werden, wenn die Akteure in der Wirtschaft nach Gewinnen streben.

2.2.5 Formen der betrieblichen Willensbildung

Der volkswirtschaftliche Entscheidungsprozess wird durch die Art und Weise der Willensbildung innerhalb der Unternehmungen entscheidend mitgeprägt. Die jeweilige Willensbildungsform hängt von den bereits realisierten Planungs- und Eigentumsformen in einer Volkswirtschaft ab. Grundsätzlich sind drei Willensbildungsformen möglich:

- Wenn die Entscheidungen innerhalb der Unternehmungen durch Eigentümer an den Produktionsmitteln oder durch ihre Beauftragten getroffen werden, handelt es sich um die Form der Alleinbestimmung durch den Träger des Produktionsfaktors Kapital.

- Wenn die unternehmerischen Entscheidungen nur von den Beschäftigten im Unternehmen getroffen werden (mehr theoretischer Fall ohne praktischen Bezug), handelt es sich um die Form der Alleinbestimmung durch den Produktionsfaktor Arbeit. Man spricht in diesem Zusammenhang auch von Arbeiterselbstverwaltung.

- Wenn die Entscheidungen sowohl von den Eigentümern als auch von den Arbeitnehmern getroffen werden, handelt es sich um die Form der Mitbestimmung.

2.2.6 Formen der Geldentstehung und Geldvernichtung

Da heute alle Volkswirtschaften Geldwirtschaften sind, und da Geld wesentlich zur Funktionsweise eines Wirtschaftssystems beiträgt, ist die Installierung und die Stabilisierung eines Währungssystems eine vorrangige Aufgabe der staatlichen Wirtschaftspolitik. Der Staat muss ordnungspolitisch die Geldentstehungsformen in der Volkswirtschaft bestimmen und darauf achten, dass der Zahlungsverkehr im Inland und mit dem Ausland reibungslos funktioniert und die Kaufkraft des Geldes stabil bleibt.

Für die Ausübung solcher Aufgaben sind Institutionen erforderlich (Zentralbank, Geschäftsbanken, Bankaufsichtsbehörde), die per Ordnungspolitik des Staates zu gewährleisten sind. In der Europäischen Währungsunion erfüllen diese Aufgaben die Europäische Zentralbank und die Zentralbanken der Mitgliedsländer.

Ein funktionierendes Geldwesen ist eine wesentliche Voraussetzung für die Funktionsweise jedes Wirtschaftssystems. Bei dem marktwirtschaftlichen Wirtschaftssystem soll in der Wirtschaftspolitik aus ordnungs- und prozesstheoretischer Sicht die Währungsordnung in der Rangordnung der Ziele die erste Priorität haben.

2.3 Wirtschaftssysteme

In der allgemeinen Systemtheorie wird als System eine Anzahl von miteinander zur Erfüllung eines bestimmten Zwecks in Beziehung stehenden Elementen definiert.

Aus sozialwissenschaftlicher Sicht lässt sich das gesellschaftliche Zusammenleben von Menschen als ein soziales Gesamtsystem begreifen, das nach bestimmten Kriterien in mehrere miteinander in Beziehung stehende Subsysteme (Teilsysteme) zergliedert werden kann. Fragt man nach den Funktionen, die ein gesellschaftliches Gesamtsystem zu erfüllen hat, kann global festgestellt werden, dass es sich um die Befriedigung von materiellen, politischen und kulturellen Bedürfnissen der Mitglieder der Gesellschaft handelt. Daraus folgt, dass sich das soziale Gesamtsystem analytisch als ein wirtschaftliches, ein politisches und ein kulturelles Teilsystem darstellen lässt (Gutmann 1993). Die Gesamtheit aller Elemente, die miteinander in Beziehung treten, um Güter herzustellen, zu verteilen und zu verbrauchen, bildet das Wirtschaftssystem.

Die Elemente des Wirtschaftssystems sind demnach die Unternehmungen und Betriebe aller Wirtschaftzweige als produzierende und verteilende Einheiten sowie die privaten, öffentlichen und gesellschaftlichen Haushalte als verbrauchende Einrichtungen. Der Wirtschaftsprozess vollzieht sich innerhalb und zwischen diesen Elementen.

Wie nun dieser Prozess abläuft, d. h. welche Art von Beziehungen und Kombinationen der Elemente möglich sind, bestimmen die Rahmenbedingungen des Wirtschaftssystems, d. h. die Wirtschaftsordnung. Die Rahmenbedingungen sind nichts anderes als rechtliche Regeln normativer Art oder Verhaltensmuster, die die Beziehungen zwischen den Elementen gestalten (siehe Teilordnungsformen). Sie bestimmen den Ordnungsgrad des Systems, d. h. die Freiheit bzw. Unfreiheit der Elemente, bestimmte Zustände anzunehmen und verschiedene Beziehungen einzugehen. Die Funktionsweise jedes Wirtschaftssystems wird durch die realisierten Teilordnungsformen (Institutionen) determiniert, die entweder spontan oder wirtschaftspolitisch durch ordnungs- und prozesspolitische Maßnahmen entstanden sind. Bisher haben sich in der Praxis Kombinationen von Teilordnungsformen gebildet, die unterschiedliche Qualitäten von Wirtschaftssystemen hervorgebracht haben. Im Folgenden sollen kurz die Wirtschaftssysteme der freien und der sozialen Marktwirtschaft sowie das Wirtschaftssystem der Zentralverwaltungswirtschaft dargestellt werden.

2.3.1 Das Wirtschaftssystem der freien Marktwirtschaft

2.3.1.1 Die Art und Weise des Planungssystems

In einer Marktwirtschaft wird der arbeitsteilige Wirtschaftsprozess grundsätzlich von den einzelnen Marktteilnehmern bestimmt und durchgeführt. Der gesamte Wirtschaftsprozess wird in privaten und in öffentlichen Haushalten sowie in privaten und öffentlichen Unternehmen geplant.

In ihren Plänen versuchen die Marktteilnehmer, ihre Interessen durchzusetzen. In den Plänen der Unternehmen ist die Gewinnmaximierung das Hauptziel. In den Plänen der Haushalte ist das Hauptziel, durch den Einsatz von Arbeits-, Geld- und Sachleistungen und durch das dadurch erzielte Einkommen eine möglichst optimale Lebenserhaltung und Lebensgestaltung zu erreichen. Ein solches System kann funktionieren, wenn Betriebe und Haushalte ihre Entscheidungen frei treffen und selbstverantwortlich planen. Bei einem solchen Wirtschaftssystem wird ein unzweckmäßiger, leichtfertiger, verschwenderischer Umgang mit wirtschaftlichen Mitteln die Kosten der Produktion erhöhen, die Gewinne mindern und letztlich die gesamte Versorgung verschlechtern. Dies zwingt die Handelnden, wenn sie Erfolg haben wollen, mit ihren eigenen Wirtschaftsplänen indirekt die Pläne der anderen Marktteilnehmer zu berücksichtigen. Unter diesen Bedingungen entsteht notwendigerweise ein in sich geschlossenes und durch die einzelnen Interessen gelenktes gesamtwirtschaftliches Planungssystem.

2.3.1.2 Das System von Leistungsanreizen und Leistungskontrollen

In einer Marktwirtschaft mit Privateigentum an den Produktionsmitteln schaden sich die unwirtschaftlich Handelnden zuerst selbst. Deshalb haben sie einen Anreiz, aus eigenen Interessen ihr wirtschaftliches Handeln ständig zu kontrollieren. Es entsteht eine Art **Selbstkontrolle aus Selbstinteresse.**

Besteht zugleich Konkurrenz um die Möglichkeiten im Erwerbsleben, dann haben alle Marktteilnehmer damit zu rechnen, dass sie aus dem Markt verdrängt werden, wenn die Leistungen ihrer Konkurrenten besser sind. Jeder muss folglich im Rahmen dieses Systems bestrebt sein, höhere und bessere Leistungen als die Konkurrenten zu erbringen. Wettbewerb bedeutet in diesem Sinne Zwang zur Erhöhung der Leistungen. **Leistungskontrolle** wird **durch** die **Konkurrenten** ausgeübt. Mit dieser Kontrolle kann das einzelwirtschaftlich motivierte Handeln einem ständig wirksamen Zwang zur Leistungssteigerung unterworfen werden. Den Ertrag der höheren Leistungen erhalten primär die unmittelbar am Prozess der Leistungserstellung Beteiligten. Über die Verflechtung der Märkte partizipiert auch die gesamte

Gesellschaft. Unter diesen Ordnungsbedingungen können Anbieter von wirtschaftlichen Leistungen ihre Erwartungen realisieren, wenn die Nachfrager ihre angebotenen Leistungen annehmen. Es entsteht eine unmittelbare **Leistungskontrolle durch** die **Konsumenten**. Eine solche Kontrolle wird um so wirksamer sein, je stärker die Anbieter von den Entscheidungen der Konsumenten abhängig sind.

Unter freien marktwirtschaftlichen Ordnungsbedingungen sind alle Marktbeteiligten (private wie öffentliche Personen) zugleich Subjekte und Objekte der Planung des arbeitsteiligen volkswirtschaftlichen Prozesses. Sie alle sind Subjekte der Kontrolle einzelwirtschaftlicher Interessen und sie sind zugleich Objekte der Kontrolle aller wirtschaftenden Menschen (vgl. Hensel 1978).

2.3.1.3 Die Funktionsweise des freien Marktpreismechanismus

Der Markt als Treffpunkt von Anbietern und Nachfragern eines bestimmten Gutes kann bei der analytischen Betrachtung und Erklärung der Preisbildungsprozesse sachlich und räumlich abgegrenzt werden. Bei der sachlichen Abgrenzung stellt sich jeder Anbieter die Frage, ob sein angebotenes Gut von den Nachfragern als gleichartiges (homogenes) und damit als austauschbares (substituierbares) oder als ungleichartiges (heterogenes) und damit als nicht substituierbares Gut ansehen wird.

Das Verhalten der Nachfrager bei Preisveränderungen gibt in der Regel eine Antwort auf diese Frage. Würde beispielsweise die Nachfrage nach griechischem Rotwein bei einer Steigerung des Preises des französischen Rotweines sehr stark zunehmen, liegt ein Anzeichen dafür vor, dass die Nachfrager beide Güter als relativ homogen angesehen.

Bei der räumlichen Abgrenzung des Marktes ist für die Anbieter im Zusammenhang mit der Preisgestaltung für ein Gut die Frage interessant, ob der Markt, auf welchem sie ihre Güter anbieten, relativ eng (Regionalmarkt) oder relativ weit (Weltmarkt) zu betrachten ist. Die Intensität des Wettbewerbs wird unterschiedlich sein. Diese Zusammenhänge müsste jeder Anbieter berücksichtigen, wenn er erfolgreich sein will. Die Marktpreisbildungsprozesse laufen allerdings unter Konkurrenzbedingungen im Kern überall ähnlich.

Bei normalen Angebots- und Nachfragereaktionen ist der Preis, der von der Nachfrage- und Angebotsseite akzeptiert wird, der Gleichgewichtspreis. Nur bei diesem Preis stimmen die Erwartungen der Anbieter und der Nachfrager überein.

Lag der Erwartungspreis der Anbieter über dem Gleichgewichtspreis, dann stellen sie fest, dass ihre angebotenen Mengen nicht vollständig nachgefragt werden. Wollen sie ihre produzierten Mengen vollständig absetzen, dann müssen sie einen niedrigeren Preis verlangen.

Lag hingegen der erwartete Preis der Anbieter unter dem Gleichgewichtspreis, dann entsteht ein Nachfrageüberhang. Dieser löst wiederum einen Wettbewerb der Nachfrager um das knappe Gut aus, der letztlich zu Preissteigerungen führt. Der Wettbewerb tendiert im Falle eines Nachfrageüberhangs zum Gleichgewichtspreis und damit zum Ausgleich der Nachfrage- und Angebotsmengen.

In der Praxis endet dieser Prozess nicht im gleichgewichtigen Zustand, sondern wird durch laufende Veränderungen immer neu angepasst, so dass von einer sich nie beruhigenden Tendenz zum Gleichgewicht gesprochen werden kann.

Aus dem geschilderten Marktprozess lassen sich die wesentlichen Funktionen des Markt-Preis-Mechanismus ableiten:

Der Markt-Preis-Mechanismus koordiniert die Verhaltensweisen, indem er die Planvorstellungen der Anbieter und Nachfrager sanktioniert (bewertet). Diejenigen Anbieter, die aufgrund ihrer Kostensituation oder ungenauer Marktkenntnisse von zu hohen Preisvorstellungen ausgehen, werden bestraft. Sie können nur dann am Markt bleiben, wenn sie ihre Preise an den Marktpreis anpassen. Resultieren aus diesen Preissenkungsprozessen Verluste, wird der Anbieter, wenn sich dieser Prozess wiederholt, vom Markt verdrängt. Umgekehrt werden die Anbieter in Form von Gewinnen belohnt, die kostengünstig produzieren und den realen Marktverhältnissen entsprechende Preisvorstellungen haben.

Auch bei den Nachfragern wirken die Sanktionen des Markt-Preis-Mechanismus. Hier werden nur die Zahlungsfähigen oder Zahlungswilligen ihre geplante Bedürfnisbefriedigung realisieren können. Solange sie nicht fähig oder bereit sind, den Marktpreis zu zahlen, werden sie vom Konsum dieses Gutes ausgeschlossen.

2.3.1.4 Kritische Anmerkungen zum freien Marktpreismechanismus

Die Wirklichkeit zeigt, dass der freie Marktpreismechanismus nicht immer so ideal verläuft wie er im Modell beschrieben wurde, weil selbst bei Vorliegen der Modelleigenschaften Ergebnisse hervorgebracht werden können, die nach den Vorstellungen demokratisch organisierter Gesellschaften nicht akzeptiert werden.

Viele Kritikpunkte betreffen zunächst den beschriebenen Koordinationsmechanismus des freien Marktes. Der auf den ersten Blick so faszinierende Gedanke des Selbststeuerungsmechanismus muss bei näherer Betrachtung in einigen Punkten relativiert werden. Im Marktmodell sind es ausschließlich die Konsumenten, die über das "Was" der Produktion entscheiden. In Wirklichkeit sind es allerdings nur die Konsumenten, die über Einkommen und Vermögen verfügen. Mit anderen Worten: Es werden nicht alle Mitglieder der Gesellschaft vom Preismechanismus berücksichtigt (koordiniert). Es ist beispielsweise denkbar, dass der Preismechanismus ermöglicht, dass manche Nachfrager Milch für seine Katzen und Hunde und andere keine Milch für ihre Kinder kaufen können. Man muss also erkennen, dass bei extrem ungleicher Einkommens- und Vermögensverteilung die Zuteilungsfunktion der Marktpreise unsozial sein kann.

Ein anderer Kritikpunkt ist, dass der Marktpreismechanismus nicht zwischen privaten und gesellschaftlichen Kosten und Erträgen unterscheidet. Bei der Produktion von Gütern werden knappe Produktionsfaktoren verwendet und praktisch als "Beiprodukt" oft weitere Güter hergestellt, die in der privaten Wirtschaftsrechnung weder als Kosten noch als Erträge berücksichtigt werden. Typisches Beispiel ist, wenn ein Betrieb seine Abwässer und Abgase an die Umwelt abgibt, ohne für die Schädigung, die er verursacht, zu zahlen. Da niemand Privateigentum an Luft und Wasser besitzt, werden den Verursachern die entstandenen Schäden nicht in Rechnung gestellt. Entsprechendes gilt auch für die privaten Konsumenten. Beispielsweise verschmutzen die Autofahrer durch Autoabgase die Luft und beeinträchtigen damit die Gesundheit der Nichtautofahrer, ohne dafür zu zahlen. Die privaten Kosten/Erträge entsprechen nicht den sozialen (gesellschaftlichen) Kosten/Erträgen. Ein Marktpreismechanismus, der nur private Kosten und Erträge erfasst, muss offensichtlich aus gesellschaftlicher Sicht zu Fehlsteuerungen führen. Es entstehen bei dem Auseinanderfallen von sozialen und privaten Kosten- und Ertragsrechnungen **positive und negative externe Effekte**, die vom Marktpreismechanismus nicht berücksichtigt werden.

Ein weiterer Bereich von Gütern, der durch den Marktpreismechanismus entweder überhaupt nicht oder zumindest nicht angemessen berücksichtigt wird, umfasst die **öffentlichen Güter**. Es gibt solche öffentlichen Güter, die im Prinzip allen Mitgliedern der Gesellschaft zur Verfügung stehen, für die das **Nichtausschlussprinzip** gilt, das besagt, keiner kann vom Konsum dieser Güter ausgeschlossen werden und niemand kann schlechter gestellt werden, selbst dann, wenn auch andere diese Güter gleichzeitig konsumieren. Es herrscht also keine Rivalität im Konsum. Die innere und äußere Sicherheit kommt allen Bürgern zugute. In einer Marktwirtschaft werden solche und andere gesellschaftlich notwendigen Güter, wie auch die Rechtsordnung und Verwaltung sowie die Seuchenverhinderung durch Impfungen privatwirtschaftlich nicht oder nicht in ausreichender Menge zur Verfügung gestellt.

Darüber hinaus gibt es auch Güter, die bei einer reinen marktwirtschaftlichen Regelung primär nur Einkommens- und Vermögensstarken zugute kämen, obwohl sie aus staatspolitischen, ökonomischen und sozialen Gründen allen Mitgliedern der Gesellschaft verbilligt oder gratis zur Verfügung gestellt werden müssten, die **meritorischen Gütern**, wie z. B. Schul- oder Hochschulbildung.

2.3.1.5 Kritische Anmerkungen zum Verteilungsmechanismus des Marktes sowie zur Bewältigung des wirtschaftlichen Machtproblems

Ein weiteres Problem wird im Vorgang einer rein marktwirtschaftlichen Lösung der Einkommens- und Vermögensverteilung gesehen. Da Geschicklichkeit, Intelligenz, Leistungsfähigkeit, Bildung, Durchsetzungsvermögen, Reichtum etc. ungleich unter den Menschen verteilt sind, besteht die Gefahr einer extremen Ungleichheit bei der Einkommens- und Vermögensverteilung. Dies scheint dem marktwirtschaftlichen System deshalb systemeigen zu sein, weil die oben genannten Eigenschaften, die letztlich zum Einkommens- und Vermögenserwerb führen, allein auf dem Leistungsprinzip basieren. Folglich sind Einkommen und Vermögen in der Bevölkerung ungleich verteilt.

Diese Tendenz wird mit fortschreitender Zeit - sofern keine Korrekturen vorgenommen werden - verstärkt, weil die zunächst entstehenden Ungleichheiten sich selbst verstärken. Wer niedrige Einkommen bezieht, kann weniger für seine Ausbildung tun und kein Vermögen bilden. Damit werden zwei der entscheidenden Bestimmungsfaktoren der Einkommenshöhe durch niedrige Einkommen selbst negativ beeinflusst. Die Konzentration von Einkommen und Vermögen wirkt schließlich auf die Märkte und den Koordinationsmechanismus des Marktes selbst zurück.

Die Vermögensbesitzer können theoretisch ihr Vermögen als Produktivvermögen anlegen und dadurch auf den Märkten als Produzenten eine Größenordnung erreichen, die das nach dem Modell beabsichtigte Gleichgewicht von Anbietern und Nachfragern stört. Die Anbieter bauen dadurch Machtpositionen auf, die sie befähigen, Konkurrenten auszuschalten und dadurch machtmäßig bedingte Monopolpreise durchzusetzen. Dadurch verlieren die Preise graduell die Funktion, die relativen Knappheiten der Güter richtig anzuzeigen. Die Gewinne verlieren graduell die Fähigkeit, Leistungsgewinne zu sein. Die Harmonie von Einzel- und Gesamtinteressen wird gestört, wenn ungleiche Machtverteilung einen ungleichen Einfluss auf den Wirtschaftsprozess beinhaltet.

Die Tendenz zur Einschränkung des Wettbewerbs wird noch verstärkt, wenn die Anbieter die im marktwirtschaftlichen System verankerte Vertragsfreiheit dazu missbrauchen, durch Absprachen den Wettbewerb auszuschalten, beispielsweise durch Kartellbildung.

2.3.1.6 Das Problem der konjunkturellen Schwankungen der wirtschaftlichen Aktivitäten

Aus der Wirtschaftsgeschichte erfahren wir, dass marktwirtschaftliche Systeme periodisch Wirtschaftskrisen aufweisen, die durch Erscheinungen, wie Unternehmenszusammenbrüche (Konkurse), Arbeitslosigkeit, allgemeine wirtschaftliche Stagnation oder sogar durch einen Rückgang der Wirtschaftsleistung, charakterisiert sind. Dies könnte bedeuten, dass es die in marktwirtschaftlichen Systemen automatisch erwartete Tendenz zum Gleichgewicht der Märkte in Wirklichkeit so nicht gibt. Dies führte zu den Überlegungen, dass man den Wirtschaftsablauf durch staatliche Maßnahmen zu stabilisieren versuchen sollte, um die Schwankungen der wirtschaftlichen Aktivitäten, insbesondere Schwankungen in der Beschäftigung und des Preisniveaus möglichst gering zu halten. Bei vielen Ökonomen ist allerdings dieser Standpunkt umstritten.

Alle die kritischen Anmerkungen zur Funktionsweise der freien Marktwirtschaft haben dazu geführt, dass über eine Korrektur des freien Marktpreismechanismus und seiner Verteilungswirkungen nachgedacht wurde. Daraus entwickelte sich insbesondere in der Bundesrepublik Deutschland unmittelbar nach dem Zweiten Weltkrieg die Idee der **sozialen Marktwirtschaft**.

2.3.2 Das Wirtschaftssystem der sozialen Marktwirtschaft

Ausgehend von den erkannten Abweichungen der wirtschaftlichen Realität von den theoretisch abgeleiteten Ergebnissen im Rahmen einer freien Marktwirtschaft und den angesprochenen Problemen dieses Systems, sind in den letzten 50 Jahren eine Reihe von ordnungspolitischen Ergänzungs- und Verbesserungsvorschlägen gemacht und realisiert worden. Daraus ist ein neues Wirtschaftssystem entstanden, welches zuerst in Deutschland und später in vielen anderen europäischen Ländern in verschiedenen Varianten entwickelt und durchgesetzt wurde. Seit seinen Anfängen Ende der vierziger und Anfang der fünfziger Jahre des vergangenen Jahrhunderts trägt es den Namen "**soziale Marktwirtschaft**".

2.3.2.1 Die Grundvorstellungen der sozialen Marktwirtschaft

Die Idee der Sozialen Marktwirtschaft wurde unmittelbar nach dem Zweiten Weltkrieg in Deutschland geboren. Sie ist von ihren Vätern als eine Art "Dritter Weg" zwischen dem Kapitalismus und dem Kommunismus verstanden worden. Man wollte damit einerseits bewusst den ungebändigten und fast jeglichen sozialen Elementen entbehrenden marktwirtschaftlichen Kapitalismus des 19. und frühen 20. Jahrhunderts und andererseits die totalitären Zentralverwaltungswirtschaften, wie sie Stalin und Hitler in den dreißiger Jahren durchgesetzt hatten, endgültig besiegen.

Angestrebt wurde mit der sozialen Marktwirtschaft - auf der Basis einer freiheitlichen und demokratischen politischen Ordnung - eine Synthese zwischen rechtsstaatlich gesicherter wirtschaftlicher Freiheit und den sozialstaatlichen Idealen der sozialen Sicherheit und der sozialen Gerechtigkeit, wie sie nach den jeweiligen Wertvorstellungen der Gesellschaft entstehen.

In dieser wirtschaftspolitischen Konzeption steht der Begriff "Marktwirtschaft" für die wirtschaftliche Freiheit, die die Konsumenten und Produzenten bei der Gestaltung ihrer ökonomischen Aktivitäten haben müssen. Nur durch deren Garantie können ihre Fähigkeiten, ihre Arbeitskraft, ihr Geld- und Sachkapital nach eigener Wahl und eigener Verantwortung eingesetzt und die Konsequenzen dieses Einsatzes getragen werden. Diese Freiheiten finden allerdings ihre Grenze dort, wo die Rechte Dritter und die verfassungsrechtliche Ordnung verletzt werden würden (Art. 2 GG).

Der Begriff "sozial" bringt zum Ausdruck, dass die Marktwirtschaft allein durch ihre Leistungsfähigkeit die Voraussetzungen für einen breiten Wohlstand schafft und damit das Soziale in sich trägt. Ihr besonderer sozialer Charakter beschränkt aber zugleich die Marktfreiheit dort, wo die Menschenwürde verletzt wird und die Ergebnisse nach den Wertvorstellungen der Gesellschaft als nicht sozial genug erscheinen (vgl. Lampert 1990).

Seit der Einführung der sozialen Marktwirtschaft wird angestrebt, " ...auf der Basis der Wettbewerbswirtschaft die freie Initiative mit einem gerade durch die marktwirtschaftliche Leistung gesicherten sozialen Fortschritt zu verbinden" (Müller-Armack 1948).

In den letzten 50 Jahren ist fast in allen westeuropäischen Staaten mit der Realisierung verschiedener Varianten dieser Konzeption ein mehr oder weniger dynamisches, leistungsfähiges, vielgestaltiges sowie vollständiges System materiellen und sozialen Schutzes errichtet worden. Und seit den politischen und ökonomischen Transformationsprozessen der 90er Jahren gilt dieses System auch als Vorbild für die osteuropäischen Länder.

In der wissenschaftlichen und gesellschaftspolitischen Diskussion ist man sich allerdings nicht immer darüber einig, ob die bisherige Ausgestaltung der sozialen Marktwirtschaft den Intentionen ihrer Gründer entspricht. Deshalb werden seit der Gründung dieses Wirtschaftssystems permanent die verschiedenen Vorstellungen von Wissenschaftlern, Regierungen, Unternehmerverbänden, Gewerkschaften über die "richtige" Ausgestaltung dieser Wirtschaftsordnung begründet. Im Folgenden sollen kurz einige Aspekte des Wirtschaftssystems Deutschlands und seine Entwicklung in den letzten Jahren beschrieben werden.

2.3.2.2 Besondere Eigenschaften der sozialen Marktwirtschaft Deutschlands

Ordnungspolitisch hat man sich in Deutschland auf breiter Basis geeinigt, dass die Ergebnisse des Marktpreismechanismus grundsätzlich erwünscht sind. Grundsätzliche Einigung besteht darüber, dass der Staat durch Umverteilungspolitik eingreifen soll, um die primären Ergebnisse des Marktpreismechanismus vorwiegend zugunsten wirtschaftlich Schwacher zu korrigieren. Der Staat hat bei sämtlichen Eingriffen zu beachten, dass diese möglichst marktgerecht (marktkonform) sind. Dies bedeutet, dass die staatlichen Interventionen den Ablauf des Wirtschaftsprozesses in seiner Richtung, nicht aber in seinem Wesen beeinflussen dürfen. Die Korrekturen sollen nicht hauptsächlich im Rahmen des Marktpreismechanismus, sondern im Rahmen der Steuer- und Sozialgesetzgebung vorgenommen werden. Progressive Steuertarife, besondere Abschreibungsmöglichkeiten, Sozialversicherungen, Kindergeld, Bauzuschüsse, Mietbeihilfen und vorübergehende Anpassungssubventionen für von strukturellen Änderungen betroffene Wirtschaftszweige sollen Korrekturen sein, die das Ziel haben, das gesamte gesellschaftspolitische System zu stabilisieren und damit seine Funktionsweise zu stärken. Auch Gesetze gegen Wettbewerbsbeschränkungen sowie Maßnahmen gegen das Konjunkturphänomen sollen zu dieser Stabilität beitragen.

2.3.2.3 Konkrete Korrekturen der Einkommens- und Vermögensverteilung

Ausgehend von der Ungleichheit der Einkommens- und Vermögensverteilung im Modell der freien Marktwirtschaft, ist man nicht nur in Deutschland, sondern in allen Ländern der Europäischen Union zu der Auffassung gekommen, dass es aus ökonomischer, sozialer und stabilitätspolitischer Sicht notwendig ist, durch wirtschaftspolitische Maßnahmen Korrekturen in der Einkommens- und Vermögensverteilung anzustreben. Diese Korrekturen, so die Auffassung, sind für eine störungsfreie Funktionsweise des marktwirtschaftlichen Systems und für seine Akzeptanz in der Bevölkerung erforderlich.

Für diesen Weg wurde inzwischen in Deutschland ein breiter Konsens zwischen den Parteien, den Tarifpartnern und zwischen breiten Gruppen und Schichten in der Bevölkerung gefunden. So kann man den verschiedenen Programmen von Interessenverbänden entnehmen, dass der Anteil der Arbeitnehmer am Ertrag der Wirtschaft erhöht werden muss, damit der Lebensstandard ihrer Familien gesteigert werden kann. Die Benachteiligung der Arbeitnehmer bei der Vermögensbildung ist zu beseitigen. Diesem Ziel müssen die Wirtschafts-, die Finanz-, die Steuer- und die Sozialpolitik entsprechen. Die Gewerkschaften werden ihre tarifpolitischen Möglichkeiten zur besseren Vermögensbildung nutzen.

Ähnliches bringt auch die Bundesvereinigung der Deutschen Arbeitgeberverbände zum Ausdruck:

"Die Arbeitgeber bejahen eine Verbesserung der Einkommenssituation der Arbeitnehmer im Rahmen der wirtschaftlichen Möglichkeiten, insbesondere über den Weg einer breiteren Vermögensstreuung, die zu einer gleichmäßigeren personellen Vermögens- und Einkommensverteilung führt".

Auf eine solche Umverteilung sind heute bestimmte Bereiche der staatlichen Einnahmen- und Ausgabenpolitik wie auch der Lohnpolitik der Gewerkschaften ausgerichtet.

Gerade in Verbindung mit der ungleichen Einkommens- und Vermögensverteilung zeigt sich die ungerecht erscheinende Zuteilung der Güter durch den Preismechanismus. Durch ihn werden die nicht kaufkräftigen Nachfrager relativ wenig berücksichtigt. Man versucht deshalb, den Betroffenen kostenlose Bereitstellung bestimmter öffentlicher Güter, wie Bildung aber auch Einkommenshilfen jeglicher Art (Arbeitslosengeld, Arbeitslosenhilfe, Sozialhilfe), zu gewähren. Durch diese Umverteilungspolitik findet eine Korrektur der Ergebnisse des Marktmechanismus statt.

Die Einkommensverteilung ist auch regional und sektoral ungleichmäßig. Insbesondere nach der Wiedervereinigung ergab sich die Notwendigkeit, bestimmte Regionen der Bundesrepublik Deutschland oder einzelne Sektoren der Volkswirtschaft durch spezielle staatliche Maßnahmen zu stützen.

Der soziale Aspekt in der sozialen Marktwirtschaft soll möglichst solchen Mitgliedern der Gesellschaft zugute kommen, die aufgrund ihres Alters, Krankheit oder aufgrund unverschuldeter Arbeitslosigkeit kein eigenes Einkommen erzielen und deshalb staatlicher Fürsorge bedürfen. Eine solche Umverteilungspolitik wird in der Bundesrepublik Deutschland in breitem

Umfang durch Zahlungen und Leistungen im System der sozialen Sicherung gewährleistet.

2.3.2.4 Die soziale Dimension des Beschäftigungsproblems

In den letzten 20 Jahren gibt besonders die Entwicklung der Arbeitslosigkeit Anlass zur Sorge, weil sie inzwischen in den Augen der Bevölkerung eine gesellschaftspolitisch untragbare Dimension angenommen hat. Zwar war und ist die Unterbeschäftigung ein zentrales Thema sowohl in der wirtschaftspolitischen Tagesdiskussion als auch in der wissenschaftlichen Analyse von marktwirtschaftlichen Systemen, doch gibt es bislang keine allgemein marktwirtschaftlich akzeptierten Strategien und Lösungsmethoden zu ihrer Beseitigung. Im Gegenteil, wirtschaftspolitische Empfehlungen gehen genau in die entgegengesetzte Richtung und sind häufig nicht ohne Interessengebundenheit, wie dies z. B. die Zielsetzungen der Gewerkschaften und der Arbeitgeberverbände sind, oft zeigen.

Bisher ist es noch nicht gelungen, eine wirksame Lösung des Beschäftigungsproblems zu finden. Die Leistungsergebnisse der sozialen Marktwirtschaft ermöglichen zwar eine Stabilität erzeugende Finanzierung der bisherigen Arbeitslosigkeit, welche aber aus der Sicht der meisten Betroffenen und aus der Sicht einer humanen Gesellschaft, welche gerade durch die Ergebnisse der sozialen Marktwirtschaft entstehen soll, keine befriedigende Lösung darstellt. Darunter kann, wenn die Arbeitslosigkeit andauert, die allgemeine Akzeptanz des marktwirtschaftlichen Systems leiden.

2.3.2.5 Die Auswirkungen des Problems des strukturellen Wandels

Die allgemeine soziale Akzeptanz einer bestehenden Ordnung resultiert u. a. aus den Ergebnissen einer ausgewogenen wirtschaftlichen Entwicklung, die in den verschiedenen Regionen und Sektoren der bestehenden Gemeinschaft stattgefunden hat. Würde eine solche Entwicklung ausbleiben, sind große wirtschaftliche und soziale Disparitäten in den jeweiligen Regionen sehr wahrscheinlich, die dann von den dort lebenden Menschen nicht akzeptiert werden würden. Die Stabilität des gesamten gesellschaftlichen Systems ist dann in Gefahr.

Angestrebt werden muss eine stabile und damit harmonische sowie ausgewogene wirtschaftliche Entwicklung, die garantiert, dass die wirtschaftlich Stärkeren mit den wirtschaftlich Schwächeren zusammen leben können, weil beide der Auffassung sind, voneinander zu profitieren und gemeinsam wachsen zu können.

In einer solchen Konzeption wird davon ausgegangen, dass ein hoher Grad an Konvergenz der Wirtschaftsleistungen nur dann erreicht werden kann, wenn zunächst die wirtschaftlich Starken bereit sind, für **eine bestimmte Zeit** einige Umverteilungsmaßnahmen zugunsten der wirtschaftlich Schwächeren zu akzeptieren, bis letztlich die **groben** Leistungsdifferenzen behoben sind. Es ist demnach eine Art Strukturpolitik notwendig, die eventuell die Marktergebnisse korrigiert und neue Prozesse einleitet.

Man strebt also im Rahmen einer Strukturpolitik eine gezielte politische Steuerung von wirtschaftlichen Aktivitäten an, die regional, sektoral und technologisch auf die wirtschaftlichen Aktivitäten Einfluss nehmen will.

Liberale Ökonomen können sich sehr wenig mit der Strukturpolitik anfreunden, da sie die Auffassung vertreten, dass die strukturellen Veränderungen allein eine Angelegenheit des Marktes sind. Bei dieser Auffassung wird vermutet, dass das Wissen über Ressourcen, Produktionsverfahren und Konsumentenpräferenzen dezentral verteilt ist und nur über den Wettbewerb zwischen den Akteuren - Produzenten und Konsumenten - aktiviert werden kann (Hayek 1968). Nur so sei wirtschaftliche Effizienz garantiert. Strukturpolitik, die bewusst lenkend in diesen Prozess eingreift, mindere die Effizienz, in dem sie den Strukturwandel im Sinne der unmittelbaren Akteure behindere.

Die gängige Auffassung im Rahmen einer sozialen Marktwirtschaft besteht hingegen darin, dass es ökonomisch zwar richtig ist, dass der durch Marktprozesse verursachte Strukturwandel nicht politisch manipuliert werden darf, sozialpolitisch ist allerdings erforderlich, dass die Kosten der strukturellen Unterentwicklung und des Strukturwandels nicht allein von den unmittelbar betroffenen Regionen, Branchen und letztlich den Menschen, sondern von der Gesamtheit einer Volkswirtschaft getragen werden sollten. Deshalb ist es in diesem Zusammenhang notwendig, so gegenwärtig auch Haltung der Europäische Kommission, ein Gleichgewicht zwischen den wirtschaftsdynamischen und den sozialen Aspekten des Strukturwandels herzustellen, das sowohl Flexibilität für die Wirtschaft als auch Sicherheit für den Bürger verspricht (Agenda 2000). Nach dieser Auffassung dient Strukturpolitik als Anpassungshilfe für Regionen und/oder Branchen und als soziale Abfederung für die vom Strukturwandel betroffenen Menschen und ist mit einer sozialen Marktwirtschaft nicht nur vereinbar, sondern für die Förderung der Akzeptanz des marktwirtschaftlichen Systems und für die Aufrechterhaltung seiner Dynamik unabdingbar. Die Europäische Kommission vertritt in der Agenda 2000 die Auffassung, dass sich die Europäische Union an die weltweit durch die fortschreitende Globalisierung verursachten strukturellen Veränderungen strukturpolitisch anpassen muss. Aus diesem Grund wurde die Realisierung besserer allgemeiner und beruflicher

Bildung, moderner Beschäftigungsformen und Beschäftigungsbedingungen sowie besserer Lebensbedingungen möglichst für alle Regionen der Union angedacht.

2.3.3 Das Wirtschaftssystem der Zentralverwaltungswirtschaft - dargestellt am Beispiel des Wirtschaftssystems der ehemaligen DDR

2.3.3.1 Allgemeine Charakteristik des Systems

Die Wirtschaftsordnung der DDR war eine Zentralverwaltungswirtschaft. Dies bedeutet, dass die Geordnetheit der Beziehungen zwischen den Elementen des Wirtschaftssystems nach den Prinzipien einer Organisation entstand. Die ordnungsstiftende Kraft dieses Systems war der Wille des Organisators. Institutionell betrachtet war die Wirtschaftsordnung der DDR eine Kombination folgender Elementarformen:

- zentrale Planung der Produktionsprozesse;

- überwiegend staatliches Produktionsmitteleigentum;

- staatliche Preisfestsetzung;

- Planerfüllungsprinzip gekoppelt mit der Gewährung von Prämien.

Theoretisch bildet sich das Wirtschaftssystem einer Zentralverwaltungswirtschaft aufgrund von Entscheidungen einer zentralen Stelle. Die Informationen innerhalb des Systems wurden auf den verwaltungsmäßigen Kommunikationswegen in Form von Meldungen und Anweisungen vermittelt. Dabei gehört zu den Informationsempfängern in der Regel ein ganz bestimmter Personenkreis in der Planungshierarchie.

2.3.3.2 Die güterwirtschaftliche Zentralplanung

Man kann sich vereinfachend die staatliche Planung einer Volkswirtschaft als eine naturale Planung ohne Geld und Geldrechnung vorstellen. Die Planungsbehörde hat dann als primäre Aufgaben die Planperioden festzulegen, die Ziele der jeweiligen Periode nach Art, Umfang und Dringlichkeit zu bestimmen und den Bedarf an Gütern aller Art, die für die Realisierung der Ziele notwendig sind, festzustellen. Was die Planperioden betrifft, unterschied man in allen sozialistischen Ländern zwischen langfristigen Plänen (ca. 15 Jahre), Perspektivplänen (5 Jahre) und Jahresplänen.

Die **langfristigen Pläne** wurden auf der Grundlage von Prognosen über die Entwicklung volkswirtschaftlicher Grunddaten, wie Bevölkerung, öffentlicher und privater Bedarf, Quantität und Qualität der Produktionsfaktoren, erarbeitet. Mit Hilfe dieser Pläne sollte die langfristige Entwicklung der

Versorgung der Bevölkerung mit Konsumgütern und mit Wohnungen sowie die langfristige Entwicklung der Kapazitäten gesamtwirtschaftlich wichtiger Versorgungsbereiche, wie Energiesektor und Rohstoffversorgung, festgelegt werden. Darüber hinaus mussten die gesamtwirtschaftliche Produktionsstruktur, die Territorialstruktur und die Entwicklung des Außenhandels prognostiziert werden. Die Langfristpläne sollten in enger Verknüpfung zu den Perspektivplänen stehen, die als Grundlage für die Jahrespläne dienten und eine etappenweise Verwirklichung der langfristigen Entwicklungspläne bewirken sollten. Sie enthielten konkrete Angaben über die voraussichtlichen bzw. wünschenswerten Entwicklungen der volkswirtschaftlichen Größen.

Die **Perspektivpläne** wurden mit dem Zweck, eine Verzahnung von mittelfristigen und Jahresplänen zu erreichen, in Jahresabschnitte unterteilt.

Die **Jahrespläne** waren operative und für die Produktion verbindliche Pläne. Ihr Ziel lag hauptsächlich in der Sicherung eines angemessen funktionierenden Wirtschaftsablaufs. Die Erstellung und Realisierung der Pläne hing entscheidend davon ab, inwieweit es der Zentrale gelang, zukünftige Entwicklungen hinreichend zu prognostizieren bzw. vorhandene Informationen zu zentralisieren und sie entsprechend auszuwerten.

Die Planung wurde in der Regel nach der so genannten **Bilanzierungsmethode** vorgenommen. Sie war das einfachste und älteste, in der Praxis zentraler Planung sehr verbreitete Hauptplanungsverfahren. Die politische Führung legte zunächst fest, welche Proportionen zwischen Investitionsgüter- und Konsumgütersektor bestehen und welche Regionen, Branchen und Sektoren vorrangig entwickelt werden sollten. Mit Hilfe der Bilanzierungsmethode versuchte man dann, den Knappheitsgrad der einzelnen Güter, d. h. die Mengendifferenzen von Bedarf und Aufkommen, sichtbar zu machen.

In der Praxis war es aufgrund der Gütervielfalt unmöglich, alle Güter einzeln zu bilanzieren. Daher erfasste der Bilanzierungsprozess nicht einzelne Güter, sondern Güterbündel.

2.3.3.3 Die monetäre Zentralplanung

Für die Durchführung der güterwirtschaftlichen Planung ist es in der Praxis unerlässlich, mit einer allgemeinen Recheneinheit zu operieren, auf die alle naturalen Größen wertmäßig zurückgeführt werden können. Deshalb war und ist jede Zentralverwaltungswirtschaft zugleich eine Geldwirtschaft. Dies erleichtert die Kontrolle der Planerfüllung, die Leistungsbewertung, den Leistungsvergleich und die Verteilung der erzielten Leistungen. Die Geldwirtschaft erfordert aber parallel zu der güterwirtschaftlichen auch eine monetäre Planung. Die Preise sind dabei Instrumente zur Durchsetzung von Zielen der zentralen Entscheidungsgremien. Die Preise übernehmen eine planrechnerische Funktion und erlauben eine geschlossene Bewertung und damit eine Kontrolle der betrieblichen Leistungen.

Das Problem einer monetären Zentralplanung besteht aber darin, für die vielen Güter und einzelne Leistungen ökonomisch richtige Preise zu finden. Theoretisch ist dieses Problem nur lösbar, wenn der Wirtschaftsprozess zentral und natural vollständig durchgeplant wird. Dies war jedoch in der Praxis nicht durchführbar, weil nicht alle Güter und Leistungen in einer Volkswirtschaft bilanziert werden konnten. Dieser Mangel an Exaktheit der Planung verursachte permanent eine Reihe von Unwirtschaftlichkeiten, die die Leistungsfähigkeit des Systems erheblich beeinträchtigten.

2.3.3.4 Kategorien von Problemen bei Zentralplanung von Wirtschaftsprozessen

In der Regel werden die Probleme, mit welchen Zentralverwaltungswirtschaften in der Praxis konfrontiert sind, bei den theoretischen Modellen dieser Wirtschaftssysteme durch Prämissen ausgeschaltet. Im Modell wird vor allem die Gültigkeit folgender Prämissen unterstellt:

- Die zentrale Leitung ist in der Lage, sämtliche Ziele, die sie zu realisieren wünscht, eindeutig zu bestimmen und durchzusetzen.

- Die einzelnen Planträger innerhalb der Planungshierarchie arbeiten solidarisch im Sinne der Zielsetzung der Zentrale unter Zurückstellung eigener Wünsche und Interessen.

- Der Wirtschaftsprozess wird sachlich und zeitlich vollständig natural durchgeplant.

- Der Planungsprozess wird vor Beginn der Planperiode durchgeführt und ist zu Beginn der Planperiode abgeschlossen.

Mit diesen Prämissen werden viele Probleme zwar für das theoretische Modell ausgeschlossen, nicht aber für die Praxis einer Zentralverwaltungswirtschaft. Daraus resultieren hauptsächlich zwei Kategorien von fast unlösbaren Problemen. Die erste Kategorie sind Probleme planungstechnischer und die zweite Probleme grundsätzlicher Art.

Zu den **Problemen planungstechnischer Art** zählen sämtliche Schwierigkeiten, die bei der Aufstellung von Bedarfs- und Produktionsplänen auftreten können, wie vor allem:

Erstens die bereits erwähnte Unmöglichkeit der Planung, sämtliche Güter in einer Volkswirtschaft erfassen zu können. Die Hoffnung, dieses Problem mit Hilfe der Computertechnologie zu lösen, hat sich bis jetzt nicht erfüllt. In der Praxis bedeutete dies, dass die zentrale Planungsbehörde gezwungen war, mit Gütergruppen zu arbeiten, die Ungenauigkeit der Planung zur Folge haben musste. Eine nicht vollständig zentral und natural durchgeführte Planung machte aber die Aufstellung eines die Knappheitsrelationen widerspiegelnden Preissystems unmöglich. Die Bildung von und die Bewertung mit ökonomischen Preisen war damit nicht exakt möglich, so dass Fehllenkung und damit Verschwendung von wirtschaftlichen Gütern entstehen konnte.

Ein **zweites** Problem planungstechnischer Art resultierte aus der Übermittlungstechnik von Informationen innerhalb der Planungshierarchie selbst. Die Anzahl von Informationen, die auf jeder Hierarchieebene empfangen, verarbeitet und dann weitergeleitet werden, bewirkte einen großen Informationsverlust auf allen Ebenen. Aber auch dann, wenn die Rechenkapazitäten ausreichen würden, ist die Wahrscheinlichkeit von Fehlinformationen aufgrund der zu bewältigenden Informationsmenge relativ groß, da menschliches Versagen nicht auszuschließen ist.

Ein **drittes** planungstechnisches Problem ergab sich bei der Entstehung des Planes. In der Realität war es nicht möglich, die Planerstellung und Planrealisierung zeitlich nacheinander durchzuführen. Dies bedeutete, dass man entweder mit der Erfüllung eines noch nicht abgeschlossenen Planes begann, oder dass man einen abgeschlossenen Plan beginnt, der nicht exakt die Ergebnisse der Vorperiode enthält. Aufgrund dieses objektiven Tatbestandes war die Aufstellung einer exakten und rechtzeitigen Planung unmöglich.

Die **Probleme grundsätzlicher Art** waren gewichtiger und für die Funktionsweise des gesamten Wirtschaftssystems noch gravierender. Zu nennen sind hier u. a. das Problem der ökonomischen Interessengegensätze, das zwischen politischer Führung und den ausführenden Organen bestand, sowie die damit verbundene Unlösbarkeit des allgemeinen Leistungsproblems.

Eine zentral aufgestellte volkswirtschaftliche Planung kann als ein System von Erwartungen interpretiert werden. Die Erfüllbarkeit der Pläne hängt davon ab, ob die in den Plänen festgelegten Leistungserwartungen realitätsnah sind und ob die unterstellten Verhaltensweisen der wirtschaftenden Menschen richtig eingeschätzt worden sind. Da die planende zentrale Instanz ihre Informationen (Daten) fast ausschließlich aus den Betrieben erhielt, stellte sich die Frage, ob auch die Betriebe bereit waren, die richtigen Daten der Zentrale zur Verfügung zu stellen. Dies hing wiederum davon ab, ob die Zielsetzungen und die Interessen der Betriebe mit denen der Zentrale übereinstimmten.

In der Realität kann man gewiss davon ausgehen, dass die Zentrale, also die politische Führung, ein natürliches Interesse an einer möglichst großen Effizienz der volkswirtschaftlichen Kapazitäten hatte. Sie konnte das möglicherweise erreichen, wenn den Betrieben entsprechende Planauflagen gegeben wurden und die Betriebe zur Erfüllung dieser Pläne durch Gewährung von Prämien motiviert werden konnten. Daraus lässt sich folgern, dass die Interessen der Betriebe an der Planerfüllung und auf die damit verbundene Prämienerzielung ausgerichtet waren.

Gerade in diesen scheinbar identischen Zielen von Betrieben und Zentrale lag jedoch ein Interessenwiderspruch begründet. Während das Interesse der Zentrale darin bestand, den Betrieben möglichst hohe Planauflagen zu geben, war das Interesse der Betriebe auf hohe Prämien gerichtet, deren Erzielung nur bei Erfüllung der Pläne möglich war.

Als logische Konsequenz daraus ergab sich für die Betriebe, dass diese nach leicht erfüllbaren Plänen strebten. Diese hätten sie erreichen können, wenn sie ihr Informationsmonopol gegenüber der Zentrale so ausgenutzt hätten, dass für sie ein leicht erfüllbarer Plan, ein "weicher" Plan, entstand. Ein weicher Plan stellte geringere Leistungsanforderungen an die Betriebe, die ihn durchzusetzen hatten. Ein weicher Plan wurde erreicht, wenn den Betrieben durch ihre Informationen an die Zentrale gelungen war, sie davon zu überzeugen, dass ihre angemeldeten Betriebskosten weit höher waren als die tatsächlichen. Das bedeutete, dass den Betrieben Reserven an Materialien und Arbeitskräften in weit größerem Umfang zugesprochen wurden als tatsächlich erforderlich. Ein solches Verhalten bedeutete, dass die betrieblichen (einzelwirtschaftlichen) Interessen im Widerspruch zu den gesamtwirtschaftlichen Interessen standen. Daraus resultierte gesamtwirtschaftliche eine Tendenz zur Unwirtschaftlichkeit. Sie galt nicht nur für die Betriebe, sondern für alle Ebenen der Planungshierarchie und sogar für die unteren Instanzen der Partei. Dies ist plausibel, wenn man bedenkt, dass das Einkommen, das Ansehen und Karriere des Einzelnen direkt oder indirekt von der Erfüllung der Pläne abhingen.

Das Problem der weichen Pläne berührte sehr stark die Leistungsfähigkeit des Systems und war daher in allen realisierten Zentralverwaltungswirtschaften das Hauptproblem. Sämtliche Reformbestrebungen hatten die Beseitigung dieses Problems zum Ziel. Das lässt sich auch an der wirtschaftlichen Entwicklungsgeschichte der DDR als Paradebeispiel ablesen.

2.3.3.5 Die Entwicklungsphasen des Wirtschaftssystems der DDR

Die Funktionsweise des Wirtschaftssystems der DDR wird leicht verständlich, wenn man es in vier Entwicklungsphasen darstellt. Der erste Schritt war eine konstituierende Phase von ca. 1949 bis 1963, es folgte eine systemerhaltende Stabilisierungs- und Reformphase von 1963 bis 1967, danach begann eine systemverändernde Reformphase von 1967 bis 1970, an die sich eine systemerhaltenden Reformphase der siebziger und achtziger Jahre anschloss.

Konstituierende Phase von 1949 - 1963: In diesem Zeitabschnitt wurden die ordnungspolitischen Entscheidungen getroffen, die das Wirtschaftssystem einer Zentralverwaltungswirtschaft konstituierten und eine gewisse Stabilität gewährten. Die Hauptentscheidungen, die in dieser Zeit fielen, waren die Einführung der staatlich-administrativen zentralen Planung des Wirtschaftsprozesses und der Aufbau des dafür benötigten Behördenapparates. Zudem wurde die grundsätzliche Einführung des "sozialistischen Eigentums" an den Produktionsmitteln vollzogen, ein Amt für Preise konstituiert und die Einführung eines dem Wirtschaftssystem adäquaten Geld- und Kreditwesens vorgenommen.

Die **systemerhaltende Reformphase von 1963 bis 1967** war durch die intensive Auseinandersetzung mit den Funktionsmängeln dieses Systems gekennzeichnet. Die bestehenden Differenzen zwischen den Interessen und Zielen der politischen Führung und denen der Betriebe bildeten das Hauptproblem, mit dem sich die politische Führung wirtschaftspolitisch auseinandersetzen musste. Die Tendenz zu weichen Plänen und die damit verbundenen Unwirtschaftlichkeiten aus gesamtwirtschaftlicher Sicht bewog die Partei dazu, auf ihrem VI. Parteitag vom 15. - 21. 1. 1963 das **"Neue Ökonomische System der Planung und Leitung der Volkswirtschaft" (NÖS)** zu beschließen und es am 11. 6. 1963 einzuführen. Das Neue am NÖS war der Versuch, durch ein Bündel von ökonomischen Anreizen (Hebeln), die allerdings die bisherige Form der zentralen Planung nicht ändern sollten, das Verhalten der Wirtschaftssubjekte im Sinne der politischen Führung zu lenken.

Der Gewinn wurde als prämienrelevante Hauptkennziffer eingeführt und die Betriebe dazu gezwungen, ihre Produkte auch abzusetzen. Das war vorher bei der Erfüllung der Hauptkennziffer "Bruttoproduktion" nicht erforderlich. Die Preispolitik erhielt einen anderen Stellenwert, da jetzt die Lenkung der Produktion nach den Zielsetzungen der politischen Führung erleichtert wurde. Darüber hinaus verfolgte man das Ziel, dem Problem der "weichen Pläne" erfolgreich zu begegnen. Der Gewinnhebel wurde so umgestaltet, dass die Betriebe bereits bei der Planentstehung die Möglichkeit hatten, die ihnen vorgegebene "Orientierungsziffer Gewinn" zu überbieten. Dadurch war ihnen die Chance gegeben, falls sie die überbotene Kennziffer übererfüllten, erhöhte Prämien zu erhalten. Für die Planer hatte diese Regelung den Vorteil, dass sie bereits vor Beginn des neuen Planjahres oder zumindest vor dessen Ende Informationen über voraussichtliche Mehrproduktion erhielten, die ihnen die weitere Planung leichter machten.

Der neue wirtschaftspolitische Eingriff sollte einen positiven Schritt zur Milderung der Interessengegensätze zwischen Betrieben und Planungsgremien darstellen. Jedoch blieben diese - vor allem wegen der Beibehaltung des Prinzips der Planerfüllung - ohne nennenswerte Abschwächung erhalten. Die Betriebe konnten gegenüber der Zentrale auch unter dieser Regelung die gleiche Informationspolitik betreiben wie bisher. Sie teilten den übergeordneten Instanzen nicht mit, was sie tatsächlich leisten konnten, sondern lediglich das, was ihnen langfristig die Möglichkeit verschaffte, hohe Übererfüllung und damit hohe Prämierung zu erreichen. Damit blieb das Problem der weichen Pläne weiterhin erhalten, allerdings jetzt vermutlich auf einem höheren Produktionsniveau.

Der Hauptgrund dafür, dass es nicht gelang, die weichen Pläne zu beseitigen, lag vor allem darin, dass sich durch die Einführung des Gewinnhebels die Verhaltensstrategien weder der Planungsorgane noch der Betriebe grundsätzlich geändert hatten. Denn die Beibehaltung des Planerfüllungsprinzips veranlasste die Planungsorgane, bei hoher Übererfüllung des Gewinnplanes in der nächsten Planperiode eine entsprechend höhere Gewinnorientierungsziffer (mindestens die in der vergangenen Periode realisierte) zu verlangen. Gerade die Erwartung der Betriebe über dieses Verhalten der Zentrale zwang sie zur Zurückhaltung und zu nur mäßiger Erfüllung oder Übererfüllung der Pläne.

Eine weitere Abschwächung der Tendenz zu weichen Plänen erhoffte man sich aus der Einführung einer Preisreform. Die Preisreform war insbesondere deshalb nötig, weil das Preissystem eine wichtige Voraussetzung für die Aussagefähigkeit des Betriebsgewinns als Leistungsmaßstab und Interessengröße war. Durch die neue Festsetzung der Preisrelationen der Input- und Outputgüter erhielten die Entscheidungsgremien in gewissem Umfang einen direkten Einfluss auf die Sortimentsbestimmung. Die Preisgestaltung wurde somit eine wichtige Grundlage für die Art der Produktion.

Als zusätzliches wirtschaftspolitisches Instrument zur Beseitigung weicher Pläne wurde 1963 die so genannte Produktionsfondsabgabe eingeführt. Bis zu dieser Zeit war nämlich zu beobachten gewesen, dass die Betriebe das Erfüllen oder Übererfüllen der Pläne durch Horten von Leistungsreserven (Verschleierung von Kapazitäten) zu erleichtern suchten. Man hatte eingesehen, dass bis dahin kein hinreichender ökonomischer Anreiz bestand, die Betriebe und die Vereinigungen Volkseigener Betriebe (VVB) zur besten Ausnutzungsweise der produktiven Fonds zu veranlassen. Für die Leitungen der Betriebe entstanden keine Nachteile, wenn sie gesellschaftliche Akkumulationsmittel unnötig gebunden hatten und sich Produktionsreserven schafften. Mit der Produktionsfondsabgabe wurde ein Kostenfaktor für die Betriebe eingeführt, der sie zwingen sollte, ein vorgegebenes Ergebnis mit niedrigem Kapitalaufwand zu erwirtschaften. Die Produktionsfondsabgabe wurde als fester Prozentsatz auf das produktive Kapital (Grund- und Umlaufmittelfonds) erhoben und musste als eine Art Gewinnabführung abgezogen werden. Dadurch wurde der Nettogewinn (Bruttogewinn minus Produktionsfondsabgabe) das Effektivitätskriterium der Leistungen der Betriebe, von dem ihre Prämiierung abhängig war.

Mit diesen wirtschaftspolitischen Instrumenten (Nettogewinn, Preisreformen, Produktionsfondsabgabe) versuchte man also ab 1963 in der ehemaligen DDR, den vielfältigen Unwirtschaftlichkeiten zu begegnen. Die erhoffte Stabilisierung des Prozessablaufs war aber, wie die weiteren wirtschaftspolitischen Anstrengungen zeigten, nur partiell geglückt. Der Misserfolg war Anlass, auf dem VII. Parteitag der SED im Jahre 1967 eine weitere Reform zu beschließen. Man sprach seitdem nicht mehr vom NÖS, sondern vom **"Entwickelten gesellschaftlichen System des Sozialismus"** oder vom **"Ökonomischen System des Sozialismus" (ÖSS)**. Damit wurde eine dritte systemverändernde Reformphase des Wirtschaftssystems eingeleitet.

Die Reform des Jahres 1963 hatte den Grundcharakter des Wirtschaftssystems nicht verändert. Die zentrale Planung und das Planerfüllungsprinzip in Verbindung mit Prämien blieben bestehen. Prinzipielle Veränderungen im betrieblichen Verhalten konnten daher nicht entstehen, und das allgemeine Streben der Betriebe nach weichen Plänen wurde nur marginal verändert.

Die Erfahrungen mit dem NÖS hatten gelehrt, dass für diesen Misserfolg die Verhaltensstrategie der Planungsbehörde hauptverantwortlich war. Ihr Verhalten resultierte nach wie vor aus den unveränderten Ordnungsgegebenheiten des Wirtschaftssystems. Wie schon oben erläutert, gingen die Planer unter solchen Ordnungsbedingungen bei der Ausarbeitung ihrer Plananforderungen stets vom erreichten Niveau der Vorperiode aus. Die Einführung der Hauptkennziffer Gewinn hat an dieser Praxis nichts geändert, da als Leistungsmaßstab nicht der Gewinn als solcher, sondern der **Plangewinn** galt. Prämien wurden den Betrieben nach wie vor nur bei Erfüllung oder Übererfüllung der Kennziffer Plangewinn gewährt.

Gerade dieses Vorgehen der Planungsbehörde zwang aber die Betriebe geradezu, nach weichen Plänen zu streben. Sie waren um niedrige Plangewinnanforderungen bemüht, damit sie dadurch um so leichter die Planauflagen erfüllen konnten. Das Streben nach versteckten Leistungsreserven blieb daher auch bei der Hauptkennziffer Gewinn weiter aktuell.

Um dieses Problem doch noch in den Griff zu bekommen, wagte man sich auf dem VII. Parteitag der SED im Jahre 1967 noch einen Schritt weiter. Man hatte vermutlich eingesehen, dass die Strategie der Planungsbehörden, immer vom erreichten Niveau auszugehen, oft eine Strafe für jene Betriebe darstellte, die in der Vorperiode gute und hohe Leistungen erbracht hatten. Diese Erkenntnis führte zu einer Änderung der Kriterien für die Gewährung von Prämien. Man löste den **Soll-Ist-Vergleich** durch die so genannten "**Gewinnverwendungsnormative**" ab. Die Bekämpfung der weichen Pläne sollte nun durch eine Koppelung von Gewinn, Gewinnzuwachs gegenüber der Vorperiode und Prämienfonds mit langfristigen Gewinnverwendungsnormativen erreicht werden.

Inhalt dieser Normative waren konkrete Anweisungen an die Betriebe darüber, wie der tatsächlich erzielte Nettogewinn auf die Verwendungszwecke zu verteilen war. Es wurde bisher jährlich festgelegt, welche Anteile des Nettogewinns den Investitions- und Prämienfonds zugeführt werden mussten. Die jährliche Variabilität dieser Normative war der bisherige Unsicherheitsfaktor, der die Betriebe zur Zurückhaltung zwang. Durch die Verordnung über die Bildung und Verwendung des Prämienfonds vom 26. 6. 1968 führte man deshalb für die Jahre 1969 und 1970 Zweijahresnormative für die Nettogewinnverwendung ein. Dadurch sollten die Betriebe jedes Interesse an weichen Plänen verlieren. Es erfolgte bei konsequenter längerfristiger Konstanz der Normative keine Bestrafung des Betriebes im Folgejahr bei hohen Gewinnen im Vorjahr.

Diese Regelung brach den Grundsatz der Bewertung ökonomischer Leistungen durch Plan-Soll- und Plan-Ist-Vergleich und die davon abhängige Höhe der Prämien. Sie war als ein entschiedener Schlag gegen die Tendenz zu weichen Plänen gedacht gewesen. Durch die zwar geplante, dann aber doch nicht vollzogene Einführung von Fünfjahresnormativen hätte man möglicherweise die endgültige Beseitigung der weichen Pläne erreichen können. Dazu kam es aber nicht.

Infolge wirtschaftlicher Rückschläge im Jahre 1970, so die offizielle Begründung, hat man auf der 13. ZK-Tagung der SED im Juni 1970 den Abbruch der bisherigen Wirtschaftspolitik gefordert. Für das Jahr 1971 wurde eine Ausarbeitung und Durchführung des Volkswirtschaftsplanes verlangt, die die Rolle und Autorität des Planes erhöhen und seine Erfüllung "durch eine qualifizierte und von hoher Staatsdisziplin getragene Leitungstätigkeit auf allen Ebenen" bewirken sollten.

Nach diesem Beschluss erhielten dann die Betriebe wieder detaillierte Planauflagen, ähnlich den Plananweisungen aus der Zeit vor 1963. Damit wurde eine vierte Phase eingeleitet, die in der gleichen Weise verlief wie die erste.

Diese Zeit kann man als die Periode der systemerhaltenden Reformphasen der siebziger und achtziger Jahre bezeichnen.

Zu den systemerhaltenden Reformphasen der siebziger und achtziger Jahre: Nach den Reformphasen des NÖS und ÖSS und unter der neuen Führung Honeckers zu Beginn der siebziger Jahre kehrte man in der DDR zu einer hauptsächlich zentralistisch geführten Wirtschaftspolitik zurück. Obwohl man in den siebziger Jahren und zu Beginn der achtziger Jahre nach wie vor bemüht war, die Funktionsweise des Wirtschaftssystems zu verbessern, wurde keine geschlossene Reformkonzeption wie der der sechziger Jahre, sichtbar. In den wirtschaftspolitischen Reformbemühungen der politischen Führung war in dieser Zeit die Einsicht erkennbar, dass die weitere wirtschaftliche Entwicklung nicht so sehr vom extensiven, sondern vielmehr vom intensiven Wachstum abhänge. Daher versuchte man, alle Maßnahmen, die die Leitung, Planung und Stimulierung der Leistungen betrafen, auf ein intensives Wachstum auszurichten.

Betrachtet man jedoch die tatsächliche Entwicklung seit Mitte der siebziger Jahre, dann stellt man fest, dass keine neue Konzeption vorlag. Die Bemühungen richteten sich vor allem darauf, durch neue und ständig wechselnde Kennziffernkombinationen sowie durch organisatorische Veränderungen der betrieblichen Struktur die so genannte "Intensivierung der Produktion" zu erreichen. In diesem Zusammenhang ist die Einführung des Organisationsprinzips **"Kombinat"** im Jahre 1979 zu erwähnen. Von einem sehr straffen Verbund der Kombinate im Verhältnis zu der bisher bestehenden Vereinigung Volkseigener Betriebe erwartete man eine sprunghafte Steigerung der Produktivität sowie neue Impulse für die Stimulierung des technischen Fortschritts. Diese Erwartung erfüllte sich jedoch trotz gewisser Anfangserfolge insgesamt nicht. Zu Beginn der achtziger Jahre führte man erneut den Gewinn als Leistungsmaßstab für die betriebliche Leistungsstimulierung ein. Die Kennziffernkombination **Nettoproduktion, Nettogewinn, Konsumerzeugnisse und Export** wurde als ein in sich geschlossenes System ökonomischer Hebel propagiert und erinnerte an das NÖS der sechziger Jahre. Diese Reform wurde jedoch im Vergleich zum NÖS aufgrund der starken zentralistischen Kontroll- und Sanktionsmaßnahmen in ihrer Wirksamkeit erheblich geschwächt.

Als ganz neue wirtschaftspolitische Maßnahme, die die Betriebe zum sparsamen Einsatz von Arbeitskräften zwingen sollte, war die Einführung des so genannten **"Beitrags für gesellschaftliche Fonds"**. Diesen Beitrag hatten die Betriebe ab 1. 1. 1984 zu leisten. Er war jedoch nichts anderes als eine erhebliche Lohnkostenerhöhung, die 70 v. H. des tatsächlich erbrachten Lohnfonds betrug und deren Verkraftung den Betrieben sicher nicht leicht fiel. Diese Gelder erhielten nicht etwa die Beschäftigten, sondern sie flossen in Form einer Lohnsummensteuer an den Staatshaushalt. Als Parallele dazu kann man die Produktionsfondsabgabe aus der Zeit des NÖS betrachten. Damals ging es um den sparsamen Einsatz des Produktionsfaktors Kapital, jetzt geht es um den sparsamen Einsatz des Faktors Arbeit.

Das erstrebte Ziel wurde damit hauptsächlich aus zwei Gründen nicht erreicht. Erstens, weil die hohe Abgabebelastung der Betriebe und Kombinate ohne Produktionseinbußen nicht zu verkraften war und zweitens, weil man außerdem den schwachen Betrieben Subventionen gewährte. Diese Subventionspolitik führte aber dazu, dass genau das Gegenteil von dem erreicht wurde, was eigentlich gewollt war. Denn durch die Gewährung von Subventionen an die schwachen Betriebe wurden diese in ihrer Arbeit mit weichen Plänen zusätzlich noch belohnt, während diejenigen Betriebe, die gut gearbeitet hatten, dafür noch bestraft wurden.

2.3.4 Gründe des Zusammenbruchs des Wirtschaftssystems der DDR

Die Darstellung der Entwicklung des Wirtschaftssystems der DDR zeigte Bemühungen, Unwirtschaftlichkeiten zu bekämpfen und die Effizienz des Systems zu erhöhen. Es wurde deutlich, dass die in den verschiedenen Phasen ergriffenen wirtschaftspolitischen Maßnahmen partiell die Effizienz des Systems tatsächlich hätten erhöhen können. Die Einführung des Nettogewinns als Hauptkennziffer für die Prämierung und die daran anschließenden Gewinnverwendungsnormative Ende der sechziger Jahre bekämpften die Funktionsmängel des Systems, wurden jedoch nicht weitergeführt.

Anhand der aufgezeigten Problematik ist zu erkennen, dass man offensichtlich nicht bereit war, die Unwirtschaftlichkeiten auf dem Wege einer grundsätzlichen Transformation des Wirtschaftssystems zu beseitigen.

Möglichkeiten dazu ergaben sich erst Ende der achtziger Jahre mit der Beseitigung des politischen Systems der DDR.

Die Feststellung, dass die durchschnittliche Produktionsleistung der ehemaligen DDR ca. einem Drittel der Leistung der Bundesrepublik Deutschland entsprach, zeigte das Ausmaß der Schwäche des beschriebenen Wirtschaftssystems, aber nicht die Leistungsfähigkeit der Menschen. Auf beiden Seiten arbeiteten Deutsche mit demselben kulturellen, geschichtlichen und traditionellen Hindergrund. Die Unterschiedlichkeit der politischen und wirtschaftlichen Ordnungsbedingungen hatte die Leistungsfähigkeit der Menschen unterschiedlich beeinflusst.

Diese These wird durch einen kurzen Exkurs in die Vergangenheit des Wirtschaftsraumes der DDR bestätigt.

Bis zum Ausbruch des Zweiten Weltkriegs zählte die mitteldeutsche Wirtschaftsregion zu den führenden Industriegebieten Europas. Bereits Ausgang des 19. Jahrhunderts entfalteten sich gerade in Mitteldeutschland bedeutende Standorte insbesondere der verarbeitenden Industrie. Hervorzuheben sind die Regionen Berlin, Sachsen, Thüringen und die Achse Leipzig – Halle - Merseburg. Die durchschnittliche industrielle Leistung je Einwohner war 1939 in Mitteldeutschland (Gebiet der ehemaligen DDR ohne Berlin) nicht nur höher als die durchschnittliche industrielle Leistung Gesamtdeutschlands (Gebietsstand 1937), sondern auch höher als die Westdeutschlands (Gebiet der alten BRD ohne Berlin). Die industrielle Nettoproduktion betrug im Jahre 1939 pro Kopf der Bevölkerung in Berlin 855, in Mitteldeutschland 725, im Gebiet der alten Bundesländer ohne Berlin 609, im Gebiet östlich der Oder/Neiße 249 und in Gesamtdeutschland (Gebietsstand 1937) 600 Reichsmark.

Diese Bemerkungen sollten zum einen das Ausmaß der Folgen der Abkoppelung der mitteldeutschen Wirtschaft von der marktwirtschaftlichen und technologischen Entwicklung Westdeutschlands andeuten und zum anderen zeigen, dass man es hier, im Gegensatz zu der immer wieder vorgebrachten Auffassung - es habe nicht das System, sondern die Menschen des DDR-Systems versagt - eindeutig mit systembedingten Entwicklungen zu tun hat, die wirtschaftliche Rückständigkeiten herbeigeführt haben.

Fehler bei wirtschaftlicher Planung, Irrtümer oder auch das individuelle Versagen Einzelner können nur dann zu volkswirtschaftlichen Störungen führen, wenn sie eine Massenerscheinung wären. Dies kann nicht ernsthaft für die Erwerbsbevölkerung und für die verantwortlichen Manager der ehemaligen DDR unterstellt werden.

Die wirklichen Ursachen liegen tief in dem praktizierten Wirtschaftssystem einer Zentralverwaltungswirtschaft sowjetischen Typs, das die Menschen zwingt, zwar einzelwirtschaftlich, nicht aber gesamtwirtschaftlich rational zu handeln.

Den Grundstein für die wirtschaftliche Rückständigkeit hatte die sowjetische Besatzungsmacht 1945 gelegt, indem auf dem Gebiet Mitteldeutschlands [Sowjetische Besatzungszone (SBZ)] mit der schrittweisen Einführung eines Wirtschaftssystems einer Zentralverwaltungswirtschaft sowjetischer Prägung begonnen wurde, welches später mit der Gründung der DDR (1949) seine massive Fortsetzung fand.

In der Zeit der unmittelbaren sowjetischen Besatzung und Militäradministration bis zur Gründung der DDR (Oktober 1949) wurden ca. 66 % des Industrievermögens und etwa 40% der Bauwirtschaft verstaatlicht. Dennoch existierten zum Zeitpunkt der Gründung der DDR ca. 36.000

kleine und mittlere Privatbetriebe, die überwiegend mittelständische Struktur hatten. Der Prozess der Enteignung und Verstaatlichung wurde zunächst auf der Grundlage der von der sowjetischen Militäradministration (SMAD) verwendeten Methoden mit relativ großer Intensität weitergeführt.

In dieser Zeit (1949 - 1952) enteignete man die "Nazi- und Kriegsverbrecher".

Entgegen dem Art. 23 der DDR-Verfassung, der eine angemessene Entschädigung vorsah, erfolgten die meisten Enteignungen entschädigungslos.

Eine weitere planmäßige und systematische de facto Enteignung ohne Entschädigung betraf alle diejenigen Personen, die vor Juni 1953 das Territorium der SBZ bzw. später der DDR "gesetzwidrig", d. h. ohne Beachtung der jeweils geltenden Vorschriften, verlassen haben. Auch das Eigentum derjenigen, die nach diesem Datum die DDR "widerrechtlich" verließen, wurde unter staatliche Verwaltung genommen. Dabei wurde jegliche Abführung von Einkommen an die Eigentümer verboten. Der Staat hatte weitgehende Rechte, da er das unter staatliche Verwaltung genommene Eigentum belasten, veräußern, umgestalten oder liquidieren konnte. Davon hat der Staat planmäßig durch eine Vielfalt von Einfällen Gebrauch gemacht.

Zum einen beschleunigte eine permanente Abwertung die Liquidation von Eigentum, und zum anderen wurde mit überhöhten Verwaltungsgebühren und Steuern eine Überschuldung dieses Vermögens mit der Folge der Überführung in Volkseigentum angestrebt. Die Konsequenz war auch in diesem Fall eine schrittweise de facto Enteignung.

Diejenigen Betriebseigentümer, die irrtümlicherweise geglaubt hatten, ihre privatwirtschaftlich geführten Betriebe auch im Rahmen einer Zentralverwaltungswirtschaft weiterführen zu können, erkannten sehr schnell die Konsequenzen ihres Irrtums. Sie standen den mannigfaltigen Methoden der planmäßigen und systematischen Enteignungsversuche des DDR-Staates machtlos gegenüber.

Abgesehen von den zahlreichen Sanktionen des politischen und des Wirtschaftsstrafrechts, die nicht selten bis zum Entzug der Gewerbeerlaubnis führten, kam eine Anzahl von mittelbaren Enteignungsinstrumenten hinzu, wie die Kreditverweigerung des staatlichen Bankensystems, die Nichtlieferung der erforderlichen Rohstoffe und Zwischenprodukte, die konfiskatorische Steuerpolitik sowie die staatlich verordneten Absatzverpflichtungen für private Betriebe. Diese Sanktionen und Diskriminierungen führten letztlich entweder zur völligen Aufgabe des Betriebes oder zur Aufnahme einer staatlichen Kommanditbeteiligung. Die aufgezwungene Staatsbeteiligung, die bereits seit 1956 schrittweise praktiziert wurde, war eine indirekte Enteignungsform industrieller Betriebe. Schätzungsweise waren zwischen 1949 und 1972 von den mannigfaltigen Enteignungsformen 7.000 bis 10.000 Unternehmen betroffen.

Mit der Verordnung über die Bildung von halbstaatlichen Betrieben vom 26. 3. 1959 öffnete sich für den Staat der Weg zur Staatsbeteiligung in großem Umfang. Die halbstaatlichen Betriebe hatten die Rechtsform einer Kommanditgesellschaft. Darin war der Staat als Kommanditist durch die Deutsche Investitionsbank oder einen volkseigenen Betrieb vertreten. Der ursprüngliche Eigentümer als Komplementär durfte weiterhin die Geschäftsführung haben.

Die halbstaatlichen Betriebe wiesen zunächst aus staatlicher Sicht den Vorteil auf, zentralverwaltungswirtschaftlich konform zu sein, da sie in das zentrale Planungssystem eingeordnet werden konnten. Aus betrieblicher Sicht schien dies positiv, da sie nahezu eine Gleichstellung mit den volkseigenen Betrieben erreichten und damit von den staatlichen Diskriminierungen weitgehend befreit wurden.

Selbst diese Konstruktion erschien der SED auf Dauer nicht mit der Ideologie einer kommunistisch geführten Gesellschaft und mit der Funktionsweise einer Zentralverwaltungswirtschaft vereinbar. Insofern war es aus dieser Sicht konsequent, dass man versucht hatte, eine vollständige Verstaatlichung durchzusetzen. Beim Vorgehen war man äußerlich bemüht, die Form der "Rechtsstaatlichkeit" zu wahren. Dazu diente 1966 die "Anordnung über die Umbewertung der Grundmittel in den Betrieben mit staatlicher Beteiligung".

Der Enteignungs- und Verstaatlichungsprozess des industriellen Vermögens in der ehemaligen DDR fand seine Vollendung in den Enteignungen von 1972. Nachdem die Experimente im Zusammenhang mit dem "Neuen ökonomischen System der Planung und Leitung" (1963) sowie mit dem "Ökonomischen System des Sozialismus" (1968) der sechziger Jahre, die zunächst eine Hoffnung auf eine Liberalisierung des Wirtschaftssystems erzeugten, mit dem Beginn der Ära Honecker zu Ende gingen, unternahm Anfang der siebziger Jahre die Staats- und Parteiführung den Versuch der endgültigen Abschaffung des privaten Produktionsmitteleigentums.

Dieser massive Prozess von Enteignungen im Jahre 1972 wurde öffentlich als eine freiwillige Übergabe an den Staat gegen eine Entschädigung dargestellt. Als Grundlage für diese Entwicklung diente allerdings ein unveröffentlichter Beschluss des Präsidiums des Ministerrates der DDR vom 9. 2. 1972, der die Überführung des verbliebenen Privateigentums verfügte.

Da die vorgenommenen Entschädigungen gemäß der Kapitaleinlage bzw. des Buchwertes der eingebrachten Kapitalmittel des Privateigentümers bemessen wurden, stellten sie in der Regel keine akzeptablen Gegenleistungen der enteigneten Vermögensgegenstände dar. Die enteigneten Eigentümer blieben allerdings in den meisten Fällen in einer Leitungsposition im Unternehmen.

Der Enteignungs- und Verstaatlichungsprozess von 1972 betraf insgesamt 11.800 Unternehmen, davon 6.700 halbstaatliche, 3.400 private Betriebe und 1.700 Produktionsgenossenschaften des Handwerks. In diesen Betrieben waren zum Zeitpunkt der Enteignung ca. 1 Mio. Personen beschäftigt. Die überwiegende Zahl (ca. 75 %) der enteigneten Unternehmen waren mittelständische Industrie-, Bau- und Handwerksbetriebe. Die damit endgültige Installierung des Wirtschaftssystems einer Zentralverwaltungswirtschaft führte zu der dargestellten Leistungsminderung der gesamten Wirtschaftsregion.

Der Zusammenbruch eines solchen Systems war seitdem nur noch eine Frage der Zeit!

Literatur zu Teil I

Eucken, W. (1952, 1990), Grundsätze der Wirtschaftspolitik, hrsg. von Eucken, W./ Hensel, K. P. Tübingen.

Gutmann, G. (1991), Volkswirtschaftslehre – Eine ordnungstheoretische Einführung, Stuttgart, Berlin, Köln.

Hamel, H. (1983), Bundesrepublik Deutschland - DDR. Die Wirtschaftssysteme, München.

Hensel, K. P. u. a. (1971), Wirtschaftssysteme zwischen Zwangsläufigkeit und Entscheidung, Stuttgart.

Hensel, K. P. (1978), Grundformen der Wirtschaftsordnung. Marktwirtschaft-Zentralverwaltungswirtschaft, München.

ders. (1979), Einführung in die Theorie der Zentralverwaltungswirtschaft, Stuttgart, New York.

Lampert, H. (1978), Die Wirtschafts- und Sozialordnung der Bundesrepublik Deutschland, München, Wien.

Paraskewopoulos, Sp. (1985), Konjunkturkrisen im Sozialismus. Eine ordnungstheoretische Analyse, Stuttgart, New York.

Peters, H.-R. (2002), Wirtschaftssystemtheorie und Allgemeine Ordnungspolitik, München, Wien.

Von Hayek, F. A. (1994), Der Wettbewerb als Entdeckungsverfahren, in: ders., Freiburger Studien. Gesammelte Aufsätze, Tübingen.

Teil II: Mikroökonomik

3. Gegenstand und Grundbegriffe der Mikroökonomik

3.1 Angebot und Nachfrage

Am Anfang des Auseinandersetzens mit dem Teilgebiet einer Wissenschaft steht die Frage nach deren Gegenstand. Welcher Sachverhalt bzw. welches Phänomen ist nun der Erklärungsgegenstand der mikroökonomischen Theorie?

Diese Frage lässt sich zunächst kurz wie folgt beantworten: Die Mikroökonomik ist die Lehre von den ökonomischen Entscheidungen der Haushalte und der Unternehmen sowie der Koordination dieser Entscheidungen durch den Marktmechanismus.

Die Notwendigkeit einer Wirtschaftswissenschaft resultiert aus der Tatsache des Knappheitsphänomens und aus dem Sachverhalt der Arbeitsteilung. Die Arbeitsteilung hat dazu geführt, dass sich das Wirtschaftsleben heute im Rahmen von Tauschwirtschaften vollzieht (vgl. 1. Kapitel). Die Wirtschaftssubjekte sind darauf angewiesen, knappe Güter, die sie benötigen, um ihre Bedürfnisse zu befriedigen, gegen Entgelt zu erwerben. Sie müssen also Nachfrage entfalten. Das dafür erforderliche Einkommen können sich die Wirtschaftssubjekte wiederum nur durch den Verkauf eigener Sachgüter und Dienstleistungen beschaffen, d. h. sie sind gezwungen, Angebot zu entfalten.

Dieser Tauschprozess zwischen Angebot und Nachfrage ist ein reales Phänomen, das den Grad der Bedürfnisbefriedigung der beteiligten Wirtschaftssubjekte bestimmt. Der Tauschprozess ist Ausdruck von Produktion, Gebrauch und Verbrauch von Sachgütern und Dienstleistungen in einer arbeitsteiligen Welt. Das Ziel aller Beteiligten besteht darin, so wird es in der Theorie unterstellt, eine optimale Befriedigung ihrer Bedürfnisse zu erreichen.

Die Aufgabe des Wirtschaftswissenschaftlers ist es zu zeigen, wie diese optimale Bedürfnisbefriedigung im Zusammenhang mit dem angesprochenen Sachverhalt von Angebot und Nachfrage von Gütern erreicht werden kann. Es ist daher notwendig, im Rahmen der Wirtschaftstheorie Aussagen darüber zu treffen, wie der Ordnungsrahmen aussehen muss, der zu optimalen Austauschrelationen, d. h. zu zufrieden stellenden Einigungen zwischen Anbietern und Nachfragern führt. Diese spezielle Frage ist Gegenstand der

Theorie von Wirtschaftsordnungen und Wirtschaftssystemen, die auch als Institutionenökonomik bezeichnet wird (vgl. 2. Kapitel).

Ist der Ordnungsrahmen einer Volkswirtschaft so gestaltet, dass die einzelnen Wirtschaftssubjekte die Möglichkeit haben, den Prozess von Angebot und Nachfrage selbst frei zu bestimmen, dann handelt es sich, da das freiwillige Treffen von Angebot und Nachfrage als **Markt** bezeichnet wird, um eine marktwirtschaftliche Ordnung.

Die Menge an Gütern, die man auf dem Markt für ein bestimmtes Gut im Tauschprozess erhält, ist der **Tauschwert** des betreffenden Gutes. In einer Geldwirtschaft wird dieser Tauschwert in Geld ausgedrückt und bezahlt. Der Tauschwert wird dann **Preis** genannt. Der Preis ist also der für ein Gut bezahlte Geldbetrag. Dabei ist zu beachten, dass dieser Geldbetrag deshalb akzeptiert wird, weil für ihn jederzeit andere Güter erworben werden können. Daher ist letztlich der Preis eines Gutes Ausdruck für die Menge an Gütern, die man im Austausch für das betreffende Gut erhält (diese Gütermenge stellt den realen Preis des Gutes dar).

Mit diesen Bemerkungen wurde der Preisbildungsprozess angesprochen, der im Rahmen der Mikroökonomik schließlich erklärt werden soll. Dabei wird der Frage nachgegangen, wie die einzelwirtschaftlichen Interessen von Anbietern und Nachfragern zufrieden stellend für alle realisiert werden können.

Das grundlegende Problem der Mikroökonomik ist also die Erklärung des Prozesses der Bildung der einzelnen Faktor- und Güterpreise und insbesondere der **relativen Preise,** die den Prozess des Einsatzes der Produktionsfaktoren, den Prozess der Güterproduktion und der Güterverteilung bestimmen.

Die grundlegende Theorie im Rahmen der **Mikroökonomik** ist die von Angebot und Nachfrage, die den Prozess der Bildung der relativen Preise erklärt. Der relative Preis zweier Güter x_1 und x_2 ist das Verhältnis der Preise p_1 und p_2 dieser Güter, also die Relation p_1/p_2.

Somit befasst sich die Mikroökonomik mit der Erklärung der Verhaltensweisen der rational handelnden Wirtschaftssubjekte im Zusammenhang mit dem Prozess der Preisbildung sowie mit der Erklärung des daraus resultierenden wirtschaftlichen Ablaufs. Dieser Ablauf ist das Ergebnis der Wirtschaftsbeziehungen zwischen den **privaten Haushalten** und den **Unternehmen** als Nachfrager und Anbieter zugleich. Dabei interessiert die Erklärung der so genannten **Mikrogrößen**. Als solche gelten in der mikroökonomischen Theorie u. a. folgende:

- das Einkommens eines privaten Haushaltes,
- der Konsum eines privaten Haushaltes,
- die Nachfrage eines Haushaltes oder eines Unternehmens nach einem bestimmten Gut,
- das Angebot eines Unternehmens an einem bestimmten Gut,
- die Kosten eines Betriebes bei der Produktion einer bestimmten Menge eines Gutes etc.

In der mikroökonomischen Theorie arbeitet man aber auch mit mikroökonomisch aggregierten Größen, wie beispielsweise mit der gesamten Nachfrage und dem gesamten Angebot eines Marktes, bspw. des Automobil-, Fernsehgeräte-, Immobilienmarktes etc.

Von der mikroökonomischen Theorie abzugrenzen ist die **makroökonomische Theorie**, die den Gegenstand des dritten Teils dieses Buches bildet. Im Gegensatz zur Mikroökonomik, die sich, wie beschrieben, mit dem Verhalten einzelwirtschaftlicher Einheiten und mit dem Preisbildungsprozess auf einzelnen Märkten beschäftigt, befasst sich die Makroökonomik mit gesamtwirtschaftlichen Größen. Während man in der Mikroökonomik z. B. erklärt, wie der Preis eines Gutes gebildet wird, ist der Untersuchungsgegenstand der Makroökonomik das Preisniveau einer Volkswirtschaft. Anstatt mit dem Einkommen und dem Konsum eines Haushaltes befasst sich die Makroökonomik mit dem Volkseinkommen und dem Konsum einer Volkswirtschaft. Auch die Beschäftigung, die Arbeitslosigkeit und die Wachstumsrate einer Volkswirtschaft sind Makrogrößen. Da diese aggregierten gesamtwirtschaftlichen Größen das Ergebnis einer Vielzahl einzelwirtschaftlicher Entscheidungen sind, stellt die mikroökonomische Theorie eine wichtige Grundlage der makroökonomischen Analyse dar.

3.2 Der Begriff des Gleichgewichts

Wenn die angebotene Menge eines Gutes vollständig nachgefragt wird, dann befindet sich der Markt dieses Gutes im **Gleichgewicht**. Gleichgewicht bedeutet in diesem Zusammenhang, dass sich die Erwartungen von Anbietern und Nachfragern zur vollen Zufriedenheit aller realisiert haben. Mit anderen Worten führt der Marktpreisbildungsprozess dazu, dass die einzelwirtschaftlichen Interessen von Anbietern und Nachfragern ausgeglichen werden. Dieser Interessenausgleich findet bei einem Preis statt, dessen Höhe von beiden Seiten akzeptiert wird, dem **Gleichgewichtspreis**.

In Abbildung 3-1 ist ein Marktgleichgewicht grafisch dargestellt. Dazu wurden in ein Preis-Mengen-Diagramm eine von links oben nach rechts unten verlaufende Nachfragekurve und eine von links unten nach rechts oben verlaufende Angebotskurve eingezeichnet. Es wird also unterstellt, dass mit zunehmendem Preis die Nachfrage nach dem Gut zurückgeht, während das Angebot steigt. Eine ausführliche Begründung für diese Verläufe der Nachfrage- und Angebotskurve wird in den folgenden beiden Kapiteln geliefert. Das Gleichgewicht auf dem Markt wird durch den Schnittpunkt der Kurven bestimmt. Dieser gibt den Gleichgewichtspreis p* an, bei dem Angebot und Nachfrage gerade übereinstimmen; die Menge x* stellt die zugehörige Gleichgewichtsmenge dar.

Abbildung 3-1: Marktgleichgewicht

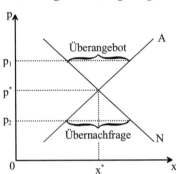

Bei jedem von p* abweichenden Preis herrscht auf dem Markt für das betreffende Gut ein Ungleichgewicht. Läge der Preis bei p_1, so bestünde ein Überangebot, auf das die Anbieter mit Preissenkungen reagieren würden. Der Preis würde zurückgehen bis der Gleichgewichtsreis p* erreicht ist. Umgekehrt würde bei einem Preis p_2 eine Übernachfrage bestehen, auf die die Anbieter mit Preiserhöhungen reagieren würden, bis sich die Preishöhe p* einstellt.

Da die Güter einer Volkswirtschaft, wie oben erwähnt, gegeneinander getauscht werden, kommt der Gleichgewichtspreis eines Gutes nicht isoliert zustande. Dies bedeutet, dass die Höhe der Nachfrage und des Angebots eines einzelnen Gutes mehr oder weniger von der Höhe der Nachfrage und des Angebots aller anderen Güter abhängig ist. Daher wird die Höhe der Nachfrage und des Angebotes eines Gutes nicht nur vom Gleichgewichtspreis dieses Gutes, sondern auch von den Gleichgewichtspreisen aller anderen Güter bestimmt. Dadurch existiert in einer marktwirtschaftlich organisierten Volkswirtschaft eine gegenseitige Abhängigkeit (Interdependenz) aller Güterpreise.

Ist bspw. das Einkommen eines Wirtschaftssubjekts gegeben, dann hängt seine Nachfrage nach Benzin nicht nur von der Höhe des Benzinpreises, sondern auch von der Höhe der Brot-, Kaffee- oder Schuhpreise ab.

Besteht in einer Volkswirtschaft auf allen Gütermärkten ein Gleichgewicht von Angebot und Nachfrage und sind damit alle Güterpreise Gleichgewichtspreise, so spricht man von einem totalen Gleichgewicht. Dieses totale Gleichgewicht wird als **stationäres oder statisches Gleichgewicht** bezeichnet. In der Praxis erreicht man allerdings diesen stationären Zustand niemals. Dort hat man es ständig mit dynamischen Prozessen zum Gleichgewicht hin zu tun. Jede Veränderung eines Preises bedeutet eine Störung der vorher erreichten Situation und den Beginn eines neuen Gleichgewichtsprozesses.

3.3 Haushalts- und Unternehmenstheorie

Wie bereits erwähnt wurde, ist die mikroökonomische Theorie primär eine Theorie der Marktpreisbildung. Und da ein Markt der Treffpunkt von Angebot und Nachfrage von Gütern ist, umfasst die mikroökonomische Theorie alle Teiltheorien, die sich mit den beiden Seiten des Marktes befassen.

Auf der Nachfrageseite sind dies:

- die **Theorie der Haushaltsnachfrage** nach Konsumgütern und
- die **Theorie der Unternehmensnachfrage** nach Faktorleistungen (Produktionsfaktoren).

Auf der Angebotsseite sind dies:

- die **Theorie des Haushaltsangebots** an Faktorleistungen (Arbeitsleistungen, Geldkapital, Grundstücke, Häuser etc.) und
- die **Theorie des Unternehmensangebots** an Konsum- und Kapitalgütern.

Aus dieser Betrachtungsweise resultieren

- die **Theorie der Preisbildung** auf den Konsummärkten und
- die **Theorie der Preisbildung** auf den Faktormärkten.

Geht man von den jeweils betrachteten mikroökonomischen Entscheidungseinheiten aus, so kann zwischen Haushalts- und Unternehmenstheorie unterschieden werden.

Gegenstand der **Haushaltstheorie** ist dementsprechend sowohl die Erklärung des Verhaltens der privaten Haushalte im Zusammenhang mit ihrer Nachfrage nach Konsumgütern als auch mit ihrem Angebot an Faktorleistungen. Dabei wird unterstellt, dass sich die Haushalte ökonomisch rational verhalten, d. h. die bestmögliche Bedürfnisbefriedigung bzw. **Nutzenmaxi-**

mierung anstreben. Ein auf diese Weise handelndes Wirtschaftssubjekt wird auch als „**homo oeconomicus**" bezeichnet.

Betrachtet man die Nachfrageseite, so lässt sich feststellen, dass die Bedingungen für die Realisierung des Ziels Nutzenmaximierung bestimmt werden können, wenn Klarheit über die Zahl und die Art der Einflussfaktoren der Haushaltsnachfrage besteht. Es ist also Wissen über die Determinanten oder Bestimmungsgründe (Bestimmungsfaktoren) der Nachfrage der privaten Haushalte erforderlich. Diese Bestimmungsfaktoren lassen sich durch theoretische Überlegungen und/oder durch Beobachtung der Realität gewinnen und werden im 4. Kapitel einer ausführlichen Analyse unterzogen. Das Haushaltsangebot an Faktorleistungen wird dagegen im Folgenden nicht näher untersucht.

Gegenstand der **Unternehmenstheorie** ist entsprechend die Analyse der Unternehmensnachfrage nach Faktorleistungen ebenso wie die Analyse des Unternehmensangebots an Gütern.

Dabei wird auch hier von einigen grundlegenden Annahmen ausgegangen. So wird unterstellt, dass die Unternehmen unter marktwirtschaftlichen Bedingungen bei Privateigentum an Produktionsmitteln arbeiten. Analog zu der Annahme, dass das Ziel der Haushalte darin besteht, ein Nutzenmaximum zu erreichen, unterstellt man in der Unternehmenstheorie, dass die Unternehmen **Gewinnmaximierung** anstreben.

Anliegen der Darstellung der Unternehmenstheorie im 5. Kapitel ist es die Determinanten des Güterangebots zu analysieren, Aussagen darüber abzuleiten, welche Menge eines Gutes ein Unternehmen bei einer bestimmten Konstellation dieser Determinanten anbieten wird und schließlich die Preisbildung auf Märkten zu erklären.

4. Haushaltstheorie

4.1 Determinanten der Haushaltsnachfrage

In der mikroökonomischen Theorie unterscheidet man zwischen objektiven und subjektiven Determinanten der Haushaltsnachfrage. Die objektiven Einflussfaktoren sind ökonomische Kategorien, wie Preise der Güter, Einkommen und Vermögen des Haushaltes. Die subjektiven Einflussfaktoren sind hauptsächlich psychologischer Natur, wie Neigungen, Meinungen, Geschmack, Wertungen und Prioritäten, die man in der Theorie mit dem Begriff **Präferenzstruktur** oder **Bedürfnisstruktur** des Haushaltes zusammenfasst.

Die Geschichte der Volkswirtschaftslehre zeigt, dass die theoretische Auseinandersetzung mit den ökonomischen (objektiven) Bestimmungsfaktoren leichter war und ist als die mit den subjektiven. Das Ganze wird allerdings noch komplizierter, wenn man in der Realität feststellt, dass die objektiven und die subjektiven Determinanten die Nachfrage nicht unabhängig voneinander beeinflussen.

In der mikroökonomischen Theorie formalisiert man diese Beziehungszusammenhänge, indem man sie in mathematischen Funktionen (**Nachfragefunktionen**) zusammenfasst. Dabei werden zunächst folgende Behauptungen bzw. Thesen aufgestellt:

Die Höhe der Nachfrage eines privaten Haushaltes nach einem Konsumgut x_1 ist abhängig von dem Preis p_1 des Gutes x_1, den Preisen p_2 bis p_n der Güter x_2 bis x_n, die von diesem Haushalt nachgefragt werden, dem Einkommen y, dem Vermögen v und der Präferenzstruktur u dieses Haushaltes. Die Funktionsgleichung der Nachfrage nach dem Gut x_1 lautet dann:

(4.1) $\qquad x_1 = f(p_1, p_2, ..., p_n, y, v, u)$

Die theoretische Frage, die sich hier stellt, ist: Wie ändert sich die Nachfrage des Haushaltes nach dem Gut x_1, wenn sich eine oder mehrere der Determinanten (der unabhängigen Variablen in der Klammer) ändern?

Die Methode des Vorgehens kann **total-** oder **partialanalytisch** sein. Eine mikroökonomische Totalanalyse hätte allerdings nur dann Sinn, wenn man in der Lage wäre, alle Veränderungen der unabhängigen Variablen simultan auf ihre Wirkungen nicht nur auf die abhängige Variable x_1, sondern auch auf die anderen unabhängigen Variablen zu analysieren. Dadurch könnte man alle weiteren Wirkungen auf die abhängige Variable x_1 bestimmen. Offensichtlich handelt es sich hier um einen unendlichen dynamischen Prozess, der niemals zum Stillstand kommt. Unabhängig vom mathematischen Schwierigkeitsgrad der Erfassung dieses Prozesses verlangt eine solche Analyse auch Kenntnisse über die spezifischen Wirkungszusammenhänge zwischen den Determinanten selbst und Kenntnisse über die Rückkopplungswirkungen bei Veränderungen der abhängigen Variable. Diese kurzen Ausführungen zeigen, dass es unmöglich ist, die Realität eines solchen ökonomischen Prozesses vollständig zu erfassen.

Eine erste Vorstellung über den Ablauf solcher Prozesse erhält der Ökonom durch die Anwendung der viel einfacheren Partialanalyse, bei der man die so genannte **ceteris paribus-Klausel** verwendet. Dabei werden zunächst die Zahl, der Wirkungsgrad und die Abhängigkeitsverhältnisse der Determinanten festgelegt. Dann analysiert man den Beziehungszusammenhang zwischen einem Bestimmungsfaktor (einer unabhängigen Variable) und der abhängigen Variable unter Konstanz der Zahl, des Wirkungsgrades und der Rückkopplungswirkungen der übrigen Determinanten (der übrigen unabhängigen Variablen). So können bei zunächst isolierter Betrachtung der einzelnen Variablen erste grobe Erkenntnisse über Einfluss- und Reaktionsmöglichkeiten gewonnen werden.

4.1.1 Der Zusammenhang zwischen der Nachfrage nach einem Gut und dem Preis dieses Gutes

Zunächst wird ceteris paribus der Beziehungszusammenhang zwischen der mengenmäßigen Nachfrage eines privaten Haushaltes nach einem Gut und dem Preis dieses Gutes untersucht:

(4.2) $x_1 = f(p_1)$

Man kann folgende Beziehungszusammenhänge unterstellen:

(1) Mit steigendem (fallendem) Preis p_1 des Gutes x_1 sinkt (steigt) die Nachfrage nach diesem Gut x_1. Man spricht von einer **normalen Reaktion**.

Abb. 4-1: Nachfragekurve des Haushaltes nach dem Gut x_1: Normale Reaktion

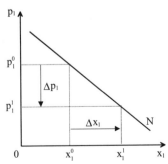

Die in Abbildung 4-1 dargestellte Kurve wird als individuelle **Nachfrage-kurve** des privaten Haushaltes nach dem Gut x_1 in Abhängigkeit vom Preis p_1 bezeichnet. Zu beachten ist, dass in der Mikroökonomik, entgegen dem in der Mathematik üblichen Verfahren, die unabhängige Variable (in der Abbildung p_1) auf der Ordinate und die abhängige Variable (in der Abbildung x_1) auf der Abszisse dargestellt wird.

(2) Mit steigendem (fallendem) Preis p_1 steigt (fällt) die Nachfrage nach dem Gut x_1. Eine solche Reaktion des Haushaltes auf Preisänderungen wird als **anomale Reaktion** bezeichnet. Grafisch lässt sich dieser Zusammenhang wie folgt darstellen:

Abb. 4-2: Nachfragekurve des Haushaltes nach dem Gut x_1: Anomale Reaktion

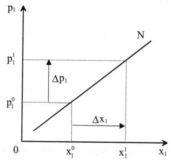

Für eine anomale Reaktion des Haushaltes auf Preisänderungen kann es mehrere Ursachen geben. So kann es sein, dass der Haushalt es schätzt, gerade teure Güter zu kaufen, um sich von der Masse abzuheben und dadurch Wohlhabenheit zu demonstrieren (**Snob-Effekt**). Eine andere Erklärung liefert der so genannte **Giffen-Fall**, der auf der historischen Beobachtung beruht, dass Haushalte mit sehr geringem Einkommen auf einen Anstieg des Brotpreises mit einem Anstieg der Nachfrage nach Brot reagierten. Dies lässt sich damit begründen, dass die Haushalte nach der Preissteigerung einen noch größeren Einkommensanteil für Brot ausgeben mussten, sich damit „Luxusgüter", wie Fleisch oder Gemüse noch weniger leisten konnten als vorher und deshalb vermehrt das im Verhältnis zu diesen Gütern immer noch billigere Brot nachfragten.

(3) Mit steigendem oder fallendem Preis p_1 bleibt die Nachfrage nach dem Gut x_1 unverändert. Dies gilt insbesondere für Güter, die Existenzbedürfnisse befriedigen (z. B. Grundnahrungsmittel oder Medikamente). Grafisch lässt sich dieser Sachverhalt wie folgt darstellen:

Abb. 4-3: Nachfragekurve des Haushaltes nach dem Gut x_1: Starre Reaktion

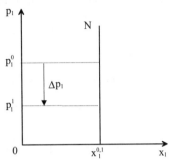

4.1.2 Der Zusammenhang zwischen der Nachfrage nach einem Gut und den Preisen anderer Güter

Repräsentativ und vereinfachend kann man diesen Sachverhalt anhand der Abhängigkeit der Nachfrage nach dem Gut x_1 von dem Preis p_2 eines anderen Gutes x_2 darstellen:

(4.3) $x_1 = f(p_2)$

Auch hier lassen sich drei verschiedene Beziehungszusammenhänge unterscheiden:

(1) Die Nachfrage nach dem Gut x_1 sinkt (steigt), wenn der Preis des Gutes x_2 steigt (sinkt). Hier handelt es sich um eine **komplementäre** Beziehung zwischen den Gütern x_1 und x_2 (z. B. Benzin und Auto). Dieser Sachverhalt lässt sich grafisch wie folgt darstellen:

Abb. 4-4: Komplementäre Beziehung

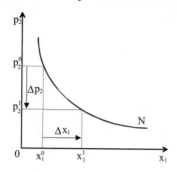

(2) Die Nachfrage nach dem Gut x_1 sinkt (steigt), wenn der Preis p_2 des Gutes x_2 sinkt (steigt). Hier handelt es sich um eine **substitutive** Beziehung zwischen den Gütern x_1 und x_2. Eine solche Beziehung kann beispielsweise zwischen den Gütern Butter und Margarine bestehen. Grafisch lässt sich dieser Beziehungszusammenhang wie folgt darstellen.

Abb. 4-5: Substitutive Beziehung

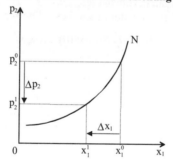

(3) Die Nachfrage nach dem Gut x_1 reagiert (unmittelbar) überhaupt nicht auf Veränderungen des Preises p_2. Hier handelt es sich dann um **indifferente** Güter. Als Beispiel können die Güter Milch und Zahnbürste genannt werden. Grafisch kann man diesen Sachverhalt wie folgt darstellen.

Abb. 4-6: Indifferente Beziehung

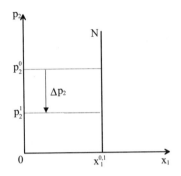

4.1.3 Der Zusammenhang zwischen der Nachfrage nach einem Gut und dem Einkommen des Haushaltes

(4.4) $x_1 = f(y)$

Auch hier lassen sich drei wesentliche Fälle unterscheiden:

(1) Die Nachfrage nach dem Gut x_1 steigt (fällt) mit steigendem (fallendem) Einkommen y des privaten Haushaltes. Das Gut x_1 ist in diesem Fall ein **Nichtsättigungsgut**. Grafisch stellt sich dieser Sachverhalt wie folgt dar:

Abb. 4-7: Nichtsättigungsgut

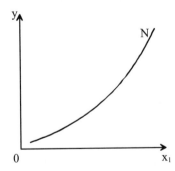

(2) Die Nachfrage nach dem Gut x_1 nimmt von einem bestimmten Einkommensniveau an ab, wenn das Einkommen y des privaten Haushaltes weiter steigt. In diesem Fall ist das Gut x_1 nach dem Urteil des Haushaltes ein minderwertiges Gut **(inferiores Gut)**. Inferiore Güter werden bei steigendem Einkommen des privaten Haushaltes durch andere im Urteil des

Haushaltes höherwertigere (superiore) Güter substituiert (ersetzt), wie beispielsweise Margarine durch Butter ersetzt werden kann. Die grafische Darstellung eines inferioren Gutes sieht wie folgt aus.

Abb. 4-8: Inferiores Gut

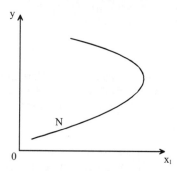

(3) Die Nachfrage nach dem Gut x_1 bleibt von einem bestimmten Einkommensniveau an konstant, obwohl das Einkommen des privaten Haushaltes weiter zunimmt. Das Gut x_1 wird in diesem Zusammenhang **Sättigungsgut** genannt. Als praktisches Beispiel können Zigaretten genannt werden. Grafisch lässt sich dieser Sachverhalt wie folgt darstellen:

Abb. 4-9: Sättigungsgut

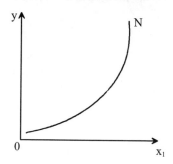

4.1.4 Der Zusammenhang zwischen der Nachfrage nach einem Gut und der Bedürfnisstruktur sowie dem Vermögen des Haushaltes

(4.5) $x_1 = f(u,v)$

Hypothesen theoretischer Art hinsichtlich des Beziehungszusammenhangs zwischen der Nachfrage nach dem Gut x_1 und der Bedürfnisstruktur u bzw. dem Vermögen v des privaten Haushaltes sind bisher noch nicht entwickelt worden. Die Bedürfnisstruktur lässt sich nicht quantifizieren, so dass kein funktionaler Zusammenhang herstellbar ist.

Beim Vermögen geht man davon aus, dass seine Zunahme (Abnahme) im Normalfall den privaten Haushalt veranlassen wird, seine Nachfrage nach dem Gut x_1 zu erhöhen (zu senken). Theoretische Hypothesen sind dann analog wie beim Einkommen formulierbar.

4.2 Elastizitäten

Unter Elastizität versteht man allgemein das Verhältnis der relativen (prozentualen) Änderung von zwei funktional miteinander verbundenen Größen (Variablen). Ausgehend von der Nachfragefunktion

(4.2) $x_1 = f(p_1)$

fragt man, um wie viel sich die nachgefragte Menge des Gutes x_1 ändert, wenn der Preis p_1 um einen bestimmten Betrag steigt oder fällt.

Ein Ausdruck für diese Änderungen ist die **Nachfrageelastizität** oder die **direkte Preiselastizität** der Nachfrage. Sie stellt ein Änderungsmaß für die nachgefragte Menge in Bezug auf den Preis dar. Eine Änderung der nachgefragten Menge bedeutet grafisch gesehen eine Bewegung entlang einer gegebenen Nachfragekurve.

Abb. 4-10: Änderung der nachgefragten Menge bei Preisänderung

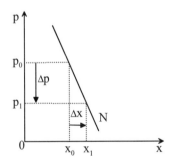 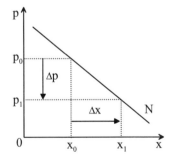

Aus den grafischen Darstellungen ist ersichtlich, dass bei einer Preiserhöhung von p_0 auf p_1 die nachgefragte Menge relativ stark (linke Grafik) oder relativ schwach (rechte Grafik) zurückgehen kann. Im ersten Fall handelt es sich um eine relativ elastische Reaktion und im zweiten Fall um eine relativ unelastische Reaktion der Nachfrage. Dieses Ergebnis beruht auf den unterschiedlichen Steigungen der Nachfragekurven. Diese Aussage reicht allerdings noch nicht aus, um die Preiselastizität der Nachfrage zu bestimmen.

Die Steigung einer Kurve im Koordinatensystem zeigt das Verhältnis dx/dp der **absoluten** Änderungen zweier funktional miteinander verbundenen Variablen. Die Größen dx und dp stellen die absoluten Veränderungen von x und p dar. Für die Bestimmung der Elastizität benötigt man jedoch das Verhältnis der **relativen** (prozentualen) Änderungen von x und p.

Die **Nachfrageelastizität** ε_N wird als das Verhältnis der relativen Mengeänderung zur relativen Preisänderung definiert:

(4.6a) $\quad \varepsilon_N = \dfrac{dx}{x} \div \dfrac{dp}{p} \quad$ oder anders ausgedrückt (4.6b) $\quad \varepsilon_N = \dfrac{dx}{dp} \div \dfrac{x}{p}$

Ein Zahlenbeispiel:

Wenn die Nachfragefunktion (Preisabsatzfunktion) für das Gut x gleich p = 10 - 0,5x ist, dann lässt sich daraus der Wert der Preiselastizität der Nachfrage für einen Preis in Höhe von beispielsweise 8 € durch Differenzierung der Nachfragefunktion nach x ermitteln. So erhält man einen Wert für die Steigung der Nachfragekurve dp/dx = - 0,5 oder den reziproken Wert (Kehrwert) dx/dp = - 2. Bei einem Preis in Höhe von 8 € werden gemäß der Nachfragefunktion 4 Einheiten nachgefragt: (p = 10 - 0,5x oder x = 20 - 2p = 20 - 2 · 8 = 4).

Setzt man in die Formel (4.6b) die Werte dx/dp = - 2, p = 8 und x = 4 ein, so erhält man folgenden Elastizitätswert:

$$\varepsilon_N = \frac{dx}{dp} \div \frac{x}{p} = -2 \cdot 8 \div 4 = -4 \quad \text{oder absolut betrachtet } 4.$$

Eine Nachfrageelastizität von -4 bei einem Preis von 8 € bedeutet, dass bei diesem Preis ein Anstieg des Preises um 1 % zu einem Rückgang der nachgefragten Menge um 4 % führt.

Die Nachfrageelastizität lässt sich auch geometrisch bestimmen. Da Gleichung (4.6a) durch entsprechende Umformung auch als p/x : dp/dx geschrieben werden kann, lässt sich der Absolutwert der Nachfrageelastizität in einem Punkt B (s. Abb. 4-11) als Verhältnis BD/0D : BD/DA = DA/0D bestimmen. Da nach dem Strahlensatz DA/0D = AB/BC gilt, erhält man den Absolutwert der Nachfrageelastizität im Punkt B also als Verhältnis des rechten Teils (Strecke AB) zum linken Teil (Strecke BC) einer linearen Nachfragekurve (linke Grafik) bzw. des rechten Teils zum linken Teil einer Tangente an eine nichtlineare Nachfragekurve, die durch den Punkt B in zwei Teile zerlegt wird (rechte Grafik).

Abb. 4-11: Grafische Bestimmung der Nachfrageelastizität

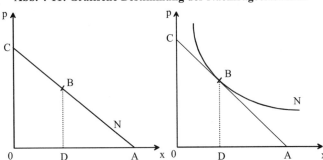

Die Nachfrageelastizität nimmt damit – absolut betrachtet – Werte zwischen 0 und unendlich an (s. Abb. 4-12). Ist der Absolutwert der Nachfrageelastizität größer als 1, spricht man von einer elastischen, ist er kleiner als 1 von einer unelastischen Nachfrage.

Abb. 4-12: Nachfrageelastizität auf einer Gerade

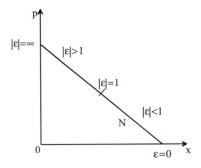

Ein weiterer Elastizitätsbegriff, der in der mikroökonomischen Theorie verwendet wird, ist die **indirekte Preiselastizität oder Kreuzpreiselastizität der Nachfrage.** Die Kreuzpreiselastizität der Nachfrage ist eine Maßgröße für die relative Veränderung der nachgefragten Menge eines Gutes x_1, die durch eine relative Veränderung des Preises p_2 eines komplementären oder substitutiven Gutes x_2 bewirkt wird:

(4.7) $\varepsilon(x_1, x_2) = \dfrac{dx_1}{x_1} \div \dfrac{dp_2}{p_2}$ (Kreuzpreiselastizität der Nachfrage)

Bei komplementären Beziehungen (ein Anstieg des Preises des Gutes x_2 führt zu einem Rückgang der nachgefragten Menge des Gutes x_1) ist das Vorzeichen der Kreuzpreiselastizität der Nachfrage negativ, bei substitutiven Beziehungen (ein Anstieg des Preises des Gutes x_2 führt zu einem Anstieg der nachgefragten Menge des Gutes x_1) ist es positiv.

Ein dritter Elastizitätsbegriff ist die **Einkommenselastizität der Nachfrage**. Sie ist eine Maßgröße, die die relative (prozentuale) Veränderung der nachgefragten Menge eines Gutes x_1 bezogen auf die relative (prozentuale) Veränderung des Einkommens y eines privaten Haushaltes angibt:

(4.8) $\qquad \varepsilon_y = \dfrac{dx}{x} \div \dfrac{dy}{y}$ $\qquad$ (Einkommenselastizität der Nachfrage)

Bei inferioren Gütern, also bei Gütern, deren nachgefragte Menge bei einer Zunahme des Einkommens zurückgeht, ist das Vorzeichen der Einkommenselastizität der Nachfrage negativ.

4.3 Aggregation individueller Nachfragekurven zur Marktnachfragekurve

Die Marktnachfrage nach dem Gut x_1 ist die Summe der Einzelnachfragen der Haushalte nach diesem Gut. Aus den individuellen Nachfragekurven lässt sich durch horizontale Addition die Marktnachfragekurve bestimmen.

Abb. 4-13: Aggregation individueller Marktnachfragekurven

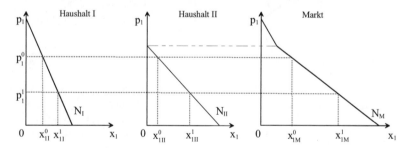

Eine solche Marktnachfragekurve gilt unter Konstanz der für die individuellen Nachfragekurven bestimmenden Einflussfaktoren. Diese Einflussgrößen sind:

- Preise $p_2....p_n$ der übrigen von diesen Haushalten nachgefragten Güter $x_2....x_n$

- Einkommenshöhen y aller dieses Gut x_1 nachfragenden Haushalte (bei gegebener Einkommensverteilung)

- Bedürfnisstruktur aller Haushalte
- Ausstattung der privaten Haushalte mit Vermögen v
- Anzahl der Haushalte, die das Gut x_1 nachfragen
- politische, soziale und wirtschaftliche Ordnung

Jede Veränderung einer oder mehrerer dieser Einflussgrößen führt zu einer Verschiebung der Marktnachfragekurve. Man muss allerdings zwischen einer Bewegung auf der gegebenen Marktnachfragekurve und einer Verschiebung dieser Kurve unterscheiden.

Eine **Bewegung** liegt vor, wenn sich – ceteris paribus – der Preis p_1 des Gutes x_1 verändert. **Verschiebungen** der Marktnachfragekurve nach rechts (die Nachfrage nach dem Gut steigt) finden statt, wenn die Veränderungen der Einflussgrößen nachfragesteigernd wirken. Zu einer Verschiebung nach links (die Nachfrage nach dem Gut x_1 sinkt) kommt es, wenn die Veränderungen der Einflussgrößen nachfragemindernd wirken. Grafisch stellt sich dies wie folgt dar:

Abb. 4-14: Bewegung auf der Kurve versus Verschiebung der Kurve

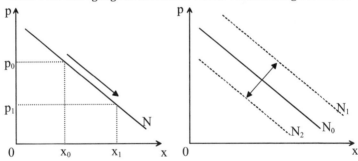

Es wurden bisher verschiedene Determinanten der Nachfrage eines privaten Haushaltes nach einem bestimmten Gut x_1 angesprochen und kurz erläutert. Eine Begründung für diese Zusammenhänge und für die vermuteten Abhängigkeiten wurde bisher noch nicht geliefert. Genau dies ist die Aufgabe bzw. der Erklärungsgegenstand der so genannten Nutzentheorien. Darin wird mit Hilfe bestimmter Verhaltensannahmen die Abhängigkeit der Nachfrage privater Haushalte von verschiedenen quantitativen Größen wie Preisen und Einkommen abgeleitet. Dadurch werden in analytischer Form Erklärungen unterschiedlicher Verläufe von Nachfragekurven und von deren Verschiebungen im Zeitablauf gewonnen.

Historisch gesehen wurden in der Haushaltstheorie drei Ansätze entwickelt. Erstens die **Grenznutzentheorie** (Annahme kardinaler Messbarkeit des

Nutzens), zweitens die **Indifferenzkurventheorie** oder **Theorie der Wahlakte** (Annahme ordinaler Messbarkeit des Nutzens) und drittens die **Theorie der offenbarten oder bekundeten Präferenzen (Revealed preference analysis)**.

4.4 Die Grenznutzentheorie

4.4.1 Die Prämissen der Grenznutzentheorie

Der Untersuchungsgegenstand ist das Kaufverhalten des privaten Haushaltes. Bei der Analyse wird die Gültigkeit folgender Prämissen unterstellt:

- Der private Haushalt (das Individuum) handelt rational im Sinne der Maximierung seines Nutzens aus den nachgefragten Gütern.
- Der Haushalt hat eine gegebene Präferenzstruktur. Dies bedeutet, dass er in der Lage ist, die einzelnen Güter nach der Höhe des Nutzens, den sie stiften, prioritäts- und zahlenmäßig zu ordnen. Es wird also unterstellt, dass die gestifteten Nutzeneinheiten kardinal messbar sind.
- Der Haushalt hat während seines Handelns vollständige Information, d. h. er trifft keine Entscheidung unter Unsicherheit oder unter Risiko.

Exkurs: Eine Entscheidung unter **Unsicherheit** liegt vor, wenn der Haushalt alle möglichen Wirkungen aller Entscheidungsalternativen kennt. Er kann dabei keine von diesen möglichen Wirkungen mit Bestimmtheit erwarten und kennt auch die Wahrscheinlichkeit des Eintretens der einzelnen möglichen Wirkungen nicht. Ein Haushalt entscheidet dagegen unter **Risiko**, wenn er die möglichen Ergebnisse seiner Entscheidungsalternativen zwar kennt, aber keines dieser Ergebnisse mit Sicherheit erwarten kann. Der Haushalt kennt jedoch die Wahrscheinlichkeit mit der die möglichen Ergebnisse eintreten können.

- Es gelten die so genannten Gossenschen Gesetze. Das erste Gossensche Gesetz, welches in der Literatur auch als das Gesetz vom abnehmenden Grenznutzen bezeichnet wird, behauptet Folgendes: Bei steigender Verbrauchsmenge eines Gutes nimmt der Nutzen der zuletzt verbrauchten Einheit des Gutes (der Nutzenzuwachs) – auch Grenznutzen genannt – ceteris paribus ab.

Hermann Heinrich Gossen (1810 - 1858) hat 1854 ein Buch mit dem Titel: „Entwicklung der Gesetze des menschlichen Verkehrs und der daraus fließenden Regeln für menschliches Handeln" herausgegeben. Die Grundthese Gossens in diesem Buch ist, dass der Mensch darauf angelegt sei, seine Handlungen so einzurichten, dass die Summe seines Lebensgenusses ein Maximum wird. Bei der Betrachtung dieses Prozesses der Bedürfnisbefriedigung könne man nach Gossen folgende Gesetzmäßigkeit feststellen: Die Größe eines und desselben Genusses nimmt, wenn man mit der Beanspruchung des Genusses ununterbrochen fortfährt, fortwährend ab, bis schließlich Sättigung eintritt. Gossen selbst stellt sein Gesetz auch grafisch dar, wobei er annimmt, dass ein Verfahren zur kardinalen Nutzenmessbarkeit entwickelt werden könnte.

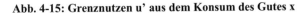

Abb. 4-15: Grenznutzen u' aus dem Konsum des Gutes x

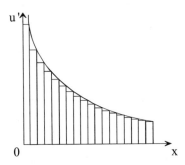

In Abb. 4-15 stellen die Säulen den Nutzenzuwachs dar, den der Konsum einer zusätzlichen Einheit des Gutes x stiftet. Lässt man die Teilmengen hinreichend klein werden, dann werden die Säulen immer schmaler, und die Spitzen der Säulen lassen sich durch eine Kurve verbinden.

Die fallende Kurve, die den Grenznutzen u' angibt, wird durch Differenzierung nach der Menge x aus der Gesamtnutzengleichung u abgeleitet. Dies soll im Folgenden anhand eines Beispiels veranschaulicht werden.

Gegeben sei eine Nutzenfunktion der Form

(4.9a) $u = ax_1 - 0,5x^2_1$ (Gesamtnutzenfunktion)

Durch Differentiation nach x erhält man die Grenznutzenfunktion

(4.9b) $u' = a - x_1$ (Grenznutzenfunktion)

Der Gesamtnutzen u ist, mathematisch gesprochen, das bestimmte Integral von u' innerhalb bestimmter Grenzen, wobei die untere Grenze $x_1 = 0$ ist (Koordinatenursprung). Das unbestimmte Integral lautet:

(4.9c) $\int u' dx_1 + C = \int (a - x_1) \, dx_1 = ax_1 - 0,5x^2_1 + C$

Beim bestimmten Integral fällt die Integrationskonstante C weg. Die Gesamtnutzengleichung lautet dann:

(4.9d) $u = ax_1 - 0,5x^2_1$

Aus der Gesamtnutzengleichung und für a=10 lässt sich folgende Tabelle erstellen:

Tab. 4-1: Gesamtnutzen und Grenznutzen

x_1	u	Δu	$u' = 10 - x_1$
0	0,0	-	10
1	9,5	9,5	9
2	18,0	8,5	8
3	25,5	7,5	7
4	32,0	6,5	6
5	37,5	5,5	5
6	42,0	4,5	4
7	45,5	3,5	3
8	48,0	2,5	2
9	49,5	1,5	1
10	50,0	0,5	0

Abb. 4-16: Grenznutzen aus dem Konsum des Gutes x_1

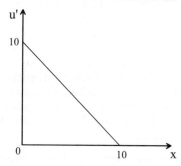

Das zweite Gossensche Gesetz oder Gossensches Prinzip wird auch Genussausgleichsgesetz oder Gesetz vom Ausgleich der Grenznutzen genannt. Dieses Prinzip lässt sich so formulieren: Soll der Nutzen eines gegebenen Bestandes an einem Gut maximiert werden, dann ist dieses Gut so auf seine alternativen Verwendungszwecke aufzuteilen, dass der Grenznutzen dieses Gutes in allen seinen Verwendungen gleich ist.

Dieses Gesetz soll anhand eines konstruierten einfachen Zahlenbeispiels verdeutlicht werden. Es wird unterstellt, dass ein Arbeitnehmer mit einer bestimmten Berufsqualität 15 Arbeitsstunden an einem Tag zur Verfügung hat. Die Präferenzordnung dieses Arbeitnehmers umfasst 5 Güter: Brot, Milch, Fleisch, Zucker und Zigaretten. Weiter wird unterstellt, dass er mit einer Arbeitsstunde eine Gütereinheit herstellt. Der Arbeitnehmer bewertet nach seinen Nutzenvorstellungen die einzelnen Gütereinheiten wie folgt:

Tab. 4-2: Grenznutzen der Güter Brot, Milch, Fleisch, Zucker und Zigaretten

u'_{Brot}	u'_{Milch}	$u'_{Fleisch}$	u'_{Zucker}	$u'_{Zigaretten}$
10	9	8	7	6
9	8	7	6	5
8	7	6	5	4
7	6	5	4	3
6	5	4	3	2
5	4	3	2	1
4	3	2	1	0
3	2	1	0	
2	1	0		
1	0			
0				

Aus Tabelle 4-2 ist ersichtlich, dass dieser Arbeitnehmer bei der vorliegenden Präferenzstruktur nur dann rational handelt, wenn er 5 Einheiten Brot, 4 Einheiten Milch, 3 Einheiten Fleisch, 2 Einheiten Zucker und 1 Einheit Zigaretten herstellt. Nur bei einer solchen Verwendung seiner Arbeitseinheiten erreicht er die maximale Anzahl von 110 Nutzeneinheiten (die 5 Einheiten Brot stiften $10 + 9 + 8 + 7 + 6 = 40$ Nutzeneinheiten; die 4 Einheiten Milch $9 + 8 + 7 + 6 = 30$ Nutzeneinheiten usw.). Der Grenznutzen jeder Arbeitseinheit ist dann in jeder Verwendungsrichtung gleich 6 Nutzeneinheiten (Bestätigung des Gossenschen Prinzips). Es gibt keine andere Kombination der Verwendung der 15 Arbeitseinheiten, die bei gegebener Leistungsfähigkeit und Präferenzstruktur des betreffenden Arbeitnehmers mehr Nutzen stiften könnte.

Ein Haushalt steht allerdings selten vor dem Problem, ein bestimmtes Produktionsgut auf mehrere Verwendungszwecke aufzuteilen. Ein Haushalt hat in der Regel zu entscheiden, wie er sein Geldeinkommen für den Kauf der verschiedenen Güter x_1 bis x_n, die er zu kaufen wünscht, verwendet.

Hat der Haushalt ein bestimmtes Geldeinkommen, welches er ausschließlich für den Kauf von Konsumgütern verwenden will, dann handelt der Haushalt rational, wenn er den Nutzen der Geldeinkommensverwendung maximiert. Dies erreicht er, wenn er sein Geldeinkommen zeitlich und sachlich so verwendet, dass die zuletzt ausgegebene Geldeinheit für jedes Gut, welches er heute oder später kaufen will, den gleichen Nutzen bringt. Das folgende Beispiel soll diesen Sachverhalt verdeutlichen.

Es wird angenommen, dass es in der Präferenzstruktur eines privaten Haushaltes nur 3 beliebig teilbare Güter x_1, x_2 und x_3 gibt. Zwischen den drei Gütern besteht keine Komplementaritätsbeziehung. Jedes der drei Güter kann isoliert (unabhängig von den anderen Gütern) Nutzen stiften, so dass folgende Nutzenfunktionen gelten:

(4.10a) $u_1 = f_1(x_1)$,

(4.10b) $u_2 = f_2(x_2)$,

(4.10c) $u_3 = f_3(x_3)$,

(4.10d) $u_G = u_1 + u_2 + u_3$; u_G ist der Gesamtnutzen des Haushaltes.

Die drei Güter sollen pro Kilogramm die in Tabelle 4-3 angegebenen Grenznutzenwerte haben.

Tab. 4-3: Grenznutzen pro Kilogramm der Güter x_1 bis x_3

	$u'(x_1)$	$u'(x_2)$	$u'(x_3)$
1. kg	100	90	80
2. kg	90	80	70
3. kg	80	70	60
4. kg	70	60	50
5. kg	60	50	40
6. kg	50	40	30
7. kg	40	30	20
8. kg	30	20	10
9. kg	20	10	0
10. kg	10	0	

Die Preise pro Kilogramm für die drei Güter sind:

$p_1 = 2{,}50$ €; $p_2 = 1{,}00$ €, $p_3 = 1{,}50$ €

Mit Hilfe der jeweiligen Grenznutzen und der Preise pro Kilogramm der drei Güter lässt sich der Grenznutzen einer Geldeinheit bei der jeweiligen Verwendungsrichtung ($u_G'(x_1)$, $u_G'(x_2)$, $u_G'(x_3)$) berechnen. Der Grenznutzen der Geldeinheit wird errechnet, indem der Grenznutzen eines Kilogramms des betreffenden Gutes durch seinen Preis dividiert wird. Auf diese Weise lassen sich die Grenznutzen des Geldes der Güter x_1, x_2 und x_3 unseres Zahlenbeispiels berechnen.

Unterstellt man, dass dem Haushalt 13 Geldeinheiten zur Verfügung stehen, dann erreicht er sein Nutzenmaximum, wenn er 1 kg von Gut x_1, 6 kg von Gut x_2 und 3 kg von Gut x_3 kauft. Dies bedeutet, dass der Haushalt 2,50 € für Gut x_1, 6,00 € für Gut x_2 und 4,50 € für Gut x_3 ausgeben wird.

Bei dieser Verwendung beträgt der Grenznutzen des Geldes bei jedem Gut 40 Nutzeneinheiten, d. h. eine Geldeinheit stiftet in jeder Verwendung den gleichen Grenznutzen. Damit ist der Grenznutzen des Geldes in allen drei Verwendungen ausgeglichen (und insgesamt ein Nutzenmaximum realisiert):

(4.11) $u_G'(x_1) = u_G'(x_2) = u_G'(x_3) = 40$

Nach der Definition des Grenznutzen des Geldes für die drei Güter x_1, x_2 und x_3 gelten folgende Gleichungen:

(4.12a) $u_G'(x_1) = u'(x_1) : p_1$,

(4.12b) $u_G'(x_2) = u'(x_2) : p_2$,

(4.12c) $u_G'(x_3) = u'(x_3) : p_3$.

Daraus lassen sich für das **Nutzenmaximum** des Haushaltes folgende Relationen ableiten:

(4.13a) $u'(x_1) : u'(x_2) = p_1 : p_2$,

(4.13b) $u'(x_1) : u'(x_3) = p_1 : p_3$

(4.13c) $u'(x_2) : u'(x_3) = p_2 : p_3$.

Damit gilt für das Nutzenmaximum des privaten Haushaltes folgende allgemeine Aussage: Das Nutzenmaximum ist erreicht, wenn die Grenznutzen der Mengeneinheiten der Güter sich so zueinander verhalten wie die Preise dieser Güter.

Diese Aussage gilt auch für den Fall, dass die drei Güter x_1, x_2 und x_3 nicht isoliert voneinander, sondern im Zusammenhang Nutzen stiften. Die Gesamtnutzenfunktion der Güter lautet dann:

(4.10e) $u = f(x_1, x_2, x_3)$

Die Gossenschen Gesetze beziehen sich entsprechend auf die partiellen Grenznutzen der Güter. Die generelle Aussage im Zusammenhang mit dem Gossenschen Prinzip lautet dann:

Die Geldeinkommensverwendung des Haushaltes hat das Nutzenmaximum dann erreicht, wenn das Geldeinkommen so auf die von dem Haushalt gewünschten Güter aufgeteilt ist, dass die partiellen Grenznutzen jeder zuletzt ausgegebenen Geldeinheit in allen Verwendungsrichtungen ausgeglichen sind. Dies bedeutet auch, dass das Verhältnis der partiellen Grenznutzen der verschiedenen Güter gleich dem Verhältnis der Preise dieser Güter ist. Diese nutzenmaximale Situation des Haushaltes wird auch als Haushaltsgleichgewicht bezeichnet.

4.4.2 Die Ableitung der individuellen Nachfragekurven mit Hilfe der Grenznutzentheorie

Bisher wurde gezeigt, wie bei Gültigkeit der unterstellten Prämissen ein Haushalt beim Kauf verschiedener Güter sein Nutzenmaximum erreicht. Daraus lässt sich nun das Nachfrageverhalten des Haushaltes ableiten, wenn sich eine der als konstant angenommenen Größen, wie Preise, Geldeinkommen oder Präferenzstruktur, die in einer gegebenen Konstellation das Nutzenmaximum des Haushaltes bestimmen, ändert.

Dabei wird wieder auf das in Tabelle 4-3 dargestellte Zahlenbeispiel Bezug genommen. Die Präferenzstruktur, das Geldeinkommen des Haushaltes sowie die Preise p_2 und p_3 der Güter x_2 und x_3 werden konstant gehalten. Es wird unterstellt, dass der Preis p_1 des Gutes x_1 von 2,50 auf 1,70 € zurückgegangen ist. Die folgende Tabelle 4-4 stellt die Grenznutzen des Geldes pro Kilogramm unter Berücksichtigung des veränderten Preises des Gutes x_1 dar.

Tab. 4-4: Grenznutzen des Geldes je Kilogramm nach Änderung des Preises p_1

	$u'_G(x_1)$	$u'_G(x_2)$	$u_G'(x_3)$
1. kg	100 : 1,70 = 59	90 : 1,00 = 90	80 : 1,50 = 53
2. kg	90 : 1,70 = 53	80 : 1,00 = 80	70 : 1,50 = 47
3. kg	80 : 1,70 = 47	70 : 1,00 = 70	60 : 1,50 = 40
4. kg	70 : 1,70 = 41	60 : 1,00 = 60	50 : 1,50 = 33
5. kg	60 : 1,70 = 40	50 : 1,00 = 50	40 : 1,50 = 27
6. kg	50 : 1,70 = 35	40 : 1,00 = 40	30 : 1,50 = 20
7. kg	40 : 1,70 = 24	30 : 1,00 = 30	20 : 1,50 = 13
8. kg	30 : 1,70 = 18	20 : 1,00 = 20	10 : 1,50 = 7
9. kg	20 : 1,70 = 12	10 : 1,00 = 10	0 : 1,50 = 0
10. kg	10 : 1,70 = 6	0 : 1,00 = 0	

Zunächst ist leicht ersichtlich, dass die Grenznutzenwerte des Geldes beim Gut x_1 gestiegen sind. Dies hat Auswirkungen auf das Nutzenmaximum des Haushaltes. Der Haushalt muss jetzt neu über die Verwendung seines Geldeinkommens entscheiden, wenn er ein Nutzenmaximum realisieren will.

Dieses wird im Beispiel dadurch erreicht, dass der Haushalt bei der neuen Preiskonstellation zunächst 3,40 € für das Gut x_1, 5 € für das Gut x_2 und 1,50 € für das Gut x_3 ausgibt und die restlichen 3,10 € auf x_1 und x_3 verteilt. Mengenmäßig bedeutet dies, dass der Haushalt jetzt von x_1 knapp 3 kg, statt vorher 1 kg, von x_2 5 kg, statt vorher 6 kg und von x_3 knapp 2 kg, statt vorher 3 kg kaufen wird. Durch die Preissenkung des Gutes x_1 fand eine Substitution der Güter x_2 und x_3 zugunsten des Gutes x_1 statt. Deshalb nennt man diese Wirkung Substitutions- oder Preiseffekt der Preisveränderung.

Hält die Preissenkung an, dann wird ceteris paribus der Substitutionsprozess fortgesetzt.

Abb. 4-17: Nachfragekurve des Haushaltes nach dem Gut x_1

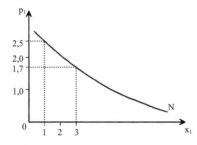

Überträgt man die jeweiligen Preis-Mengen-Kombinationen des Gutes x_1 in ein Preis-Mengen-Diagramm, dann erhält man die Nachfragekurve des Haushaltes nach dem Gut x_1. Sie hat eine negative Steigung, d. h. sie fällt von links oben nach rechts unten.

In gleicher Weise lässt sich auch die Nachfragekurve der anderen Güter, z. B. des Gutes x_2 ableiten. Die ursprünglich bestehende Nachfragekurve des Haushaltes nach dem Gut x_2 wird sich durch die Preissenkung des Gutes x_1 nach links verschieben. Folgende Grafik verdeutlicht diesen Sachverhalt.

Abb. 4-18: Nachfragekurve des Haushaltes nach dem Gut x_2

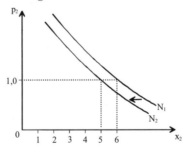

Der geschilderte Prozess zeigt also auch, dass sich bei einer Veränderung des Preises eines Gutes, die Nachfragekurven der anderen Güter bei unveränderter Präferenzordnung verschieben. Eine generelle Senkung bzw. Erhöhung der Preise aller Güter, die ein Haushalt nachfragt, bewirkt ceteris paribus eine Verschiebung der Nachfragekurven dieser Güter nach rechts bzw. nach links. Obwohl das Geldeinkommen (Nominaleinkommen) des Haushaltes konstant geblieben ist, steigt bzw. fällt durch die Preissenkung bzw. durch die Preiserhöhung das **Realeinkommen** des Haushaltes, was die

Verschiebung der Kurven bewirkt. Hier handelt es sich um einen **Realein-kommenseffekt** der Preisveränderung auf die Nachfrage.

Auch eine Erhöhung bzw. eine Senkung des Geldeinkommens bewirkt bei Nichtsättigungsgütern ceteris paribus eine Verschiebung der Nachfragenkurven nach rechts bzw. nach links. Wird jetzt im Beispiel unterstellt, dass sich bei unveränderten Güterpreisen und unveränderter Präferenzordnung das Geldeinkommen des betrachteten Haushaltes von 13 auf 32 Geldeinheiten erhöht, dann wird sich die Nachfragestruktur des Haushaltes wie in Tabelle 4-5 dargestellt verändern.

Nach der Geldeinkommenserhöhung von 13 auf 32 Geldeinheiten wird der Haushalt statt bisher 1 kg nun 6 kg des Gutes x_1, statt bisher 6 kg nun 8 kg des Gutes x_2 und statt bisher 3 kg nun 6 kg des Gutes x_3 nachfragen. In einem Preis-Mengen-Diagramm bedeutet dies für alle drei Güter eine Verschiebung der Nachfragekurven nach rechts.

Tab. 4-5: Grenznutzen des Geldes pro Kilogramm

	$u'_G(x_1)$	$u'_G(x_2)$	$u_G'(x_3)$
1. kg	100 : 2,50 = 40	90 : 1,00 = 90	80 : 1,50 = 53
2. kg	90 : 2,50 = 36	80 : 1,00 = 80	70 : 1,50 = 47
3. kg	80 : 2,50 = 32	70 : 1,00 = 70	60 : 1,50 = 40
4. kg	70 : 2,50 = 28	60 : 1,00 = 60	50 : 1,50 = 33
5. kg	60 : 2,50 = 24	50 : 1,00 = 50	40 : 1,50 = 27
6. kg	50 : 2,50 = 20	40 : 1,00 = 40	30 : 1,50 = 20
7. kg	40 : 2,50 = 16	30 : 1,00 = 30	20 : 1,50 = 13
8. kg	30 : 2,50 = 12	20 : 1,00 = 20	10 : 1,50 = 7
9. kg	20 : 2,50 = 8	10 : 1,00 = 10	0 : 1,00 = 0
10. kg	10 : 2,50 = 4	0 : 1,00 = 0	

4.4.3 Kritische Anmerkungen zur Grenznutzentheorie

Man sieht an den Beispielen, dass es relativ einfach ist, aus den Grenznutzenverläufen, den Preisen der Güter und dem Geldeinkommen des Haushaltes sowie aus den Preis- und Einkommensveränderungen Nachfragekurven abzuleiten. Mit diesem Konzept können aber anomale Reaktionen auf Preis- oder Einkommensveränderungen, so z. B. ein in der Realität gelegentlich beobachtbarer Anstieg der Nachfrage bei einer Preiserhöhung (Snob-Effekt), nicht erklärt werden.

Die Hauptkritik liegt allerdings darin, dass die Annahme der kardinalen Messbarkeit des Nutzens wirklichkeitsfremd ist und daher dieses Konzept kaum geeignet ist die Realität zu erklären. Man kann allerdings aus dieser Konzeption Tendenzaussagen ableiten.

4.5 Die Theorie der Wahlakte oder Indifferenzkurventheorie

Um die kardinale Messung des Nutzens zu umgehen, verwendet man in der Indifferenzkurventheorie ein **ordinales Nutzenmesskonzept**, welches nicht den Versuch unternimmt, den absoluten Wert des Nutzens zu bestimmen. Statt dessen wird gefragt, ob ein bestimmtes Nutzenniveau höher oder niedriger als ein anderes ist. Da es hierbei nicht auf die Höhe der Differenz der Nutzenniveaus ankommt, ist eine kardinale Nutzenmessbarkeit nicht erforderlich. Auch mit Hilfe dieser Theorie sollen die Verhaltensweisen der Haushalte beim Kauf von Konsumgütern und ihre Reaktionen auf Preis- und Einkommensveränderungen erklärt werden.

4.5.1 Die Prämissen der Indifferenzkurventheorie

Die Indifferenzkurventheorie geht von folgenden Prämissen aus:
- Der Haushalt handelt rational im Sinne der Maximierung des Nutzens aus den nachgefragten Gütern.
- Der Haushalt hat eine gegebene Präferenzstruktur (Bedürfnisstruktur). Er ist in der Lage, zwischen Nutzenniveaus der Güter zu unterscheiden, ohne die Differenzen genau bestimmen zu können (ordinale Nutzenmessbarkeit). Er kann also nur Aussagen darüber treffen, ob die Alternativen gleichwertig sind oder ob die eine Möglichkeit besser als die andere ist.
- Es wird außerdem vorausgesetzt, dass die Präferenzordnung des Haushaltes transitiv ist, d. h. wenn drei Güterbündel x_1, x_2 und x_3 zur Wahl stehen und x_1 gegenüber x_2 und x_2 gegenüber x_3 vorgezogen wird, dann muss x_1 auch gegenüber x_3 vorgezogen werden. Betrachtet der Haushalt x_1 und x_2 sowie x_2 und x_3 als gleichwertig, so müssen auch die Alternativen x_1 und x_3 als gleichwertig eingestuft werden.
- Der Haushalt hat während seines Handelns vollständige Information, d. h. er trifft keine Entscheidung unter Unsicherheit oder Risiko.
- Es gilt das Gesetz von der abnehmenden Grenzrate der Substitution.

4.5.2 Der Aufbau des theoretischen Modells

Aus Gründen der Vereinfachung und vor allem der geometrischen Darstellung wird ein Zwei-Güter-Modell zugrunde gelegt. Dabei werden die Wirkungen folgender drei Bestimmungsfaktoren (Determinanten) der Nachfrage eines privaten Haushaltes untersucht:

- die Präferenzordnung des Haushaltes (Bedürfnisstruktur),
- das Einkommen des Haushaltes und
- die Preise der Güter, die der Haushalt nachfragt.

Der Einfluss der Präferenzordnung wird unter der Annahme analysiert, dass dem Haushalt von zwei Gütern x_1 und x_2 eine bestimmte Menge zur Verfügung steht und dass es eine große Anzahl von Kombinationen zwischen diesen beiden Gütern gibt, die für den Haushalt gleichwertig sind, d. h. dem Haushalt den gleichen Nutzen stiften. Der Haushalt ist also zwischen diesen Kombinationen **indifferent**. Stellt man diesen Sachverhalt grafisch dar, dann erhält man als Verbindungslinien solcher Güterkombinationen Kurven, die als Indifferenzkurven bezeichnet werden.

Eine **Indifferenzkurve** ist definiert als der geometrische Ort aller Güterkombinationen, die im Urteil eines Haushaltes gleichwertig sind, d. h. dem Haushalt den gleichen Nutzen stiften. Um die möglichen Verlaufsarten von Indifferenzkurven exakt zu bestimmen, unterscheidet man zweckmäßigerweise folgende Arten von Konsumgütern:

- streng komplementäre (limitationale) Güter (Indifferenzkurve I_c),
- vollständig substituierbare Güter (Indifferenzkurven I_a) sowie
- unvollständig substituierbare Güter (Indifferenzkurve I_b).

Abb. 4-19: Arten von Indifferenzkurven

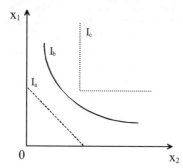

Streng komplementäre Güter stiften nur dann Nutzen, wenn sie in einem bestimmten konstanten Mengenverhältnis zueinander stehen (z. B. linker und rechter Schuh). Als Indifferenzkurve erhält man einen rechtwinkligen Linienzug. Die so genannte effektive Kombination liegt im Eckpunkt des Linienzugs.

Bei vollständig substituierbaren (gegenseitig austauschbaren) Gütern wird die Indifferenzkurve durch eine fallende Gerade dargestellt, die in jedem

Punkt die gleiche Steigung hat. Das Indifferenzkurvensystem besteht aus der Gesamtheit aller Geraden, wobei der jeweilige Nutzenindex um so größer ist, je weiter die Gerade vom Ursprung des Koordinatensystems entfernt ist.

Die Mehrzahl der Güter gehört in die Kategorie der unvollständig substituierbaren Güter. Die Indifferenzkurven für diese Güter sind monoton fallend. Sie können keine Geraden sein, denn dann wären diese Güter vollständig substituierbar. Statt dessen haben die Indifferenzkurven einen vom Koordinatenursprung aus gesehen **konvexen** Verlauf. Sie besitzen folgende Eigenschaften:

- Indifferenzkurven der gleichen Präferenzordnung können sich nicht schneiden, andernfalls wäre die Bedingung der Transitivität verletzt;

- Indifferenzkurven weisen einen um so höheren Nutzenindex auf, je weiter sie vom Koordinatenursprung entfernt sind;

- Indifferenzkurven sind vom Koordinatenursprung aus gesehen konvex gekrümmt. Dies ist der Fall, weil das so genannte Gesetz von der abnehmenden Grenzrate der Substitution gilt.

4.5.3 Das Gesetz von der abnehmenden Grenzrate der Substitution

Es wird davon ausgegangen, dass ein Haushalt zunächst über relativ viele Mengeneinheiten des Gutes x_1 und über relativ wenige Mengeneinheiten des Gutes x_2 verfügt. Bei einer sukzessiven Substitution des Gutes x_1 durch das Gut x_2, substituiert (ersetzt) der Haushalt jeweils eine Mengeneinheit des Gutes x_1 durch eine bestimmte Menge des Gut x_2 derart, dass seine Bedürfnisbefriedigung unverändert bleibt. Die zu ersetzende Menge x_1 beträgt also bei jedem Substitutionsschritt eine Mengeneinheit, während die von dem Haushalt als Ausgleich gewünschte Menge x_2 zu bestimmen ist.

Wenn der Haushalt zunächst, wie angenommen, über eine relativ große Menge des Gutes x_1 und über eine relativ kleine Menge des Gutes x_2 verfügt, dann ist er, da nach dem ersten Gossenschen Gesetz der Grenznutzen von x_1 gering und der Grenznutzen von x_2 hoch ist, bereit, auf eine relativ große Menge von x_1 zu verzichten, um nur ein wenig mehr von x_2 zu erhalten. Nach dem ersten Substitutionsschritt hat sich die relative Knappheit der beiden Güter zugunsten von x_2 verschoben, aber noch immer ist x_1 im Vergleich zu x_2 relativ reichlich vorhanden. Der Haushalt wird noch immer bereit sein, relativ viel von x_1 aufzugeben, um nur etwas mehr von x_2 zu erhalten. Bei Konstanz der Substitutionsmenge von x_1 (eine Mengeneinheit) wird die als Kompensation geforderte Menge von x_2 beim zweiten Schritt aber größer sein als vorher. Entsprechend kann für die weiteren Schritte argumentiert werden, bis sich die Bestände, über die der Haushalt verfügt, so geändert haben, dass das Gut x_2 relativ reichlich vorhanden ist und das Gut x_1 relativ knapp geworden ist. Der Haushalt wird jetzt nur dann zu einer weiteren Substitution von x_1 durch x_2 bereit sein, wenn die weitere Verminderung des relativ knapperen Bestandes x_1 durch eine kräftige Erhöhung des relativ reichlicheren Bestandes x_2 kompensiert wird, d. h. wenn der Haushalt für die konstante Substitutionsmenge von x_1 eine relativ große Ersatzmenge von x_2 erhält.

Bei der Betrachtung aller Substitutionsvorgänge stellt man fest, dass bei annahmegemäß gleichbleibender Substitutionsmenge von x_1 die Substitutionsmenge von x_2 fortlaufend zunimmt. Der Absolutwert des Verhältnisses der beiden Substitutionsmengen $\Delta x_1 / \Delta x_2$ nimmt somit bei fortgesetzter Substitution laufend ab und wird als **Grenzrate der Substitution R** bezeichnet. Bei infinitesimaler Betrachtung, d. h. wenn man die Substitutionsmengen gegen Null gehen lässt, wird $\Delta x_1 / \Delta x_2$ zu dx_1 / dx_2.

Das Gesetz der abnehmenden Grenzrate der Substitution lautet dann: Bei fortgesetzter Substitution des Gutes x_1 durch das Gut x_2 nimmt die Grenzrate der Substitution R laufend ab. Das bedeutet zugleich, dass bei fortgesetzter Substitution von x_1 durch das Gut x_2 der Absolutwert der Steigung einer Indifferenzkurve, gemessen als Tangens $\alpha = |dx_1 / dx_2|$ laufend abnimmt, womit der konvexe Verlauf der Indifferenzkurve mathematisch bewiesen wäre.

Da sich die Änderung des Nutzenindex du bei gleichzeitiger Variation der Gütermengen x_1 und x_2 als totales Differential der Nutzenfunktion darstellen lässt und bei einer Bewegung auf einer Indifferenzkurve der Nutzenindex unverändert bleibt, gilt:

$$(4.14) \qquad du = \frac{\partial u}{\partial x_1} \cdot dx_1 + \frac{\partial u}{\partial x_2} \cdot dx_2 = 0$$

Durch Umformung der Gleichung und mit $\partial u / \partial x_1 = u'(x_1)$ und $\partial u / \partial x_2 = u'(x_2)$ erhält man:

$$(4.15) \qquad R = \left| \frac{dx_1}{dx_2} \right| = \frac{u'(x_2)}{u'(x_1)}$$

Die Grenzrate der Substitution ist gleich dem reziproken (umgekehrten) Verhältnis der Grenznutzen.

4.5.4 Das Haushaltsoptimum

Die Frage, die sich in diesem Zusammenhang stellt, ist: Wie kann ein Haushalt seinen Nutzen maximieren, wenn sein Einkommen y, die Preise p_1 und p_2 der Güter x_1 und x_2 und seine Bedürfnisstruktur u gegeben sind?

Vorausgesetzt, dass das Einkommen y vollständig für den Kauf der Güter x_1 und x_2 ausgegeben wird, lautet die Einkommensgleichung:

(4.16) $y = x_1 \cdot p_1 + x_2 \cdot p_2$

Formt man diese Gleichung nacheinander nach x_1 und x_2 um und setzt jeweils die Menge des anderen Gutes gleich Null, dann erhält man jeweils die maximalen Mengen der Güter x_1 und x_2, die mit dem gegebenen Einkommen y und mit den gegebenen Preisen p_1 und p_2 nachgefragt werden können. Die jeweiligen Gleichungen lauten dann:

(4.17a) $x_1 = y/p_1$ für $x_2 = 0$ und

(4.17b) $x_2 = y/p_2$ für $x_1 = 0$.

In einem Mengendiagramm mit den Koordinaten x_1 und x_2 lässt sich dieser Sachverhalt wie folgt darstellen.

Abb. 4-20: Budgetgerade

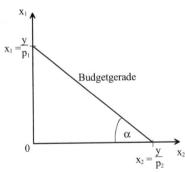

Unterstellt man also, dass der Haushalt sein gesamtes Einkommen y (seine gesamte Konsumsumme) jeweils nur für ein Gut ausgibt, dann kann man die jeweiligen Schnittpunkte mit den Achsen x_1 und x_2 bestimmen. Die Verbindungslinie dieser beiden Schnittpunkte bezeichnet man als **Budgetgerade (Budgetlinie)** oder **Bilanzgerade (Bilanzlinie)**.

Die Budgetgerade stellt damit den geometrischen Ort aller Mengenkombinationen dar, die bei gegebenem Einkommen und gegebenen Preisen von dem Haushalt finanziert werden können. Alle Kombinationen oberhalb der

Budgetgerade kann der Haushalt – ceteris paribus – nicht finanzieren. Alle Kombinationen unterhalb der Budgetgerade kann der Haushalt finanzieren, aber es bleibt ein Teil des Einkommens übrig. Das Steigungsmaß der Budgetgerade ist gleich dem Preisverhältnis der beiden Güter:

(4.18) $\tan \alpha = y/p_1 : y/p_2 = p_2/p_1$

Der Quotient p_2/p_1 wird – im Gegensatz zum absoluten Preis p_1 oder p_2 – als relativer Preis der Güter x_2 und x_1 bezeichnet. Will man nun die Mengenkombination auf der Bilanzgerade bestimmen, die für den Haushalt das Nutzenmaximum bedeutet, dann ist die Kenntnis der Präferenzordnung des Haushaltes hinsichtlich der beiden Güter x_1 und x_2 erforderlich. Sie wird durch eine Schar von Indifferenzkurven dargestellt (vgl. Abb. 4-21).

Bei einer gegebenen, durch eine Indifferenzkurvenschar dargestellten Präferenzstruktur, bei gegebenem Einkommen und bei gegebenen Preisen der Güter, erreicht der rational handelnde Haushalt sein Nutzenmaximum dort, wo die Bilanzgerade die vom Koordinatenursprung am weitesten entfernt liegende Indifferenzkurve gerade berührt (tangiert). Dieser Punkt zeichnet sich mathematisch gesprochen dadurch aus, dass in ihm die Bilanzgerade zur Tangente an die Indifferenzkurve wird.

Abb. 4-21: Nutzenmaximum des Haushaltes (Haushaltsoptimum)

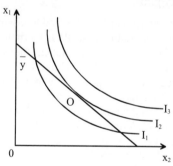

Aus den bisherigen Darstellungen ist bekannt, dass die Steigung der Bilanzgerade gleich dem Preisverhältnis der Güter und die Steigung der Indifferenzkurve gleich der Grenzrate der Substitution ist. Da im Nutzenmaximum die Bilanzgerade zur Tangente an die Indifferenzkurve wird, ist die Steigung der Indifferenzkurve in diesem Punkt mit der Steigung der Bilanzgerade identisch, und die Grenzrate der Substitution $|dx_1/dx_2|$ entspricht dem Preisverhältnis p_2/p_1 der Güter x_1 und x_2. Diese Relation besagt, dass sich im Nutzenmaximum bzw. im **Haushaltsgleichgewicht** der relative Preis p_2/p_1 umgekehrt proportional zur Grenzrate der Substitution dx_1/dx_2 verhält.

Da die Grenzrate der Substitution dem reziproken Verhältnis der Grenznutzen entspricht (vgl. Gleichung [4.15]), müssen sich darüber hinaus im Nutzenmaximum die Grenznutzen der Güter x_1 und x_2 zueinander verhalten wie ihre Preise. Die Bedingung für ein Nutzenmaximum (Haushaltsgleichgewicht) lautet also:

(4.19) $\left| \dfrac{dx_1}{dx_2} \right| = \dfrac{u'(x_2)}{u'(x_1)} = \dfrac{p_2}{p_1}$ (Gleichgewichtsbedingung)

4.5.5 Ableitung der Nachfragekurve des Haushaltes

Bei der bisherigen Darstellung wurde die nutzenmaximale Situation des Haushaltes (das Haushaltsgleichgewicht) unter der Annahme einer konstanten Präferenzordnung u, eines konstanten Haushaltseinkommens y und konstanter Preise p_1 und p_2 der Güter x_1 und x_2 abgeleitet. Für die weitere Betrachtung wird folgende Frage gestellt: Wie verändert sich die nutzenmaximale Situation des Haushaltes, wenn sich einer dieser drei Bestimmungsfaktoren des Haushaltsgleichgewichts ändert? Bei der Beantwortung dieser Frage wird unter der ceteris paribus-Bedingung gearbeitet. Es werden drei Fälle betrachtet, wobei von folgender Gleichung ausgegangen wird:

(4.20) $x_1, x_2 = f(u, y, p_1, p_2)$

Fall 1: Es ändert sich ceteris paribus die Bedürfnisstruktur u des Haushaltes. Bei einer Änderung der Bedürfnisstruktur u erhält man grafisch gesehen eine neue Indifferenzkurvenschar. Die neuen Indifferenzkurven besitzen ansonsten die gleichen Eigenschaften wie die alten. Die neue nutzenmaximale Situation liegt dort, wo die unverändert gebliebene Bilanzgerade zur Tangente an eine Indifferenzkurve der neuen Kurvenschar wird. Wie sich allerdings die neue nutzenmaximale Situation des Haushalts zu der alten verhält, hängt von der Änderung der Bedürfnisstruktur ab. Theoretisch lässt sich darüber kaum etwas Konkretes aussagen. Wenn die Änderung der Präferenzordnung kein bestimmtes Muster erkennen lässt, dann sind auch über die Veränderung der Gleichgewichtssituation keine allgemein gültigen Aussagen möglich. Daher analysiert man in der Regel den Einfluss von Preis- und Einkommensänderungen bei konstanter Bedürfnisstruktur.

Fall 2: Es ändert sich ceteris paribus das Einkommen y des Haushaltes. Eine Änderung des Einkommens y des Haushaltes, das vollständig für den Kauf der beiden Güter x_1 und x_2 verausgabt wird, führt ceteris paribus zu einer Verschiebung der Bilanzgerade. Bei einer permanenten Erhöhung des Einkommens tangieren die jeweiligen Bilanzgeraden immer entfernter vom Koordinatenursprung liegende Indifferenzkurven. Die durch die jeweiligen

Gleichgewichtspunkte gebildete Kurve wird als **Einkommen-Konsum-Kurve (EKK)** bezeichnet. Es ist dabei zwischen Nichtsättigungsgütern, inferioren Gütern und Sättigungsgütern zu unterscheiden.

Bei Nichtsättigungsgütern führt steigendes (fallendes) Einkommen zu Gleichgewichtspunkten mit jeweils größeren (kleineren) Mengen beider Güter (s. Abb. 4-22).

Abb. 4-22: Einkommen-Konsum-Kurve für ein Nichtsättigungsgut

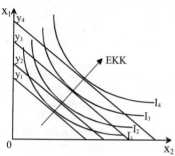

Ist dagegen ein Gut inferior, wird bei steigendem (sinkendem) Einkommen eine kleinere (größere) Menge nachgefragt:

Abb. 4-23: Einkommen-Konsum-Kurve für ein inferiores Gut

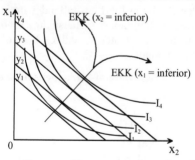

Verläuft die Einkommen-Konsum-Kurve von einem bestimmten Punkt an parallel zu einer Achse, dann handelt es sich bei diesem Gut um ein Sättigungsgut (s. Abb. 4-24).

Abb. 4-24: Einkommen-Konsum-Kurve für ein Sättigungsgut

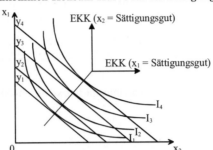

Fall 3: Es ändert sich ceteris paribus der Preis p_2 des Gutes x_2. Eine Veränderung des Preises p_2 führt dazu, dass der Schnittpunkt der Bilanzgerade mit der x_2-Achse verändert wird. Dies bedeutet, dass die Bilanzgerade im Schnittpunkt mit der x_1-Achse gedreht wird. Eine Erhöhung des Preises p_2 führt dabei zu einer Drehung der Bilanzgerade nach innen, da sich die maximal erreichbare Menge x_2 verringert. Durch die Drehung der Bilanzgerade aufgrund der Preisveränderungen werden fortlaufend unterschiedliche Indifferenzkurven tangiert und damit neue Gleichgewichtssituationen realisiert. Der geometrische Ort für alle diese Gleichgewichte des Haushaltes wird **Preis-Konsum-Kurve (PKK)** genannt.

Bei einer normalen Reaktion führt ein fallender Preis p_2, der – ceteris paribus – auch das Realeinkommen des Haushaltes erhöht, zu größeren nachgefragten Mengen für beide Güter x_1 und x_2. Die folgende Abbildung verdeutlicht diesen Sachverhalt.

Abb. 4-25: Preis-Konsum-Kurve bei normaler Reaktion

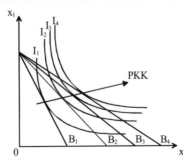

Jeder Punkt auf der Preis-Konsum-Kurve repräsentiert unterschiedliche Preis-Mengen-Kombinationen des Gut x_2 und seines Preises p_2. Überträgt man diese Preis-Mengen-Kombinationen in ein Preis-Mengen-Diagramm, erhält man für das Gutes x_2 die Nachfragekurve des Haushaltes.

Abb. 4-26: Ableitung der Nachfragekurve des Gutes x_2

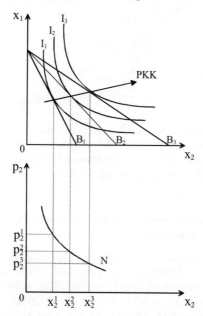

Geht die Nachfrage nach x_2 von einem bestimmten Preis an zurück, hat die Preis-Konsum-Kurve den in Abb. 4-27 dargestellten Verlauf. Die Nachfragekurve verläuft dann anomal. Entsprechendes würde auch für das Gut x_1 gelten.

Abb. 4-27: Preis-Konsum-Kurve für x_2 anomal

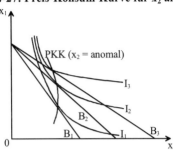

Auf diese Weise wird also im Rahmen der Indifferenzkurventheorie die Konsumnachfragekurve des Haushaltes abgeleitet. Die Preisveränderungen bewirken zwei Effekte, die als **Realeinkommenseffekt** und als **Preis-** bzw. **Substitutionseffekt** bezeichnet und im folgenden Abschnitt genauer analysiert werden.

4.5.6 Der Einkommens- und der Substitutionseffekt der Preisveränderung

Es ist bereits aus der Grenznutzentheorie bekannt, dass bei unverändertem Geldeinkommen eine Änderung der Preisrelation p_1/p_2 der Güter x_1 und x_2 eine Realeinkommenswirkung zur Folge hat. Wird beispielsweise der Preis p_2 des Gutes x_2 gesenkt, dann kann der Haushalt bei gleich bleibendem Geldeinkommen insgesamt größere Gütermengen kaufen, d. h. die Preissenkung wirkt als Realeinkommenserhöhung. Geht man weiter davon aus, dass das Gut x_2 ein Nichtsättigungsgut ist, dann wird die Nachfrage nach dem Gut x_2 aufgrund der Einkommenserhöhung steigen. Handelt es sich beim Gut x_2 um ein inferiores Gut, dann wird die Nachfrage aufgrund der Einkommenssteigerung zurückgehen. Gleiches gilt für das Gut x_1. Diese Wirkung der Preisveränderung bezeichnet man als **Einkommenseffekt.**

Die Preissenkung oder -erhöhung eines Gutes hat darüber hinaus eine zweite Wirkung. Geht man wieder davon aus, dass der Preis p_2 des Gutes x_2 ceteris paribus zurückgeht, dann ist dieses Gut nicht nur absolut, sondern auch relativ billiger geworden. Diese relative Verbesserung der preislichen Situation des Gutes x_2 führt zu einer Mehrnachfrage nach dem Gut x_2 zu Lasten des Gutes x_1. Das Umgekehrte gilt bei einer Preiserhöhung. Diese Wirkung bezeichnet man als **Substitutions-** oder **Preiseffekt** der Preisveränderung.

Ein Beispiel: Angenommen, der Preis für Autos geht um ein Drittel zurück. Ein Mittelklassewagenbesitzer wird dadurch animiert, einen Wagen der gehobenen Klasse zu kaufen (Einkommenseffekt). Da sein bisheriges Geldeinkommen trotz der Preissenkung nicht ausreicht, sein Vorhaben zu realisieren, verzichtet er auf den Kauf eines Videorecorders, den er vor der Preissenkung geplant hat (Substitutionseffekt).

Der Substitutionseffekt einer Preissenkung ist sowohl bei inferioren als auch bei Nichtsättigungsgütern positiv. Der Einkommenseffekt ist bei inferioren Gütern negativ und bei Nichtsättigungsgütern positiv. Daraus resultiert, dass der Gesamteffekt einer Preissenkung bei Nichtsättigungsgütern immer positiv ist. Bei inferioren Gütern hängt dies von der Stärke des jeweiligen Effekts ab. Ist der Einkommenseffekt stärker als der Substitutionseffekt, dann ist der Gesamteffekt negativ (anomale Reaktion), liegt die umgekehrte Situation vor, dann ist er positiv. Die folgende Abbildung verdeutlicht diesen Sachverhalt für den Fall eines Nichtsättigungsgutes.

Abb. 4-28: Einkommens- und Substitutionseffekt

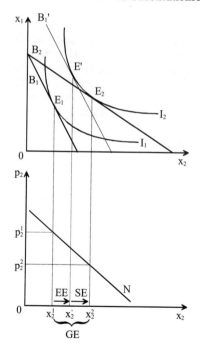

4.5.7 Kritische Anmerkungen zur Indifferenzkurventheorie

Kritisch lässt sich zur Indifferenzkurventheorie Folgendes anführen:

- Es werden nur Preise und Einkommen als objektive Einflussfaktoren explizit berücksichtigt, obwohl auch andere Faktoren, wie bspw. Werbung, die nachgefragten Mengen beeinflussen können.
- Die Annahme, dass Entscheidungen unter vollkommener Information fallen, ist sehr realitätsfremd.
- Die Ableitung der Nachfragekurve setzt die Kenntnis der Indifferenzkurven voraus, die man so in der Realität nicht hat. Indifferenzkurven lassen sich empirisch kaum ermitteln.

Man kann dennoch auch im Zusammenhang mit der Indifferenzkurventheorie feststellen, dass tendenzielle Aussagen über das Nachfrageverhalten der Haushalte abgeleitet werden können.

4.6 Die Theorie der offenbarten oder bekundeten Präferenzen

Dieser theoretische Ansatz ist aus dem Bestreben entstanden, die Nachfragekurve des Haushaltes nicht wie bei den Grenznutzen- und Indifferenzkurventheorien aus angenommenen Nutzenvorstellungen, sondern aus dem tatsächlich beobachtbaren Kaufverhalten des Haushaltes abzuleiten. Dieser Ansatz wird deshalb auch als **Verhaltenstheorie** bezeichnet. Die Nutzentheorien sind eine psychologische, die Theorie der offenbarten Präferenzen (auch **Revealed preference analysis**) dagegen ist eine empirische Konzeption. Sie ist in ihrer Grundstruktur vom amerikanischen Ökonomen Paul **Anthony Samuelson** (geb. 1915) entwickelt worden.

4.6.1 Die Theorieprämissen

Die Aussagen dieses theoretischen Ansatzes werden aus folgenden Prämissen abgeleitet:

- Es wird rationales Verhalten im Sinne vom Streben nach maximaler Bedürfnisbefriedigung des Haushaltes unterstellt.
- Der Haushalt handelt konsistent, d. h. widerspruchsfrei. Es gilt das so genannte **Konsistenzaxiom**, das im Folgenden näher erläutert wird. Es sei angenommen, dass der Haushalt in einer bestimmten Situation mit einem gegebenen Einkommen und bei gegebenen Preisen eine Güterkombination wählt, die einem Punkt auf der Bilanzgerade entspricht. Dadurch offenbart der Haushalt das Güterbündel, welches er allen anderen realisierbaren Güterkombinationen vorzieht. Konsistentes Verhalten liegt vor, wenn der Haushalt zu einem anderen Zeitpunkt nicht das Gegenteilige offenbart,

auch dann nicht, wenn zu diesem neuen Zeitpunkt ein anderes Einkommen und andere Preise gelten sollten. Der Haushalt darf also in einer neuen Situation keine Güterkombination wählen, die er auch schon vorher hätte wählen können, aber nicht gewählt hat.

- Es wird weiter angenommen, dass der Haushalt ein größeres Güterbündel einem kleineren vorzieht. Dabei wird unterstellt, dass ein größeres Güterbündel gegenüber einem anderen auch dann vorliegt, wenn es mindestens von einem Gut eine größere Menge enthält, ohne von dem anderen Güterbündel weniger zu enthalten.

4.6.2 Die Ableitung der Nachfragekurve des Haushaltes

Die Konsequenzen aus den Prämissen der Theorie der offenbarten Präferenzen werden mit Hilfe einer Grafik erläutert. Es wird davon ausgegangen, dass ein Haushalt zu einem bestimmten Zeitpunkt t_0 über ein bestimmtes Einkommen y_0 verfügt, welches er vollständig für den Kauf der Güter x_1 und x_2 mit den Preisen p_1 und p_2 ausgibt. Diese Situation wird in Abbildung 4-29 durch die Bilanzgerade B_0 dargestellt.

Abb. 4-29: Konsistenzbereich bei Preissenkung des Gutes x_2

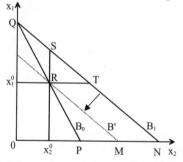

Es wird beobachtet, dass der Haushalt den Punkt R auf der Bilanzgerade B_0 realisiert hat. Der Haushalt hat damit seine Präferenz im Zeitpunkt t_0 offenbart. Der Punkt R gibt die Mengenkombination von x_1 und x_2 an, die der Haushalt zum Zeitpunkt t_0 bei einem Einkommen y_0 und bei Preisen p_1 und p_2 gewählt hat. Wie wird sich der Haushalt nun verhalten, d. h. welche Mengenkombination wird der Haushalt realisieren, wenn beispielsweise – ceteris paribus – der Preis des Gutes x_2 fällt?

Die Senkung des Preises p_2 bewirkt eine Drehung der Bilanzgerade B_0 im Punkt Q nach rechts. Es entsteht dadurch die neue Bilanzgerade B_1. Die neue Bilanzgerade bedeutet für den Haushalt ein höheres Realeinkommen. Die Frage ist, welchen Punkt auf der neuen Bilanzgerade der Haushalt nun realisieren wird. Um das Entscheidungsfeld des Haushaltes eingrenzen zu können, wird wie folgt vorgegangen:

Unterstellt man zunächst, dass sich das Realeinkommen nicht geändert hat, dann muss sich die Bilanzgerade B_1 parallel nach links verschieben bis sie durch den Punkt R verläuft. Man erhält dadurch eine neue Bilanzgerade B'. Sie ist die Bilanzgerade, die dem Haushalt nach der Preissenkung und bei entsprechend niedrigeren Nominaleinkommen (Geldeinkommen) die Realisierung der Mengenkombination R noch ermöglicht.

Welche Mengenkombination wird der Haushalt jetzt, nach der Preissenkung und bei einem entsprechend niedrigeren Nominaleinkommen realisieren? Nach der Annahme konsistenten Verhaltens sind alle diejenigen Mengenkombinationen, die verschieden von R sind, auszuschließen, die auch vor der Preissenkung hätten gewählt werden können. Dies betrifft alle Kombinationen innerhalb des Dreiecks QOP. Kombinationen, die vor der Preissenkung nicht möglich waren, aber durch die Preissenkung realisierbar geworden sind, liegen innerhalb des Dreiecks MRP.

Hebt man jetzt die Annahme des konstanten Realeinkommens auf, dann sind nach dieser Logik auch Kombinationen innerhalb des Polygons SRMN realisierbar. Nach der dritten Prämisse darf allerdings von keinem Gut weniger nachgefragt werden als vorher. Diese Prämisse beschränkt die Kombinationsmöglichkeiten auf die Fläche des Dreiecks SRT. Da annahmegemäß der Haushalt das gesamte Einkommen ausgeben muss, ist nur eine Kombination auf der Bilanzgerade B_1 und konkret auf der Strecke ST möglich.

Aus dem besprochenen Sachverhalt lässt sich geometrisch die Nachfragekurve des Haushaltes nach einem Gut wie in Abb. 4-30 dargestellt ableiten. Unterstellt man eine fortgesetzte Senkung des Preises p_2, so wird, dem beschriebenen Verhalten gemäß, der Haushalt immer größere Güterbündel nachfragen. Trägt man dies in einem entsprechenden Preis-Mengen-Diagramm ab, erhält man eine von links oben nach rechts unten verlaufende fallende Nachfragekurve.

Die Theorie der offenbarten Präferenzen zeigt damit, dass auch ohne die Hilfe von Nutzen- und Indifferenzkurven das Nachfrageverhalten eines Haushaltes nach einem bestimmten Gut in Abhängigkeit vom Preis dieses Gutes erklärt und eine Nachfragekurve abgeleitet werden kann.

Abb. 4-30: Ableitung der Nachfragekurve aus den offenbarten Präferenzen

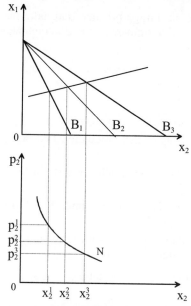

Zur Kritik der Theorie der offenbarten Präferenzen lässt sich anführen, dass ihre empirische Absicherung als unbefriedigend anzusehen ist. Als problematisch erweist sich insbesondere die Annahme einer konstanten Bedürfnisstruktur, die in der Realität einer Vielzahl von Einflussfaktoren ausgesetzt sein dürfte.

5. Unternehmenstheorie

Nachdem bisher die Nachfrage privater Haushalte nach Gütern behandelt wurde, sollen nun die Determinanten des Unternehmensangebots analysiert werden.

Dabei wird von folgenden Hypothesen ausgegangen. Die Angebotsmenge eines Gutes x ist abhängig:

- vom Preis p_1 dieses Gutes;
- von den Preisen p_2 bis p_n der übrigen Güter;
- von den Preisen q_1 bis q_n der Produktionsfaktoren (Lohn, Zins und Bodenpreis);
- vom Ziel G, welches der Unternehmer anstrebt (z. B. Gewinn- oder Einkommensziel);
- von der angewandten Produktionstechnik T (die durch die Produktionsfunktion beschrieben wird);
- von der Marktstruktur M (der Marktform, der Entwicklungsphase des Marktes und dem Unternehmertypus).

Die Angebotsfunktion eines Unternehmens lässt sich dann wie folgt zusammenfassen:

(5.1) $x = f(p_1, p_2...p_n; q_1, q_2...q_n; G; T; M)$

Die Hauptfragen, die im Rahmen der Theorie des Unternehmensangebots zu beantworten sind, lauten:

- Weshalb bieten Unternehmen bei einer bestimmten Konstellation der Einflussfaktoren eine bestimmte Menge des Gutes x an?
- Wie wirken sich Änderungen dieser Determinanten auf die Angebotsmengen der Unternehmen aus?

Zur Beantwortung dieser Fragen werden zunächst die technischen Bedingungen der Produktion analysiert (Produktionstheorie), auf dieser Grundlage die Zusammenhänge zwischen Produktionsmenge und Kosten betrachtet (Kostentheorie) und schließlich die Preisbildungsprozesse in unterschiedlichen Marktformen thematisiert (Gewinntheorie).

5.1 Die Produktionstheorie

Die Wirtschaftseinheiten, die in einer Marktwirtschaft die Produktion organisieren und realisieren, sind die Unternehmen, die über die Absatzmärkte und die Produktionsfaktormärkte miteinander in Beziehung stehen. Unter dem ökonomischen Begriff **Produktion** versteht man den Prozess, der Sachgüter oder Dienstleistungen in andere Güter umformt. Darunter versteht man nicht nur die physische Erstellung eines Gutes, sondern auch seinen Transport und seine Lagerung. So stellt beispielsweise dasselbe Auto in München und in Athen aufgrund der mit dem Transport von München nach Athen verbundenen Kosten nicht das gleiche Gut dar. Ebenso ist aufgrund von Lagerkosten ein Kilogramm Trauben zur Erntezeit nicht dasselbe wie dieses Kilogramm Trauben ein Vierteljahr später.

Im Rahmen der Produktionstheorie werden die verschiedenen Produktionsmöglichkeiten der Betriebe analysiert und erklärt. Die wichtigsten konkreten Fragen im Rahmen dieser Theorie sind:

- Welche Veränderung erfährt die Ausbringungsmenge eines Betriebes bei Veränderung des Faktoreinsatzes?
- Welche Kombinationen von Faktormengeneinsätzen sind geeignet, um dieselbe Ausbringungsmenge herzustellen?

Als analytisches Instrument zur Beantwortung dieser Fragen dienen Produktionsfunktionen. Eine **Produktionsfunktion** stellt einen funktionalen Zusammenhang zwischen den eingesetzten Faktormengen und der erstellten (produzierten) Gütermenge dar und spiegelt die technischen Bedingungen der Produktion wider. Der mathematische Ausdruck einer Produktionsfunktion lautet:

(5.2) $x = f(m_1...m_n)$

Die Ausbringungsmenge x ist eine Funktion der Einsatzmengen der Produktionsfaktoren m_1 bis m_n.

5.1.1 Eigenschaften von Produktionsfunktionen

Man unterscheidet zwischen **homogenen** und **inhomogenen Produktionsfunktionen**. Homogenität und Inhomogenität beziehen sich sowohl auf die Qualität der Inputfaktoren als auch auf die Qualität der Produkte. Bei **Homogenität** besitzt jeder Inputfaktor die gleiche Qualität und weist ständig die gleiche Produktivität (Ergiebigkeit) auf. Auch alle Produkteinheiten sind während des gesamten Produktionsvorganges immer der gleichen Qualität. Mit anderen Worten bringt die gleiche Zusammensetzung (das gleiche Faktoreinsatzverhältnis, die gleiche Faktorintensität) der Produktionsfaktoren immer wieder die gleiche Produktion mit gleichen Produkteigenschaften hervor.

Inhomogenität bedeutet, dass sich die Ergiebigkeit der Inputfaktoren und die Qualität der Produkte ständig ändern. Man hat also während des gesamten Produktionsvorganges permanent mit unterschiedlichen Qualitäten von Produktionsfaktoren und Produkten zu tun.

Bei **homogenen Produktionsfunktionen** unterscheidet man zwischen linearen, überlinearen und unterlinearen Produktionsfunktionen. Ist eine Produktionsfunktion **linear-homogen,** dann bringt eine Verdoppelung, Verdreifachung usw. des Einsatzes der Produktionsfaktoren bei konstantem Faktoreinsatzverhältnis immer eine Verdoppelung, Verdreifachung usw. des Ertrages gleicher Qualität hervor. Man spricht in diesem Zusammenhang davon, dass die Produktionsfunktion **konstante Skalenerträge (constant returns to scale)** aufweist.

Ist eine Produktionsfunktion **überlinear-homogen,** dann bringt eine Verdoppelung oder Verdreifachung des Einsatzes der Produktionsfaktoren bei konstanter Faktorintensität mehr als das Doppelte oder das Dreifache an Ertrag der gleichen Qualität hervor. Hier spricht man von **zunehmenden Skalenerträgen (increasing returns to scale).**

Ist eine Produktionsfunktion **unterlinear-homogen,** dann bringt eine Verdoppelung oder Verdreifachung des Faktoreinsatzes bei konstanter Faktorintensität weniger als das Doppelte oder das Dreifache an Ertrag hervor. Die Skalenerträge sind hier **abnehmend (decreasing returns to scale).**

Mathematisch versteht man unter einer reellen homogenen Funktion eine Funktion, die für jede reelle Zahl λ und beliebige Werte folgender Gleichung genügt:

(5.3) $\lambda^r \cdot x = \lambda^r \cdot f(m_1 \dots m_n) = f(\lambda m_1, \dots, \lambda m_n)$

Ist der Exponent r der reellen Zahl gleich 1, dann ist die Funktion linear-homogen, ist er dagegen größer oder kleiner 1, dann ist die Funktion über-linear- bzw. unterlinear-homogen.

Bei **inhomogenen Produktionsfunktionen** liegt die spezifische Eigenschaft darin, dass während des Produktionsvorganges ständig zwischen Linearität, Über- und Unterlinearität gewechselt wird.

Reale Produktionsprozesse lassen sich eher durch inhomogene als durch homogene Produktionsfunktionen abbilden. Ein Produkt wird in der Regel in verschiedenen Produktionsabschnitten mit unterschiedlicher Qualität von Maschinen und Arbeitskräften hergestellt. Entsprechend unterschiedlich ist dann auch die Produktivität bzw. die Ergiebigkeit dieser Maschinen. Genau dies wird durch die Eigenschaft der Inhomogenität der Produktionsfunktion ausgedrückt.

Solche Funktionen lassen sich nicht nur mathematisch sehr schwer erfassen, sondern sie sind auch relativ schwer erklärbar. Daher arbeitet man in der Wirtschaftstheorie in der Regel, nicht zuletzt auch aus pädagogisch-didaktischen Erwägungen, mit linear-homogenen Produktionsfunktionen.

5.1.2 Typen linear-homogener Produktionsfunktionen

In der Mikroökonomik wie auch in der Makroökonomik werden verschiedene Typen linear-homogener Produktionsfunktionen verwendet. In der Literatur werden sie häufig mit dem Namen des Erstanwenders geführt. Einige davon sind:

- die klassische Produktionsfunktion (auch Sato-Produktionsfunktion oder Gutenberg-Produktionsfunktion des Typs A),
- die Cobb-Douglas-Produktionsfunktion,
- die limitationale oder Leontief-Produktionsfunktion.

Im Folgenden werden die Eigenschaften dieser Produktionsfunktionen bei **proportionaler, partieller** und **substitutionaler** Variation des Einsatzes der Produktionsfaktoren dargestellt und erläutert. Dabei wird in allen drei Fällen unterstellt, dass der betrachtete Betrieb nur ein Produkt herstellt. Außerdem wird davon ausgegangen, dass der Betrieb nur zwei Produktionsfaktoren m_1 und m_2 beschäftigt. Die Produktionsfunktion des Betriebes kann dann allgemein wie folgt geschrieben werden:

(5.4) $x = f(m_1; m_2)$

5.1.2.1 Die klassische Produktionsfunktion (Sato-Produktionsfunktion)

Diese Produktionsfunktion wird auch als Gutenberg-Produktionsfunktion des Typs A bezeichnet. Der konkrete mathematische Ausdruck lautet:

(5.5) $x = \dfrac{m_1^2 \cdot m_2^2}{am_1^3 + bm_2^3}$ (mit a und b > 0)

Proportionale Faktorvariation liegt vor, wenn **alle** Faktoreinsatzmengen im gleichen Verhältnis steigen, d. h. das Faktoreinsatzverhältnis bzw. die **Faktorintensität** m_1/m_2 konstant bleibt.

Geometrisch wird die proportionale Faktorvariation durch einen Prozessstrahl (eine Prozessgerade) dargestellt, der permanent die gleiche Faktorintensität anzeigt. In einem durch eine solche Produktionsfunktion beschriebenen Produktionsprozess bleiben die Produktivität und die Skalenerträge der Produktionsfaktoren konstant. Deshalb spricht man in diesem Zusammenhang davon, dass die Skalenelastizität gleich 1 ist.

Unter **Skalenelastizität** versteht man das Verhältnis der relativen (prozentualen) Veränderung des Ertrages (der Produktion) bezogen auf die relative (prozentuale) Veränderung des Faktoreinsatzniveaus. Der Ausdruck dx/x stellt die relative Veränderung der Ertragsmenge und der Ausdruck dλ/λ die relative Veränderung des Faktoreinsatzniveaus dar. Die Skalenelastizität ist damit wie folgt definiert:

$$(5.6a) \quad \varepsilon_\lambda = \frac{dx}{x} \div \frac{d\lambda}{\lambda} \qquad \text{oder umgeformt (5.6b)} \qquad \varepsilon_\lambda = \frac{dx}{d\lambda} \div \frac{x}{\lambda}$$

Aus dieser Definition folgt, dass bei linear-homogenen Produktionsfunktionen die Skalenelastizität gleich 1 ist. Bei überlinearen bzw. unterlinearen Produktionsfunktion ist sie entsprechend größer bzw. kleiner als 1.

Partielle Faktorvariation liegt vor, wenn – ceteris paribus – der Einsatz **eines** Produktionsfaktors verändert wird. Dabei stellt sich die Frage nach den Auswirkungen der Veränderung der Faktoreinsatzmenge auf die Produktmenge.

In einem Zwei-Faktoren-Modell wird die Menge eines Einsatzfaktors konstant gehalten und die Menge des anderen verändert. Unter den Bedingungen einer Sato-Produktionsfunktion wird bei einem solchen Vorgang eine besondere Gesetzmäßigkeit, das so genannte **Ertragsgesetz**, sichtbar. Demnach wird der Gesamtertrag zunächst überproportional steigen. Überproportional heißt, dass der Zuwachs des Gesamtertrages, der durch den Einsatz einer zusätzlichen Faktoreinheit erzielt wird, ständig wächst. Der durch den Einsatz einer zusätzlichen Faktoreinheit verursachte Zuwachs des Gesamtertrages wird als **Grenzertrag** bezeichnet. Das Wachstum des Grenzertrages wird nach den Besonderheiten einer solchen Produktionsfunktion im Verlauf des Produktionsvorganges einen maximalen Punkt erreichen (Wendepunkt der Gesamtertragskurve). Ab diesem Punkt wird der Grenzertrag ständig abnehmen. Der Gesamtertrag wächst ab dem Wendepunkt unterproportional. Erreicht der Grenzertrag den Nullwert, dann hat der Gesamtertrag seinen maximalen Wert erreicht. Wird der Einsatz des variablen Produktionsfaktors fortgesetzt, dann ist ab diesem Punkt der Grenzertrag negativ, und der Gesamtertrag nimmt ständig ab. Diese Gesetzmäßigkeit wird **„Gesetz vom abnehmenden Ertragszuwachs"** oder einfach **„Ertragsgesetz"** genannt. Grafisch lässt sich der Verlauf der Gesamtertragskurve wie folgt darstellen:

Abb. 5-1: Sato-Produktionsfunktion bei partieller Faktorvariation

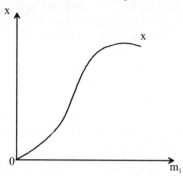

Aus der Gesamtertragskurve lassen sich die Grenzertrags- und die Durchschnittsertragskurve ableiten.

(1) Die Grenzertragskurve: Es ist bereits bekannt, dass der **Grenzertrag** (das physische Grenzprodukt) eines Produktionsfaktors, ceteris paribus das Ergebnis des Einsatzes einer zusätzlichen Produktionsfaktoreinheit ist. Grafisch lässt sich dieser Sachverhalt wie folgt darstellen:

Abb. 5-2: Der Zusammenhang zwischen Gesamtertrag und Grenzertrag

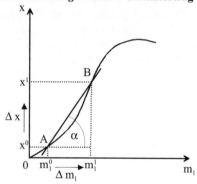

Bei Erhöhung der Faktoreinsatzmenge von m_0 auf m_1 steigt der Gesamtertrag von A auf B. Bezeichnet man den Zuwachs des Faktoreinsatzes mit Δm_1 und den Zuwachs des Gesamtertrages mit Δx, so gibt der Tangens des Steigungswinkels α der Strecke AB das Verhältnis von Gesamtertragszuwachs und Zuwachs der Einsatzmenge des variablen Faktors m_1 an (tan $\alpha = \Delta x / \Delta m_1$).

Lässt man Δm_l gegen Null gehen, so wird die Strecke AB zur Tangente an die Gesamtertragskurve im Punkt A und aus dem Differenzenquotienten $\Delta x/\Delta m_l$ wird der Differentialquotient dx/dm_l. Der Quotient dx/dm_l ist Ausdruck für das Verhältnis zwischen Ertragszuwachs und Zuwachs der Einsatzmenge des variablen Faktors. Dieser Ausdruck wird als **Grenzproduktivität** des Produktionsfaktors bezeichnet.

Die Grenzertragskurve erreicht ihr Maximum im Wendepunkt W der Gesamtertragskurve (vgl. Abb. 5-4). Der Tangens des Winkels, den die Tangente an den Wendepunkt der Gesamtertragskurve bildet, ist der größtmögliche. Der Grenzertrag ist Null, wo der Gesamtertrag sein Maximum M erreicht. Die Grenzertragskurve schneidet dann die Abszisse.

(2) Die Durchschnittsertragskurve: Den **Durchschnittsertrag** des variablen Faktors erhält man, indem man den Gesamtertrag durch die eingesetzte Menge des variablen Faktors dividiert.

Grafisch lässt sich der Durchschnittsertrag wie folgt ermitteln: Man verbindet einen beliebigen Punkt der Gesamtertragskurve durch eine Gerade mit dem Nullpunkt des Koordinatensystems (Fahrstrahl). Der Tangens des Winkels, den der Fahrstahl mit der positiven Richtung der Abszisse bildet (die Steigung des Fahrstrahls), gibt die Höhe des Durchschnittsertrages des variablen Faktors beim Einsatz der betreffenden Menge an (tan $\alpha = x/m_l$). Verschiebt man den Fahrstrahl parallel bis er die Abszisse im Punkt -1 schneidet, so wird $m_l = 1$ und, die Höhe des Durchschnittsertrages lässt sich direkt an der Ordinate ablesen (s. Abb. 5-3). In gleicher Weise kann durch eine entsprechende Parallelverschiebung der Tangente an einen beliebigen Punkt der Gesamtertragskurve der Wert des Grenzertrages in diesem Punkt bestimmt werden.

Abb. 5-3: Grafische Ableitung der Durchschnittsertragskurve

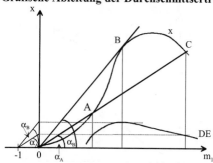

Die Steigung des Fahrstrahls ist dort am größten, wo er zur Tangente an die Gesamtertragskurve wird. Hier erreicht der Durchschnittsertrag sein Maximum. Da aber die Tangente an die Gesamtertragskurve gleichzeitig deren Anstieg, also den Grenzertrag angibt, sind Grenzertrag und Durchschnittsertrag in dem Punkt, in dem der Durchschnittsertrag sein Maximum erreicht, gleich groß. Wird der Einsatz des variablen Faktors über das Maximum des Durchschnittsertrags hinaus vermehrt, so sinkt der Grenzertrag unter den Durchschnittsertrag.

(3) Die Beziehungen zwischen den Ertragskurven: Die Beziehungen zwischen Gesamtertrags-, Grenzertrags- und Durchschnittsertragskurve bei zunehmendem Einsatz des variablen Faktors lassen sich durch ein Vierphasenschema darstellen (vgl. Abb. 5-4).

Abb. 5-4: Sato-Produktionsfunktion: Gesamt-, Grenz- und Durchschnittsertrag

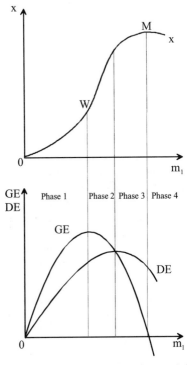

1. Phase: Jede weitere eingesetzte Einheit des variablen Faktors erbringt einen größeren Ertragszuwachs als die vorhergehende Einheit. Dies führt dazu, dass Gesamtertrag, Grenzertrag und Durchschnittsertrag in dieser Phase zunehmen. Die Ursache dafür ist, dass das anfängliche Übergewicht des konstanten Faktors relativ abnimmt und das Wirkungsverhältnis beider Faktoren immer günstiger wird. Am Ende dieser Phase erreicht der Grenzertrag sein Maximum (Wendepunkt der Gesamtertragskurve).

2. Phase: Der Grenzertrag nimmt ständig ab, der Gesamtertrag und der Durchschnittsertrag nehmen ständig zu. Der Grenzertrag ist in dieser Phase noch größer als der Durchschnittsertrag. Am Ende der 2. Phase ist der Grenzertrag gleich dem Durchschnittsertrag (Schnittpunkt der Grenzertrags- mit der Durchschnittsertragskurve), und der Durchschnittsertrag erreicht sein Maximum. An diesem Punkt ist das absolut günstigste Einsatzverhältnis des variablen Produktionsfaktors realisiert.

3. Phase: In der dritten Phase sinken der Grenz- und der Durchschnittsertrag, während der Gesamtertrag weiter steigt. Der Grenzertrag ist kleiner als der Durchschnittsertrag und wird am Ende der 3. Phase Null. Der Gesamtertrag erreicht sein Maximum.

4. Phase: Der Gesamtertrag sinkt absolut, der Grenzertrag ist negativ, und der Durchschnittsertrag nimmt weiter ab.

Der jeweilige Grenzertrag multipliziert mit der Einsatzmenge des variablen Faktors ergibt den Teil des Gesamtertrages, der auf den variablen Faktor entfällt. Die Differenz zwischen Grenzertrag und Durchschnittsertrag des variablen Faktors multipliziert mit der Einsatzmenge des variablen Faktors stellt den Ertragsanteil dar, der dem fixen Faktor zugerechnet wird. Der Anteil des fixen Faktors am Gesamtertrag wird um so größer, je mehr die Ergiebigkeit des variablen Faktors absinkt.

(4) Die Produktionselastizität: Der Grenz- und der Durchschnittsertrag lassen sich durch die Produktionselastizität miteinander verknüpfen. Wie jede Elastizität setzt auch die Produktionselastizität zwei relative Größen zueinander in Beziehung. Die Produktionselastizität ist definiert als relative (prozentuale) Veränderung des Gesamtertrages (dx/x) aufgrund einer relativen (prozentualen) Veränderung der Einsatzmenge des variablen Produktionsfaktors (dm₁/m₁):

(5.7a) $\qquad \varepsilon_{(x,m_1)} = \dfrac{dx}{x} \div \dfrac{dm_1}{m_1}$

Die Produktionselastizität eines Produktionsfaktors gibt also den Prozentsatz an, um welchen der Gesamtertrag zunimmt, wenn die Einsatzmenge des variablen Produktionsfaktors ceteris paribus um 1 % erhöht wird.

Wie aus der Gleichung (5.7a) leicht ersichtlich ist, lässt sich die Produktionselastizität auch als das Verhältnis des Grenzertrages des variablen Produktionsfaktors zum Durchschnittsertrag darstellen:

(5.7b) $\qquad \varepsilon_{(x,m_1)} = \dfrac{dx}{dm_1} \div \dfrac{x}{m_1}$

Daraus wird ersichtlich, dass je nach Verlauf des Grenz- und des Durchschnittsertrages die Produktionselastizität unterschiedliche Werte annehmen kann. Bis zum Maximum des Durchschnittsertrages ist sie größer als 1 und bis zum Maximum des Gesamtertrages ist sie größer als Null. Bei partieller Faktorvariation nimmt also der Gesamtertrag zu, solange die Produktionselastizität größer als Null ist.

(5) Substitutionale Faktorvariation: Bei dieser Betrachtungsweise geht man von der Annahme aus, dass eine bestimmte Produktmenge mit unterschiedlichen Mengenkombinationen der Produktionsfaktoren erstellt werden kann, d. h. man unterstellt eine begrenzte Substituierbarkeit der Produktionsfaktoren.

Bei der grafischen Darstellung geht man vereinfachend davon aus, dass der Ertrag (Output) x mit Hilfe des Einsatzes (Inputs) von zwei variablen Produktionsfaktoren m_1 und m_2 erzielt wird:

(5.4) $x = f(m_1; m_2)$

Bei einer linear-homogenen Produktionsfunktion vom Typ Sato ist eine substitutionale Faktorvariation möglich, d. h. ein bestimmter Ertrag x_0 kann mit einer großen Anzahl unterschiedlicher Mengenkombinationen der Produktionsfaktoren m_1 und m_2 erzielt werden. Der geometrische Ort (die Kurve) der unterschiedlichen Mengenkombinationen der Produktionsfaktoren, die den gleichen Ertrag liefern, wird als **Isoquante (Ertragsisoquante)** bezeichnet. Isoquanten besitzen formal die gleichen Eigenschaften, wie die aus der Haushaltstheorie bekannten Indifferenzkurven. Diese Eigenschaften sind:

- Je weiter eine Isoquante vom Koordinatenursprung liegt, um so höher ist ihr Ertragsniveau.

- Isoquanten einer bestimmten Produktionsfunktion können sich nicht schneiden.

- Es gilt das „Gesetz von der abnehmenden Grenzrate der Substitution".

Dieses Gesetz kann im Zusammenhang mit Ertragskategorien wie folgt beschrieben werden:

Angenommen, ein Unternehmen verfügt in der Ausgangssituation über relativ viele Einheiten des Produktionsfaktors m_1 und über relativ wenige Einheiten des Produktionsfaktors m_2, die das Unternehmen einsetzt um eine bestimmte Produktmenge x_0 herzustellen. Diese Faktorkombination stellt einen Punkt auf einer Isoquante dar. Das Unternehmen möchte jetzt den Produktionsfaktor m_1 durch den Faktor m_2 in der Weise substituieren (ersetzen), dass eine Mengeeinheit des Faktors m_1 durch eine bestimmte Menge des Faktors m_2 ersetzt wird, ohne dabei das Produktionsergebnis zu verändern. Der Substitutionsprozess erfolgt also entlang einer Isoquante mit der Produktmenge x_0.

Abb. 5-5: Substitutionale Faktorvariation

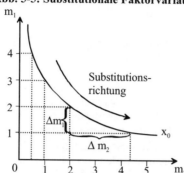

Unterstellt man eine Substitutionsrichtung wie in Abb. 5-5, dann lässt sich Folgendes sagen: Bei einer Substitution von m_1 durch m_2 sind für den Verzicht auf eine Einheit des Faktors m_1 zunehmend mehr Einheiten des Faktor m_2 erforderlich, um das Produktionsniveau aufrecht zu erhalten. Δm_2 wird also bei Konstanz von Δm_1 permanent größer, d. h. die Relation $\Delta m_1/\Delta m_2$ wird fortlaufend kleiner. Man spricht deshalb vom **Gesetz der fallenden technischen Grenzrate der Substitution.**

(5.8a) $R = |\Delta m_1/\Delta m_2|$

Bei infinitesimaler Betrachtung, d. h. für $\Delta m_1 \to 0$ erhält man:

(5.8b) $R = |dm_1/dm_2|$

Die Grenzrate der Substitution des Produktionsfaktors m_1 durch den Produktionsfaktor m_2 entspricht zugleich dem reziproken Wert (Kehrwert) des Verhältnisses der Grenzproduktivitäten der beiden Faktoren. Diese Aussage lässt sich wie folgt begründen: Entlang einer Isoquante ist die Veränderung des Gesamtertrages dx gleich Null. Da die Veränderung des Gesamtertrages als totales Differential der Produktionsfunktion darstellbar ist, gilt also:

(5.9) $dx = \dfrac{\partial x}{\partial m_1} \cdot dm_1 + \dfrac{\partial x}{\partial m_2} \cdot dm_2 = 0$

Die Ausdrücke $\partial x/\partial m_1 = x'(m_1)$ und $\partial x/\partial m_2 = x'(m_2)$ stellen die partiellen Ableitungen der Produktionsfunktion nach m_1 und m_2 dar und werden als **Grenzproduktivitäten** der Faktoren bezeichnet. Bei einer Veränderung des Einsatzes der Produktionsfaktoren um eine Einheit ($dm_1 = 1$ und $dm_2 = 1$) entsprechen die Grenzproduktivitäten der Faktoren ihren Grenzerträgen.

Durch Umformung der Gleichung (5.9) erhält man:

$$(5.10) \qquad R = \left| \frac{dm_1}{dm_2} \right| = \frac{x'(m_2)}{x'(m_1)}$$

Bei der Sato-Produktionsfunktion haben die Isoquanten einen zum Koordinatenursprung konvexen Verlauf. Die Besonderheit ist hier, dass sich bei fortlaufender Substitution die Isoquanten von den Achsen des Koordinatensystems entfernen. Ab dem Punkt, an dem die Tangente an eine Isoquante eine Parallele zu einer der beiden Achsen wird, ist eine Substitution ökonomisch nicht mehr sinnvoll, weil ab diesem Punkt der gleiche Ertrag auch mit einem niedrigeren Einsatz des betreffenden Produktionsfaktors erzielt werden kann. Verbindet man diese Tangentialpunkte miteinander, so erhält man die so genannten **Kammlinien**, die das ökonomisch relevante Substitutionsgebiet eingrenzen (in der Abb. 5-6) die Strecken OA und OB).

Abb. 5-6: Effizienzbereich bei substitutionaler Faktorvariation

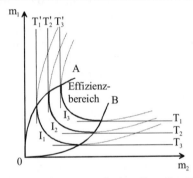

Eine Kammlinie kann also als geometrischer Ort aller Faktormengenkombinationen definiert werden, die eine produktionstechnische Grenze für ökonomisch optimale Kombinationen darstellen.

(6) Die Substitutionselastizität: Eine Antwort auf die Frage, wie im Substitutionsprozess Produktivitätsveränderungen und Veränderungen der Intensitäten (der Einsatzverhältnisse) der Produktionsfaktoren zusammenhängen, gibt die Substitutionselastizität. Sie ist definiert als die relative Änderung des Faktoreinsatzverhältnisses im Verhältnis zur relativen Änderung der Grenzrate der Substitution (dR/R). Die mathematische Formel der Substitutionselastizität lautet:

$$(5.11a) \quad \sigma = \frac{d\left(\dfrac{m_1}{m_2}\right)}{\dfrac{m_1}{m_2}} \div \frac{d\left(\dfrac{dm_1}{dm_2}\right)}{\dfrac{dm_1}{dm_2}}$$

Da die Grenzrate der Substitution, wie bereits bekannt, dem reziproken Verhältnis der Grenzproduktivitäten der Faktoren entspricht, kann die Substitutionselastizität auch als Verhältnis der relativen (prozentualen) Änderung des Faktoreinsatzverhältnisses zweier Produktionsfaktoren zur relativen Änderung des reziproken Wertes des Grenzproduktivitätsverhältnisses dieser Faktoren dargestellt werden:

$$(5.11b) \quad \sigma = \frac{d\left(\dfrac{m_1}{m_2}\right)}{\dfrac{m_1}{m_2}} \div \frac{d\left(\dfrac{x'(m_2)}{x'(m_1)}\right)}{\dfrac{x'(m_2)}{x'(m_1)}}$$

5.1.2.2 Die Cobb-Douglas-Produktionsfunktion

Dieser Typ von Produktionsfunktion wurde ursprünglich (1928) von den amerikanischen Ökonomen W. C. Cobb und P. Douglas für makroökonomische Analysen verwendet. Die mathematische Formulierung lautet:

$$(5.12) \quad x = c \cdot m_1^{\alpha} \cdot m_2^{\beta} \qquad \text{mit } c > 0; \ 0 < \alpha < 1 \text{ und } \alpha + \beta = 1$$

Diese Produktionsfunktion erlaubt nur eine begrenzte Substitutionalität, die ihren mathematischen Ausdruck in der multiplikativen Verknüpfung beider Produktionsfaktoren m_1 und m_2 findet. Der Koeffizient c wird als **Niveauparameter** bezeichnet, da er die Höhe des Ertragsniveaus bestimmt.

(1) Proportionale Faktorvariation: Die Cobb-Douglas-Produktionsfunktion hat bei proportionaler Faktorvariation die gleichen Eigenschaften wie die Sato-Produktionsfunktion. Sie ist linear-homogen und weist konstante Skalenerträge auf. Ihre Skalenelastizität ist gleich 1.

(2) Partielle Faktorvariation: Der Unterschied zur Sato-Produktionsfunktion besteht darin, dass bei Variation eines Produktionsfaktors der Grenzertrag von Anfang an abnehmend ist. Die Gesamtertragskurve hat keinen Wende- und keinen Maximalpunkt. Der Durchschnittsertrag ist ebenfalls von Anfang an abnehmend und bei jeder Einsatzmenge des varablen Faktors größer als der Grenzertrag. Grafisch lassen sich die Werte für den Grenz- und den Durchschnittsertrag jeweils durch die Winkel α und β bestimmen (vgl. Abb. 5-7).

Abb. 5-7: Cobb-Douglas-Produktionsfunktion

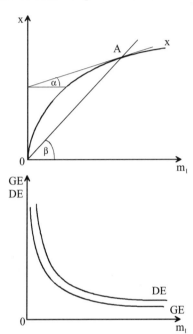

Die Steigung der Gesamtertragskurve gibt den Grenzertrag des variablen Faktors an (tan $\alpha = dx/dm_1$). Der Tangens des Winkels β, den der Fahrstrahl an die Ertragskurve und die Abszisse bilden, misst den Durchschnittsertrag (tan $\beta = x/m_1$).

Bei den Überlegungen zur Sato-Produktionsfunktion war festgestellt worden, dass die **Produktionselastizität,** die als relative Veränderung der Ertragsmenge (dx/x), verursacht durch eine relative Veränderung der Einsatzmenge des variablen Faktors (dm$_1$/m$_1$) definiert worden war, gleich dem Verhältnis des Grenzertrages zum Durchschnittsertrag ist. Da bei einer Cobb-Douglas-Produktionsfunktion der Grenzertrag immer kleiner ist als der Durchschnittsertrag, ist folglich bei einer Cobb-Douglas-Produktionsfunktion die Produktionselastizität immer kleiner als 1.

Legt man die oben dargestellte Cobb-Douglas Produktionsfunktion zugrunde (Gleichung (5.12)), dann lässt sich zeigen, dass die Produktionselastizitäten der Faktoren m_1 und m_2 den Exponenten α und β entsprechen. So führt die Differenzierung der Produktionsfunktion nach dem Produktionsfaktor m_1 zu folgendem Ergebnis.

(5.13) $\qquad \dfrac{dx}{dm_1} = c \cdot \alpha \cdot m_1^{(\alpha-1)} \cdot m_2^{\beta}$

Setzt man (5.13) in die Formel für die Produktionselastizität ein, so erhält man:

(5.14a) $\qquad \varepsilon_{(x,m_1)} = \dfrac{dx}{dm_1} \div \dfrac{x}{m_1} = \dfrac{c \cdot \alpha \cdot m_1^{(\alpha-1)} \cdot m_2^{\beta} \cdot m_1}{c \cdot m_1^{\alpha} \cdot m_2^{\beta}} = \alpha$

Analog erhält man:

(5.14b) $\qquad \varepsilon_{(x,m_2)} = \beta$

Ausgehend von diesen Ergebnissen kann man hinsichtlich der Ergiebigkeit des partiellen Einsatzes der Produktionsfaktoren Folgendes sagen: Bei einem Wert von beispielsweise $\alpha = 0{,}5$ führt eine 1 %ige Erhöhung der Einsatzmenge des variablen Faktors m_1 zu einer 0,5 %igen Erhöhung der Ausbringungsmenge.

(4) Substitutionale Faktorvariation: Die Isoquanten einer Cobb-Douglas-Produktionsfunktion weisen die gleichen Eigenschaften auf wie die einer Sato-Produktionsfunktion, und es gelten die gleichen Gesetzmäßigkeiten. Ein Unterschied zur Sato-Funktion besteht allerdings darin, dass die Ertrasisoquanten nicht umschlagen, sondern sich asymptotisch den Achsen nähern. Dies liegt daran, dass es bei der Cobb-Douglas-Produktionsfunktion bei partieller Faktorvariation keine negativen Grenzerträge gibt. Auch hier gilt das Gesetz von der abnehmenden Grenzrate der Substitution mit dem Unterschied, dass die Grenzrate niemals Null werden kann. Die Substitutionselastizität ist absolut gleich 1.

5.1.2.3 Limitationale Produktionsfunktionen (die Leontief-Produktionsfunktion)

Sowohl die Sato- als auch die Cobb-Douglas-Produktionsfunktion sind beschränkt komplementäre und substitutionale Produktionsfunktionen. Müssen dagegen die Produktionsfaktoren infolge von Komplementarität für eine technisch effiziente Produktion in einem festen Verhältnis eingesetzt werden, spricht man von limitationalen Produktionsfunktionen. Die Situation der Limitationalität beinhaltet also, dass die Produktionsfaktoren zur Erzielung eines bestimmten Produktionsniveaus in einem fest vorgegebenen (determinierten) Verhältnis zueinander stehen müssen. Die Faktoren limitieren sich gegenseitig. Sie sind vollständig komplementär, weil außerhalb der technisch fixierten Einsatzrelation keine Produktion zustande kommt ohne Produktionsfaktoren zu verschwenden.

In der Praxis finden sich leicht Beispiele limitatonaler Produktionsbedingungen. So gehört z. B. zum Produkt Personenkraftwagen eine technisch strenge Kopplung der Faktoreinsätze Karosserie und Räder im Verhältnis 1 : 4. Auch ein Arbeiter und die von ihm zu bedienende Maschine können in einer festen Einsatzrelation zu einem arbeitsfähigen Mensch-Maschine-System werden.

(1) Proportionale Faktorvariation: Bei limitationalen Produktionsfunktionen stellt nur die proportionale Faktorvariation eine ökonomisch sinnvolle Faktorvariation dar. Ändern sich Input- und Outputmengen immer im gleichen Verhältnis spricht man von einer linear-limitationalen Produktionsfunktion. Es herrscht hier eine eindeutige Abhängigkeit der Ausbringungsmenge von der Faktoreinsatzmenge und umgekehrt. Dies bedeutet, dass die **Produktionskoeffizienten** (m_1/x, m_2/x) konstant sind. Der Produktionskoeffizient gibt an, welche Faktormenge jeweils erforderlich ist, um eine Einheit des Produktes herstellen zu können. Die reziproken Werte der Produktionskoeffizienten (x/m_1, x/m_2), also die Faktorproduktivitäten, sind ebenso konstant. Die ökonomisch sinnvollen Kombinationen liegen auf einem Fahrstrahl (Prozessstrahl; s. Abb. 5-8).

(2) Partielle Faktorvariation: Eine ökonomisch sinnvolle partielle Faktorvariation ist bei fixen limitationalen Verhältnissen der Produktionsfaktoren nicht möglich.

(3) Substitutionaler Faktorvariation: Da definitionsgemäß im limitationalen Modell keine Faktorsubstitution bestehen kann, ist es auch nicht möglich, die Produktionsbeziehungen durch eine Isoquante mit konvexem Verlauf zu erfassen. Die Isoquanten haben hier eine rechtwinklige Gestalt. Nur in ihren Eckpunkten ist ein effizientes Faktoreinsatzverhältnis gegeben. Die Gesamtheit aller effizienten Faktormengenkombinationen liegt, wie schon erwähnt, auf einem Prozessstrahl (s. Abb. 5-8).

Abb. 5-8: Effiziente Kombinationen einer limitationalen Produktionsfunktion

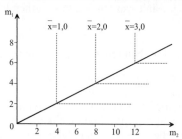

5.2 Die Kostentheorie

Die bisher im Rahmen der Produktionstheorie angestellten Überlegungen hatten ausschließlich die technischen Bedingungen der Produktion zum Gegenstand. Die Produktionstheorie ermöglicht dementsprechend lediglich Aussagen zur technischen Effizienz der Produktion. Für ein Unternehmen sind aber letztlich die mit der Realisierung eines bestimmten Produktionsergebnisses verbundenen Kosten des Einsatzes der Produktionsfaktoren maßgebend. Daraus resultieren im Rahmen der Kostentheorie folgende Fragen:

- Wie verändern sich die Kosten der Produktion eines bestimmten Gutes bei einer gegebenen Produktionsfunktion, wenn sich die Ausbringungsmenge ändert?

- Welches ist die kostengünstigste Kombination der Produktionsfaktoren für eine bestimmte Ausbringungsmenge?

- Wie lässt sich die Produktionsmenge eines Gutes maximieren, wenn die Gesamtkosten der Produktion gegeben sind?

5.2.1 Kostenbegriffe

5.2.1.1 Der volkswirtschaftliche Kostenbegriff

Volkswirtschaftlich bestehen die Produktionskosten eines Gutes in dem mit dem Verzicht auf die Herstellung eines anderen Gutes verbundenen entgangenem Nutzen. Den entgangenen Nutzen (den entgangenen Ertrag) nicht-realisierter Alternativen bezeichnet man als **Opportunitätskosten** der Produktion eines Gutes. Dem liegt die Überlegung zugrunde, dass jede Verwendung eines Produktionsfaktors auf Kosten aller anderen Verwendungen dieses Produktionsfaktors geht. Die Opportunitätskosten einer Produktionsalternative A sind demnach gleich dem Ertrag der nächstgünstigsten Produktionsalternative B, die mit den für A eingesetzten Mitteln hätte realisiert werden können. Dabei wird bei ökonomisch rationalem Verhalten die Alternative A nur dann gewählt werden, wenn sie einen höheren Ertrag liefert als die Alternative B.

5.2.1.2 Die mikroökonomischen (einzelwirtschaftlichen) Kostenbegriffe

Die Gesamtkosten oder Totalkosten K einer Produktionsmenge x sind gleich der Summe der mit ihren Preisen bewerteten Mengen der Produktionsfaktoren, die für die Herstellung der Produktionsmenge x eingesetzt werden. Für den Fall von zwei Produktionsfaktoren m_1 und m_2 mit Faktorpreisen q_1 und q_2 lautet die Gesamtkostengleichung:

$$(5.15) \quad K = m_1 \cdot q_1 + m_2 \cdot q_2$$

Bei einer kurzfristigen Betrachtung unterscheidet man zwischen **variablen Kosten K_v** und **Fixkosten K_f** der Produktion. Variable Kosten sind Kosten, die in ihrer Höhe von der Ausbringungsmenge abhängig sind ($K_v(x)$). Fixkosten sind dagegen von der produzierten Menge unabhängig. Variable Kosten und Fixkosten lassen sich zu Gesamtkosten zusammenfassen:

$$(5.16) \quad K = K_v(x) + K_f$$

Für ein Unternehmen sind nicht nur die Gesamtkosten und ihre Bestandteile, sondern auch die Kosten pro Produkteinheit von Bedeutung. Man unterscheidet in diesem Zusammenhang zwischen **totalen Durchschnittskosten (totalen Stückkosten)** sowie **variablen** und **fixen Durchschnittskosten (Stückkosten).**

$$(5.17) \quad k = \frac{K}{x} \qquad \text{(totale Durchschnittskosten)}$$

$$(5.18) \quad k_v = \frac{K_v}{x} \qquad \text{(variable Durchschnittskosten)}$$

$$(5.19) \quad k_f = \frac{K_f}{x} \qquad \text{(fixe Durchschnittskosten)}$$

Eine weitere für die Ausdehnung des Produktionsangebotes eines Betriebes entscheidende Kategorie von Kosten sind die Kosten, die die Produktion einer zusätzlichen Mengeneinheit eines Gutes verursacht. Man nennt sie **Grenzkosten der Produktion K'(x)**. Mathematisch erhält man die Grenzkosten, indem man die Gesamtkostenfunktion nach der Menge x differenziert:

(5.20) $K'(x) = \dfrac{dK}{dx}$ (Grenzkosten).

5.2.2 Minimalkostenkombinationen

5.2.2.1 Die Minimalkostenkombination bei substitutiven Produktionsfaktoren

Es wird von einer linear-homogenen Produktionsfunktion ausgegangen, die sowohl vom Typ Sato als auch vom Typ Cobb-Douglas sein kann. Da rationales ökonomisches Handeln unterstellt wird, strebt der Unternehmer entsprechend dem **ökonomischen Prinzip (Rationalprinzip)** entweder eine ertragsoptimale oder eine kostenminimale Kombination der Produktionsfaktoren an.

In der Phase der Betriebsgründung (der Investition) steht jeder Unternehmer vor der Frage der Realisierung einer ökonomisch optimalen Kombination der Produktionsfaktoren. In einem Zwei-Faktoren-Modell sind zunächst beide Faktoren variabel. Wie sich der Unternehmer in dieser Situation verhalten wird, hängt von seinen Ausgangsüberlegungen ab.

Steht ihm für das angestrebte Investitionsprojekt ein bestimmter Geldbetrag zur Verfügung (gegebene Kostensumme), dann muss er versuchen, mit dieser Kostensumme diejenige Faktorkombination zu realisieren, die ihm die maximale Ertragsmenge erbringt. Hat er dagegen eine bestimmte Vorstellung über die angestrebte Ertragshöhe, dann muss er diejenige Faktorkombination realisieren, die bei der Erzeugung der angestrebten Ertragsmenge die geringsten Kosten (Minimalkosten) verursacht.

Bei den folgenden Überlegungen wird zunächst der erste Fall unterstellt, d. h. dem Unternehmer steht eine gegebene Kostensumme K zur Verfügung, mit der eine maximale Produktmenge x realisiert werden soll.

Erster Fall: Das Produktionsverfahren, also die Produktionsfunktion (hier wird der Typ einer Sato-Produktionsfunktion unterstellt) und die Preise q_1 und q_2 der Produktionsfaktoren m_1 und m_2, sind dem Unternehmer bekannt. Für eine gegebene Kostensumme K gilt dann Gleichung (5.15):

(5.15) $K = m_1 q_1 + m_2 q_2$

Stellt man diese Gleichung in einem Koordinatensystem dar (s. Abb. 5-9), dann erhält man die Abszissen- und Ordinatenwerte, indem man jeweils die Einsatzmenge eines Faktors gleich Null setzt. Die Verbindungslinie zwischen diesen beiden Punkten bezeichnet man als **Isokostenlinie.** Die Isokostenlinie ist der geometrische Ort aller Faktorkombinationen von m_1 und m_2, die die gleichen Kosten verursachen. In den Punkten $m_1 = K/q_1$ und $m_2 = K/q_2$ wird die gesamte Kostensumme jeweils für einen Produktionsfaktor ausgegeben. Je höher ceteris paribus die Kostensumme K ist, um so größer werden die möglichen Faktoreinsatzmengen. Grafisch wird eine Erhöhung der Kostensumme durch eine Parallelverschiebung der Isokostenlinie nach rechts (vom Koordinatenursprung weg) dargestellt.

Abb. 5-9: Isokostenlinien bei Variation der Kostensumme

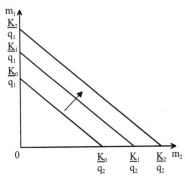

Führt man in diesem Koordinatensystem eine Isoquantenschar ein (s. Abb. 5-10), dann teilt die Isokostenlinie die Isoquantenschar in zwei Bereiche.

Abb. 5-10: Minimalkostenkombination bei gegebener Kostensumme

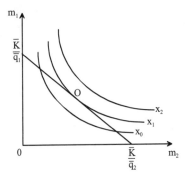

Alle Faktormengenkombinationen, die links von der Isokostenlinie oder auf der Isokostenlinie liegen, sind ökonomisch realisierbar. Alle Punkte außerhalb dieses Bereiches (rechts von der Isokostenlinie) sind mit der gegebenen Kostensumme nicht realisierbar. Wie aus der Abbildung ersichtlich wird, befinden sich im ökonomisch realisierbaren Bereich Isoquanten mit unterschiedlichem Mengenindex. Das ökonomische Prinzip verlangt, dass die

Isoquante mit dem höchsten Mengenindex gewählt wird. Es ist offensichtlich, dass dies die Isoquante ist, die die Isokostenlinie tangiert.

Das dargestellte Verhalten gemäß dem ökonomischen Prinzip lässt sich mathematisch durch diese Tangentialbedingung beschreiben. Die Steigung der Isoquante muss gleich der Steigung der Isokostenlinie sein. Für den Absolutwert der Steigung der Isokostenlinie gilt:

$$(5.21) \qquad \tan \alpha = \frac{K}{q_1} \div \frac{K}{q_2} = \frac{q_2}{q_1}$$

Der Absolutwert der Steigung der Isoquante ist gleich der Grenzrate der Substitution $\left| dm_1/dm_2 \right|$. Aus der Produktionstheorie ist bekannt, dass die Grenzrate der Substitution dem reziproken Wert des Verhältnisses der Grenzproduktivitäten der Produktionsfaktoren $x'(m_2)/x'(m_1)$ entspricht. Daraus folgt als Bedingung für eine **Minimalkostenkombination**:

$$(5.22) \qquad \frac{q_2}{q_1} = \frac{x'(m_2)}{x'(m_1)} = \left| \frac{dm_1}{dm_2} \right|$$

Bei gegebener Kostensumme und gegebenen Faktorpreisen ist die Minimalkostenkombination beim Einsatz der Produktionsfaktoren m_1 und m_2 also dort erreicht, wo die vom Koordinatenursprung am weitesten liegende Isoquante von der Isokostenlinie tangiert wird. An diesem Punkt ist die Grenzrate der Substitution gleich dem reziproken Verhältnis der Faktorpreise und das Faktorpreisverhältnis ist gleich dem Verhältnis der Grenzproduktivitäten der Produktionsfaktoren.

Zweiter Fall: Ist die Ertragshöhe x gegeben, dann handelt man im Sinne des ökonomischen Prinzips, wenn man bei gegebenen Preisen der Produktionsfaktoren sowie gegebener Produktionsfunktion die kostengünstigste Situation realisiert. In diesem Fall ist also die Ertragsisoquante gegeben und es wird die Isokostenlinie (die geringste Kostensumme) gesucht, die diese Isoquante tangiert (vgl. Abb. 5-11).

Abb. 5-11: Minimalkostenkombination bei gegebener Produktionsmenge

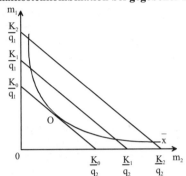

Wie aus Abb. 5-11 zu ersehen ist, kann die gleiche Produktmenge (die durch die gegebene Isoquante dargestellt wird) mit verschiedenen Kostenniveaus – repräsentiert durch die verschiedenen Kostenlinien – erreicht werden. Nach dem ökonomischen Prinzip muss diejenige Isokostenlinie gewählt werden, die dem niedrigsten Kostenniveau entspricht. Da aber das Kostenniveau der Isokostenlinien abnimmt je näher die Isokostenlinien am Koordinatenursprung liegen, muss diejenige Isokostenlinie gewählt werden, die die gegebene Isoquante tangiert. Damit ergibt sich für den optimalen Faktoreinsatz die gleiche Tangentialbedingung wie im ersten Fall.

5.2.2.2 Minimalkostenkombination bei variablen Faktorpreisen

Gleichmäßige Veränderungen **beider** Faktorpreise bei gegebener Kostensumme haben eine Parallelverschiebung der Isokostenlinie zur Folge. Die Steigung der Isokostenlinie verändert sich dabei nicht.

Abb. 5-12: Minimalkostenkombination bei proportionaler
Faktorpreisänderung

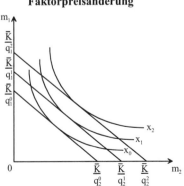

Bei einem Rückgang der Faktorpreise wird eine höhere Ertragsisoquante tangiert; ein Anstieg der Faktorpreise bewirkt eine Verringerung des erreichbaren Ertrages. Die Faktorintensität (das Faktoreinsatzverhältnis) bleibt dabei unverändert (vgl. Abb. 5-12).

Ändert sich nur der Preis eines Produktionsfaktors, so ändert sich die Steigung der Isokostenlinie. Die Isokostenlinie wird sich nach innen oder außen drehen, je nach dem wie die Preisveränderung ausfällt. Bei einer Preissenkung kommt es zu einer Drehung nach außen, bei einer Preiserhöhung zu einer Drehung nach innen. Die Steigung der Isokostenlinie wird sich dabei verändern mit der Folge, dass sich auch die Faktorintensität ändert. Der relativ billiger gewordene Faktor wird relativ mehr, der relativ teurer gewordene Faktor relativ weniger eingesetzt werden (s. Abb. 5-13).

Abb. 5-13: Minimalkostenkombination bei Variation eines Faktorpreises

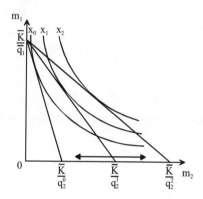

5.2.2.3 Minimalkostenkombination bei variabler Kostensumme

Verändert sich bei gegebenen Preisen der Produktionsfaktoren die Kostensumme, so verschiebt sich die Isokostenlinie bei einer Erhöhung der Kostensumme parallel nach rechts und bei einer Senkung parallel nach links. Das Einsatzverhältnis der Produktionsfaktoren bleibt konstant. Es wird nur jeweils eine höhere bzw. niedrigere Ertragsisoquante erreicht. (s. Abb. 5-14).

Abb. 5-14: Minimalkostenkombination bei Variation der Kostensumme

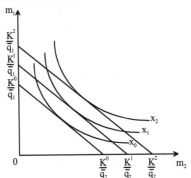

5.2.2.4 Minimalkostenkombination bei einer limitationalen Produktionsfunktion

Bisher wurde die Minimalkostenkombination bei substitutionalen Produktionsfunktionen betrachtet. Liegt dagegen eine limitationale Produktionsfunktion vor, so hat die Steigung der Isokostenlinie keinen Einfluss auf die Minimalkostenkombination (siehe Abb. 5-15).

Abb. 5-15: Minimalkostenkombination bei limitationaler Produktionsfunktion

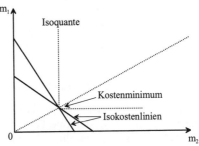

Dieses Ergebnis resultiert daraus, dass limitationale Produktionsfunktionen keine ökonomisch sinnvollen Substitutionsprozesse der Produktionsfaktoren erlauben und deshalb – unabhängig von der Steigung der Isokostenlinie – immer die durch den Eckpunkt der Isoquante bestimmte einzig effiziente Faktorkombination zur Realisierung eines angestrebten Ertrages gewählt wird.

5.2.3 Kostenfunktionen bei partieller Faktorvariation

5.2.3.1 Kurzfristige Kostenverläufe

Bei der Präzisierung der verschiedenen mikroökonomischen Kostenbegriffe und bei der Ableitung der einzelnen Kostenkurven wird von folgenden Voraussetzungen ausgegangen:

- Es wird ein Betrieb betrachtet, der mit zwei homogenen und beliebig teilbaren Produktionsfaktoren arbeitet. Der Faktor m_2 ist dabei der fixe Faktor. Dazu zählen z. B. Grundstücke, Betriebsgebäude, Maschinen und sonstige Sachmittel, die unter dem Begriff des Sachkapitals zusammengefasst werden. Die Zusammensetzung dieses Faktors bleibt qualitativ und quantitativ für die gesamte Betrachtungsperiode konstant. Die Kosten dieses Faktors sind demgemäß vom Produktionsergebnis unabhängig. Unabhängig heißt, dass die Gesamtkosten dieses Faktors gleich bleiben, egal wie viele Produkteinheiten hergestellt werden. Der Faktor m_1 ist der variable Faktor, d. h. die menschliche Arbeit (in Zeiteinheiten, z. B. Stunden gerechnet) sowie sonstige Arbeitsmittel, deren Einsatz - wie der der Arbeit - von der Höhe der Produktion abhängig ist. Die Höhe der Kosten, die der Einsatz dieses Faktors verursacht, der hier unter dem Begriff „Arbeit" zusammengefasst wird, ist ergebnisabhängig ($K_v(x)$).

- Es wird ein homogenes (qualitativ gleiches) und beliebig teilbares Gut produziert.

- Es wird davon ausgegangen, dass die Produktionsfaktorpreise für die Betrachtungsperiode gegeben und konstant sind.

Nach den hier unterstellten Bedingungen wird mit einem gegebenen Betrieb gearbeitet, dessen Produktionskapazität für den betrachteten Zeitraum konstant bleibt. So lässt sich der Zusammenhang zwischen Ertragskurve und Kostenkurve geometrisch wie folgt darstellen (vgl. Abb. 5-16).

Wie bereits bekannt ist, weist die Ertragskurve in der Phase I überproportional steigende Ertragszuwächse (zunehmende Grenzerträge) auf. Da die Kurve der variablen Kosten spiegelbildlich zur Ertragskurve verläuft, variiert der mit konstanten Preisen bewertete Mengenverbrauch des variablen Faktors $m_1 \cdot q_1$ (die variablen Kosten (K_v)) linear mit dem Faktoreinsatzniveau. Dies bedeutet, dass die variablen Kosten bezüglich der Produktmenge unterproportional wachsen. Entsprechend wachsen in den Phasen II und III die variablen Kosten überproportional, weil der Ertrag in diesem Bereich der Kurve unterproportional wächst.

Abb. 5-16: Der Zusammenhang zwischen Ertragskurve und Kostenkurve

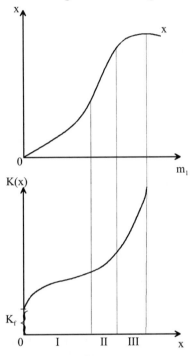

Die **Gesamtkostenkurve** K(x) enthält sowohl die Fixkosten als auch die variablen Kosten. Da die **Fixkostenkurve** K_f die Kosten enthält, die unabhängig von der Ertragshöhe sind, verläuft sie parallel zur Ertragsachse. Die Gesamtkostenkurve beginnt beim Nullwert der Abszisse und bei dem Ordinatenwert der Fixkosten. Der Restverlauf wird vom Verlauf der variablen Kostenkurve bestimmt. Bei einer klassischen (Sato-)Produktions- und Kostenfunktion hat man es, wie oben erläutert, mit einem zunächst unterproportionalen (abnehmende Zunahme der variablen Kosten) und dann überproportionalen (zunehmende Zunahme der variablen Kosten) Gesamtkostenkurvenverlauf zu tun (s. Abb. 5-17).

Die variable Kostenkurve K_v beginnt im Ursprung des Koordinatensystems und verläuft unterhalb und parallel zur Gesamtkostenkurve. Aus der variablen und der Gesamtkostenkurve lassen sich die Grenzkosten- und die Durchschnittskostenkurven ableiten.

Abb. 5-17: Gesamtkosten, variable Kosten und Fixkosten

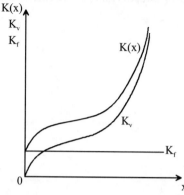

Die **Grenzkostenkurve** kann sowohl von der variablen als auch von der Gesamtkostenkurve abgeleitet werden. Die **Grenzkosten** $K'(x)$ sind algebraisch gleich der ersten Ableitung der Kostenfunktion nach der Produktmenge. Da bei der Differenzierung der konstante Faktor wegfällt (hier die Fixkosten), ist es gleichgültig, ob die Grenzkosten von der Gesamtkosten- oder von der variablen Kostenfunktion abgeleitet werden.

$$(5.23) \qquad K'(x) = \frac{dK(x)}{dx} = \frac{dK_v(x)}{dx} + \frac{dK_f}{dx} = \frac{dK_v(x)}{dx}$$

Der Verlauf der Gesamtkostenkurve weist zunächst abnehmende und dann zunehmende Kostenzuwächse (Grenzkosten) auf. Demnach hat die Grenzkostenkurve den in Abbildung 5-18 dargestellten Verlauf.

Abb. 5-18: Die Ableitung der Grenzkostenkurve

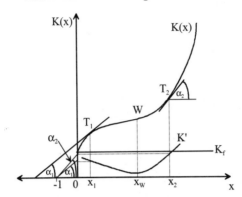

Die Grenzkostenkurve hat ihr Minimum dort, wo die Gesamtkostenkurve ihren Wendepunkt hat. Bis zu diesem Punkt nehmen die Grenzkosten ständig ab und steigen wieder ab diesem Punkt. Geometrisch erhält man die Höhe der Grenzkosten für einen Punkt T_1, indem man die Tangente an diesen Punkt parallel verschiebt, bis sie die Abszisse im Punkt -1 schneidet. Die Höhe des Grenzertrages kann dann im Schnittpunkt der verschobenen Tangente mit der Ordinate abgelesen werden.

Bei den **Durchschnittskosten** gibt es – je nachdem welche Kostenart zugrunde gelegt wird – drei Varianten:

- die durchschnittlichen Gesamtkosten k (totalen Stückkosten);

- die durchschnittlichen variablen Kosten k_v (variablen Stückkosten) und

- die durchschnittlichen Fixkosten k_f (konstanten Stückkosten).

Man erhält sie durch Division der Höhe der jeweiligen Kostenart mit den Ausbringungsmengen (s. Gleichungen (5.17) – (5.19)). Die folgenden Abbildungen zeigen zusammenhängend alle Kostenkurvenverläufe, die auf einer Sato-Produktionsfunktion basieren:

Abb. 5-19: Kostenkurvenverläufe bei einer Sato-Produktionsfunktion

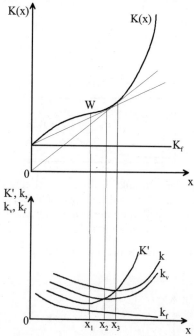

Legt man eine **Cobb-Douglas Produktionsfunktion** zugrunde, dann verlaufen die Gesamtkostenkurve und die variable Kostenkurve von Anfang an überproportional steigend (mit zunehmenden Grenzkosten), wobei die Gesamtkostenkurve in Höhe der Fixkosten beginnt. Die Fixkostenkurve verläuft parallel zur Abszisse. Bis zum Schnittpunkt mit der Grenzkostenkurve weist die Durchschnittskostenkurve einen fallenden, danach einen steigenden Verlauf auf.

Abb. 5-20: Kostenkurvenverläufe bei einer Cobb-Douglas-Produktionsfunktion

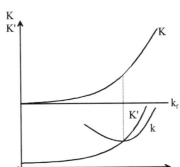

Bei einer limitationalen Produktionsfunktion (Leontief-Produktionsfunktion) verlaufen die Gesamt- und die Grenzkostenkurve wie in Abbildung 5-21 dargestellt. Eine Veränderung der Produktionsmenge ist hier allerdings nur bei proportionaler Faktorvariation möglich.

Abb. 5-21: Kostenkurvenverläufe bei einer limitationalen Produktionsfunktion

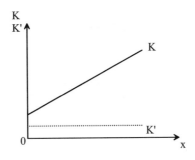

5.2.3.2 Langfristige Kostenkurvenverläufe

Bisher wurde davon ausgegangen, dass die Produktion in einem Betrieb mit einem gegebenen Produktionspotential erfolgt. Wir sprechen in diesem Zusammenhang von einer kurzfristigen Betrachtungsweise. Kriterium für die Kurz- oder Langfristigkeit ist also nicht der Zeitfaktor, sondern vielmehr, ob innerhalb der betrachteten Periode der Produktionsapparat des Betriebes bzw. seine Betriebsgröße verändert werden kann oder nicht.

Kurzfristig ist eine Betrachtungsperiode also dann, wenn in dieser Periode die Betriebsgröße nicht verändert werden kann und es deshalb bei der Produktion Fixkosten gibt, die völlig unabhängig von der Ausbringungsmenge sind. Langfristig dagegen gibt es keine Fixkosten. In langfristiger Perspektive sind selbst hochkomplexe Fertigungsanlagen oder Gebäude variable Produktionsfaktoren.

Im Folgenden soll angenommen werden, dass der Betrieb sich im Prozess der Planung der Betriebsgröße befindet. Der Investor kann also noch darüber entscheiden, wie groß die Produktionskapazität des Betriebes sein soll. Bis zur Entscheidung steht die Höhe der Fixkosten noch nicht fest.

Es wird von der Annahme dreier Wahlmöglichkeiten hinsichtlich der Betriebsgröße ausgegangen. Bei den betrachteten drei kurzfristigen Kostenkurvenverläufen (K_1, K_2, K_3) sind die Fixkosten K_1^f geringer als die Fixkosten K_2^f und die wiederum geringer als die Fixkosten K_3^f. Für jede Ertragsmenge x kann dann die günstigste Kostenfunktion ermittelt werden.

Aus Abbildung 5-22 ist ersichtlich, dass die Ertragsmenge x_1 am günstigsten bei Wahl der Kostenfunktion K_1 produziert werden kann, die die geringsten Fixkosten aufweist. Wird dagegen ein höherer Ertrag x_2 oder x_3 angestrebt, dann sind die Kostenfunktionen K_2 bzw. K_3 günstiger, da bei den mit diesen Kostenfunktionen verbundenen Betriebsgrößen Ertragsmengen dieses Ausmaßes mit niedrigeren Gesamtkosten produziert werden können.

Unterstellt man nun, dass es eine große Anzahl solcher Kostenfunktionen gibt, die sich jeweils nach der Betriebsgröße unterscheiden, dann kann man die verschiedenen Kombinationen von Ertragsmengen x und kostenminimalen Betriebsgrößen auswählen.

Dadurch ist es möglich, eine langfristige Kostenkurve K_L zu ermitteln als den geometrischen Ort aller Kombinationen von Produktionsmengen und Gesamtkosten, bei denen die Gesamtkosten für die gegebene Ausbringungsmenge minimal sind. Eine solche Kurve wird als „**Umhüllende**" der kurzfristigen Kostenkurven bezeichnet. Aus der so ermittelten langfristigen Gesamtkostenkurve lassen sich die „umhüllende" langfristige Durchschnitts- und die langfristige Grenzkostenkurve ableiten.

Abb. 5-22: Kurz- und langfristige Kostenkurven

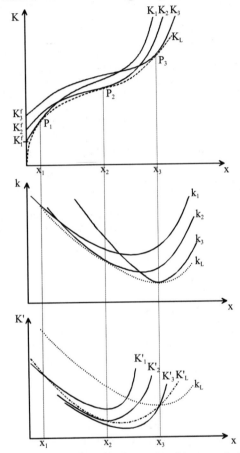

Eine solche langfristige Kostenkurve ist allerdings nur bei einer Betriebs-gründung oder bei einer totalen Umstrukturierung eines bestehenden Be-triebes relevant. Nachdem der Unternehmer sich einmal für eine bestimmte Betriebsgröße entschieden hat, ist er an diese gebunden und kann sich kurz-fristig nur entlang der gewählten kurzfristigen Kostenkurve bewegen. Er kann also nicht mehr zu einer anderen theoretisch möglichen kurzfristigen Kostenkurve wechseln. Eine Bewegung entlang der langfristigen Kosten-kurve ist demnach in der Regel nicht möglich.

5.3 Gewinntheorie

Bei den bisher behandelten Teilgebieten der Unternehmenstheorie, der Produktions- und der Kostentheorie, ging es darum, die optimalen technischen und die kostenminimalen Produktionsbedingungen für ein Unternehmen abzuleiten. Im Rahmen der Gewinn- oder Ergebnistheorie soll erklärt werden, welche Produktionsmenge ein Unternehmen – bei gegebenen Ertrags- und Kostenfunktionen – tatsächlich produzieren und anbieten und wie der Preisbildungsprozess ablaufen wird. Dies hängt von einer Reihe von Einflussfaktoren ab.

Ein wesentlicher Einflussfaktor ist die Marktform, in der ein Unternehmen produziert und anbietet. Ein erstes Kriterium für die Klassifikation von Märkten bezieht sich auf die qualitative Beschaffenheit des Marktes. Danach unterscheidet man zwischen vollkommenen und unvollkommenen Märkten. Um einen **vollkommenen Markt** handelt es sich, wenn das auf diesem Markt angebotene und nachgefragte Gut ein **homogenes Gut** ist und darüber hinaus **vollständige Markttransparenz** herrscht. Ist eine dieser beiden Eigenschaften nicht erfüllt, spricht man von einem unvollkommenen Markt.

Homogenität bedeutet, dass alle Einheiten des auf dem Markt angebotenen Gutes im Urteil der Nachfrager sachlich völlig gleichartig sind (es gibt keine sachlichen Präferenzen) und darüber hinaus auch keine persönlichen, räumlichen oder zeitlichen Präferenzen bestehen. Dies verlangt z. B., dass kein Nachfrager ein Geschäft wegen einer besonders freundlichen Bedienung aufsucht, dass es keine Rolle spielt, an welchem Ort ein Gut angeboten wird und dass es keine unterschiedlichen Lieferzeiten gibt. Ist eine dieser Eigenschaften nicht erfüllt, handelt es sich um ein **heterogenes Gut**.

Vollständige Markttransparanz bedeutet, dass Anbieter und Nachfrager über alle relevanten Marktdaten (Preise, Qualitäten etc.) vollständig informiert sind. Ist diese Bedingung nicht erfüllt, spricht man von unvollständiger Markttransparenz.

Ein vollkommener Markt ist dadurch charakterisiert, dass es auf ihm nur einen einheitlichen Marktpreis geben kann (Gesetz von der Unterschiedslosigkeit der Preise).

Ein weiteres Kriterium zur Klassifikation von Märkten stellt die Anbieter- und Nachfragerstruktur dar. Das sich daraus ergebende elementare Marktformenschema ist in Tabelle 5-1 dargestellt. Genauer analysiert werden im folgenden die Marktformen des Polypols sowohl für den Fall eines homogenen (vollständige Konkurrenz) als auch für den Fall eines heterogenen

Gutes (monopolistische Konkurrenz), des Angebotsmonopols, des Monopsons und des Angebotsoligopols.

Tabelle 5-1: Klassifikation der Marktformen nach Anzahl der Marktteilnehmer

Anbieter Nachfrager	viele kleine	wenige mittlere	ein großer
viele kleine	Polypol	Angebots-oligopol	Angebots-monopol
wenige mittlere	Oligopson (Nachfrage-oligopol)	Zweiseitiges Oligopol	Beschränktes Oligopol
ein großer	Monopson (Nachfrage-monopol)	Beschränktes Oligopol	Zweiseitiges Monopol

5.3.1 Das homogene Polypol (vollständige Konkurrenz)

Zunächst wird von der Marktform des **homogenen Polypols** (der **Marktform der vollständigen Konkurrenz**) ausgegangen.

Bei der Marktform des Polypols gelten folgende Bedingungen:

- Das angebotene Gut ist homogen, d. h. es existieren keine Präferenzen sachlicher, persönlicher, räumlicher oder zeitlicher Art.
- Es herrscht vollkommene Markttransparenz bei allen Beteiligten, d. h. alle Marktteilnehmer sind vollständig über alle relevanten Marktdaten informiert.
- Es gibt auf dem Markt sehr viele kleine Anbieter und Nachfrager, so dass der Marktanteil der einzelnen Anbieter und Nachfrager relativ klein ist.

Bei einer solchen Konstellation kann auf dem Markt eines homogenen Gutes nur ein Preis gelten. Denn würde ein Anbieter den Preis für sein Produkt anheben, dann würde er, da vollkommene Markttransparenz herrscht, seine Nachfrage vollständig verlieren. Würde umgekehrt ein Anbieter zu einem niedrigeren Preis anbieten wollen, zöge er zwar die gesamte Nachfrage für dieses Produkt auf sich, wäre aber aufgrund seiner beschränkten Kapazitäten nicht in der Lage, diese zu befriedigen mit der Folge, dass die ursprüngliche Preishöhe wieder erreicht wird.

Der Preis ist deshalb für die Anbieter eines homogenen Gutes auf einem Polypolmarkt ein „Datum"; die Anbieter sind **Preisnehmer** und gezwungen, sich mit ihren Produktionsmengen an den gegebenen Marktpreis anzupassen. Sie sind also **Mengenanpasser.** Da der Preis p für das Produkt x gegeben ist, entwickelt sich der Erlös oder Umsatz U proportional zur verkauften Menge. Die Umsatzgleichung lautet:

(5.24) $U = x \cdot p$

Der Erlöszuwachs pro zusätzlich verkaufter Mengeneinheit (der **Grenzerlös**) ist unter diesen Bedingungen konstant und gleich dem Durchschnittserlös.

Der **Gewinn** G eines Betriebes lässt sich als Differenz zwischen dem Gesamterlös U und den Gesamtkosten K definieren. Die Gewinngleichung lautet:

(5.25) $G = U - K(x) = x \cdot p - K(x)$

Bei einem konstanten Preis ist der Gewinn damit eine Funktion der Ausbringungsmenge.

Da der Betrieb annahmegemäß eine gewinnmaximale Situation anstrebt, muss er die Differenz zwischen Umsatz und Kosten maximieren. Solange pro produzierter Einheit eine positive Differenz zwischen Erlös und Kosten besteht, wächst der Gesamtgewinn. Er erreicht seine maximale Größe, wenn die Differenz zwischen Erlös und Kosten der letzten produzierten Einheit, also der **Grenzgewinn** G', gleich Null ist. Das Gewinnmaximum wird also, mathematisch ausgedrückt, bei der Produktmenge erreicht, bei der die erste Ableitung der Gewinnfunktion gleich Null und die zweite Ableitung negativ ist.

(5.26) $G' = U' - K' = 0$

Daraus folgt als Bedingung für ein Gewinnmaximum:

(5.27) $U' = K'$

Will also ein Unternehmer unter den hier getroffenen Annahmen seinen Gewinn maximieren, dann muss er die Menge produzieren und verkaufen, bei der der Grenzumsatz bzw. Grenzerlös gleich den Grenzkosten der Produktion ist.

Bei der Marktform des Polypols ist, so wurde gezeigt, der Marktpreis vorgegeben. Damit gilt unter Berücksichtigung von Gleichung (5.24):

(5.28) $U' = p$

Auf einem Polypolmarkt ist der Grenzerlös gleich dem Marktpreis. Damit gilt unter den Bedingungen des Polypols, dass das Gewinnmaximum bei der Produktmenge erreicht wird, bei der die Grenzkosten gleich dem Preis sind:

(5.29) $K' = p$ (Bedingung für Gewinnmaximum)

Ein als Mengenanpasser handelnder Anbieter erreicht also sein kurzfristiges Gewinnmaximum, wenn er im Bereich steigender Grenzkosten die Menge produziert und anbietet, deren Grenzkosten gleich dem Verkaufspreis sind.

Abb. 5-23: Die gewinnmaximale Situation im Polypol

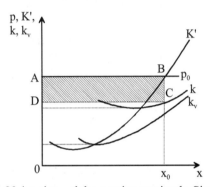

In Abbildung 5-23 ist eine solche gewinnmaximale Situation eines Polypolisten grafisch dargestellt. Da der Polypolist, der seinen Gewinn maximieren will, nach der Bedingung „Grenzkosten gleich Preis" handelt, wird er sein Angebot ausdehnen, solange seine Grenzkosten unterhalb des Marktpreises p_0 liegen. Da der Preis eine von ihm nicht beeinflussbare Größe ist, wird er sein Angebot bis zu dem Punkt ausdehnen, in dem sich die Grenzkostenkurve $K'(x)$ und die Preisgerade p_0 schneiden. Er wird also die Menge x_0 anbieten. Der Gewinn je Mengeneinheit, also der **Stückgewinn** oder Durchschnittsgewinn, ist gleich der Differenz zwischen Preis und durchschnittlichen Gesamtkosten bei dieser Produktmenge. In der Abbildung wird dies durch die Strecke BC angezeigt. Der Gesamtgewinn ist gleich dem Stückgewinn multipliziert mit der Produktmenge, also gleich dem Inhalt des Rechtecks ABCD.

Jede Menge, die größer oder kleiner als die Menge x_0 ist, kann nicht gewinnmaximal sein. Vor dem Schnittpunkt von Grenzkostenkurve und Preisgerade ist $p_0 > K'(x)$, d.h. der Erlöszuwachs durch die letzte verkaufte Einheit ist größer als der Kostenzuwachs, und der Grenzgewinn ist größer als Null. Jede bis x_0 ausgebrachte Menge erhöht also den Gewinn, bis der Gewinnzuwachs in x_0 zu Null wird. Bei einer Ausdehnung der Menge über diesen Punkt hinaus wird die Differenz zwischen Erlöszuwachs und Kosten-zuwachs negativ, d. h. pro Einheit tritt ein Verlust ein, der als **Grenzverlust** bezeichnet wird. Der Gesamtgewinn ist zwar in dieser Situation noch posi-tiv, nimmt jedoch mit jeder weiteren produzierten und abgesetzten Einheit ab.

Die bisherigen Überlegungen erlauben nun eine Antwort auf die Frage, welche Produktmenge ein Unternehmen bei einem bestimmten Preis anbie-ten und wie es auf Preisänderungen reagieren wird. Damit kann die Ange-botskurve eines Unternehmens als funktionaler Zusammenhang zwischen dem Preis und der angebotenen Produktmenge abgeleitet werden.

Abb. 5-24: Die Ableitung der Angebotskurve im Polypol

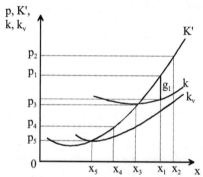

In Abb. 5-24 sind die Kurven der totalen und variablen Durchschnittskosten sowie die Grenzkostenkurve eingezeichnet. Es wird zunächst von einem Marktpreis p_1 ausgegangen. Gemäß der Bedingung Grenzkosten gleich Preis ($K'(x) = p$) wird die Menge x_1 angeboten. Das Unternehmen realisiert einen Stückgewinn g_1 und einen Gesamtgewinn in Höhe von $g_1 \cdot x_1$.

Steigt der Preis auf p_2, wird die Menge x_2 angeboten. Stückgewinn und Gesamtgewinn nehmen zu. Fällt der Preis auf p_3, so wird die Menge x_3 angeboten. Bei diesem Preis p_3 werden gerade die gesamten Kosten ge-deckt. Stück- und Gesamtgewinn sind also gleich Null.

Der Preis p_3 ist der Preis, den der Betrieb mindestens erzielen muss, wenn er auf Dauer am Markt bleiben will. Dieser Preis markiert die Preisunter-grenze oder die Gewinnschwelle, weil erst dann, wenn der Preis über diese Schwelle steigt, Gewinne erzielt werden können. Bleibt der Preis auf dieser Höhe konstant, so sind Gewinne nur über Kostensenkung möglich. Dazu sind technische oder organisatorische Verbesserungen erforderlich. Die

Möglichkeit der Gewinnerzielung bildet den Anreiz für die gesamtwirtschaftlich erwünschten Erneuerungen (Innovationen).

Vom Standpunkt der Konsumenten (Nachfrager) aus, die generell daran interessiert sind, dass die Produktionsfaktoren in sämtlichen Produktionsprozessen der Volkswirtschaft bestmöglichst genutzt werden, stellt die Produktmenge, bei der die durchschnittlichen Totalkosten ihr Minimum erreichen, das **Betriebsoptimum** dar. Bei dem Preis p_3 ist auch das **Produktivitätsoptimum** realisiert, weil für jeden Produktionsfaktor m_j das Verhältnis x/m_j (also die durchschnittliche Produktivität der Faktoren) maximal ist.

Bemerkenswert ist, dass immer dann, wenn der Preis höher als die durchschnittlichen Totalkosten ist, die einzelwirtschaftlich erstrebenswerte Situation, nämlich maximale Gewinne zu erzielen, sich nicht mit der gesamtwirtschaftlich erwünschten Situation deckt, dass jeder Faktor optimal genutzt wird. Produktivitätsoptimum und einzelwirtschaftliches Rentabilitätsoptimum (Gewinnmaximum) fallen auseinander.

Fällt der Preis auf p_4, so tritt ein Verlust auf, da die durchschnittlichen Stückkosten unterhalb des Preises liegen. Die variablen Kosten können noch voll, die Fixkosten aber nur noch zum Teil gedeckt werden. Erwartet der Unternehmer, dass der Preis bald wieder steigen wird oder er seine Kosten senken kann, wird er weiter produzieren. Sein Verlust ist dann immer noch geringer als im Falle einer Einstellung der Produktion, da bei einer Einstellung der Produktion die gesamten Fixkosten als Verlust anfallen würden.

Bei Preis p_5 werden nur noch die variablen Kosten gedeckt. Auch diese Situation kann in der Hoffnung auf einen steigenden Preis oder/und auf sinkende Kosten eine gewisse Zeit durchgehalten werden.

Ein Preis unterhalb von p_5 kann auch die variablen Kosten nur noch zum Teil decken. In dieser Situation kann der Verlust durch Einstellung der Produktion verringert werden. Deshalb bezeichnet man den Preis p_5, der gleich dem Minimum der variablen Durchschnittskosten ist, als die **Preisuntergrenze** der Produktion. Dieser Preis stellt das **Betriebsminimum** oder die **Produktionsschwelle** dar, weil erst von diesem Preis an eine Aufnahme der Produktionstätigkeit in Betracht kommt.

Wie immer sich jedoch der Preis einstellt, wird jeder Anbieter genau die Menge x anbieten, für die die Kosten der letzten Mengeneinheit gerade gleich dem Preis werden. Damit ergibt sich hinsichtlich des funktionalen Zusammenhangs zwischen Preis und Angebotsmenge folgende Aussage: Die **Angebotskurve** eines nach Gewinnmaximierung strebenden Polypolisten ist der im Minimum der durchschnittlichen variablen Kosten beginnende aufsteigende Ast seiner Grenzkostenkurve.

Es ist davon auszugehen, dass die Grenzkostenkurven der einzelnen Anbieter auf dem Markt für das betrachtete Gut unterschiedliche Verläufe und Preisuntergrenzen aufweisen. Zur Konstruktion einer **Marktangebotskurve** kann man sie nach den Minima der durchschnittlichen variablen Kosten ordnen und addieren, so dass jedem Preis eine Gesamtangebotsmenge zugeordnet wird. Der gleichgewichtige Marktpreis wird durch den Schnittpunkt der Marktangebotskurve mit der Marktnachfragekurve bestimmt, die im 4. Kapitel abgeleitet wurde. Dabei wird es bei jedem Preis einen Betrieb geben, der mit den relativ höchsten Kosten bei diesem Preis gerade noch seine Gesamtkosten deckt. Geht der Preis auf Dauer zurück oder steigen die Kosten aller Anbieter, während der Preis weniger stark steigt, konstant bleibt oder fällt, so scheidet dieser Betrieb als erster aus dem Markt aus. Er wird als Grenzbetrieb (Grenzproduzent, Grenzanbieter) bezeichnet.

Bei einer langfristigen Betrachtung geht man davon aus, dass, solange auf einem polypolistischen Markt Gewinne erzielt werden, neue Anbieter auf diesen Markt strömen werden. Die Marktangebotskurve wird dadurch langfristig nach rechts verschoben, der Marktpreis wird sinken, und die jeweiligen Grenzanbieter werden aus dem Markt ausscheiden. Das langfristige Gleichgewicht ist erreicht, wenn auf diesem Markt keine Gewinne mehr erzielt werden, d. h. alle verbliebenen Anbieter in ihrem Betriebsoptimum produzieren und damit gerade ihre Kosten decken.

Abb. 5-25: Langfristiges Gleichgewicht im Polypol

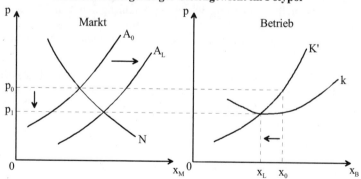

5.3.2 Das Angebotsmonopol

Bisher wurden Betriebe betrachtet, die als Anbieter von Produkten keinen Einfluss auf die Produktpreise nehmen können. Voraussetzung dafür ist, dass viele kleine Betriebe auf dem Markt sind, die ein homogenes Gut anbieten.

Ein Betrieb, der auf einem Markt der einzige Anbieter eines Gutes ist, für das es im Urteil der Nachfrager keine Alternativen (Substitute) gibt, wird als **Angebotsmonopolist** bezeichnet. Ein Angebotsmonopolist hat also keine Konkurrenten, die gleiche oder ähnliche Produkte anbieten. Ihm stehen viele Nachfrager gegenüber, die als Mengenanpasser handeln. Für die Nachfrager ist der Preis ein Datum.

5.3.2.1 Die gewinnmaximale Situation beim Monopol

Als einziger Anbieter auf einem Markt betrachtet der Monopolist nicht den Marktpreis, sondern die Gesamtnachfragefunktion (Gesamtnachfragekurve) als eine gegebene Größe. Damit steht es dem Monopolisten frei, entweder eine gewinnmaximale Angebotsmenge oder einen gewinnmaximalen Preis für das von ihm angebotene Gut zu wählen. Der Angebotsmonopolist kann diese beiden Größen (Preis und Menge) nicht unabhängig voneinander festsetzen. Entscheidet er sich für einen bestimmten Preis, dann muss er die dazugehörige Menge hinnehmen und umgekehrt.

Auch für den Monopolisten ist es entscheidend, welche Produktmengen er bei alternativen Preisen absetzen kann und welche alternativen Kosten dabei entstehen. Bezüglich der Absatzmenge muss sich der Monopolist danach richten, welche Menge des Gutes die Nachfrager bei dem jeweiligen Preis abzunehmen bereit sind. Er muss, mit anderen Worten, die aggregierte Nachfragekurve des Marktes kennen und als gegeben akzeptieren. Da er nicht absolut sicher sein kann, wie diese Nachfragekurve tatsächlich verläuft, muss er eine Annahme über ihren Verlauf treffen. Diese angenommene Nachfragekurve wird als konjekturale (vermutete) **Preis-Absatz-Funktion** bezeichnet.

In der Regel wird angenommen, dass die konjekturale Preis-Absatz-Kurve von links oben nach rechts unten linear fallend verläuft. Daraus wird auch die Umsatz- bzw. die Erlösfunktion des Monopolisten bestimmt. Die Preis-Absatz- und die Erlösfunktionen des Monopolisten lauten dann:

(5.30) $p = a - bx$ (Preis-Absatz-Funktion)

(5.31) $U = p \cdot x = (a - bx) \cdot x = ax - bx^2$ (Umsatz- bzw. Erlösfunktion)

Aus Gleichung (5.30) folgt, dass bei einem Preis von a die Absatzmenge x Null wird. Der Preis in Höhe von a wird als **Prohibitivpreis** bezeichnet. Ist der Preis gleich Null, so ist die nachgefragte Menge gleich a/b. Die Menge a/b wird als **Sättigungsmenge** bezeichnet. In Abb. 5-26 ist eine Preis-Absatz-Funktion grafisch dargestellt.

Abb. 5-26: Preis-Absatz-Funktion, Grenzerlös- und Erlösfunktion beim Monopol

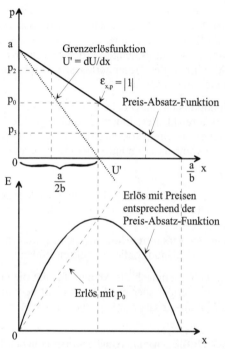

In der Abbildung sind für unterschiedliche Preise die jeweils nachgefragten Mengen abgetragen. Die bei diesen Preis-Mengen-Kombinationen realisierten Umsätze werden durch die jeweiligen Rechtecke unter der Preis-Absatz-Funktion dargestellt. Man erkennt, dass die Fläche dieser Rechtecke sowohl bei hohen als auch bei niedrigen Preisen klein ist. Werden entweder der Preis oder die nachgefragte Menge Null, dann wird der Umsatz Null. Dazwischen liegen im Bereich von p_0 die Rechtecke mit den größten Flächen. Eine entsprechende Erlösfunktion ist im unteren Teil der Abbildung dargestellt. Zum Vergleich wurde eine Erlösfunktion mit konstantem Preis p_0, wie sie für einen Anbieter in vollständiger Konkurrenz gilt, eingezeichnet.

Im oberen Teil der Abbildung ist darüber hinaus die Grenzerlösfunktion wiedergegeben. Unter dem **Grenzerlös** versteht man den durch den Verkauf einer zusätzlichen Produkteinheit erzielten zusätzlichen Erlös. Mathematisch stellt der Grenzerlös die Ableitung der Erlösfunktion nach der Menge x dar. Ausgehend von der Erlösfunktion (5.31) erhält man als Gleichung für den Grenzerlös:

(5.32) $U' = a - 2bx$

Der Grenzerlös ist beim Prohibitivpreis $p_p = a$ am höchsten und fällt danach mit zunehmender Menge laufend ab. Die Grenzerlöskurve beginnt im selben Punkt wie die Preis-Absatz-Funktion, weist aber die doppelte Steigung auf. Bei der halben Sättigungsmenge ist der Grenzerlös gleich Null. Dem entspricht das Maximum des Gesamterlöses. Danach wird der Grenzerlös negativ und der Gesamterlös nimmt ab.

Auch beim Monopolisten unterstellt man, dass er seinen Gewinn maximieren will. Er erreicht dies, indem er diejenige Menge produziert und anbietet bei welcher die Grenzkosten gleich dem Grenzerlös sind. Die Bedingung für ein Gewinnmaximum lautet demnach unverändert:

(5.27) $U' = K'$

Im Monopolfall ist der Grenzerlös jedoch, wie der Verlauf der Grenzerlösfunktion zeigt, nicht wie beim Polypol gleich dem Preis, sondern der Grenzerlös ist immer kleiner als der Preis. Dies liegt darin begründet, dass eine Ausdehnung der verkauften Menge nur auf Kosten eines niedrigeren Preises möglich ist, der dann für alle verkauften Einheiten gilt.

Der Monopolist, wählt demnach die Menge, für die die Grenzkosten gleich dem Grenzerlös sind, erlöst aber pro Einheit nicht den Grenzerlös, sondern den Preis, den die Preis-Absatz-Funktion bei dieser Menge anzeigt (s. Abb. 5-27).

Abb. 5-27: Die gewinnmaximale Situation beim Monopol

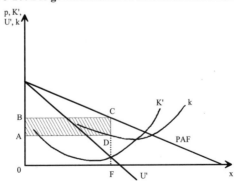

Nach Abb. 5-27 wird die gewinnmaximale Menge OF entsprechend der Preis-Absatz-Funktion zum Preis OB abgesetzt. Der durch eine solche Projektion des Schnittspunktes der Grenzerlös- und Grenzkostenkurve auf die Preis-Absatz-Funktion markierte Punkt C wird nach dem französischen Wirtschaftsmathematiker **A. Cournot** (1801-1877) als **Cournotscher Punkt** bezeichnet.

Der Cournotsche Punkt gibt mit seinem Abszissenwert die gewinnmaximale Ausbringungsmenge und mit seinen Ordinatenwert die Preishöhe an, bei der die gewinnmaximale Menge abgesetzt wird. Das Produkt aus der gewinnmaximalen Menge OF und dem Verkaufspreis OB gibt den **Erlös** (Umsatz) des Monopolisten an (Fläche OBCF in der Abb. 5 - 27).

Die **Kosten** der Produktion ergeben sich als Produkt aus den Stückkosten DF und der Produktionsmenge OF. Sie werden durch die Fläche des Rechtecks OADF wiedergegeben. Der Stückgewinn CD ist gleich der Differenz aus dem Preis CF und den Stückkosten DF. Der **Gewinn** als Produkt aus Stückgewinn und abgesetzter Menge beläuft sich auf CD · OF und wird in der Abbildung durch das Rechteck ABCD dargestellt.

Die gewinnmaximale Preis-Mengen-Kombination im Monopolfall kann mit der Situation, die sich bei polypolistischer Konkurrenz einstellen würde, verglichen werden. Da der Polypolist gemäß der Bedingung „Preis = Grenzkosten" handelt, würde im Polypolfall die durch den Schnittpunkt von Grenzkostenkurve und Preis-Absatz-Funktion bestimmte Preis-Mengen-Kombination realisiert. Vergleicht man die Lage dieses Schnittpunktes mit dem Cournotschen Punkt, so lässt sich feststellen, dass im Monopolfall eine geringere Menge zu einem höheren Preis angeboten wird als im Fall polypolistischer Konkurrenz.

5.3.2.2 Die Differenz zwischen Marktpreis und Grenzerlös (die Amoroso-Robinson-Relation)

Wie bereits erläutert, ist der Grenzerlös beim Angebotsmonopol immer kleiner als der Preis. Die Höhe der Differenz wird durch die direkte Preiselastizität der Nachfrage bestimmt, die im 4. Kapitel definiert wurde:

(4.6a) $\qquad \varepsilon_N = \dfrac{dx}{x} \div \dfrac{dp}{p}$

Der Zusammenhang zwischen Grenzerlös und Preis wird im Folgenden zunächst mathematisch erläutert. Differenziert man die Umsatzfunktion (U = p·x) gemäß der Produktregel (uv)' = u'·v + v'·u nach der Menge x, so ergibt sich:

(5.33) $\dfrac{dU}{dx} = U' = \dfrac{dx}{dx} \cdot p + \dfrac{dp}{dx} \cdot x = p + \dfrac{dp}{dx} \cdot x$

Durch einfache Umformung (Ausklammern von p) erhält man:

(5.34) $U' = p \cdot \left(1 + \dfrac{dp}{dx} \cdot \dfrac{x}{p}\right)$

Unter Berücksichtigung von (4.6a) kann Gleichung (5.34) wie folgt geschrieben werden:

(5.35) $U' = p \cdot \left(1 + \dfrac{1}{\varepsilon}\right) = \left(p + \dfrac{p}{\varepsilon}\right)$

Gleichung 5.35 wird als **Amoroso-Robinson-Relation** bezeichnet. Sie gibt den Zusammenhang zwischen dem Preis und dem Grenzerlös an. Während im Polypol Preis und Grenzerlös immer übereinstimmen, zeigt sich hier, dass, da bei der unterstellten Preis-Absatz-Funktion die Elastizität negativ ist, der Preis immer über dem Grenzerlös liegt (wenn man vom Prohibitivpreis absieht). Deutlich wird auch, dass der Grenzerlös positiv ist, solange die Preiselastizität der Nachfrage betragsmäßig größer als 1 ist. Für $|\varepsilon| = 1$ wird der Grenzerlös Null. Da das Gewinnmaximum im Bereich positiver Grenzerlöse liegt, muss also in der gewinnmaximalen Situation die Preiselastizität der Nachfrage betragsmäßig größer als 1 sein.

5.3.2.3 Das Gewicht der Monopolmacht

Die Macht eines Monopols besteht darin, dass ein Monopolist in der Lage ist, sich bis zu einem gewissen Grad gegen einen Verlust von Nachfragern an andere Anbieter abzuschirmen.

Eine vollkommene Monopolmacht existiert jedoch nicht, da sich kein Unternehmen mit seinen Produkten vollkommen und dauerhaft gegenüber allen anderen Produkten abgrenzen kann. Ein Betrieb kann zwar ein vollständiges Monopol in Bezug auf ein bestimmtes Produkt haben, aber jedes Produkt hat mehr oder weniger eng verwandte Substitute. Der Grad der Monopolmacht ist deshalb variabel.

Allgemein betrachtet wird das Ausmaß der Monopolmacht um so größer sein, je geringer die Nachfrageverschiebungen sind, die durch die Reaktionen der Verkäufer anderer Produkte oder durch den Eintritt neuer Verkäufer verursacht werden. Die Tatsache, dass es nur einen Verkäufer gibt, ist weder eine ausreichende noch eine notwendige Bedingung für die Begründung von Monopolmacht.

Zur Messung der Monopolmacht gibt es verschiedene Methoden. Ein in der Praxis oft benutztes Maß ist der Konzentrationsgrad, der den Marktanteil der größten Verkäufergruppe angibt.

Ein weiteres Kriterium ergibt sich aus der Analyse der Gewinne. Die Logik dieses Maßstabes sagt, dass, wenn die Gewinne hoch sind und bleiben, dies ein indirekter Beweis dafür ist, dass weder Rivalität unter den Verkäufern noch Neuzugänge anderer Unternehmen die bestehenden Unternehmen daran hindern, eine monopolistische Preispolitik zu betreiben.

5.3.3 Das heterogene Polypol (monopolistische Konkurrenz)

Bei der Marktform des **heterogenen Polypols** (auch **monopolistische Konkurrenz** genannt) gelten folgende Annahmen:[1]

- Wie bei der Marktform der vollständigen Konkurrenz gibt es sehr viele Anbieter und Nachfrager, deren angebotene bzw. nachgefragte Menge nur einen kleinen Anteil am Gesamtangebot bzw. der Gesamtnachfrage ausmacht. Es handelt sich also um eine polypolistische Angebots- und Nachfragestruktur.

- Es gibt Präferenzen auf der Seite der Nachfrager gegenüber den Anbietern. Es wird also kein homogenes, sondern ein heterogenes Gut angeboten und nachgefragt, und es herrscht keine vollständige, sondern unvollständige Konkurrenz.

- Die Nachfrager sind möglicherweise nur über die Preissetzung eines Teils der Anbieter informiert, während die einzelnen Anbieter die Nachfrage für das von ihnen angebotene Gut kennen; es herrscht also keine vollständige Markttransparenz.

Bei monopolistischer Konkurrenz bieten die Anbieter zwar ähnliche, aber im Urteil der Nachfrager nicht völlig gleichartige Produkte an. Man kann davon sprechen, dass jeder Anbieter ein Angebotsmonopol für das von ihm angebotene spezielle Gut hat. Da jedoch die Güter aller Anbieter einander so ähnlich sind, dass sie in enger Substitutionsbeziehung stehen, ist es zweckmäßig, die Märkte für diese ähnlichen Güter zu einem einheitlichen Markt zusammenzufassen, auf dem eine Produktdifferenzierung auf der Angebotsseite betrieben wird. Sowohl aufgrund der auf Nachfragerseite bestehenden Präferenzen als auch aufgrund möglicherweise unvollkommener Information der Nachfrager können bei monopolistischer Konkurrenz die von den verschiedenen Anbietern gesetzten Preise voneinander abwei-

---

[1] Zu den folgenden Ausführungen vgl. *Schumann, J.* (1971), Grundzüge der mikroökonomischen Theorie, Berlin u. a., S. 233-236.

chen. Diese Preise werden von den Nachfragern als Daten betrachtet, an die sie sich mit ihrer Menge anpassen.

Bei monopolistischer Konkurrenz können die einzelnen Anbieter damit durch Preissetzung Einfluss auf ihre Marktsituation nehmen. Neben dem Preis stehen den Anbietern weitere absatzpolitische Instrumente zur Verfügung, die sie zur Schaffung räumlicher, persönlicher und sachlicher Präferenzen der Nachfrager für ihr Produkt nutzen können. Man kann in diesem Zusammenhang zwischen den Instrumenten der Produktgestaltung (z. B. Qualität, Aufmachung, Verpackung), der Werbung und der Absatzmethode (z. B. Lieferservice) unterscheiden. Zu beachten ist, dass der Einsatz dieser Instrumente zwar einerseits die Nachfrage nach dem Produkt des Anbieters günstig beeinflussen kann, jedoch andererseits Auswirkungen auf die Kosten des Anbieters hat. Dadurch entsteht ein Zusammenhang zwischen der Preis-Absatz-Funktion und der Kostenkurve, dessen Kenntnis Vorbedingung für die optimale Kombination der absatzpolitischen Instrumente ist. Obwohl die Nichtpreiskonkurrenz auf Märkten mit monopolistischer Konkurrenz oftmals eine dominierende Rolle spielt, soll diese Problematik hier nicht weiter vertieft werden.

Weil der Einzelne nur einen kleinen Marktanteil hat, wirkt sich die Preissetzung oder Preisänderung eines Anbieters nicht merklich auf die Angebotssituation der anderen aus. Wenn ein einzelner Anbieter den Preis für sein Gut senkt, gewinnt er möglicherweise zusätzliche Nachfrager, die von anderen Anbietern zu ihm wechseln. Da sich der Nachfrageverlust aber auf sehr viele Anbieter verteilt, wird der Rückgang der Nachfrage für den einzelnen Mitanbieter nicht spürbar. Wenn umgekehrt ein einzelner Anbieter den Preis für sein Gut erhöht, verliert er möglicherweise Nachfrager an andere Anbieter. Der Nachfragezugang verteilt sich jedoch auf so viele, dass ihn der einzelne Mitanbieter nicht wahrnimmt. Ein Anbieter wird daher bei monopolistischer Konkurrenz auf eine Preiserhöhung oder Preissenkung eines Mitanbieters nicht reagieren. Er behandelt die Preise der Mitanbieter wie konstante Größen. In gleicher Weise wird unterstellt, dass die absatzpolitischen Maßnahmen eines einzelnen Anbieters keine spürbaren Auswirkungen auf die übrigen Anbieter haben. Ein Anbieter wird daher bei monopolistischer Konkurrenz auf Aktionen anderer Anbieter nicht reagieren.

Die Marktform der monopolistischen Angebotskonkurrenz wurde erstmals von Edward H. Chamberlin (1933) sowie von Joan Robinson (1933) untersucht. In Deutschland war es Erich Gutenberg (1897 – 1984), der in den 50er Jahren ein Modell der monopolistischen Angebotskonkurrenz entwickelte. Im folgenden werden die theoretischen Ansätze von Chamberlin und von Gutenberg kurz dargestellt.

5.3.3.1 Die Marktform der monopolistischen Konkurrenz nach Chamberlin (die Tangentenlösung)

Jeder Produzent bietet das von ihm produzierte Gut unter seiner Marke an. Die Zahl der Anbieter des betreffenden Gutes ist aber so groß, dass jeder einzelne Produzent nur einen sehr kleinen Teil an der Gesamtproduktion des betreffenden Gutes hat. Daraus folgt, dass die Produzenten bei ihrem Angebot das Verhalten der Konkurrenten nicht beachten. Sie setzen ihre Preise so, als ob sie allein auf dem Markt wären..

Bei der Preissetzung handelt jeder einzelne Produzent nach dem Grundsatz „Grenzkosten gleich Grenzerlös", da für jede spezielle Ausprägung des Gutes eine Nachfragekurve als gegeben angenommen wird. Wie beim Monopol, liegt auch bei dieser Marktform der Grenzerlös unter dem Marktpreis.

Die Nachfrager betrachten die unter verschiedenen Marken angebotenen Produkte zwar nicht als identische, wohl aber als sehr ähnliche Güter, die untereinander gut substituierbar sind. Tritt ein neuer Produzent auf dem betreffenden Markt auf, der sein Produkt unter einer neuen Marke zu einem niedrigeren Preis anbietet, so werden einige Nachfrager nicht mehr ihre bisher bevorzugte Marke, sondern das neue, ähnliche Produkt mit dem niedrigeren Preis kaufen.

Erzielen die Produzenten in einer solchen Branche Gewinne, so werden durch die Gewinnmöglichkeiten neue Anbieter angelockt. In dem betreffenden Wirtschaftszweig werden dann neue Betriebe entstehen, so dass das Gesamtangebot des Gutes steigen wird. Da die neuen Produzenten einen niedrigeren Preis setzen, ziehen sie einen Teil der Nachfrage von den bisherigen Anbietern ab, so dass sich die Nachfrage pro Produktvariante verringert. Dadurch wird die Nachfragekurve der einzelnen Anbieter nicht nur nach links verschoben, sondern sie wird auch flacher verlaufen (die Nachfragekurve wird insgesamt elastischer).

Dieser Prozess des Aufkommens neuer Produzenten wird nach Chamberlin erst dann aufhören, wenn auf diesem Markt keine Gewinne mehr erzielt werden. Die Nachfragekurve für jede Produktvariante wird sich langfristig also so lange nach links verschieben, bis sie die Stückkostenkurve des Produzenten tangential berührt und die Stückkosten gleich dem Preis werden (s. Abb. 5-28). Der Prozess, der zum Gleichgewicht führt, wird zusätzlich dadurch beschleunigt, dass sich mit jedem Auftreten eines neuen Produzenten die Nachfrage nach Produktionsfaktoren erhöht, so dass die Stückkosten aller Produzenten steigen.

Abb. 5-28: Monopolistische Konkurrenz: Chamberlinsche Tangentenlösung

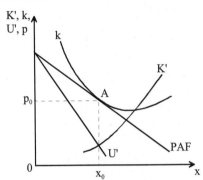

Das Gleichgewicht des Betriebes ist erreicht, wenn die Nachfragekurve die Stückkostenkurve im Punkt A tangiert (Tangentenlösung). Der Betrieb bringt die Menge x_0 aus, bei der die Grenzkosten gleich dem Grenzerlös und die Stückkosten gleich dem Preis p_0 sind. Bei dieser Ausbringung produziert der Betrieb gewinn- und verlustlos, d. h. seine Gesamtkosten sind gleich seinem Gesamterlös.

Da die Nachfragekurve einen fallenden Verlauf hat, muss der Tangentialpunkt von Stückkostenkurve und Nachfragekurve immer im fallenden Bereich der Stückkostenkurve und damit links von ihrem Minimum (dem Betriebsoptimum) liegen. Bei monopolistischer Konkurrenz wird also langfristig im Bereich fallender Stückkosten produziert, was bedeutet, dass die vorhandenen Produktionskapazitäten nicht optimal genutzt werden und deshalb zu relativ hohen Kosten produziert wird. Dem steht jedoch der Vorteil eines im Vergleich zum Fall vollständiger Konkurrenz differenzierteren, besser auf individuelle Kundenwünsche zugeschnittenen Güterangebots gegenüber.

5.3.3.2 Die Marktform der monopolistischen Konkurrenz nach Gutenberg

Gutenberg geht in seinem Modell der monopolistischen Konkurrenz davon aus, dass die einzelnen Anbieter durch Einsatz ihres absatzpolitischen Instrumentariums Präferenzen für ihre Produkte (ein „akquisitorisches Potential") schaffen.[2]

Ein Anbieter wird deshalb, wenn er den Preis für die von ihm angebotene Produktvariante erhöht, nicht seinen gesamten Absatz verlieren. Es ist zwar

---

[2] Die folgenden Ausführungen zum Modell der monopolistischen Konkurrenz nach *Gutenberg* orientieren sich weitgehend an der Darstellung von Schumann, J. (1971), a. a. O., S. 236-241.

möglich, dass eine gewisse Anzahl seiner bisherigen Kunden aufgrund der Preiserhöhung zu anderen Anbietern abwandert oder auf den Kauf dieses Gutes verzichtet. Die übrigen Nachfrager werden ihm jedoch auch bei dem höheren Preis treu bleiben. Die Restnachfrage, die diesem Anbieter bleibt, wird jedoch um so geringer sein, je stärker die Preiserhöhung ausfällt. Man kann davon ausgehen, dass es einen **oberen Grenzpreis** gibt, bei dem der betreffende Anbieter seine gesamte Nachfrage verliert.

Im umgekehrten Fall wird ein Unternehmer nicht unbegrenzt zusätzliche Nachfrage gewinnen, wenn er seinen Preis senkt. Zwar wird er aufgrund des niedrigeren Preises einige Nachfrager veranlassen, ihre bisherigen Bindungen an andere Anbieter aufzugeben und bei ihm kaufen, die übrigen Nachfrager werden jedoch weiter bei anderen Anbietern nachfragen. Auch hier ist zu vermuten, dass die zusätzliche Nachfrage um so größer sein wird, je stärker die Preissenkung ausfällt. Es wird schließlich einen **unteren Grenzpreis** geben, bei dem der Anbieter jede Menge, die er produzier, auch verkaufen kann.

Aus diesen Überlegungen kann die Preis-Absatz-Funktion eines Anbieters bei monopolistischer Konkurrenz abgeleitet werden. In Abb. 5-29 stellt p_1 den oberen und p_2 den unteren Grenzpreis des Anbieters dar. Beim oberen und beim unteren Grenzpreis verläuft die Preis-Absatz-Kurve wie bei der Marktform der vollständigen Konkurrenz parallel zur Abszisse. Zwischen diesen beiden Preisen weist die Nachfragekurve wie im Fall des Angebotsmonopols eine negative Steigung auf. Gutenberg spricht deshalb vom **monopolistischen Bereich** der Preis-Absatz-Kurve.

Abb. 5-29: Monopolistische Konkurrenz: Preis-Absatz-Funktion nach Gutenberg

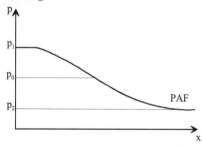

Der Verlauf und die Steigung der Kurve in diesem Bereich werden hauptsächlich von zwei Einflussfaktoren bestimmt. Sinkt im Bereich zwischen p_1 und p_2 der Preis, so tritt erstens wie beim Angebotsmonopol Nachfrage auf, die bisher nicht auf dem Markt war. Zweitens kommt zusätzliche Nachfrage dazu, die bisher von anderen Anbietern befriedigt wurde.

Die Übergänge vom monopolistischen Bereich zu den Grenzpreisen können von Fall zu Fall sehr unterschiedlich sein. Die Differenz zwischen oberem und unterem Grenzpreis und die Steigung der Kurve in diesem Bereich hängen maßgeblich von der Stärke der Präferenzbindungen der Nachfrager an andere Anbieter sowie von der Information der Nachfrager über Preisdifferenzen ab. Die Kurve verläuft um so flacher, je weniger sich die Produkte der Anbieter im Urteil der Nachfrager unterscheiden und je besser die Nachfrager über die Preise informiert sind.

Der Anbieter muss allerdings seine Preis-Absatz-Funktion nicht als gegeben hinnehmen. Er kann statt dessen versuchen, durch Nichtpreiswettbewerb (Einsatz des absatzpolitisches Instrumentariums) Präferenzen für sein Produkt zu schaffen und auf diese Weise seine Preis-Absatz-Kurve nach rechts und den oberen Grenzpreis nach oben zu verlagern.

In Abb. 5-30 wird von einer gegebenen Preis-Absatz-Funktion ausgegangen. Aus dem beschriebenen Verlauf der Preis-Absatz-Funktion können dann die entsprechenden Erlös- und Grenzerlöskurven abgeleitet werden.

Abb. 5-30: Monopolistische Konkurrenz: Das Modell von Gutenberg

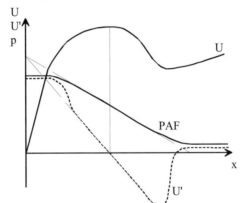

Um die gewinnmaximale Situation ableiten zu können, ist zusätzlich die Kenntnis der Grenzkostenkurve erforderlich. Die Besonderheit des Gutenbergschen Modells monopolistischer Konkurrenz besteht darin, dass die Bedingungen für ein Gewinnmaximum nicht nur bei einer, sondern bei verschiedenen Absatzmengen erfüllt sein können. In Abb. 5-31 liegt bei der Grenzkostenkurve K'_1 nur ein Gewinnmaximum vor. Bei der Grenzkostenkurve K'_2 können dagegen zwei unterschiedliche Gewinnmaxima realisiert werden. Es muss dann ein Vergleich vorgenommen und das absolute Gewinnmaximum ausgewählt werden.

Abb. 5-31: Gewinnmaximum im Modell von Gutenberg

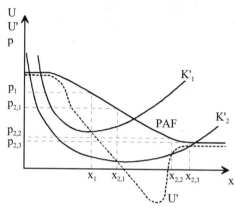

In Abb. 5-31 stellt der erste Fall, d. h. die Kombination $p_{2,1}$, $x_{2,1}$ das absolute Gewinnmaximum dar. Gutenberg geht davon aus, dass, selbst wenn das Gewinnmaximum beim Preis $p_{2,3}$ läge, trotzdem der erste Fall realisiert würde, da zwischen beiden Maximalsituationen ein Bereich negativer Grenzerlöse, d. h. sinkender Gewinne liegt, der erst überwunden werden müsste. Das Gewinnminimum beim Preis $p_{2,2}$ wirkt wie eine Sperre und liefert nach Gutenberg eine Erklärung für die Erstarrung des preispolitischen Verhaltens der Unternehmen unter den Bedingungen dieser Marktform.

5.3.4 Das Monopson (Nachfragemonopol)

In der Haushaltstheorie wurden die Nachfrage eines Haushalts sowie die aggregierte Nachfragekurve mehrerer Haushalte nach einem Gut unter der Annahme abgeleitet, dass der einzelne Haushalt auf dem betreffenden Markt Mengenanpasser ist, d. h. durch seine Nachfrageentscheidung keinerlei Einfluss auf die Preishöhe am Markt nehmen kann.

In der Marktform des homogenen Monopsons ist dagegen ein einzelnes Wirtschaftssubjekt einziger Nachfrager nach einem homogenen Gut, das von vielen kleinen Anbietern angeboten wird. Auch hier unterstellt man, dass für alle Marktteilnehmer vollständige Markttransparenz gilt.

Die monopsonistische Preisbildung wird im Folgenden in zweierlei Hinsicht untersucht:[3]

---

[3] Die Darstellung der Marktform des Monopsons erfolgt in Anlehnung an *Hoyer, W./Rettig, R.* (1983), Grundlagen der mikroökonomischen Theorie, Düsseldorf, S. 269 - 275.

- unter der Annahme, dass der Monopsonist ein privater oder öffentlicher Haushalt ist, der ein Konsumgut nachfragt;
- unter der Annahme, dass der Monopsonist ein Unternehmer ist, der als einziger Nachfrager einen Produktionsfaktor nachfragt.

5.3.4.1 Das Verhalten eines Monopsonisten an einem Konsumgutmarkt

In der Haushaltstheorie wurde unterstellt, dass das Ziel eines Haushaltes beim Kauf von Konsumgütern die Erreichung des höchsten Grades an Bedürfnisbefriedigung (Nutzenmaximierung) ist. Im Zusammenhang mit einer Abwägung zwischen Nutzen und Aufwendungen wurde im Rahmen der Haushaltstheorie die Nachfragekurve des Haushaltes in Abhängigkeit von der Preishöhe des nachgefragten Gutes abgeleitet. Dabei wurde davon ausgegangen, dass der Haushalt keinen Einfluss auf die Preishöhe hat, sondern gezwungen ist, sich mit seiner Nachfragemenge an den am Markt gebildeten Preis anzupassen.

Bei einer von oben links nach rechts unten fallenden Nachfragekurve erzielt ein Haushalt bei jeder Preishöhe eine **Konsumentenrente**. Die Konsumentenrente stellt die positive Differenz zwischen dem einheitlichen Marktpreis und der durch die Nachfragekurve angezeigten jeweiligen Zahlungsbereitschaft des Haushaltes dar und ist um so höher, je niedriger der Preis des Gutes ist.

Abb. 5-32: Die Konsumentenrente

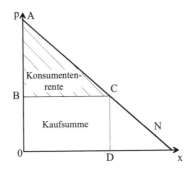

In der Abbildung erwirbt der Haushalt OD Mengeneinheiten zu einem einheitlichen Preis OB, obwohl er bereit gewesen wäre, für alle Einheiten bis OD einen höheren Preis zu entrichten. Der Haushalt erzielt damit eine Konsumentenrente die der Fläche des Dreiecks schraffierten ABC entspricht.

Wie aus der Abbildung ersichtlich, ist die Fläche des Dreiecks ABC, also die Konsumentenrente, gleich der Differenz aus der gesamten Fläche unter der Kurve (Viereck ACDO) und der Kaufsumme (Rechteck BCDO). Die gesamte Fläche unter der Kurve kann als Bruttovorteil des Kaufes aufgefasst werden. Der Grenzvorteil, d. h. der zusätzliche Bruttovorteil bei Ausdehnung der Nachfrage um eine Einheit, wird dann durch die Nachfragekurve selbst abgebildet.

Ziel des Haushaltes ist es, die Konsumentenrente als Nettovorteil, der dem Haushalt nach Abzug der Kaufsumme vom realisierten Bruttovorteil verbleibt, zu maximieren.

Bei der Marktform des Monopsons bestimmt der Alleinnachfrager die Preishöhe durch sein Nachfrageverhalten selbst mit. Der Monopsonist steht dem gesamten Mengenangebot des Marktes gegenüber, wobei die aggregierte Angebotsmenge aller Verkäufer des betreffenden Gutes vom Absatzpreis abhängt. Die Angebotskurve des Marktes gibt dem Monopsonisten den für eine bestimmte Bezugsmenge jeweils zu entrichtenden Preis an und wird in diesem Zusammenhang als **Preis-Bezug-Funktion** bezeichnet.

Die Ausgaben des Monopsonisten ergeben sich als Produkt aus Kaufmenge OD und Stückpreis OB. Die **Grenzausgaben A'** sind die zusätzlichen Ausgaben, die der Monopsonist bei einer Ausdehnung seiner Nachfrage um eine Einheit tragen muss. Die Grenzausgabenkurve verläuft immer oberhalb der Preis-Bezug-Kurve. Dies liegt darin begründet, dass der Käufer bei einer Erhöhung der Kaufmenge nicht nur für die zusätzlich erworbene Einheit, sondern für alle erworbenen Einheiten einen höheren Preis bezahlen muss.

Abb. 5-33: Preisbildung beim homogenen Monopson auf einem Konsummarkt

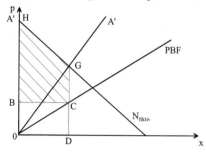

Der Haushalt wird seine Nachfragemenge erhöhen, solange die Konsumentenrente (der Nettovorteil) wächst. Dies ist der Fall, solange die Grenzausgaben kleiner als der erzielte Grenzbruttovorteil sind. Das Maximum der Konsumentenrente wird bei der durch den Schnittpunkt G von Grenzausgaben- und Grenzvorteilskurve bestimmten Menge erreicht. Die Menge OD wird zum Stückpreis DC gekauft. Die nutzenmaximale Preis-Mengen-Kombination des Monopsonisten wird wie beim Monopolfall durch den Cournotschen Punkt C markiert. Der Bruttovorteil des Monopsonisten wird durch die Fläche ODGH, sein Nachteil durch die Kaufsumme ODCB und seine Konsumentenrente durch die schraffierte Fläche BCGH abgebildet.

5.3.4.2 Das Verhalten des Monopsonisten am Faktormarkt

Nachdem bisher ausschließlich Preisbildungsprozesse auf Gütermärkten betrachtet wurden, soll nun das preispolitische Verhalten eines Monopsonisten auf einem Faktormarkt analysiert werden. Dabei wird im ersten Fall von vollständiger Konkurrenz am Absatzmarkt und im zweiten von einer Monopolstellung am Absatzmarkt ausgegangen.

(1) Monopson am Faktormarkt bei vollständiger Konkurrenz am Absatzmarkt: Es wird angenommen, dass ein Unternehmen der einzige Nachfrager eines Produktionsfaktors m ist, der von einer Vielzahl von Haushalten angeboten wird und für das Unternehmen den einzigen variablen Produktionsfaktor darstellt (ein Beispiel wäre ein Unternehmen, welches in einer Region der einzige Nachfrager des Faktors Arbeit ist). Die übrigen Produktionsfaktoren verursachen keine Kosten.

Weiter wird unterstellt, dass das von dem Unternehmen hergestellte Produkt auf einem polypolistischen Gütermarkt verkauft wird. Der Absatzpreis ist also durch den Monopsonisten nicht beeinflussbar.

Unter den getroffenen Annahmen wird das Unternehmen die Faktornachfrage so lange ausdehnen, bis die zusätzlichen Ausgaben für die letzte eingesetzte Faktoreinheit gleich dem Erlöszuwachs sind. Mit anderen Worten, das Unternehmen wird den variablen Produktionsfaktor so lange nachfragen und einsetzen, bis die Grenzausgaben gleich den Grenzeinnahmen sind (vgl. 13. Kapitel).

Da der Monopsonist bei Erhöhung seiner Nachfrage bei normal verlaufender Faktorangebots- bzw. Preis-Bezug-Funktion einen höheren Faktorpreis zahlen muss, verläuft die Grenzausgabenkurve immer oberhalb der Preis-Bezug-Kurve. Die Gesamtausgabenkurve A steigt progressiv (s. Abb. 5-34).

Die Einnahmen des Unternehmens aus dem Verkauf seines Produktes werden durch die verkaufte Menge und den Produktpreis bestimmt. Der Preis ist annahmegemäß durch die Marktbedingungen vorgegeben und deshalb durch das Unternehmen nicht beeinflussbar. Die Produktionsmenge hängt von der durch die Produktionsfunktion bestimmten Produktivität des variablen Faktors ab. Die **Wertproduktkurve** (WP) zeigt die Einnahmen des Unternehmens in Abhängigkeit von der Faktoreinsatzmenge an. Der Wert des

Durchschnittswertproduktes (WP/m) ergibt sich als Steigung des Fahrstrahls an die Wertproduktkurve (tan β). Der Einnahmezuwachs, den das Unternehmen bei Einsatz einer zusätzlichen Faktoreinheit erzielt, wird durch die Steigung der Wertproduktkurve (tan α) angezeigt und als **Wertgrenzprodukt** (WGP) bezeichnet:

$$(5.36) \qquad WGP = p \cdot \frac{\partial x}{\partial m}$$

Abb. 5-34: Gewinnmaximale Situation beim Monopson am Faktormarkt

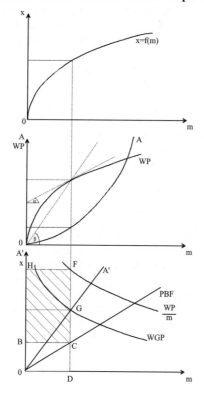

Der Monopsonist erreicht sein Gewinnmaximum bei der Einsatzmenge des variablen Produktionsfaktors, in welcher das Wertgrenzprodukt (die Grenzeinnahmen) und die Grenzausgaben übereinstimmen. Für diese Einsatzmenge (in der Abbildung 5-34 die Menge OD) wird der Monopsonist den entsprechend der Preis-Bezug-Funktion zu entrichtenden Faktorpreis DC bezahlen. Seine Ausgaben werden durch das Rechteck OBCD abgebildet.

Bei der Faktoreinsatzmenge OD beträgt der Wert des Durchschnittsprodukts DF. Damit ergeben sich Einnahmen des Unternehmens in Höhe von DF·OD. Sie entsprechen in der Abbildung 5-34 dem Rechteck ODFH. Davon verbleibt nach Abzug der Ausgaben für den variablen Faktor die schraffierte Fläche BCFH. Diese Fläche beschreibt – unter der getroffenen Annahme, dass die übrigen Faktoren keine Kosten verursachen – den Gewinn des Unternehmens.

(2) Monopson am Faktormarkt bei gleichzeitiger Monopolstellung am Absatzmarkt: Geringer als im vorherigen Fall fällt die Nachfrage des Monopsonisten aus, wenn er auf dem Absatzmarkt für sein Produkt nicht Mengenanpasser, sondern Monopolist ist. In diesem Fall können höhere Produktmengen nur zu niedrigeren Preisen abgesetzt werden. Die Einnahmenzuwächse des Produzenten bei vermehrtem Einsatz des variablen Faktors sind dann geringer als bei konstanten Absatzpreisen, wie sie bei vollständiger Konkurrenz am Absatzmarkt vorliegen.

An die Stelle des Wertgrenzproduktes tritt unter diesen Bedingungen das **Erlösgrenzprodukt** des variablen Faktors. Seine Höhe wird einerseits durch die Grenzproduktivität des variablen Faktors und andererseits – entsprechend der Amoroso-Robinson-Relation (siehe Gleichung (5.35)) – durch die Preishöhe sowie die Preiselastizität der Nachfrage bestimmt.

$$(5.37) \qquad EGP = p \cdot \left(1 + \frac{1}{\varepsilon}\right) \cdot \frac{\partial x}{\partial m}$$

Die **Erlösgrenzproduktkurve** (EGP) und die **Durchschnittserlösproduktkurve** (EP/m) verlaufen deshalb immer unterhalb der Wertgrenzprodukt- bzw. Durchschnittswertproduktkurve. Der Cournotsche Punkt C' liegt links unterhalb des Punktes C, der bei polypolistischer Konkurrenz auf dem Absatzmarkt realisiert würde (vgl. Abb. 5-35). Das bedeutet, dass ein Monopsonist am Faktormarkt, der gleichzeitig über eine Monopolstellung am Absatzmarkt verfügt, den variablen Produktionsfaktor in geringerer Menge und zu einem niedrigeren Faktorpreis einsetzt als bei Konkurrenz auf dem Absatzmarkt.

Abb. 5-35: Gewinnmaximale Situation beim Monopson am Faktormarkt bei gleichzeitiger Monopolstellung auf dem Gütermarkt

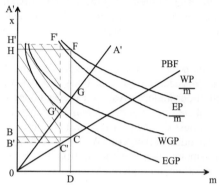

5.3.5 Das Angebotsoligopol

Ist die Zahl der Anbieter eines homogenen Gutes relativ klein, so dass jeder Anbieter einen relativ großen Anteil am Gesamtabsatz hat, so kann der einzelne Anbieter durch Änderung der von ihm angebotenen Menge den Preis beeinflussen. Er muss also nicht nach dem Grundsatz „Grenzkosten gleich Preis" handeln. Eine solche Marktform wird als **Angebotsoligopol** bezeichnet.

Wenn sich auf der Angebotsseite des Marktes viele Anbieter befinden, während das betreffende Gut nur von wenigen Nachfragern nachgefragt wird, so liegt die Marktform des **Oligopsons** (**Nachfrageoligopols**) vor. Eine solche Marktform ist beispielsweise realisiert, wenn sich in einem Land zwar viele Tomatenbauern befinden, aber nur drei Tomatenfabriken, d. h. nur drei Nachfrager für die fabrikmäßige Bearbeitung von Tomaten vorhanden sind.

Machen einzelne Anbieter von der Möglichkeit, den Preis durch eine Regulierung ihrer Ausbringungsmenge beeinflussen zu können, auch tatsächlich Gebrauch, dann spricht man von einer Preisbildung der **unvollkommenen Konkurrenz** bei einem homogenen Gut oder von Oligopolpreisbildung.

Befinden sich nur zwei Anbieter eines identischen Gutes am Markt, von denen jeder einen relativ großen Marktanteil am Gesamtabsatz des betreffenden Gutes hat, dann liegt der einfachste Fall des Angebotsoligopols, nämlich die Marktform des **Duopols** bzw. des **Dyopols,** vor.

Wenn ein homogenes Gut von relativ wenigen Produzenten angeboten wird, dann ist für das betreffende Gut nur eine Gesamtnachfragekurve vorhanden. Da es sich um ein homogenes Gut handelt, gilt das Prinzip der Preiseinheitlichkeit. Es kann also kein Anbieter das angebotene homogene Gut teurer verkaufen als die anderen Anbieter. Da die einzelnen Anbieter jedoch einen relativ großen Marktanteil haben, können sie versuchen, den Preis durch Verminderung oder Vergrößerung ihrer Ausbringungsmenge in ihrem Sinne zu beeinflussen.

Welchen Einfluss allerdings beispielsweise die Verminderung der Ausbringungsmenge eines Produzenten auf den Preis des betreffenden Gutes hat, hängt vom Verhalten der anderen Anbieter dieses Gutes ab, also davon, ob die anderen Oligopolisten bei einem solchen Vorgehen ihr Angebot unverändert lassen oder in bestimmter Weise darauf reagieren, d. h. ihrerseits das Angebot vergrößern oder verringern. Will ein Anbieter durch Änderung seiner Ausbringungsmenge den Preis in bestimmter Weise beeinflussen, so muss er also das Verhalten der anderen Mitanbieter berücksichtigen.

Bei der Marktform des Oligopols setzt jeder Anbieter bei seinem Vorgehen am Markt eine bestimmte, von ihm erwartete Reaktion seiner Konkurrenten auf sein eigenes Vorgehen voraus. Um zu einem Preis zu gelangen, bei welchem die Anbieter insgesamt die Menge anbieten, die dem betreffenden Preis entspricht, ist entweder eine Verabredung zwischen den Oligopolisten oder aber ein ganz bestimmtes Verhalten der Oligopolisten am Markt erforderlich, das als stillschweigende Einigung angesehen werden kann.

Einigen sich die Oligopolisten nicht, dann kann es zu einem Kampf zwischen ihnen kommen, d. h. die Oligopolisten werden dann den Preis fortgesetzt unterbieten in der Hoffnung, den Gegner wirtschaftlich zu ruinieren und aus dem Produktionsprozess auszuschalten. Ein solcher Prozess wird als oligopolistische Verdrängungskonkurrenz bezeichnet. Dieser Kampf ist allerdings für alle Oligopolisten mit einem erheblichen Risiko verbunden und in der Regel für alle unvorteilhaft. Deshalb kann man davon ausgehen, dass ein oligopolistischer Preiskampf der beschriebenen Art in der Praxis eher der Ausnahmefall ist.

Befinden sich mehrere Anbieter eines homogenen Gutes am Markt, hat aber einer von ihnen einen relativ großen Marktanteil, während der Marktanteil der anderen relativ klein ist, dann wird der Große den Preis bestimmen, und die anderen müssen diesen Preis annehmen. In diesem Zusammenhang spricht man von **Preisführerschaft** im Angebotsoligopol. Das Besondere bei dieser Variante des Oligopols ist, dass der Preisführer bei seiner Preissetzung berücksichtigen muss, dass auch die anderen eine bestimmte Menge am Markt verkaufen werden.

Wenn der Preisführer einen Preis anstrebt, der den anderen kleineren Konkurrenten die Möglichkeit einräumt, nach dem Grundsatz Grenzkosten gleich Preis zu handeln, dann muss der Preisführer die Angebotskurven bzw. die Grenzkostenkurven der anderen Anbieter kennen. Ist dies der Fall und ist die Gesamtnachfragekurve des Marktes gegeben, dann ist das Verhalten des Preisführers unter diesen Bedingungen eindeutig determiniert.

Der Preisführer muss bei jedem Preis von der durch die Gesamtnachfragekurve bestimmten insgesamt nachgefragten Menge diejenige Menge abziehen, die die anderen Anbieter bei diesem Preis anbieten. Auf diese Weise kann er seine eigene Nachfragekurve ableiten, die es ihm ermöglicht seine Grenzerlöskurve zu gewinnen und dann nach dem Grundsatz Grenzerlös gleich Grenzkosten zu handeln. Unterstellt man, dass der Preisführer bei jedem Preis 1/3 der Gesamtmenge anbietet, lässt sich seine eigene Nachfragekurve wie in Abb. 5-36 dargestellt ableiten und daraus der für ihn gewinnmaximale Marktpreis p_0 bestimmen.

Abb. 5-36: Preisführerschaft im Oligopol

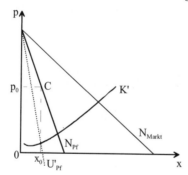

Aus dem geschilderten Sachverhalt ergibt sich, dass sich die anderen Anbieter bei einem solchen Vorgehen des Preisführers günstiger stellen als dies bei vollkommener Konkurrenz der Fall wäre. Dies resultiert aus der Tatsache, dass der Preisführer den Preis höher setzt, als er sich bei vollkommener Konkurrenz einstellen würde. Dadurch erzielen auch die anderen kleineren Oligopolisten einen höheren Gewinn.

Das Oligopolproblem wurde analytisch auf verschiedene Weise behandelt. Ein Weg ist die Entwicklung von exakten, meist mathematisch formulierten Modellen. Dabei ist es notwendig, Annahmen über das Verhalten der Anbieter – vor allem über tatsächliche und mögliche Aktionen, Reaktionen und Gegenreaktionen – in die Überlegungen einzubeziehen. Die Zahl der inzwischen entwickelten Oligopolmodelle ist sehr groß. Es lassen sich grob betrachtet zwei Gruppen von Modellansätzen unterscheiden. Zum einen die des **homogenen Oligopols** und zum anderen die des **heterogenen Oligopols**. Beide Fälle sollen anhand der einfachsten Form, des Dyopols (Duopols), kurz dargestellt werden.

5.3.5.1 Das homogene Dyopol (Cournotsches Dyopol)

Es wird davon ausgegangen, dass zwei Anbieter ein homogenes Gut x anbieten, für das es nur einen Preis gibt. Beide streben bei gegebener Angebotsmenge des anderen Gewinnmaximierung an. Cournot erläutert diese einfache Form des Oligopols wie folgt:

Zwei Anbieter A und B von Mineralwasser besitzen am gleichen Kurort jeweils eine Mineralwasserquelle. Es wird angenommen, dass keine Kosten der laufenden Produktion entstehen. Die gesamte Preis-Absatz-Funktion ist linear. Es gelten daher folgende Funktionen:

(5.38) $p = a - b(x_A + x_B)$ (Gesamte Preis-Absatz-Funktion)

(5.39a) $G_A = px_A = ax_A - bx_A^2 - bx_Bx_A$ (Gewinnfunktion von A)

(5.39b) $G_B = px_B = ax_B - bx_Ax_B - bx_B^2$ (Gewinnfunktion von B)

Beide Anbieter streben Gewinnmaximierung unter der Annahme der Konstanz der Angebotsmenge des jeweils anderen Anbieters an. Man erhält als Bedingungen für Gewinnmaxima der beiden Anbieter:

(5.40a) $\dfrac{dG_A}{dx_A} = a - 2bx_A - bx_B = 0$

(5.40b) $\dfrac{dG_A}{dx_B} = a - bx_A - 2bx_B = 0$

Aus den Gleichungen (5.40a) und (5.40b) lassen sich die gewinnmaximalen Absatzmengen für beide Anbieter bestimmen. Formt man Gleichung (5.40a) nach bx_B um

(5.41a) $bx_B = a - 2bx_A$

und setzt dies in Gleichung (5.40b) ein, erhält man

(5.41b) $a - bx_A - 2(a - 2bx_A) = 0$

Durch weitere Umformung gelangt man zu:

(5.42a) $\quad x_A = \dfrac{a}{3b}$

(5.42b) $\quad x_B = \dfrac{a}{3b}$

Wenn die Werte von (5.42a) und (5.42b) in die Gleichung (5.38) eingesetzt werden, ergibt sich als einheitlicher Gleichgewichtspreis:

(5.43) $\quad p = a - b\left(\dfrac{a}{3b} + \dfrac{a}{3b}\right) = \dfrac{a}{3}$

Abbildung 5-37 stellt die Gleichungen (5.40a) und (5.40b) grafisch dar. Anhand dieser Abbildung lässt sich das Zustandekommen dieser Lösung dynamisch wie folgt erläutern:

Es wird angenommen, dass A zuerst allein am Markt ist. In dieser Periode beträgt die Angebotsmenge von x_B Null. Folglich verhält sich A als sei er Monopolist und bietet die Sättigungsmenge a/2b an (Punkt 1 in der Abbildung). In der nächsten Periode tritt B in den Markt ein und bietet gemäß seiner Gewinnmaximierungsfunktion (5.40b) die Menge, die sich für x_A = a/2b ergibt, an (Punkt 2). Daraufhin vermindert A sein Angebot, so dass in der dritten Periode die Mengenkombination des Punktes 3 angeboten wird. B dehnt daraufhin seine Angebotsmenge aus, und es wird die Mengenkombination im Punkt (4) realisiert. Im Gleichgewichtspunkt D bieten beide Anbieter die gleiche Menge a/3b an. Die Geraden, die sich aus den Gleichungen (5.40a) und (5.40b) ergeben, bezeichnet man als **Reaktionsgeraden** im Cournotschen Mengendyopol.

Abb. 5-37: Homogenes Dyopol: Modell von Cournot

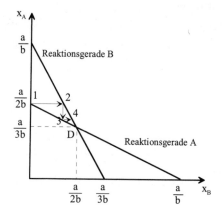

5.3.5.2 Das heterogene Dyopol (Modell der geknickten Preis-Absatz-Kurve)

Betrachtet wird ein unvollkommener Markt mit zwei Anbietern. Die Nachfrager haben, z. B. infolge von Werbung, jeweils bestimmte persönliche Präferenzen für das Angebot eines dieser Produzenten. Da die Käufer dem entsprechend nicht unbedingt das preisgünstigste Angebot wahrnehmen, sind an diesem Markt Preisunterschiede möglich.

In Abb. 5-38 ist rechts die Gesamtnachfragefunktion des Marktes N_{Markt} und links die Nachfragefunktion $N_{Dyopolist}$ eines der beiden identischen Anbieter dargestellt, auf den genau die Hälfte der Gesamtnachfrage entfällt.

Abb. 5-38: Heterogenes Dyopol: Geknickte Preis-Absatz-Kurve

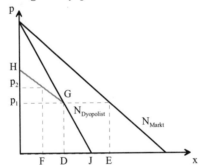

Wäre der Markt vollkommen, so ergäbe sich ein einziger Preis. In der Abbildung wird von einem Marktpreis p_1 ausgegangen, bei dem beide Anbieter die gleiche Menge OD = 1/2 OE absetzen. Würde ein Anbieter einen höheren Preis verlangen, so würden seine Käufer zu dem Anbieter, der noch immer den Preis p_1 verlangt, wechseln, und dieser Anbieter würde die gesamte Menge OE absetzen.

Auf einem unvollkommenen Markt wird aber bei einer Preiserhöhung eines Dyopolisten nicht die gesamte Nachfrage zu dem anderen Dyopolisten abwandern. In der Abbildung wird unterstellt, dass der Dyopolist seinen Preis auf p_2 erhöht. Er verliert dadurch Nachfrage in Höhe von FD und kann nur noch die Menge OF absetzen.

Die Linie GH stellt die Nachfragefunktion für den Dyopolisten, der eine Preiserhöhung vornimmt, dar. Sie kommt, wie bereits erläutert, dadurch zustande, dass der Dyopolist aufgrund bestehender Präferenzen nur einen Teil seiner Nachfrage an den anderen Anbieter verliert. Diese Nachfragefunktion gilt allerdings nur unter der Voraussetzung, dass der andere Dyopolist seinen Preis nicht ebenfalls ändert. Würde er ihn gleichfalls auf p_2

erhöhen, dann würde für beide Anbieter die ursprüngliche Nachfragefunktion $N_{Dyopolist}$ gelten.

Es wird nun unterstellt, dass bei einer Preissenkung eines Dyopolisten der andere Dyopolist seinen Preis ebenfalls senkt, um keine Nachfrage an seinen Konkurrenten zu verlieren. Damit ist bei Preissenkungen der Teil GJ der Nachfragefunktion relevant.

In der Abb. 5-39 ist die Nachfragekurve für einen Dyopolisten angegeben, der unter den erläuterten Bedingungen reagiert. Sie hat einen Knick an der Stelle des herrschenden Preises p_1. Preiserhöhungen würden den Absatz zugunsten des anderen Dyopolisten einschränken, da angenommen wird, dass dieser der Preiserhöhung nicht folgt. Bei Preissenkungen dagegen würde der Konkurrent mitgehen, so dass in diesem Fall keine zusätzliche Nachfrage zu gewinnen wäre.

Die gestrichelte Linie in der Abb. 5-39 stellt die Grenzerlöskurve dar. Sie hat an der Knickstelle der Preis-Absatz-Funktion eine Sprungstelle. Die eingetragene Grenzkostenkurve kann sich innerhalb der Sprungstelle beliebig verändern, ohne dass sich der Dyopolist dadurch zu einer Preisänderung veranlasst sieht.

Abb. 5-39: Gewinnmaximum im Modell der geknickten Preis-Absatz-Kurve

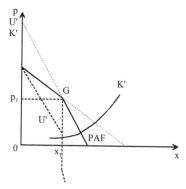

Das Modell der „geknickten Nachfragekurve" erläutert die Preisstarrheit an oligopolistischen Märkten. Diese Lösung fußt auf den beschriebenen Annahmen über das Käuferverhalten am unvollkommenen Markt (persönliche Präferenzen für einen bestimmten Anbieter) und über die Preisreaktionen der Konkurrenten (Nichtreaktion bei Preiserhöhung, Reaktion bei Preissenkung). Unerklärt in diesem Modell bleibt die Lage der Knickstelle der Nachfragefunktion.

Literatur zu Teil II

Demmler, H. (2000), Grundlagen der Mikroökonomie, 4. Aufl., München.

Fehl, U./Oberender, P., (2002), Grundlagen der Mikroökonomie, 8. Aufl., München.

Franke, J. (1996), Grundzüge der Mikroökonomik, 8. Aufl., München.

Herdzina, K. (2002), Einführung in die Mikroökonomik, 8. Aufl., München.

Hoyer, W./Rettig, R./Rothe, K.-D. (1993), Grundlagen der mikroökonomischen Theorie, 3. Aufl., Düsseldorf.

Schumann, J./Meyer, U./Ströbele, W. (1999), Grundzüge der mikroökonomischen Theorie, 7. Aufl., Berlin u.a.

Siebke, J. (2002), Preistheorie, in: Vahlens Kompendium der Wirtschaftstheorie und Wirtschaftspolitik, Band 2, 8. Aufl., München, S. 63 - 123.

Varian, H. R.(2001), Grundzüge der Mikroökonomik, 5. Aufl., München.

Wagner, A. (1997), Mikroökonomik, 4. Aufl., Stuttgart.

Woll, A. (2000), Allgemeine Volkswirtschaftslehre, Kapitel 4 bis 11, 13. Aufl., München.

Teil III: Makroökonomik

6. Volkswirtschaftliche Gesamtrechnung

Aufgabe der Volkswirtschaftlichen Gesamtrechnung (VGR) ist die zahlenmäßige Erfassung und Darstellung der ökonomischen Aktivitäten einer Volkswirtschaft in einer abgeschlossenen Wirtschaftsperiode. Die VGR liefert auf diese Weise ein quantitatives Ergebnisbild des wirtschaftlichen Geschehens. Da sie sich stets auf in der Vergangenheit liegende Zeitperioden bezieht, ist die VGR eine **ex post-Analyse**. Die durch die VGR gewonnenen Daten stellen eine wichtige Grundlage für wirtschaftspolitische Entscheidungen dar, bilden die Basis der empirischen makroökonomischen Analyse und dienen der empirischen Überprüfung ökonomischer Theorien. Indem sie zum Verständnis gesamtwirtschaftlicher Zusammenhänge beiträgt, stellt die VGR zugleich eine wichtige Grundlage der makroökonomischen **ex ante-Analyse** dar, die sich mit geplanten oder erwarteten Größen befasst und versucht, ausgehend von Verhaltenshypothesen, die Entwicklung von Makrogrößen zu erklären und Bedingungen für die Übereinstimmung geplanter und tatsächlicher Größen zu formulieren.

6.1 Der Wirtschaftskreislauf

6.1.1 Grundlagen der Kreislaufanalyse

Die Kreislaufanalyse ist die elementare methodische Grundlage gesamtwirtschaftlicher Untersuchungen. Sie beruht auf der Überlegung, dass das wirtschaftliche Geschehen als ein Netzwerk von Transaktionen zwischen Wirtschaftsteilnehmern darstellbar ist. **Transaktionen** im ökonomischen Sinn sind Übertragungen von Gütern, Faktorleistungen oder Forderungen von einem Wirtschaftssubjekt auf ein anderes. Fasst man jeweils eine Vielzahl von Wirtschaftssubjekten ihren Funktionen im Wirtschaftsprozess entsprechend zu **Sektoren** zusammen, lassen sich die in einer Volkswirtschaft getätigten Transaktionen als Transaktionen zwischen volkswirtschaftlichen Sektoren darstellen. In der Kreislaufanalyse werden die Sektoren auch als **Pole** und die Transaktionen zwischen den Polen als **Ströme** bezeichnet. Grundlegend für die Kreislaufanalyse ist die Forderung nach einem geschlossenen Kreislauf: Für jeden Pol muss die Summe der zufließenden gleich der Summe der ausfließenden Ströme sein (**Kreislaufaxiom**).

Die historischen Wurzeln der Kreislaufanalyse liegen im „Tableau Economique" des französischen Ökonomen Francois Quesnay (1694 - 1774) und den „Schemata der Produktion und Reproduktion auf einfacher und erweiterter Stufenleiter" von Karl Marx (1818 - 1883). Die heute übliche Form der Darstellung des Wirtschaftskreislaufs geht maßgeblich auf John Maynard Keynes (1883 - 1946) zurück, dessen makroökonomische Theorie den Gegenstand des 9. Kapitels dieses Buches bildet.

6.1.2 Der einfache Kreislauf ohne Vermögensbildung

Das einfachste Kreislaufmodell einer geschlossenen Volkswirtschaft (d. h. einer Volkswirtschaft ohne ökonomische Beziehungen zum Ausland) ohne Vermögensbildung und ohne staatliche Aktivität besteht aus den zwei Sektoren **private Haushalte** und **Unternehmen**. Die privaten Haushalte stellen den Unternehmen Faktorleistungen (Arbeit, Kapital, Boden) zur Verfügung. Aus den gelieferten Faktorleistungen erzielen sie Einkommen (Lohn, Zins, Miete, Pacht), welches sie vollständig für den Erwerb der Güter verwenden, die in den Unternehmen mit den von den Haushalten bezogenen Faktorleistungen produziert werden. Diese Beziehungen lassen sich grafisch wie folgt darstellen:

Abb. 6-1: Der einfache Wirtschaftskreislauf ohne Vermögensbildung

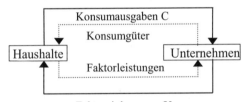

Aus der Abbildung ist ersichtlich, dass im Kreislaufschema jedem realen Faktor- bzw. Güterstrom (in der Abbildung gestrichelte Linien) ein äquivalenter, entgegengesetzt gerichteter monetärer Einkommens- bzw. Ausgabenstrom gegenüber steht. Der Wirtschaftsprozess ist damit alternativ als monetärer oder realer Kreislauf darstellbar. Zur Vereinfachung wird deshalb in den folgenden Abbildungen auf die Darstellung der realen Ströme verzichtet. Damit wird der Praxis der volkswirtschaftlichen Gesamtrechnung gefolgt, die ebenfalls ausschließlich monetäre Ströme erfasst.

In diesem Modell ist das Axiom für einen geschlossenen Kreislauf, nämlich die Wertgleichheit von hineinfließenden und hinausfließenden Strömen bei jedem Pol, erfüllt. Für den Haushaltspol sind die zufließenden **Faktoreinkommen Y** gleich den ausfließenden **Konsumausgaben C**; für den Unternehmenspol sind die zufließenden Einnahmen aus dem Verkauf der produzierten Güter in Höhe von C gleich den ausfließenden Zahlungen für Faktorleistungen Y.

Der im Unternehmenssektor geschaffene Produktionswert Y, der der Höhe der Faktoreinkommen entspricht, ist gleich den Konsumausgaben C:

(6.1) $Y = C$

6.1.3 Der einfache Kreislauf mit Vermögensbildung

Eine erste Erweiterung dieses einfachsten Kreislaufmodells erhält man, wenn man **Vermögensbildung** zulässt. In diesem Fall verwenden die Haushalte nicht das gesamte ihnen zufließende Einkommen für den Kauf von Konsumgütern. Der Teil des Einkommens, der nicht für Konsumzwecke verausgabt wird, wird als **Sparen** der Haushalte bezeichnet. Im gleichen Ausmaß, in dem die Haushalte sparen, werden im Unternehmenssektor produzierte Güter nicht durch die Haushalte nachgefragt, verbleiben also im Unternehmenssektor. Dieser Teil der Güterproduktion wird in der Kreislaufanalyse als **Investition** bezeichnet. Dabei kann es sich sowohl um Kapitalgüter, die der Erweiterung der Produktionskapazitäten dienen (Anlageinvestitionen), als auch um den Auf- oder Abbau von Lagern (Vorratsveränderungen) handeln. Um den Prozess des Sparens und Investierens zu veranschaulichen wird das Kreislaufmodell mit den institutionellen Sektoren „Haushalte" und „Unternehmen" um einen funktionellen Sektor „Vermögensbildung" erweitert. Dabei handelt es sich um einen imaginären, rein gedanklichen Sektor, in den die Ersparnisse der privaten Haushalte als vermögensbildender Strom einfließen und aus dem die Investitionen der Unternehmen als vermögensverwendender Strom ausfließen.

Abb. 6-2: Der einfache Wirtschaftskreislauf mit Vermögensbildung

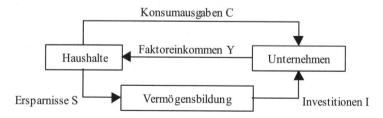

Aus der Abbildung ist ersichtlich, dass der im Unternehmenssektor geschaffene Produktionswert gleich der Summe aus Konsum und Investitionen ist:

(6.2) $Y = C + I$

Für den Sektor Haushalte gilt, dass die Höhe der Faktoreinkommen, die dem Produktionswert entspricht, gleich der Summe aus Konsumausgaben und Ersparnis ist:

(6.3) $Y = C + S$

Aus (6.2.) und (6.3) folgt, dass die Investitionen der Ersparnis entsprechen:

(6.4) $I = S$

Gleichung (6.4) gewinnt man auch unmittelbar aus der Betrachtung der dem Sektor Vermögensrechnung zu- und abfließenden Ströme. Die ex post-Gleichheit von Ersparnis und Investitionen ist ein grundlegendes Ergebnis dieses Modells. Damit ist jedoch keine Aussage darüber verbunden, ob geplante Investitionen und geplante Ersparnis übereinstimmen. Können die Unternehmen die von ihnen produzierten Güter nicht wie geplant absetzen, hat dies eine Aufstockung der Lagerbestände zur Folge und stellt eine „unfreiwillige" und ungeplante Investition dar.

Bisher unberücksichtigt geblieben ist die Durchführung von Abschreibungen im Unternehmenssektor. **Abschreibungen** erfassen die Wertminderungen des Produktionsapparates, die durch Verschleiß und wirtschaftliches Veraltern der Produktionsmittel entstehen und werden von den Unternehmen zur Finanzierung der erforderlichen Ersatzinvestitionen getätigt. **Ersatzinvestitionen** dienen dazu die verschlissenen bzw. veralteten Produktionsanlagen zu ersetzen, also den Produktionsapparat konstant zu halten. Im Kreislaufmodell werden die Abschreibungen als Strom vom Unternehmenszum Vermögensbildungssektor dargestellt. Die Berücksichtigung von Wertminderungen des Produktionsapparates macht es notwendig zwischen Brutto- und Nettoinvestitionen zu unterscheiden. Die **Bruttoinvestitionen** sind der gesamte Bestand an nicht konsumierten, d. h. im Unternehmensbereich verbliebenen Gütern (einschließlich der Güter, die für die Durchführung der erforderlichen Ersatzinvestitionen benötigt werden). Die **Nettoinvestitionen** stellen den tatsächlichen Wertzuwachs des Güterbestandes im Unternehmenssektor dar. Rechnerisch erhält man die Nettoinvestitionen, indem man von den Bruttoinvestitionen die Abschreibungen abzieht. Es gilt also:

(6.5) $I_n = I_{br} - D$

Werden Bruttoinvestitionen lediglich in Höhe der Abschreibungen getätigt, so findet kein Wertzuwachs des Produktionsapparates statt; die Nettoinvestitionen sind Null.

Abb. 6-3: Der einfache Wirtschaftskreislauf mit Vermögensbildung und Abschreibungen

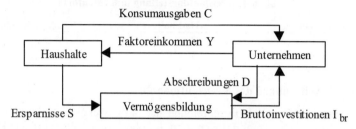

Auch dieses Modell lässt sich in Form von Gleichungen darstellen. Betrachtet man zunächst den Unternehmenssektor, so erhält man:

(6.6) $Y + D = C + I_{br}$.

Der Produktionswert ist gleich der Summe aus Konsum und Bruttoinvestitionen, wobei der Produktionswert sich jetzt aus den an die Haushalte geflossenen Faktoreinkommen und den Abschreibungen zusammensetzt. Die Summe aller Faktoreinkommen wird auch als **Volkseinkommen** bezeichnet.

Für den Sektor Haushalte gilt unverändert Gleichung (6.3):

(6.3) $Y = C + S$

Die Gleichung für den Vermögensbildungssektor lautet jetzt:

(6.7) $S + D = I_{br}$ und unter Berücksichtigung von (6.5)

(6.8) $S = I_n$

Die Ersparnis der Haushalte ist gleich den in der Volkswirtschaft getätigten Nettoinvestitionen.

Bisher sind die Beziehungen zwischen den volkswirtschaftlichen Sektoren grafisch und in Form von Gleichungen dargestellt worden. Alternativ können die Kreislaufbeziehungen auch in Form von **Konten** widergegeben werden. Dabei wird für jeden Sektor ein Konto geführt, in dem auf der linken Seite („Soll") die abfließenden, und auf der rechten Seite („Haben") die zufließenden monetären Ströme verbucht werden. Der Buchung der Einnahme eines Sektors auf der Habenseite muss stets eine gleich große Buchung der Ausgabe eines anderen Sektors auf der Sollseite gegenüberstehen. Für den in Abb. 6-3 grafisch dargestellten einfachen Kreislauf mit

Vermögensbildung unter Berücksichtigung von Abschreibungen lässt sich das nachfolgende Kontenschema aufstellen.

Abb. 6-4: Kreislaufdarstellung in Kontenform

Unternehmen		Haushalte		Vermögensbildung	
Y	C	C	Y	I_{br}	S
D	I_{br}	S			D

6.1.4 Erweiterungen des Kreislaufmodells

Für eine realitätsnähere Beschreibung der in entwickelten Volkswirtschaften stattfindenden Transaktionen wird das oben vorgestellte einfache Kreislaufmodell durch die Einbeziehung der Sektoren „Staat" und „Ausland" zum Modell einer offenen Volkswirtschaft mit staatlicher Aktivität erweitert.

Dabei wird unterstellt, dass der **Staat** im Unternehmenssektor produzierte Güter nachfragt (**staatlicher Konsum** C_{St}), **Subventionen** Z an Unternehmen gewährt und **Transferzahlungen** Tr an Haushalte leistet. Er finanziert sich über **Steuern**, die sowohl bei den Unternehmen (T_U) als auch bei den Haushalten (T_H) erhoben werden. Übersteigen die staatlichen Einnahmen die staatlichen Ausgaben, d. h. erzielt der Staat Budgetüberschüsse, fließt eine **staatliche Ersparnis** S_{St} in den Vermögensbildenssektor. Budgetdefizite dagegen bedeuten einen Abfluss aus dem Vermögensbildungssektor.

Die Berücksichtigung eines Sektors **Ausland** ermöglicht die Einbeziehung der ökonomischen Außenbeziehungen einer Volkswirtschaft in das Kreislaufmodell. Erfasst werden alle **Exporte** von Gütern (Waren und Dienstleistungen) in das Ausland sowie alle **Importe** von Gütern aus dem Ausland. Da Einkommensströme und keine Güterströme erfasst werden, werden Exporte durch einen Strom vom Ausland in den Unternehmenssektor (Exporterlöse X) und Importe durch einen Strom vom Unternehmenssektor ins Ausland (Zahlungen für Importe M) dargestellt. Die Differenz aus Exporten und Importen wird als **Außenbeitrag** bezeichnet. Bei einem positiven Außenbeitrag (Exportüberschuss) fließt ein Strom vom Vermögensbildungssektor ins Ausland, da in diesem Fall ein Teil der inländischen Ersparnis (des inländischen Konsumverzichts) für die Güterversorgung des Auslands verwendet wird. Umgekehrt ist ein negativer Außenbeitrag (Importüberschuss) mit einem Zufluss zum Vermögensbildungssektor verbunden, da dieser die inländische Vermögensbildung erhöht.

Abb. 6-5: Wirtschaftskreislauf einer offenen Volkswirtschaft mit Staat

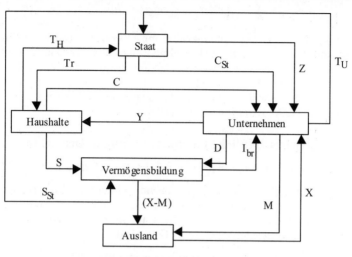

Auch diese Beziehungen können durch Gleichungen beschrieben werden. Betrachtet man die dem Unternehmenssektor ab- und zufließenden Ströme, so erhält man:

(6.9) $Y + D + T_U + M = C + I_{br} + C_{St} + Z + X$

Durch Umformung ergibt sich:

(6.10) $Y + D + (T_U - Z) = C + I_{br} + C_{St} + (X - M)$

Die linke Seite der Gleichung (6.10) stellt das **Bruttoinlandsprodukt** als wertmäßigen Ausdruck der im Inland erzeugten Güter dar; die rechte Seite der Gleichung stellt die Komponenten der **Verwendung des Bruttoinlandsprodukts** dar (vgl. 6.2.2.).

Für den Sektor Staat gilt:

(6.11) $T_U + T_H = C_{St} + Z + Tr + S_{St}$ mit

(6.12) $S_{St} = T_U + T_H - C_{St} - Z - Tr$

Übersteigen die Staatseinnahmen die Staatsausgaben ist S_{St} die staatliche Ersparnis, andernfalls spricht man von einem Defizit des Staates.

Für den Vermögensbildungssektor ergibt sich:

(6.13) $S + S_{St} + D = I_{br} + (X - M)$

Durch einfache Umformung und mit (6.7) erhält man:

(6.14) $I_n = S + S_{St} - (X - M)$

Aus Gleichung (6.14) folgt, dass sowohl ein Überschuss (positiver Finanzierungssaldo) des Staates als auch ein Importüberschuss (negativer Außenbeitrag) das Volumen der inländischen Nettoinvestitionen erhöhen. Umgekehrt verzehren sowohl ein staatliches Defizit als auch ein Exportüberschuss (positiver Außenbeitrag) Teile der inländischen Ersparnis, die dann nicht mehr für Nettoinvestitionen zur Verfügung stehen.

6.2 Die volkswirtschaftliche Gesamtrechnung in Deutschland

6.2.1 Grundlagen des Kontensystems der VGR nach dem ESVG 1995

Grundlagen der volkswirtschaftlichen Gesamtrechnungen in der Bundesrepublik Deutschland sind das System of National Accounts (SNA 1993) der Vereinten Nationen und insbesondere das **Europäische System Volkswirtschaftlicher Gesamtrechnungen (ESVG 1995)** der Europäischen Union.

Tab. 6-1: Die Sektorgliederung im ESVG 1995

Sektor	Bezeichnung	*Enthaltene Wirtschaftseinheiten*
S.1	Gesamte Volkswirtschaft	
S.11	Nichtfinanzielle Kapitalgesellschaften	*AG, GmbH, OHG, KG, Öffentliche Krankenhäuser; Staatliche Eigenbetriebe*
S.12	Finanzielle Kapitalgesellschaften	*Banken, Versicherungen, Pensionskassen*
S.13	Staat	*Bund, Länder, Gemeinden, Sozialversicherungen*
S.14	Private Haushalte	*Selbständige, Einzelunternehmer, abhängig Beschäftigte*
S.15	Private Organisationen ohne Erwerbszweck	*Gemeinnützige Organisationen, Kirchen, Stiftungen, Vereine*
S.2	Übrige Welt	*EU-Staaten, Drittländer, Internationale Organisationen*

Einen Überblick über die Sektorgliederung des ESVG gibt die vorstehende Tabelle 6-1. Die **Sektoren** des ESVG unterscheiden sich von den Sektoren des Kreislaufmodells. Das ESVG kennt, im Gegensatz zum oben behandelten Kreislaufmodell und zu dem bis 1998 in Deutschland gültigen System der VGR, keinen Unternehmenssektor. Unternehmen sind sowohl in den

Sektoren „Finanzielle Kapitalgesellschaften" und „Nichtfinanzielle Kapitalgesellschaften", aber auch im Sektor „Private Haushalte" enthalten.

Im vorangegangenen Abschnitt wurden die Beziehungen zwischen den Sektoren grafisch, durch Gleichungen und in Kontenform dargestellt. In der Praxis der volkswirtschaftlichen Gesamtrechnung ist die Darstellung in Tabellen- und Kontenform dominierend. Die Gliederung der Konten im ESVG 1995 kann der nachfolgenden Übersicht entnommen werden, wobei die angegebenen Konten in eine Vielzahl weiterer Unterkonten aufgegliedert sind.

Tab. 6-2: Die Kontengliederung im ESVG 1995

	Konten für Sektoren
I.	Produktionskonto
II.	Einkommensverteilungs- und Verwendungskonto
II.1	Konten der primären Einkommensverteilung
II.2	Konten der sekundären Einkommensverteilung (Ausgabenkonzept)
II.3	Konten der sekundären Einkommensverteilung (Verbrauchskonzept)
II.4	Einkommensverwendungskonten
III.	Vermögensänderungskonten
III.1	Vermögensbildungskonten
III.2	Finanzierungskonto
III.3	Konten sonstiger Vermögensänderungen
IV.	Vermögensbilanzen
IV.1	Bilanz am Jahresanfang
IV.2	Änderung der Bilanz
IV.3	Bilanz am Jahresende
	Konten für die gesamte Volkswirtschaft
0.	Güterkonto
V.	Außenkonten
V.I.	Außenkonto der Gütertransaktionen
V.II.	Außenkonto der Primäreinkommen und Transfers
V.III.	Außenkonten der Vermögensänderungen
V.IV.	Außenkonto für Vermögen und Verbindlichkeiten

Quelle: Brümmerhoff, D. (2000), Volkswirtschaftliche Gesamtrechnungen, 6. Aufl. München, Wien, S. 38.

Die Konten der Klassen I bis IV werden für jeden einzelnen Sektor aufgestellt. In den Produktionskonten ist auf der linken Seite der Produktionswert, auf der rechten sind die Vorleistungen enthalten. Als Saldo der Konten ergibt sich die **Bruttowertschöpfung** der Sektoren (vgl. 6.2.2).

6.2.2 Entstehungs-, Verwendungs- und Verteilungsrechnung

Das Ergebnis der wirtschaftlichen Aktivitäten einer Volkswirtschaft in einer Periode lässt sich auf mehrere Weisen ermitteln. Man kann dabei entweder von der Einkommensentstehung, der Einkommensverteilung oder der Einkommensverwendung ausgehen. Einen Überblick über diese Berechnungsarten gibt die nachfolgende Übersicht.

Tab. 6-3: Entstehungs-, Verwendungs- und Verteilungsrechnung der VGR

I. Entstehungsrechnung	II. Verwendungsrechnung
Produktionswert	Private Konsumausgaben
− Vorleistungen	+ Konsumausgaben des Staates
= Bruttowertschöpfung (unbereinigt)	+ Bruttoinvestitionen
− unterstellte Bankgebühr	+ Exporte von Waren und
= Bruttowertschöpfung (bereinigt)	Dienstleistungen
+ Gütersteuern	− Importe von Waren und
− Gütersubventionen	Dienstleistungen

= Bruttoinlandsprodukt
+ Saldo der Primäreinkommen mit der übrigen Welt
= Bruttonationaleinkommen
− Abschreibungen
= Nettonationaleinkommen (Primäreinkommen)
− Produktions- und Importabgaben
+ Subventionen
= Volkseinkommen
− Arbeitnehmerentgelte
= Unternehmens- und Vermögenseinkommen
III. Verteilungsrechnung

Quelle: In Anlehnung an Statistisches Bundesamt (Hrsg.) (2001), Volkswirtschaftliche Gesamtrechnungen. Wichtige Zusammenhänge im Überblick, Wiesbaden.

Bei der **Entstehungsrechnung** wird die unbereinigte Bruttowertschöpfung der einzelnen Wirtschaftsbereiche ermittelt (die Klassifikation der Wirtschaftsbereiche ist dabei nicht mit der Sektorgliederung identisch). Dazu werden für jeden Wirtschaftsbereich vom **Produktionswert** (dem Wert der in der betreffenden Periode produzierten Güter) die **Vorleistungen** abgezogen. Vorleistungen sind alle von anderen Wirtschaftseinheiten bezogenen und im Produktionsprozess verbrauchten, verarbeiteten oder umgewandelten Güter (z. B. Rohstoffe, Material). Addiert man die so erhaltene Bruttowertschöpfung der einzelnen Wirtschaftsbereiche, erhält man die **unbereinigte Bruttowertschöpfung** der Volkswirtschaft. Die so ermittelte Bruttowertschöpfung ist unbereinigt, weil sie eine so genannte **unterstellte Bankgebühr** enthält. Dabei handelt es sich um die Differenz zwischen Ertragszinsen, Kreditprovisionen und anderen Vermögenseinkommen der Kreditinstitute und den Aufwandszinsen, die im Produktionswert der Kreditinstitute gebucht wird. Die unterstellte Bankgebühr ist ein fiktives Entgelt für Bankdienstleistungen, die andere Wirtschaftseinheiten in Anspruch genommen haben und die damit Vorleistungen darstellen, die jedoch bei der Bestimmung der Bruttowertschöpfung der Wirtschaftsbereiche nicht als solche berücksichtigt worden sind. Deshalb werden sie insgesamt als Vorleistungen eines fiktiven Sektors von der Bruttowertschöpfung abgezogen. Man erhält die **bereinigte Bruttowertschöpfung**. Addiert man zur bereinigten Bruttowertschöpfung die Gütersteuern (Umsatzsteuer, Verbrauchsteuern, Importabgaben) und subtrahiert gewährte Subventionen, erhält man das **Bruttoinlandsprodukt (BIP)** (Gross Domestic Product [GDP]). Das Bruttoinlandsprodukt ist der wertmäßige Ausdruck der in der Volkswirtschaft produzierten Gütermenge und der wichtigste Indikator für die ökonomische Leistungsfähigkeit einer Volkswirtschaft.

Der Übergang zur **Verteilungsrechnung** wird vollzogen, wenn man von der Inlandsproduktrechnung, die Einkommen erfasst, die im Inland entstanden sind (**Inlandskonzept**), zur Nationaleinkommensrechnung, die Einkommen erfasst, die Inländern zugeflossen sind (**Inländerkonzept**), übergeht. **Inländer** sind alle Wirtschaftssubjekte, deren Wohnsitz im Inland liegt. Man erhält das **Bruttonationaleinkommen,** indem man zum Bruttoinlandsprodukt alle Einkommen addiert, die Inländer aus dem Ausland bezogen haben (empfangene Primäreinkommen aus der übrigen Welt), und alle Einkommen subtrahiert, die Nichtinländer bezogen haben (geleistete Primäreinkommen an die übrige Welt). Die Differenz zwischen empfangenen Primäreinkommen aus der übrigen Welt und geleisteten Primäreinkommen an die übrige Welt stellt den **Saldo der Primäreinkommen** zwischen In- und Ausland dar.

Zieht man vom Bruttonationaleinkommen bzw. Bruttoinlandsprodukt die Abschreibungen ab, erhält man das **Primäreinkommen (Nettonationaleinkommen** zu Marktpreisen) bzw. das **Nettoinlandsprodukt** zu Marktpreisen. Subtrahiert man vom Nettonationaleinkommen (zu Marktpreisen) die Produktions- und Importabgaben und addiert die Subventionen, erhält man das **Volkseinkommen** (Nettonationaleinkommen zu Faktorkosten) als Summe aller Inländern zugeflossenen Primäreinkommen. Dieses wird unterteilt in Arbeitnehmerentgelte und Unternehmens- und Vermögenseinkommen. Der Anteil der Arbeitnehmerentgelte am gesamtem Volkseinkommen wird als **Lohnquote** bezeichnet, der Anteil der Unternehmens- und Vermögenseinkommen am Volkseinkommen ist die **Gewinnquote**.

Tab. 6-4: Entstehung und Verteilung des Bruttoinlandsprodukts 2001 (Mrd. €)

Land- u. Forstwirtschaft, Fischerei	23,5
Produzierendes Gewerbe	561,7
Dienstleistungsgewerbe	1343,9
Bruttowertschöpfung (unbereinigt)	1929,1
– unterstellte Bankgebühr	- 65,3
= Bruttowertschöpfung (bereinigt)	1863,8
+ Gütersteuern	219,4
– Gütersubventionen	- 12,0
= Bruttoinlandsprodukt	**2071,2**
+ Saldo der Primäreinkommen	- 15,4
= Bruttonationaleinkommen	**2055,8**
– Abschreibungen	- 312,1
= Nettonationaleinkommen	**1743,7**
– Produktions- und Importabgaben	- 246,3
+ Subventionen	33,8
= Volkseinkommen	**1531,2**
– Arbeitnehmerentgelte	1120,3
= Gewinn- und Vermögenseinkommen	410,9

Quelle: In Anlehnung an Statistisches Bundesamt (Hrsg.) (2003), Volkswirtschaftliche Gesamtrechnungen 2002. Wichtige Zusammenhänge im Überblick, März 2003.

Schließlich kann nach der **Verwendung** des entstandenen und verteilten Einkommens gefragt werden. Komponenten der Verwendung sind inländischer privater Konsum, staatlicher Konsum, die Bruttoinvestitionen (als Summe von Vorratsveränderungen und Bruttoanlageinvestitionen) und ausländischer Konsum (Exporte). Abgezogen werden müssen die Importe. Die Differenz zwischen Exporten (Exporte von Waren und Dienstleistungen) und Importen (Importe von Waren und Dienstleistungen) wird, wie aus der Kreislaufanalyse bekannt, als Außenbeitrag bezeichnet.

Tab. 6-5: Verwendung des Bruttoinlandsprodukts 2001 (Mrd. €)

Privater Konsum	1232,2
+ Staatlicher Konsum	393,5
+ Bruttoinvestitionen	406,9
+ Außenbeitrag	38,6
= Bruttoinlandsprodukt	2071,2

Quelle: Statistisches Bundesamt (Hrsg.) (2003), a. a. O.

6.2.3 Wertschöpfungsgrößen als Wohlstandsindikator

Wertschöpfungsgrößen, insbesondere das Bruttoinlandsprodukt, werden oft als Indikator für die Messung des Wohlstandes von Volkswirtschaften herangezogen. Dabei werden sowohl zeitliche als auch regionale oder internationale Vergleiche durchgeführt. Um den Einfluss unterschiedlicher Bevölkerungszahlen auszuschalten, werden in der Regel Pro-Kopf-Größen verwendet, so z. B. das Bruttoinlandsprodukt pro Kopf, das man erhält, indem man das Bruttoinlandsprodukt der entsprechenden Region/des entsprechenden Landes durch die Bevölkerungszahl dividiert.

Zeitliche Vergleiche erfordern die Berücksichtigung der Preisniveauentwicklung, da ein wertmäßiger Anstieg des Inlandsproduktes aufgrund von Preissteigerungen keinen Wohlstandszuwachs darstellt. Das zu aktuellen (laufenden) Preisen bewertete Bruttoinlandsprodukt wird als **nominales** Bruttoinlandsprodukt bezeichnet. Um nun die tatsächliche Gütermengenentwicklung zu erfassen, dürfen preisbedingte Veränderungen des Inlandsproduktes keine Berücksichtigung finden. Dazu werden, ausgehend von einem Basisjahr, die Gütermengen der Folgejahre zu den Preisen des Basisjahres bewertet. Das zu konstanten Preisen eines Basisjahres bewertete Bruttoinlandsprodukt wird als **reales** Bruttoinlandsprodukt bezeichnet.

Tab. 6-6: Internationaler Wohlstandsvergleich 2000

Land	BIP pro Kopf in $	BIP pro Kopf in KKP
Schweiz	38.140	30.450
Japan	35.620	27.080
USA	34.100	34.100
Deutschland	25.120	24.920
Frankreich	24.090	24.420
Tschechien	5.250	13.780
Brasilien	3.580	7.300
Russland	1.660	8.010
VR China	840	3.920
Indien	450	2.340
Äthiopien	100	660

Quelle: Worldbank (Hrsg.) (2002), World Development Report 2002.

Bei internationalen Vergleichen müssen die in der Regel in nationaler Währung ausgewiesenen Größen in eine einheitliche Währung, z. B. US-Dollar, umgerechnet werden. Damit ist das Problem verbunden, dass Wechselkursschwankungen zu starken Schwankungen der ausgewiesenen Größen führen. Darüber hinaus drücken Wechselkurse lediglich das Preisverhältnis international handelbarer Güter aus, d. h. sie spiegeln nicht die inländische Kaufkraft der Währungen wider. Deshalb werden internationale Vergleiche auf der Basis von **Kaufkraftparitäten** (KKP) [Purchasing Power Parities (PPP)] vorgenommen (vgl. Tabelle 6-6). Die Kaufkraftparität ist das Verhältnis der Kaufkraft zweier unterschiedlicher Währungseinheiten bezogen auf die gleiche Gütermenge, d. h. auf einen gleichen Warenkorb.

Die Verwendung von Wertschöpfungsgrößen als Wohlstandsindikator ist darüber hinaus mit einigen grundsätzlichen Problemen behaftet. So werden nur marktliche Tätigkeiten erfasst; Haushaltsproduktion oder Schwarzarbeit bleiben trotz erheblicher Wertschöpfungsbeiträge unberücksichtigt. Weiter bleibt unberücksichtigt, wofür das erwirtschaftete Inlandsprodukt verwendet wird (ob also z. B. Rüstungsgüter produziert oder Mittel für Gesundheit und Bildung verausgabt werden). Auch sind Pro-Kopf-Werte ohne Berücksichtigung der Verteilungssituation wenig aussagekräftig. So kann bei sehr ungleicher Verteilung auch ein relativ hohes Pro-Kopf-Einkommen mit Armut großer Teile der Bevölkerung verbunden sein.

Ein weiterer Kritikpunkt am verwendeten Wertschöpfungskonzept ist, dass die Umweltnutzung und -schädigung nicht erfasst werden. Die Inlandsproduktrechnung berücksichtigt weder den Abbau natürlicher Ressourcen noch werden die Kosten von Luftverschmutzung, Wasserverunreinigung oder Lärmbelastung erfasst. Als wertschöpfend und damit wohlstandssteigernd wird dagegen die Beseitigung von Umweltschäden verbucht. In gleicher Weise wirken auch Katastrophen oder Krankheiten durch die zu ihrer Beseitigung erbrachten Leistungen wertschöpfungserhöhend.

Zur Behebung der angesprochenen Mängel der Wertschöpfungsrechnung wurden verschiedene Systeme sozialer Indikatoren entwickelt. Ein Beispiel dafür ist der von den Vereinten Nationen berechnete Human Development Index (HDI), der neben dem Bruttoinlandsprodukt pro Kopf die Lebenserwartung und das Bildungsniveau einbezieht. Die Berücksichtigung der Umweltproblematik wird durch Versuche, ein Ökoinlandsprodukt zu ermitteln, angestrebt. Wenn auch nicht zu erwarten ist, dass diese alternativen Konzeptionen die herkömmliche Wertschöpfungsrechnung tatsächlich ersetzen können, so spielen sie doch als Ergänzungen zur VGR eine wichtige Rolle.

6.3 Input-Output-Rechnung

Die Input-Output-Rechnung stellt eine Ergänzungsrechnung zur volkswirtschaftlichen Gesamtrechnung dar. Sie hat gegenüber der volkswirtschaftlichen Gesamtrechnung den Vorteil, dass Verflechtungen zwischen einzelnen Produktionsbereichen erfasst und analysiert werden können. Die Darstellung der Verflechtungen erfolgt in Input-Output-Tabellen.

Abb. 6-6: Schema der Input-Output-Analyse

Output an / Input von	Produktions-bereiche 1 ... j ... n	Zwischen-nachfrage	Bereiche der Endverwendung				Endver-wendung	Gesamte Verwendung
Verwendung 1	$x_{11} ... x_{1j} ... x_{1n}$	$x_{1.}$	C^P_1	C^{St}_1	I^b_1	X_1	N_1	S_1
von Gütern der	⋮ ⋮ ⋮	⋮	⋮	⋮	⋮	⋮	⋮	⋮
Produktions- i	$x_{i1} ... x_{ij} ... x_{in}$	$x_{i.}$	C^P_i	C^{St}_i	I^b_i	X_i	N_i	S_i
bereiche	⋮ ⋮ ⋮	⋮	⋮	⋮	⋮	⋮	⋮	⋮
n	$x_{n1} ... x_{nj} ... x_{nn}$	$x_{n.}$	C^P_n	C^{St}_n	I^b_n	X_n	N_n	S_n
Intermediäre bzw. Endver-verwendung	$x_{.1} ... x_{.j} ... x_{.n}$	x	C^P	C^{St}	I^b	X	N	S
	$D_1 ... D_j ... D_n$	D						
Primäre	$T_1 ... T_j ... T_n$	T						
Inputs	$L_1 ... L_j ... L_n$	L						
	$G_1 ... G_j ... G_n$	G						
Produktionswerte	$P_1 ... P_j ... P_n$	P						
Importe	$M_1 ... M_j ... M_n$	M						
Gesamtes Aufkommen	$S_1 ... S_j ... S_n$	S						

Quelle: In Anlehnung an *Brümmerhoff, D.* (2000), Volkswirtschaftliche Gesamtrechnungen, München, Wien, S. 104.

Das Input-Output-Schema besteht aus drei Quadranten. Im Vordergrund steht der **I. Quadrant**, der die Verflechtungen zwischen den einzelnen Produktionsbereichen beschreibt (**Vorleistungs-** oder **Verflechtungsmatrix**). In der Abbildung stellen die Felder x_{ij} dar, wie viel Vorleistungen der Produktionsbereich j jeweils aus dem Produktionsbereich i bezieht. Als Summe einer Zeile ergibt sich die Verwendung der Güter eines Produktionsbereiches als Zwischenprodukt für alle Produktionsbereiche. Als Summe einer Spalte erhält man die in einem Produktionsbereich insgesamt als Vorleistungen bezogenen Güter. Die Summe der Vorleistungen aller Produktionsbereiche muss der Summe der intermediären Verwendung aller Güter entsprechen.

Im **II. Quadranten** wird die Endnachfrage nachgewiesen. In einer Zeile lässt sich für jeden Produktionsbereich ablesen, wie sich seine Lieferungen auf die verschiedenen Verwendungsbereiche verteilen (privater Konsum C^P, staatlicher Konsum C^{St}, Bruttoinvestitionen I^b, Exporte X). Spaltenweise erhält man die gesamte Endverwendung für jeden Verwendungsbereich. Die Addition der Endverwendung nach Verwendungsbereichen führt ebenso wie die Addition der Endverwendung der Lieferungen der einzelnen Produktionsbereiche zur gesamtwirtschaftlichen Endverwendung N. Schließlich erhält man aus der Addition von Zwischenverwendung und Endverwendung die gesamte Verwendung S, den **Bruttoproduktionswert**.

Der **III. Quadrant** unterhalb der Verflechtungsmatrix stellt die Verwendung der **Primärinputs** (Abschreibungen D, Gütersteuern abzüglich Gütersubventionen T, Arbeitnehmerentgelte L und Betriebsüberschuss G) in den einzelnen Produktionsbereichen dar. Durch spaltenweise Addition der Primärinputs (deren Summe jeweils die Bruttowertschöpfung des Produktionsbereiches darstellt) und der Vorleistungen x_j erhält man die Bruttoproduktionswerte P_j des Produktionsbereiches j; addiert man dazu noch die Importe, erhält man das gesamte Aufkommen je Produktionsbereich, das jeweils der gesamten Verwendung des Produktionsbereichs im II. Quadranten entsprechen muss.

Der Informationsgehalt einer Input-Output-Tabelle hängt wesentlich von der Anzahl der nachgewiesenen Produktionsbereiche ab. Das Statistische Bundesamt erstellt Input-Output-Tabellen in einer Gliederung nach 59 Produktionsbereichen sowie in einer erweiterten Gliederung nach 71 Produktionsbereichen. Input-Output-Tabellen stellen den Ausgangspunkt der Input-Output-Analyse dar, bei der die bestehenden Verflechtungen analytisch ausgewertet werden. Die methodische Grundlage dafür bildet die Berechnung von Input- und Outputkoeffizienten. Von wachsender Bedeutung ist die Nutzung von Input-Output-Daten im Rahmen so genannter Satellitensysteme der VGR, die der Analyse spezieller gesellschaftlicher Fragestellungen z. B. im Zusammenhang mit dem Umweltschutz oder dem Bildungswesen dienen. Zeitreihen von Input-Output-Tabellen werden darüber hinaus in ökonometrischen Prognosemodellen verwendet.

6.4 Die Zahlungsbilanz

Die Zahlungsbilanz (balance of payments) erfasst alle ökonomischen Transaktionen, die in einer bestimmten Periode zwischen Inländern (Wirtschaftssubjekten mit ständigem Wohnsitz im Inland) und Ausländern getätigt werden. Da die Zahlungsbilanz zeitraumbezogen ist, d. h. Stromgrößen erfasst, handelt es sich um keine Bilanz im eigentlichen Sinne (der Begriff „Bilanz" stellt normalerweise auf zeitpunktbezogene Größen, also auf Bestandsgrößen, ab). Die Zahlungsbilanz erfasst die Transaktionen wertmäßig und wird üblicherweise in heimischer Währung aufgestellt. Zahlungseingänge werden auf der Aktivseite, Zahlungsausgänge auf der Passivseite verbucht. Die

Erfassung erfolgt nach dem Prinzip der doppelten Buchführung, d. h. jeder Aktivbuchung steht eine gleichwertige Passivbuchung gegenüber und umgekehrt. Der Aufbau der deutschen Zahlungsbilanz ist in Abb. 6-7 dargestellt.

Abb. 6-7: Die Zahlungsbilanz Deutschlands 2001 (Mrd. €)

Aktiva		Passiva	
Leistungsbilanz			
Handelsbilanz			
Güterexporte	637	Güterimporte	537
Dienstleistungsbilanz			
Dienstleistungsexporte	98	Dienstleistungsimporte	156
Erwerbs- und Vermögenseinkommensbilanz			
Einnahmen aus Erwerbs- und Vermögenseinkommen	118	Zahlungen an Erwerbs- und Vermögenseinkommen	130
Übertragungsbilanz			
Empfangene laufende Übertragungen	17	Geleistete laufende Übertragungen	44
Vermögensübertragungsbilanz			
Empfangene Vermögensübertragungen	2	Geleistete Vermögensübertragungen	3
Kapitalverkehrsbilanz			
Kapitalimporte		Kapitalexporte	
- Direktinvestitionen	36	- Direktinvestitionen	48
- Wertpapieranlagen	130	- Wertpapieranlagen	122
- Kreditgewährung	70	- Kreditgewährung	93
- sonstige Kapitalanlagen	0	- sonstige Kapitalanlagen	1
Restposten der Zahlungsbilanz			
Saldo der statistisch nicht aufgliederbaren Transaktionen	22		
Devisenbilanz			
Abnahme der Währungsreserven der Bundesbank	6	Zunahme der Währungsreserven der Bundesbank	

Quelle: Deutsche Bundesbank, Zahlungsbilanzstatistik Juli 2002, Statistisches Beiheft zum Monatsbericht 3.

Die Zahlungsbilanz weist eine Untergliederung in vier Hauptgruppen auf: die Leistungsbilanz, die Vermögensübertragungsbilanz, die Kapitalverkehrsbilanz und die Devisenbilanz.

Die **Leistungsbilanz** setzt sich aus vier Einzelbilanzen zusammen.

Die **Handelsbilanz** erfasst den Handel mit materiellen Gütern (Warenhandel). Auf der Aktivseite werden die Warenexporte, auf der Passivseite die Warenimporte verbucht. Importe werden in der Regel mit ihren cif-Werten (cost, insurance, fright: Warenwert an der Zollgrenze des importierenden Landes einschließlich Fracht- und Versicherungskosten), Exporte mit ihren fob-Werten (free on board: Warenwert an der Zollgrenze des Ausfuhrlandes ohne Fracht- und Versicherungskosten) erfasst. Die deutsche Handelsbilanz weist regelmäßig z. T. erhebliche Überschüsse auf, die Ausdruck der internationalen Wettbewerbsfähigkeit der deutschen Wirtschaft sind.

Die **Dienstleistungsbilanz** erfasst den Handel mit Dienstleistungen. Dazu gehören Transportleistungen, Leistungen der Telekommunikation, der Handel mit Lizenzen und Software, aber auch der grenzüberschreitende Reiseverkehr. So werden Leistungen, die deutsche Urlauber im Ausland in Anspruch nehmen, als Dienstleistungsimporte, die Ausgaben ausländischer Urlauber in Deutschland als Dienstleistungsexporte verbucht. Die Reiseverkehrsausgaben sind der bedeutendste Passivposten der deutschen Dienstleistungsbilanz und erklären den größten Teil des Defizits, das die deutsche Dienstleistungsbilanz traditionell verzeichnet.

Die **Erwerbs- und Vermögenseinkommensbilanz** enthält auf der Aktivseite Faktoreinkommen, die Inländern aus dem Ausland zufließen, und auf der Passivseite Faktoreinkommen, die Ausländer aus dem Inland bezogen haben. So wird der Gewinntransfer der deutschen Tochter eines ausländischen Unternehmens an die Muttergesellschaft auf der Passivseite, das Einkommen, das ein Inländer aus einer Wertpapieranlage im Ausland bezieht, auf der Aktivseite verbucht.

Die **Bilanz der laufenden Übertragungen** erfasst alle grenzüberschreitenden Transaktionen, die ohne Gegenleistung erfolgen und keine Vermögensübertragungen darstellen. Empfangene Leistungen werden auf der Aktiv-, gegebene Leistungen auf der Passivseite verbucht. Die Übertragungsbilanz erfasst beispielsweise Zahlungen Deutschlands an Organisationen, wie die EU oder die UNO, und weist regelmäßig einen Negativsaldo auf.

Nach Abschluss der Periode wird für jede der Teilbilanzen ein Saldo gebildet. Bei einem positiven Saldo (der Wert der Aktivseite übersteigt den Wert der Passivseite) spricht man davon, dass die entsprechende Bilanz einen Überschuss aufweist, im entgegengesetzten Fall handelt es sich um ein Defizit. Ist der Saldo der Leistungsbilanz insgesamt positiv, spricht man von einer **positiven Leistungsbilanz**; ist der Saldo negativ von einer negativen Leistungsbilanz.

Die **Vermögensübertragungsbilanz** erfasst einmalige und damit vermögensverändernde Übertragungen, wie Schuldenerlasse, Erbschaften, Schenkungen oder bestimmte Leistungen der Entwicklungshilfe. Quantitativ ist sie von relativ geringer Bedeutung.

Die **Kapitalverkehrsbilanz** erfasst die Forderungen und Verbindlichkeiten des Inlandes gegenüber dem Ausland. Die Zunahme von Forderungen, der **Kapitalimport**, wird auf der Aktivseite, die Zunahme von Verbindlichkeiten, der **Kapitalexport**, auf der Passivseite verbucht. In der Kapitalverkehrsbilanz wird zwischen Direktinvestitionen, grenzüberschreitendem Wertpapierhandel, internationalem Kreditverkehr sowie einem Posten „sonstige Kapitalanlagen" unterschieden. Direktinvestitionen sind Betriebsstättengründungen von Inländern im Ausland bzw. Ausländern im Inland, aber auch der grenzüberschreitende Erwerb von Kapitalbeteiligungen, wenn diese der Kontrolle unternehmerischer Tätigkeit dienen (andernfalls handelt es sich um Wertpapieranlagen oder Kreditgewährung).

In der **Devisenbilanz** werden Transaktionen verbucht, an denen die inländische Zentralbank beteiligt ist. Eine Abnahme der Währungsreserven wird auf der Aktiv-, eine Zunahme auf der Passivseite verbucht.

Der **Saldo der statistisch nichtaufgliederbaren Transaktionen** wird als statistische Restgröße zum rechnerischen Ausgleich der Gesamtbilanz eingefügt. Würden alle Transaktionen vollständig und fehlerfrei erfasst, müssten sich – dem Prinzip der doppelten Buchführung entsprechend – die Salden der Leistungs-, der Kapital- und der Vermögensübertragungsbilanz einerseits und der Saldo der Devisenbilanz andererseits genau entsprechen. Da dies für die Gesamtbilanz nie erreicht wird, verbucht man den Fehlbetrag als Saldo der statistisch nicht aufgliederbaren Transaktionen und bringt so die Bilanz zum Ausgleich.

7. Gegenstand der makroökonomischen Theorie

Seit Jahren sind die zentralen gesamtwirtschaftlichen (makroökonomischen) Probleme, die nicht nur die Wissenschaftler, sondern auch die Politik und die breite Öffentlichkeit interessieren, die langanhaltende **Arbeitslosigkeit,** das **niedrige Wirtschaftswachstum,** die zunehmende **Staatsverschuldung** und die Engpässe bei der **Finanzierung der Sozialsicherungssysteme.** Darüber hinaus sind aus makroökonomischer Sicht auch die Fragen nach den Ursachen von hohen oder niedrigen **Zinssätzen** sowie steigenden oder fallenden **Preisen** von Interesse.

Bisher gibt es in der Theorie **keine allgemein akzeptierte Konzeption** zur Beseitigung von Arbeitslosigkeit. Manche Theoretiker empfehlen primär einen Abbau der Staatsschuld, Senkung der Löhne und Abbau von sozialen Ausgaben, andere fordern erhöhte staatliche Aktivitäten etwa in Form von Entfaltung zusätzlicher staatlicher Nachfrage (Ausgabenprogramme).

Im achten und neunten Kapitel werden die beschäftigungstheoretischen Positionen der klassischen (liberalen) und der keynesianischen Theorie sowie die daraus abgeleiteten wirtschaftspolitischen Empfehlungen dargestellt. Mit Hilfe dieser Ansätze versucht man, vor allem folgende **Fragen** zu beantworten:

- Ist im Rahmen eines marktwirtschaftlichen Systems eine automatische, marktbedingte, dauerhafte Vollbeschäftigung aller Produktionsfaktoren möglich?
- Sind staatliche Aktivitäten in Form von geeigneten wirtschaftspolitischen Maßnahmen für die Erreichung dieses Zieles erforderlich?

7.1 Das Vollbeschäftigungsziel aus wissenschaftlicher Sicht

Vollbeschäftigung herrscht in einer Volkswirtschaft, wenn sämtliche Produktionsfaktoren, wie Geld- und Sachkapital, natürliche Ressourcen, technologisches Wissen sowie alle arbeitswilligen und arbeitsfähigen Personen, die zu einer bestimmten Zeit zur Verfügung stehen, produktiv eingesetzt sind. Trifft dies nicht zu, dann spricht man bei den sachlichen Produktionsmitteln von **Unterauslastung der Produktionskapazitäten** und im Zusammenhang mit den Arbeitskräften **von Unterbeschäftigung oder Arbeitslosigkeit.**

Unter Arbeit versteht man ökonomisch diejenigen Tätigkeiten der Menschen, die auf reale Einkommenserzielung gerichtet sind. Reale Einkommenserzielung liegt dann vor, wenn die arbeitenden Menschen in der Lage sind, den erhaltenen Geldlohn zu jeder Zeit in Güter ihrer Wünsche umzusetzen.

Der Produktionsfaktor Arbeit, insbesondere in der Ausprägung als **Human-kapital**, ist ein in der Regel knapper Produktionsfaktor. Er wird in Kombination mit den sachlichen Produktionsfaktoren eingesetzt. Bei diesem Einsatz ergibt sich unter anderem auch die Frage nach der Optimalität des Einsatzes dieses Produktionsfaktors. Insofern schließt volkswirtschaftlich der Begriff „Arbeit" nicht nur die auf reale Einkommenserzielung gerichtete **Tätigkeit**, sondern auch ihren **optimalen** Einsatz ein.

Der optimale Einsatz verlangt, dass die Arbeit sowohl quantitativ als auch qualitativ die bestmögliche Verwendung im volkswirtschaftlichen Prozess findet. Jede negative Abweichung von diesem Zustand stellt ökonomisch eine Art Unterbeschäftigung (Arbeitslosigkeit) des Faktors Arbeit dar.

7.2 Erscheinungsformen der Arbeitslosigkeit

Unter Arbeitslosigkeit versteht man jene Situation in einer Volkswirtschaft, bei der ein Teil der vorhandenen Arbeitskräfte überhaupt nicht (**offene Arbeitslosigkeit**), intensitätsmäßig oder zeitlich nur teilweise (**quantitativ versteckte Arbeitslosigkeit**) und/oder nicht entsprechend ihrer Qualifikation (**qualitativ versteckte Arbeitslosigkeit**) eingesetzt wird.

Der Produktionsfaktor Arbeit ist aber nicht etwas Abstraktes, sondern es werden darunter menschliche Leistungen verstanden, die von Personen (Individuen) erbracht werden. Deshalb ist es für eine Volkswirtschaft notwendig, dass der Personenkreis, der für Arbeitsleistungen infrage kommt, eindeutig gegenüber denjenigen Personen, die aus unterschiedlichen Gründen (Kinder, Alte, Kranke) nicht am Arbeitsprozess teilnehmen dürfen oder können, abgegrenzt wird.

Als **Personen im erwerbsfähigen Alter** gelten heute diejenigen, die älter als 15 und jünger als 65 Jahre sind. Allerdings zählen statistisch nicht alle Personen dieser Altersgruppe zu den **Erwerbspersonen**. Diejenigen, die sich in der Ausbildung befinden, Militärdienst leisten, dauerhaft krank sind sowie alle Personen dieses Alters, die, aus welchen Gründen auch immer, arbeitsunwillig sind, zählen nicht dazu.

Die bisherigen Ausführungen resümierend lässt sich der Zustand der **offenen** Arbeitslosigkeit wie folgt beschreiben:

Als **offen arbeitslos** gelten alle diejenigen Personen, die **arbeitsfähig** (also nicht dauerhaft krank sind und die Altersvoraussetzungen erfüllen) **und arbeitswillig** (also als arbeitslos registriert) sind **und** das allgemein herrschende Lohnniveau akzeptieren, aber keine Arbeitsstelle finden.

Diese Definition zeigt, dass es in der Volkswirtschaft auch eine hohe Anzahl von Personen geben kann, die arbeitsfähig und eventuell auch arbeitswillig sind, die jedoch statistisch nicht als arbeitslos gelten, weil sie nicht registriert sind. Sie melden sich in der Regel nicht als Arbeitssuchende, weil sie die Erfolgsaussichten auf dem Arbeitsmarkt entweder sehr pessimistisch einschätzen oder weil sie zu den herrschenden Lohnsätzen nicht bereit sind, eine Arbeit anzunehmen (**freiwillige Arbeitslosigkeit**). Diese Arbeitskräfte werden als **stille Reserven** der Volkswirtschaft angesehen und stellen - zumindest die erstgenannte Gruppe - eine Art **quantitativ versteckter Arbeitslosigkeit** dar.

In der Literatur werden hauptsächlich folgende vier Arten von Arbeitslosigkeit unterschieden:

- saisonale Arbeitslosigkeit,

- friktionelle, fluktuationsbedingte oder Sucharbeitslosigkeit,

- strukturelle Arbeitslosigkeit und

- konjunkturelle (nachfragebedingte) Arbeitslosigkeit.

Wie der Begriff „Saison" vermuten lässt, ist die **saisonale Arbeitslosigkeit** jahreszeitlich bedingt und trifft in der Regel die Wirtschaftszweige Bau, Landwirtschaft und Tourismus.

Friktionelle und fluktuationsbedingte Arbeitslosigkeit sind Phänomene, die hauptsächlich in den entwickelten Volkswirtschaften vorkommen. Arbeitskräfte, die z. B. ihre Berufsausbildung abgeschlossen haben oder solche die gekündigt wurden bzw. gekündigt haben, benötigen eine gewisse Zeit, um eine ihrer Ausbildung und/oder Erfahrung entsprechende Tätigkeit zu finden.

Friktionell arbeitslos sind diejenigen Personen, die ihren Arbeitsplatz aufgrund von partiellen (regionalen und/oder branchenmäßigen) Strukturveränderungen (Friktionen) verloren haben und maximal zwei Monate arbeitslos bleiben.

Fluktuationsbedingte Arbeitslosigkeit entsteht in der Regel in der Zeit der **Hochkonjunktur,** wenn Vollbeschäftigung herrscht. Eine solche Situation ermöglicht dem einzelnen Beschäftigten einen Arbeitsplatzwechsel, der eine Verbesserung seiner materiellen Lage darstellt, vorzunehmen. Die Zeit des Suchens nach einer neuen Stelle nehmen die Arbeitslosen dabei in Kauf, weil sie in der Regel nur kurzfristig ist.

Diese Art der Arbeitslosigkeit ist sowohl für die betroffenen Personen als auch für die Volkswirtschaft unproblematisch, sie wird von vielen Nationalökonomen sogar als erwünscht angesehen, weil sie die Flexibilität und damit die Anpassungsfähigkeit der Volkswirtschaft erhöht. Die primäre Ursache für die **Sucharbeitslosigkeit** liegt in der unvollkommenen Information von Arbeitsanbietern (Unternehmen) und Arbeitsnachfragern (Haushalte) bzw. in den Kosten, die mit der Beschaffung relevanter Informationen verbunden sind (Zeit- und Informationsgewinnungskosten auch **Transaktionskosten**).

Bei **struktureller Arbeitslosigkeit** handelt es sich - wie das Wort „strukturell" andeutet - um Arbeitslosigkeit, die aufgrund struktureller Veränderungen, wie Umschichtungen und Veränderungen in der Wirtschaftsordnung, im Aufbau und in der Qualität der verwendeten Produktionsfaktoren (Inputfaktoren) und/oder in der Zusammensetzung der hergestellten Produkte (des **Outputs**) einer Volkswirtschaft, entstehen. Solche Veränderungen können einzelne Sektoren betreffen oder sich auf die gesamte Volkswirtschaft erstrecken.

Grundsätzlich ist strukturelle Arbeitslosigkeit ein Phänomen, dessen Hauptursachen in den langfristigen Prozessen der wirtschaftlichen Entwicklung liegen. Diese Prozesse können das Ergebnis institutioneller und/oder technologischer Veränderungen sein, die die bisherigen Wirtschaftsstrukturen grundlegend umformen und zu neuen Produktionsmethoden, neuen Gütern, neuen Organisationsformen und neuen Versorgungsquellen führen. Das Problem ist, dass während der Entstehung der neuen Strukturen gleichzeitig die Ablösung der alten, mit der fast unvermeidlichen Folge der Arbeitslosigkeit, erfolgt. Strukturelle Veränderungen sind demnach nichts anderes als ein langfristiger Erneuerungsprozess der institutionellen Bedingungen und der Produktionsbedingungen einer Volkswirtschaft. Dieser Prozess kann durch kurzfristig wirkende wirtschaftspolitische Maßnahmen, positiv aber auch negativ beeinflusst werden kann. Für die aktuelle Wirtschaftspolitik ist es deshalb sehr wichtig, nicht nur die langfristige Trendentwicklung, sondern auch und insbesondere die Ursachen von Wirkungsverzögerungen (lags) zu erkennen, um geeignete wirtschaftspolitische Maßnahmen zu ihrer Beseitigung treffen zu können.

Unter **konjunktureller Arbeitslosigkeit** versteht man die periodische Nichtbeanspruchung von vorhandenen Produktionsfaktoren in einer Volkswirtschaft. Dies bedeutet, dass ein Teil der Produktionsfaktoren, die einer Volkswirtschaft zur Verfügung stehen, nicht produktiv genutzt werden kann. Es stehen z. B. Arbeitsplätze zur Verfügung, die aufgrund der fehlenden Nachfrage nicht besetzt werden können.

In der Realität ist es allerdings nicht einfach, zwischen struktureller und konjunktureller Arbeitslosigkeit zu unterscheiden. Es ist beispielsweise möglich, dass Strukturveränderungen relativ viele Wirtschaftsbereiche treffen. Dies verursacht wiederum allgemeine konjunkturelle Störungen, die zu konjunktureller Arbeitslosigkeit führen. Möglich ist auch, dass sich nach einer lang anhaltenden Depression (Konjunkturtief) auch in der folgenden Hochkonjunktur einige Wirtschaftsbranchen nicht erholen, so dass eine strukturelle Störung weiter bestehen bleibt.

Diese Abgrenzungsschwierigkeiten sind auch der Grund dafür, dass in der Bundesrepublik Deutschland bei Theoretikern wie Praktikern der Wirtschaftspolitik Meinungsverschiedenheiten darüber bestehen, ob die gegenwärtige hohe Arbeitslosigkeit vorwiegend strukturell oder vorwiegend konjunkturell bedingt ist.

Heute werden die Konjunkturbewegungen als wirtschaftliche Aktivitätsschwankungen kaum infrage gestellt. Kontrovers werden allerdings die Fragen nach der strengen Periodizität und nach den Verursachungsfaktoren diskutiert (vgl. Kapitel Konjunkturtheorie). Als ein wesentlicher Verursachungsfaktor gilt der Mangel an gesamtwirtschaftlicher Nachfrage. Da sich diese aus Konsum-, Investitions-, Staats- und Auslandsnachfrage zusammensetzt, wäre es für die Wirtschaftspolitik von großer Bedeutung, wenn man möglichst genau den Teil der Nachfrage ermitteln könnte, der die Konjunkturkrise hauptsächlich verursacht. Die richtige wirtschaftspolitische Diagnose ist notwendig, da je nach Verursachungsfaktor unterschiedliche wirtschaftspolitische Instrumente eingesetzt werden müssen.

In der theoretischen Diskussion über die Ursachen, die für das Zurückbleiben der Nachfrage verantwortlich sind, konnte allerdings bislang kaum Übereinstimmung erzielt werden. Liberale Ökonomen sind der Auffassung, dass eine Marktwirtschaft grundsätzlich systemimmanente Kräfte besitzt, die in der Lage sind, ohne den Einsatz von wirtschaftspolitischen Eingriffen, die Entstehung konjunkturbedingter Arbeitslosigkeit zu verhindern oder - sollte sie **vorübergehend** auftreten - zu beseitigen.

Diese Theoretiker sind der Auffassung, dass Arbeitslosigkeit auftreten kann, wenn die Marktmechanismen, insbesondere der Lohnmechanismus - durch private (gewerkschaftliche) oder staatliche Eingriffe, beeinträchtigt sind. Daraus folgt, dass die Wahrscheinlichkeit, dass Arbeitslosigkeit entsteht um so geringer wird, desto geringer der staatliche und gewerkschaftliche Einfluss auf den Arbeitsmarkt ist.

Die Weltwirtschaftskrise (1929 - 1933), die über 6 Millionen Arbeitslose in Deutschland verursachte, und die gegenwärtige Massenarbeitslosigkeit, die über 4,5 Millionen in Deutschland sowie über 25 Millionen Menschen in den OECD-Ländern trifft, sind ein berechtigter Grund, an der Gültigkeit dieser Auffassung der liberalen Ökonomen zu zweifeln.

Bereits 1936 hat der britische Nationalökonom J. M. Keynes (1883 - 1946) in seinem Buch „Allgemeine Theorie der Beschäftigung, des Zinses und des Geldes" („General Theory of Employment, Interest and Money") versucht, den theoretischen Nachweis dafür zu erbringen, dass es selbst bei **einer perfekt funktionierenden Marktwirtschaft** möglich ist, dass nicht alle Arbeitswilligen eine Beschäftigung finden. Die **keynesianische Position** lässt sich kurz in drei Punkten zusammenfassen.

Erstens sichert ein marktwirtschaftlich organisiertes Wirtschaftssystem nicht immer automatisch Vollbeschäftigung der Produktionsfaktoren Arbeit und Kapital.

Zweitens kann ein gesamtwirtschaftlicher **Nachfragemangel,** der oft durch die Marktkräfte nicht beseitigt wird, zu anhaltender unfreiwilliger Arbeitslosigkeit führen.

Drittens kann und sollte der Staat durch entsprechende Veränderungen seiner Ausgaben und Einnahmen und die Zentralbank durch Veränderungen des Geldangebots im Zeitablauf die gesamtwirtschaftliche Nachfrage lenken, um in Krisenzeiten Vollbeschäftigung zu sichern. Die Schlussfolgerung aus dieser Position lautet, dass der Staat auf eine stabilitätsgerechte Wirtschaftspolitik zur Erhaltung der Vollbeschäftigung zu verpflichten ist.

Die Vorstellungen Keynes hatten in der Zeit nach dem Zweiten Weltkrieg breiten Einfluss in der Wirtschaftspolitik gewonnen. So wurde z. B. in der Bundesrepublik Deutschland das Ziel eines „hohen Beschäftigungsstandes" explizit in das „Gesetz zur Förderung der Stabilität und des Wachstums der Wirtschaft" vom 8. 6. 1967 aufgenommen.

Die Erfahrungen mit der keynesianischen Wirtschaftspolitik im Laufe der siebziger Jahre haben wiederum Zweifel an der Gültigkeit dieses theoretischen Ansatzes aufkommen lassen. Dies gilt insbesondere im Hinblick auf die Frage, ob die Arbeitslosigkeit im konjunkturellen Verlauf tatsächlich eine solche „keynesianische Arbeitslosigkeit" ist oder inwieweit nicht auch andere Faktoren für die zu beobachtende Arbeitslosigkeit verantwortlich sind. Deshalb hat man Ende der siebziger Jahre weltweit damit begonnen, sich theoretisch und wirtschaftspolitisch wieder verstärkt mit dem Gedankengut der liberalen Theorie zu beschäftigen. Damit erfuhr in den achtziger Jahren die liberale Konzeption ihre Wiedergeburt.

Allerdings fand man für das Problem der Arbeitslosigkeit keine befriedigende Lösung. Im Gegenteil, das Beschäftigungsproblem verschärfte sich in den neunziger Jahren des letzten Jahrhunderts, so dass wieder sehr eifrig - nicht nur in der Theorie, sondern auch und vor allem in der Politik - nach wirtschaftspolitischen Rezepten, welcher theoretischen Prägung auch immer, gesucht wurde. Die keynesianischen Vorstellungen könnten also wieder aktuell werden.

Die nächsten zwei Kapitel werden sich auf die Frage konzentrieren, welche theoretischen Vorstellungen über die Funktionsweise des marktwirtschaftlichen Systems den beiden genannten Positionen der liberalen und der keynesianischen zugrunde liegen. Dabei werden die wesentlichen Unterschiede und Gemeinsamkeiten der beiden Positionen kurz dargestellt.

8. Die makroökonomische Lehre der liberalen Theorie

8.1 Das Erklärungsziel der liberalen ökonomischen Theorie

In allen liberalen theoretischen Ansätzen trifft man die Grundüberzeugung, dass das marktwirtschaftliche System, unter Gültigkeit bestimmter Grundbedingungen, durch die Wirkung des Markt-Preis-Mechanismus zum gesamtwirtschaftlichen Gleichgewicht bei Vollbeschäftigung aller Produktionsfaktoren in einer Volkswirtschaft führt.

In der in diesem Kapitel behandelten Theorie werden nicht alle Fragen der modernen Makroökonomik behandelt. Es sind aber theoretische Ansätze über Abhängigkeiten zwischen den verschiedenen gesamtwirtschaftlichen Größen einer Volkswirtschaft enthalten, die heute den Schwerpunkt der Makroökonomik bilden. Obwohl die liberalen Nationalökonomen stärker mikroökonomisch als makroökonomisch orientiert waren und sind, was in der vornehmlichen Analyse der Wirtschaft als Zusammenwirken einzelner und isoliert handelnder Wirtschaftssubjekte zum Ausdruck kommt, beantworten sie dennoch mit ihren Ergebnissen auch makroökonomische Fragen.

So werden beispielsweise bei den mikroökonomischen produktions- und preistheoretischen Ansätzen eindeutig auch die makroökonomischen Fragen hinsichtlich der Höhe des Volkseinkommens, der Beschäftigung und der Güterstruktur (Konsum-, Investitionsgüter) der Volkswirtschaft beantwortet. Im Folgenden werden der Aufbau und die Ergebnisse der liberalen Theorie modelltheoretisch abgeleitet und dargestellt.

8.2 Die Prämissen des liberalen Marktmodells

Das zentrale Anliegen der liberalen Markttheorie ist es, die Wohlfahrtsvorteile des Lenkungs- bzw. Allokationsmechanismus des Marktes aufzuzeigen. Dabei geht man vereinfachend von folgenden Prämissen aus:

Erstens: Die Wirtschaftssubjekte arbeiten unter marktwirtschaftlichen Bedingungen und sind vorwiegend **Privateigentümer** der Produktionsmittel.

Zweitens: In der Volkswirtschaft handeln zwei Arten von Wirtschaftssubjekten. Die einen sind die **privaten Haushalte**, die Arbeitskräfte und Kapitalmittel in Form von Ersparnissen anbieten und Konsumgüter nachfragen. Die anderen sind die **Unternehmen**, die Arbeitskräfte und Geldkapital für Investitionszwecke nachfragen und Konsum- und Investitionsgüter produzieren und anbieten. Beide handeln rational, d. h. die privaten Haushalte streben nach Nutzen- und die Unternehmen nach Gewinnmaximierung.

Drittens: Die gesamte Produktion (Y_r) der Volkswirtschaft wird als ein **homogenes Gut** aufgefasst, das sowohl für Konsum- als auch für Investitionszwecke genutzt werden kann.

Viertens: Es herrscht **vollkommener Wettbewerb** auf allen Märkten der Volkswirtschaft. Das heißt, dass sowohl die Produktionsfaktoren als auch die produzierten Güter unter wettbewerblichen Bedingungen angeboten und nachgefragt werden. (Siehe dazu auch Marktform des Polypols im mikroökonomischen Teil.)

Fünftens: Die volkswirtschaftlichen Produktionsfaktoren Arbeit, Boden und Kapital werden in einer bestimmten produktionstechnischen Beziehung eingesetzt. Die **Produktionsfunktion** ist **linear-homogen.** Unter einer Produktionsfunktion versteht man den produktionstechnischen Zusammenhang zwischen Faktoreinsatz und möglichem Faktorertrag. Man nennt diesen Zusammenhang auch Input-Output-Beziehung (zu Produktionsfunktionen siehe die detaillierten Erläuterungen im mikroökonomischen Teil).

In der Makroökonomik wird das reale Volkseinkommen (Output) Y_r der Volkswirtschaft als eine Funktion des Einsatzes (Input) der Produktionsfaktoren Arbeit A, Boden B und Kapital K dargestellt.

(8.1) $Y_r = F(A, B, K)$

Sechstens: Es gelten die Aussagen der **Quantitätstheorie** des Geldes. Hier werden bestimmte Verhaltensweisen der Wirtschaftssubjekte im Umgang mit Geld unterstellt. In dieser Theorie wird dem Geld keine eigenständige wirtschaftliche Bedeutung beigemessen. Geld wird ausschließlich als Instrument zur Erleichterung des Gütertausches betrachtet. Somit wirkt das Geld wie ein Schleier, der die realen Gütertauschvorgänge umhüllt, ohne sie dabei realwirtschaftlich zu beeinflussen.

Geld ist deshalb ein Medium des **Tausches**, weil jedes Wirtschaftssubjekt von seinen Geldeinnahmen nur so viel Geld in der Kasse halten bzw. nachfragen wird, wie zum Kauf von Gütern notwendig ist. Es gilt in diesem theoretischen Ansatz nur das Transaktionsmotiv der Kassenhaltung bzw. der Geldnachfrage. (Eine ausführliche Darstellung der Quantitätstheorie des Geldes wird im Zusammenhang mit der Behandlung des klassischen Geldmarktes vorgenommen.)

Siebentens: Es gilt die Vorstellung, dass in einer marktwirtschaftlich organisierten Volkswirtschaft jedes Faktor- bzw. Güterangebot automatisch seine Nachfrage schafft. Diese Aussage ist in der Literatur als das **Saysche Theorem** bekannt.

In einer kurzen Fassung besagt das Saysche Theorem, dass es in einer Marktwirtschaft keine allgemeine Überproduktion von wirtschaftlichen Gütern geben kann, weil **jedes Angebot** von Gütern seine **eigene Nachfrage** schafft. Diese Vorstellung wurde vom französischen Nationalökonomen J. B. Say (1767 - 1832) im Zusammenhang mit der Erklärung der Ursachen von Wirtschaftskrisen formuliert. Say hat sich gegen die damalige These gewandt, dass die Wirtschaftskrisen ihre Ursache in einer allgemeinen Überproduktion oder Übersättigung haben. Nach Say kann es deshalb keine Überproduktion geben, weil diejenigen, die etwas produzieren dies mit der Absicht tun, die Güter entweder selbst zu gebrauchen oder damit im Austausch fremde Produkte nachzufragen. Somit erzeuge jedes Angebot gleichsam seine eigene Nachfrage.

Der geschilderte Sachverhalt gilt nach Say nicht nur für eine **Naturaltauschwirtschaft,** sondern auch für eine **Geldwirtschaft**, bei welcher das Geld allein als Tauschmittel fungiert. Das Erscheinen von Absatzkrisen, die auch von Say nicht geleugnet werden, sind dann nur Folge partieller Störungen. Sie werden aber rasch überwunden, da der Marktmechanismus dafür sorge, dass das gesamtwirtschaftliche Angebot der gesamtwirtschaftlichen Nachfrage angepasst wird. Alle liberalen Nationalökonomen setzen in ihrer theoretischen Argumentation explizit oder implizit die Gültigkeit des Sayschen Theorems voraus.

Achtens: Staatliche und außenwirtschaftliche Aktivitäten und ihre volkswirtschaftlichen Wirkungen werden im dargestellten Modell zunächst nicht berücksichtigt.

8.3 Die Funktionsweise des Arbeitsmarktes

Nach der liberalen ökonomischen Theorie gibt es in marktwirtschaftlich organisierten Wirtschaftssystemen grundsätzlich keine langanhaltende **unfreiwillige** Arbeitslosigkeit. Dies ist nur bei marktfremden (exogenen) Einwirkungen möglich, d. h. wenn der Staat und/oder Gewerkschaften durch Eingriffe den marktwirtschaftlichen Prozess stören sowie Naturkatastrophen oder Kriege das wirtschaftliche Geschehen beeinträchtigen.

In diesem theoretischen Ansatz ist eine Volkswirtschaft vollbeschäftigt, wenn zu den Marktlohnsätzen, die sich frei durch den Arbeitsmarktmechanismus gebildet haben, alle arbeiten können, die bei diesen Löhnen arbeiten wollen. Diejenigen, die nur bei einem höheren Lohnsatz arbeiten wollen, verzichten freiwillig auf Arbeit und sind nach dieser Auffassung nicht arbeitslos.

Diese These wird mit der Funktionsweise des Marktpreismechanismus begründet, der die Übereinstimmung der Wirtschaftspläne von Anbietern und Nachfragern auf allen Märkten einer Volkswirtschaft sichert. Unfreiwillige Arbeitslosigkeit kann vorübergehend und nur partiell im Verlauf von Anpassungsprozessen auftreten. Die im Gleichgewicht verbleibende Arbeitslosigkeit ist dann ausschließlich **freiwilliger Art**.

8.3.1 Die Arbeitsnachfrage

In diesem Modell ist der Arbeitsmarkt der dominierende (strategische) Markt, der bei gegebenen technischen Bedingungen alle wirtschaftlichen Aktivitäten maßgebend bestimmt. Dies bedeutet, dass der Arbeitsmarkt den Reallohn, die Höhe der Beschäftigung und damit bei gegebenen Stand der Technik die gesamte Produktion in einer Volkswirtschaft determiniert.

Wie viel Arbeit von den Unternehmen tatsächlich nachgefragt wird, hängt zunächst von der Qualität und Quantität der produktionstechnischen Bedingungen der Volkswirtschaft ab. Mit anderen Worten wird die Menge der Beschäftigung, die die Unternehmer nachfragen, in erster Linie von der gesamtwirtschaftlichen Produktionsfunktion (Y_r=F(A)) bestimmt.

Im Modell wird eine linear-homogene Produktionsfunktion unterstellt. Daraus wird die Arbeitsnachfragefunktion mikroökonomisch abgeleitet. Den Ausgangspunkt bildet die Produktionsfunktion eines Betriebes in kurzfristiger Sicht. Kurzfristig bedeutet, dass die sachlichen Produktionsfaktoren Kapital und Boden für eine bestimmte Zeit als gegeben betrachtet werden, d. h. ihre Quantität und Qualität bleibt in dieser Zeit unverändert. Das variable Element ist der Produktionsfaktor Arbeit.

Nach der Gewinnmaximierungsbedingung (Inputregel) wird ein Unternehmer, der kurzfristig nach maximalem Gewinn trachtet, so lange zusätzliche Arbeitskräfte nachfragen, bis der zusätzliche Erlös (**Grenzerlös E'**), der aufgrund des Einsatzes der zuletzt eingesetzten Arbeitseinheit erzielt wird, gleich den zusätzlichen Kosten (**Grenzkosten K'**) ist, die der Einsatz der letzten Arbeitseinheit verursacht hat (siehe mikroökonomischer Teil). Diese zusätzlichen Kosten sind der **Geldlohnsatz** w, den der Unternehmer für die zusätzliche Arbeitseinheit zahlen muss. Ist y_r' der physische Grenzertrag und p der Marktpreis, dann lautet die Verhaltensgleichung, die die gewinn- und die beschäftigungsmaximale Situation anzeigt:

(8.2) $E' = y_r' \cdot p = K' = w$

Makroökonomisch folgt daraus, dass die gesamtwirtschaftliche Arbeitsnachfrage (die Arbeitsnachfrage aller Unternehmen) so lange zunimmt, bis der durchschnittliche **Lohnsatz** w gleich dem Produkt aus **Preisniveau P** und dem **Zuwachs an realem Volkseinkommen** Y_r' ist, den die zuletzt eingesetzte Arbeitseinheit bei gegebenem gesamtwirtschaftlichen Kapitalstock und gegebener Produktionsfunktion hervorgebracht hat.

(8.3) $w = P \cdot Y_r'$

Wird die Gleichung (8.3) nach dem **physischen Grenzprodukt der Arbeit** Y_r' aufgelöst, dann zeigt sie, dass die optimale (gewinnmaximale) Situation in einer Volkswirtschaft erreicht wird, wenn so lange Arbeitskräfte eingesetzt werden, bis das **physische Grenzprodukt der Arbeit** Y_r' gleich dem **Reallohn** w/P ist.

(8.4) $Y_r' = \dfrac{w}{P}$

Abb. 8-1: die Herleitung der Arbeitsnachfrage

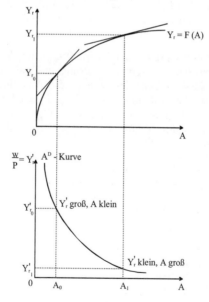

Da das Grenzprodukt der Arbeit die erste Ableitung der Produktionsfunktion nach dem Faktor Arbeit ist, wird dieses Grenzprodukt steigen, wenn der Arbeitseinsatz sinkt und umgekehrt. Dieser Sachverhalt gilt bei der Cobb-Douglas Produktionsfunktion vom Beginn an (s. Abb. 8-1) und

bei der Sato-Produktionsfunktion ab dem Wendepunkt der Produktionsfunktion (vgl. mikroökonomischer Teil).

Gemäß Gleichung (8.4) muss für die Erhaltung einer volkswirtschaftlich
gewinn- und beschäftigungsmaximalen Situation gelten, dass die gesamtwirtschaftliche Arbeitsnachfrage A^D bei fallendem Reallohn zu und bei
steigendem abnimmt (Abb. 8-1). Die Arbeitsnachfrage ist demnach eine
Funktion des Reallohnes.

$$(8.5) \qquad A^D = F\left(\frac{w}{P}\right)$$

8.3.2 Das Arbeitsangebot

Auch das Arbeitsangebot reagiert nach der liberalen Markttheorie auf Veränderungen des Reallohns. Die These lautet hier, dass je höher der Reallohn
ist, desto größer ist das Angebot der privaten Haushalte an Arbeit und umgekehrt. Die Begründung wird ebenfalls mikroökonomisch vorgenommen.
Demnach bietet ein Haushalt so lange Arbeitskraft an, bis der Nutzen aus
dem erhaltenen Lohn gleich dem Nachteil (Arbeitsleid, Freizeitverzicht)
entspricht, der dem Haushalt durch den Arbeitseinsatz entstanden ist.

Diese Schlussfolgerung wird aus der **Grenznutzentheorie** abgeleitet. Hiernach strebt der Haushalt Nutzenmaximierung an und verhält sich dabei
entsprechend den **Gossenschen Gesetzen** (s. die Ausführungen im mikroökonomischen Teil). Das bedeutet, dass bei zunehmendem Arbeitsangebot
der Grenznutzen der Arbeit, d. h. der Nutzen der Güter, die der Haushalt aus
dem erhaltenen Lohn kauft, abnimmt und das Grenzleid der Arbeit (Freizeitverzicht) zunimmt.

Der Haushalt wird sein Nutzenmaximum dann erreichen, wenn er das Arbeitsangebot so lange ausdehnt, bis der **Grenznutzen** der Arbeit gleich dem
Grenzleid der Arbeit ist. Dies ist erreicht, wenn das Verhältnis der Grenznutzen der Güter gleich dem Preisverhältnis dieser Güter ist.

Überträgt man diesen mikroökonomisch abgeleiteten Sachverhalt auf die
Ebene der Makroökonomik, dann ist die gesamtwirtschaftliche **Arbeitsangebotsfunktion** A^S eine Funktion des **durchschnittlichen Reallohnes** w/P,
wobei w der **durchschnittliche Nominallohn** und P das **Preisniveau** ist.
Das Arbeitsangebot nimmt mit steigendem Reallohn zu und umgekehrt
(s. Abb. 8-2).

$$(8.6) \qquad A^S = F\left(\frac{w}{P}\right)$$

Abb. 8-2: Arbeitsangebot

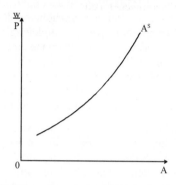

8.3.3 Das Gleichgewicht auf dem Arbeitsmarkt

Auf dem Arbeitsmarkt herrscht **Gleichgewicht**, wenn die Arbeitsnachfrage und das Arbeitsangebot bei einer bestimmten Höhe des Reallohnes übereinstimmen. In diesem Punkt herrscht somit Vollbeschäftigung, d. h. alle, die zu diesem Reallohn arbeiten wollen, können auch arbeiten. Der Arbeitsmarkt determiniert damit bei einem gegebenen Preisniveau die Höhe des **gleichgewichtigen Reallohnes** und das **gleichgewichtige Beschäftigungsniveau** (s. Abb. 8-3). Die Gleichgewichtsbedingung auf dem Arbeitsmarkt lautet dann :

(8.7) $A^D = A^S$

Abb. 8-3: Gleichgewicht auf dem Arbeitsmarkt

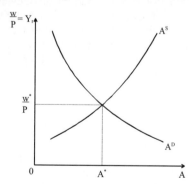

Die Gleichgewichtssituation am Arbeitsmarkt ist nach der Theorie stabil. Das heißt Änderungen, z. B. des Preisniveaus, haben keinen Einfluss auf die

Höhe des Reallohnes und der Beschäftigung. Fällt - ausgehend von einer Gleichgewichtssituation - z. B. das Preisniveau, dann steigt - bei gegebenem Nominallohn - der Reallohn. Bei diesem höheren Reallohn herrscht zunächst ein **Arbeitsüberangebot**. Dieses Ungleichgewicht veranlasst die Marktteilnehmer ihre bisherigen Wirtschaftspläne zu ändern. Da die Arbeitnehmer, bei dem höheren Reallohn mehr Arbeit anbieten als von den Unternehmern nachgefragt wird, werden sie bereit sein, einen niedrigeren Reallohn zu akzeptieren, um ihre Arbeitsplätze zu sichern. Die Anpassung an die gleichgewichtige Situation erfolgt durch die Senkung des Nominallohns.

Das neue Gleichgewicht am Arbeitsmarkt stellt sich schließlich bei einem niedrigeren Nominallohn ein. Das ursprüngliche Reallohnniveau und die ursprüngliche gleichgewichtige Beschäftigung sind wieder hergestellt. Im Vergleich zur Ausgangssituation sind der Nominallohn und das Preisniveau im neuen Gleichgewicht um den gleichen Prozentsatz gesunken.

8.4 Die Funktionsweise des Geldmarktes

Geld ist nach der liberalen (klassischen) Theorie nur ein Mittel (Medium) des Tausches. Jedes Wirtschaftssubjekt, d. h. die privaten Haushalte und die privaten Unternehmen, werden nur so viel Geld in der eigenen Kasse halten, also so viel Geld nachfragen, wie zum Kauf von Gütern ihres Bedarfs notwendig ist. Dies wird als **Transaktionsmotiv** der Kassenhaltung bezeichnet. Geldbeträge, die für diesen Zweck nicht erforderlich sind, werden von den rational handelnden Wirtschaftssubjekten sofort in andere ertragbringende Anlagen (in Wertpapieren etc.) angelegt.

Ferner wird unterstellt, dass sich die Marktteilnehmer nicht am Nominalwert der Geldeinheiten orientieren, sondern ausschließlich an der realen Kaufkraft des Geldes. Dies bedeutet, dass nicht der auf der Banknote abgedruckte Nominalwert für die Wirtschaftssubjekte maßgebend ist, sondern die Menge an Gütern, die sie mit diesem Geld erwerben können. Die Wirtschaftssubjekte interessiert also ausschließlich die reale Kaufkraft des Geldes - sie sind frei von **Geldillusion**.

8.4.1 Das Geldangebot

In diesem Modell wird das Geld von einer staatlichen Währungsbehörde in Umlauf gebracht. Dabei wird angenommen, dass die Währungsbehörde die Höhe der umlaufenden nominalen Geldmenge, die für die Gütertransaktionen in der Volkswirtschaft notwendig ist, kennt und ständig unter Kontrolle hat. Daher ist das **nominale Geldangebot** M^S unter diesen Bedingungen für die betrachtete Periode eine **exogene** und **konstante** Größe.

(8.8) $M^S = M$ = konstant

Das Haupterklärungsziel der liberalen klassischen Geldtheorie ist deshalb die Geldnachfrage.

8.4.2 Die Geldnachfrage

Unter Geldnachfrage versteht man die geplante (gewünschte) reale Kassenhaltung (M/P) der Haushalte und der Unternehmen. Die Geldnachfrage erschöpft sich demnach darin, ausreichend Liquidität zur Nachfrage des **nominalen Volkseinkommens** Y, d. h. dem Produkt aus **realem Volkseinkommen** Y_r und dem **Preisniveau** P, zu haben.

(8.9) $Y = Y_r \cdot P$

Aus Gleichung (8.9) resultiert, dass die gewünschte nominale Geldhaltung (M^D) der Wirtschaftssubjekte eine Funktion des nominalen Volkseinkommens ist.

(8.10) $M^D = F(Y)$

Eine Erhöhung des nominalen Volkseinkommens führt demnach zu einer Erhöhung der geplanten Geldhaltung, weil damit das Transaktionsvolumen in einer Volkswirtschaft zunimmt. Dieser Sachverhalt wird in der **Quantitätstheorie des Geldes** begründet. Nach dieser Theorie führen Änderungen des nominalen Geldangebots zu proportionalen Preisniveauveränderungen.

Die Quantitätstheorie des Geldes war lange Zeit die einflussreichste und allgemein akzeptierte Theorie der Geldwirkungen. Darin wurde insbesondere die Zahlungsmittelfunktion des Geldes betont. Diese Theorie ist allerdings nicht so einheitlich wie sie oft in der Literatur dargestellt wird. Wenn man von den älteren Versionen absieht, sind in der moderneren Fassung hauptsächlich folgende zwei Ansätze zu unterscheiden.

-    **Umlaufgeschwindigkeitsansatz** (Fishersche Gleichung)

-    **Kassenhaltungsansatz** (Cambridge Gleichung)

Die Quantitätstheoretiker des 19. Jahrhunderts beschäftigten sich - ähnlich wie die der ursprünglichen Fassung der Quantitätstheorie - mit dem Problem der Rückwirkungen einer exogenen Geldvermehrung, z. B. durch Edelmetallzunahme, für die gesamte Volkswirtschaft. Maßgebend für die Diskussion des Umlaufgeschwindigkeitsansatzes war Irving Fishers (1867 - 1947) tautologische Gleichung, die sogenannte **Fishersche Verkehrsgleichung**.

(8.11) $M^D \cdot v = P \cdot Y_r$

Diese Gleichung ist deshalb tautologisch, weil sie angibt, dass das mit Geld bewertete Volkseinkommen seinem Geldumsatz entspricht. Demnach gilt die Gleichung ex-post immer.

Unter v (velocity) wird die **Umlaufgeschwindigkeit** des Geldes verstanden. Sie wird als die Häufigkeit definiert, mit der eine Geldeinheit im Laufe einer Periode (beispielsweise eines Jahres) durchschnittlich in die Kassen der Einkommensbezieher als Geldeinkommen fließt. Die so definierte Umlaufgeschwindigkeit des Geldes bezeichnet man als **Einkommenskreislaufgeschwindigkeit.**

Den reziproken Wert (Kehrwert) der Einkommenskreislaufgeschwindigkeit (1/v) bezeichnet man als den **Kassenhaltungskoeffizienten** k. Er gibt an, wie hoch die durchschnittliche Kassenhaltung der Wirtschaftssubjekte in einer Periode ist.

Zu einer Nachfragetheorie des Geldes wird die Verkehrsgleichung erst dann, wenn bestimmte Annahmen über die in der Gleichung enthaltenen Größen gemacht werden. Die Quantitätstheoretiker dieser Version haben unterstellt, dass die Umlaufgeschwindigkeit v bzw. der Kassenhaltungskoeffizient k kurzfristig konstant sind. Die Begründung liegt in der Vorstellung, dass sich die wesentlichen institutionellen Faktoren, wie Einkommens- und Zahlungsperioden sowie die Organisation des Zahlungsverkehrs, nur langfristig verändern.

Weiter wird angenommen, dass - wie bereits erwähnt - die nominale Geldmenge (das Geldangebot M^S) von der Währungsbehörde bestimmt wird und daher als eine exogen gegebene und konstante Größe zu betrachten ist.

Gleichgewicht herrscht am Geldmarkt dann, wenn die von der Währungsbehörde angebotene Geldmenge vollständig von den Wirtschaftssubjekten nachgefragt wird.

$$(8.12) \qquad M^S = \overline{M} = M^D = \frac{Y_r \cdot P}{v}$$

Da das reale Volkseinkommen - wie noch gezeigt wird - unabhängig vom Geldmarkt und die Umlaufgeschwindigkeit annahmegemäß konstant sind, folgt aus den Gleichungen (8.12), dass sich das Preisniveau ceteris paribus proportional zur umlaufenden Geldmenge entwickeln muss.

Die **Cambridge-Version** der Quantitätstheorie, die hauptsächlich von A. Marshall (1842 - 1924) und A. C. Pigou (1877 - 1959) formuliert wurde, ist im Gegensatz zu der von Fisher ausgearbeiteten Fassung der Quantitätstheorie, in der die Geldnachfrage eher makroökonomisch begründet wird, mikroökonomisch orientiert.

Die Vertreter der Cambridge-Schule gehen davon aus, dass das durchschnittliche Wirtschaftssubjekt immer bestrebt ist, einen Teil seines Vermögens in Geldform zu halten, weil eine solche Geldhaltung zwei Vorteile mit sich bringt. **Erstens** erleichtert die Geldhaltung die Abwicklung der laufenden Transaktionen, und **Zweitens** sichert dieser Geldvorrat das Wirtschaftssubjekt gegenüber unerwarteten Ereignissen, die unverzichtbare Geldausgaben verlangen, ab. Je mehr Geschäfte dieser Art ein Wirtschaftsubjekt durchführen muss, desto mehr Geld wird es nachfragen.

Die Erfahrung zeigt, dass diese Geldtransaktionen mit steigendem Einkommen wachsen. Nach der Argumentation der Cambridge-Schule lässt sich dieser Geldbedarf in realen Gütern ausdrücken. Demnach entspricht die Geldhaltung eines durchschnittlichen Wirtschaftssubjekts denjenigen Gütern, auf deren Bedürfnisbefriedigung es verzichten muss, um die Bedürfnisbefriedigung des Geldvorrates zu haben.

Nach diesem Ansatz muss also jedes Wirtschaftssubjekt zwischen dem Nutzen der Geldhaltung und den entgangenem Nutzen, der sich aus Konsumverzicht und aus nicht realisierten Zinserträgen zusammensetzt, vergleichen. Die theoretisch optimale Situation wird für das Wirtschaftssubjekt dann erreicht, wenn die letzte gehaltene Geldeinheit den gleichen Nutzen stiftet wie die letzte in eine andere Verwendungsart ausgegebene Geldeinheit.

Obwohl diese Nutzenvergleiche bei den einzelnen Individuen verschieden ausfallen, ergibt sich - so die Behauptung der Vertreter des Cambridge-Ansatzes - für die gesamte Volkswirtschaft ein kurzfristig stabiler Prozentsatz des nominalen Volkseinkommens, den die Wirtschaftssubjekte in Geldform als Kasse halten.

Dieser Prozentsatz ist der **Kassenhaltungskoeffizient** k (reziproke Wert der Einkommenskreislaufgeschwindigkeit). Er gibt das gewünschte Verhältnis der Kassenbestände zum Geldeinkommen an. Daraus folgt, dass die nominale Geldnachfrage proportional zum laufenden Nominaleinkommen ist. Dies gilt sowohl für jedes Wirtschaftssubjekt als auch für die gesamte Volkswirtschaft. Im Ergebnis stimmt die Geldnachfragefunktion des Cambridge-Ansatzes (Cambridge-Gleichung) mit der Fisherschen überein.

(8.13) $\qquad M^D = k \cdot P \cdot Y_r$

Vergleichend lässt sich resümieren, dass der Cambridge-Ansatz die Frage nach dem Vermögensanteil, den ein Wirtschaftssubjekt in Geld halten will, stellt, während Fisher nach der Höhe der Geldnachfrage, die die Volkswirtschaft zu Transaktionszwecken benötigt, fragt.

8.5 Die Funktionsweise des Gütermarktes

Auf dem Gütermarkt wird - nach der liberalen Theorie - das Gleichgewicht zwischen dem gesamtwirtschaftlichen realen Güterangebot Y_r^S und der gesamtwirtschaftlichen realen Güternachfrage Y_r^D bestimmt.

8.5.1 Das gesamtwirtschaftliche Güterangebot

Das gesamtwirtschaftliche reale Güterangebot, das annahmegemäß als Konsumgut C und Investitionsgut I (homogenes Gut) verwendet werden kann, ist nach Gleichung (8.1) eine Funktion des Einsatzes der Produktionsfaktoren.

(8.1) $Y_r = F(A, B, K)$

Da die Produktionsfaktoren Kapital (K) und Boden (B) in der kurzfristigen Betrachtung jedoch als konstant angenommen werden, hängt die gesamte Produktion ausschließlich vom **Beschäftigungsniveau** ab ($Y_r = F(A)$).

Aus der Darstellung des Arbeitsmarktes ist bekannt, dass das Arbeitsmarktgleichgewicht das Beschäftigungsniveau bestimmt. Bei gegebenem Arbeitsmarktgleichgewicht ist durch die Produktionsfunktion auch die Höhe der gesamten Produktion determiniert.

Da eine Veränderung des Preisniveaus im Rahmen dieses Modells immer zu einer gleich gerichteten und prozentual gleichen Veränderung des Nominallohnniveaus führt, bleibt das Beschäftigungsniveau von Preisniveauveränderungen unberührt. Daraus folgt, dass auch die Höhe des physischen Volkseinkommens, also der angebotenen Produktion Y_r^S, unabhängig von der Höhe des Preisniveaus ist.

Abbildung 8-4 stellt den Zusammenhang zwischen Arbeitsmarktgleichgewicht, Produktionsfunktion, Güterangebot und Preisniveau grafisch dar. Alle Punkte auf der Güterangebotskurve Y_r^S entsprechen hier Gleichgewichtssituationen auf dem Arbeitsmarkt, bei verschiedenen Preisniveaus. Aus der Darstellung wird deutlich, dass das gesamtwirtschaftliche Güterangebot im liberalen Modell ausschließlich durch das Gleichgewicht am Arbeitsmarkt und den Verlauf der Produktionsfunktion determiniert ist.

**Abb. 8-4: Arbeitsmarkt, Produktionsfunktion und
gesamtwirtschaftliches Güterangebot**

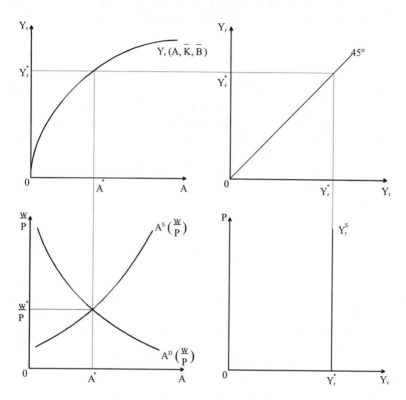

8.5.2 Die gesamtwirtschaftliche Güternachfrage

Die gesamtwirtschaftliche Güternachfrage wird in diesem Modell aus der
Quantitätsgleichung abgeleitet. Nach dieser Gleichung ist die Geldnachfrage eine Funktion des nominalen Volkseinkommens Y. Bei der Ermittlung
der aggregierten gesamtwirtschaftlichen Güternachfrage geht es darum, die
jeweiligen Höhen des realen Volkseinkommens zu bestimmen, die bei verschiedenen Preisniveaus das Geldmarktgleichgewicht aufrechterhalten.

Die gesamtwirtschaftliche Güternachfragekurve stellt somit bei gegebener
nominaler Geldmenge M und gegebenem **Kassenhaltungskoeffizienten**
k, den geometrischen Ort gleichgewichtiger **P-Y_r-Kombinationen** auf dem
Geldmarkt dar. Aufgrund der Gültigkeit der Quantitätsgleichung (s. Glei-

chung 8.13) liegen die Gleichgewichtswerte auf einer Hyperbel (s. Abb. 8-5), deren Lage durch die Höhe der **nominalen Geldmenge** M und den **Kassenhaltungskoeffizienten** k bestimmt ist. Deshalb spricht man im Zusammenhang mit der Güternachfragekurve auch von Geldhyperbel.

$$(8.13) \qquad P = \frac{\overline{M^D}}{k \cdot Y_r}$$

Aus Gleichung (8.13) und Abb. 8-5 wird ersichtlich, dass bei gegebener Geldmenge und gegebenem Kassenhaltungskoeffizienten ein steigendes reales Volkseinkommen Y_r nur bei abnehmendem Preisniveau P nachgefragt werden kann und umgekehrt.

Abb. 8-5: Die gesamtwirtschaftliche Güternachfragekurve

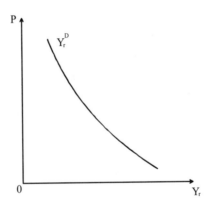

8.5.3 Das gesamtwirtschaftliche Gütermarktgleichgewicht

Der Schnittpunkt der aggregierten gesamtwirtschaftlichen Güternachfragekurve und der aggregierten gesamtwirtschaftlichen Güterangebotskurve markiert nicht nur das gesamtwirtschaftliche Gütermarktgleichgewicht, sondern auch die Höhe des gleichgewichtigen Preisniveaus im liberalen Modell. Das gesamtwirtschaftliche (makroökonomische) Gütermarktgleichgewicht kann nur realisiert werden, wenn auch auf den übrigen Märkten (Arbeits- und Geldmarkt) ein simultanes Gleichgewicht herrscht. Die geometrische Darstellung der Abb. 8-6 verdeutlicht diesen Sachverhalt.

Abb. 8-6: Gesamtwirtschaftliches Gütermarktgleichgewicht

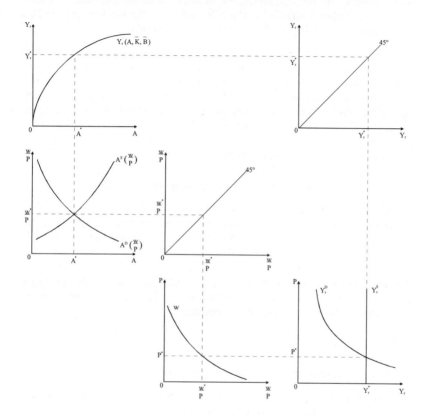

8.6 Die Struktur des Güterangebots und der Güternachfrage

In der bisherigen Darstellung des liberalen Modells wurde die Aufteilung des Volkseinkommens in Konsumgüter (C) und Investitionsgüter (I) vernachlässigt. In den folgenden Ausführungen wird erläutert, wie diese Aufteilung im Rahmen dieser Theorie zustande kommt.

Im Modell wird vorausgesetzt, dass in der betrachteten Volkswirtschaft sowohl Konsum- als auch Kapital- bzw. Investitionsgüter angeboten und nachgefragt werden.

(8.14) $Y_r = C + I$

Die Aufteilung in Konsum- und Investitionsgütern erfolgt durch den **Zins-mechanismus** am Kapitalgütermarkt. Er wirkt in der Weise, dass bei einem gegebenen **realen Volkseinkommen** Y_r, um so mehr Nachfrage nach beiden Güterarten entfaltet wird, je niedriger der **Zinssatz** i_r ist.

Unter Konsum versteht man in diesem Modell, den Teil des Volkseinkommens, den die Haushalte verbrauchen. Der von den Haushalten nicht verbrauchte Teil wird gespart, d. h. ertragbringend angelegt. **Sparen** S bedeutet zum einen Verzicht auf Gegenwartskonsum und zum anderen Geldkapitalangebot. Dieses wird auf dem Kapitalmarkt von den Unternehmen sofort für Investitionen nachgefragt. Die folgende kurze Darstellung erläutert aus dieser theoretischen Sicht die Zusammenhänge zwischen Konsum, Sparen, Investitionen, Zins und Einkommen.

8.6.1 Der Zusammenhang zwischen Konsum und Einkommen

In der liberalen (klassischen) makroökonomischen Theorie wird implizit (weil explizit keine Konsumfunktion formuliert wird) unterstellt, dass bei einem **gegebenen Zinssatz** ein Anstieg des Einkommens zu einer Ausdehnung des Konsums bei den Haushalten führt. Dabei wird angenommen, dass bei einem zunehmenden Volkseinkommen die Zunahme des Konsums kleiner als die des Volkseinkommens ist, d. h. die marginale Konsumneigung ($dC/dY_r = c$) ist kleiner als eins. Insofern ist der Konsum eine Funktion des Einkommens bei einem gegebenen Zinssatz.

(8.15) $C = F(Y_r, \overline{i_r})$

8.6.2 Der Zusammenhang zwischen Sparen und Einkommen

Da das nicht konsumierte Einkommen gespart wird, entspricht das Sparen der Differenz von Einkommen und Konsum.

(8.16) $Y_r = C(i_r) + S(i_r)$

Aus Gleichung (8.16) folgt, dass das Sparen bei gegebenem Zins vom Einkommen abhängig ist.

(8.17) $S = F(Y_r, \overline{i_r})$

Somit gelten für die Sparfunktion die gleichen Bestimmungsfaktoren wie für die Konsumfunktion. Auch hier gilt, dass bei gegebenem Zinssatz das Sparen mit steigendem Einkommen zunimmt. Da die Konsumneigung c und die Sparneigung ($dS/dY_r = s$) zusammen den Wert 1 haben müssen (s. Gleichung 8.16), bedeutet eine abnehmende Konsumneigung eine steigende Sparneigung und umgekehrt.

8.6.3 Der Zusammenhang zwischen Sparen und Zins

In der liberalen Theorie wird bei gegebener Höhe des Einkommens ein positiver Zusammenhang zwischen Sparen und Zinssatz gesehen. Demnach bewirkt eine Zunahme des Zinssatzes ceteris paribus auch eine Zunahme des Sparens. Man begründet diesen positiven Zusammenhang mit den Erwartungen der Wirtschaftssubjekte, aufgrund des erzielten Zinsertrages, in der Zukunft einen viel höheren Konsum erreichen zu können, wenn sie in der Gegenwart auf Konsum verzichten.

$$(8.18) \qquad S = F(i_r, \overline{Y_r})$$

Die Ersparnisse der Wirtschaftssubjekte sind zugleich das Geldkapitalangebot der Volkswirtschaft. Die Abb. 8-7 zeigt den funktionalen Zusammenhang zwischen dem Sparen und dem Zinssatz.

Abb. 8-7: Gesamtwirtschaftliche Sparfunktion

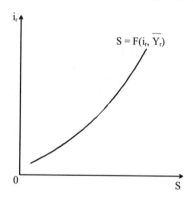

8.6.4 Der Zusammenhang zwischen Konsum und Zins

Da das Sparen vom Zins abhängig ist, ist aufgrund des bestehenden Zusammenhangs von Sparen und Konsum ersichtlich, dass auch der Konsum zinsabhängig sein muss. Im Gegensatz zum Sparen besteht hier bei gegebenem Realeinkommen ein negativer Zusammenhang zwischen Zinssatz und Konsum. Man geht davon aus, dass es für die Haushalte bei fallendem Zins vorteilhaft ist, in der Gegenwart verstärkt zu konsumieren, da aufgrund der sinkenden Zinserträge der zukünftige Konsum geringer bewertet wird als der gegenwärtige Konsum.

Abb. 8-8: Die Beziehung zwischen Konsum und Zins

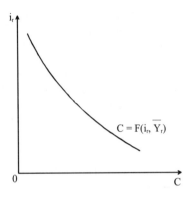

8.6.5 Die Investitionsgüternachfrage

In der liberalen Markttheorie ist die Quelle der Finanzierung von Investitionsvorhaben das Sparen von Einkommensteilen. Dabei geht man davon aus, dass es zu jedem Zeitpunkt eine beliebige Anzahl von Investitionsvorhaben gibt, deren Realisierung von der Höhe des Zinssatzes abhängt. Daher gilt: Je höher (niedriger) der Marktzins, um so niedriger (höher) ist die Nachfrage nach dem gesparten Geldkapital. Die Begründung hierfür wird mikroökonomisch vorgenommen.

Ein Unternehmer investiert, d. h. er erhöht den Bestand des Sachkapitals in seinem Betrieb, weil er aufgrund der subjektiven Bewertung hinsichtlich der zukünftigen Entwicklung seiner Produktion mit zusätzlichen Gewinnen rechnet. Da im theoretischen Modell, auch im Zusammenhang mit dem Einsatz des Produktionsfaktors Kapital, die produktionstechnischen Bedingungen einer linear-homogenen Produktionsfunktion sowie das Streben des Unternehmers nach maximalem Gewinn unterstellt werden, lautet die partielle Produktionsfunktion wie folgt:

(8.19) $Y_r = F(K)$

Aufgrund der Gewinnmaximierungsannahme versucht der Unternehmer mit seiner Investitionstätigkeit, den Kapitalstock zu realisieren, der zu Gewinnmaximierung führt. Bei der unterstellten Produktionsfunktion gilt das Gesetz vom abnehmenden Grenzertrag (Ertragsgesetz), welches bewirkt, dass der Einsatz zusätzlichen Kapitals eine Senkung des Grenzertrages, d. h. eine Senkung der Grenzproduktivität des Kapitals zur Folge hat. Das Gewinnmaximum wird realisiert, wenn die Grenzkosten des Kapitaleinsatzes, d. h. die Kosten für die zuletzt eingesetzte Kapitaleinheit, gleich dem Erlös werden, der durch den Einsatz der letzten Kapitaleinheit erzielt wird. Vernachlässigt man bei diesen Überlegungen die Abschreibungen und die eventuellen Liquidationserlöse beim Verkauf von Kapitalanlagen, so lassen sich die Kosten für die letzte Kapitaleinheit als Produkt aus dem **Marktzinssatz** i und dem **Anschaffungspreis** p_k der Kapitaleinheit erfassen. Der Erlös entspricht dem Produkt aus dem **Grenzertrag** (Grenzprodukt) **des Kapitals** y_r' und dem erzielten Produktpreis p. Die Kosten der letzten Kapitaleinheit müssen im Gewinnmaximum mit ihrem erzielten Erlös übereinstimmen.

In Analogie zur Herleitung der Arbeitsnachfragefunktion ist der optimale Kapitalbestand dann erreicht, wenn das Wertgrenzprodukt des Kapitals ($y_r' \cdot p$) dem nominalen Zinssatz (i) bzw., wenn das Grenzprodukt des Kapitals (y_r') dem realen Zinssatz (i/P) entspricht.

Diese mikroökonomisch abgeleiteten Ergebnisse werden in die makroökonomische Betrachtung übernommen. Daher gilt auch hier, dass für die gesamte Volkswirtschaft erst dann ein optimaler Kapitaleinsatz erreicht wird, wenn der durchschnittliche nominale Marktzins (i) gleich dem volkswirtschaftlichen Wertgrenzprodukt des Kapitals ($Y_r' \cdot P$) ist. Sinkt also der nominale Marktzins, dann wird sich der Realzins (i_r) verringern, da das Preisniveau aufgrund der Annahme der vollkommenen Konkurrenz konstant ist. Dadurch wird in der Volkswirtschaft mehr Realkapital eingesetzt und damit auch mehr Sparkapital nachgefragt. Der Kapitaleinsatz ist folglich dann optimal, wenn der Realzins gleich dem Grenzprodukt des Kapitals ist.

(8.20) $\qquad i_r = Y_r'$

Der Zusammenhang zwischen der Produktionsfunktion und dem optimalen Kapitalbestand ist in Abb. 8-9 dargestellt. Sinkt ausgehend von Situation 0 der Zinssatz, muss, damit die Gleichheit zwischen dem realen Zinssatz und dem Grenzprodukt des Kapitals Y_r' - die für die optimale Situation erforderlich ist - wieder hergestellt wird, die Grenzproduktivität des Kapitals sinken. Dies ist nur möglich, wenn ceteris paribus der Kapitaleinsatz zunimmt (Situation 1).

Abb. 8-9: Herleitung des optimalen Kapitalbestandes

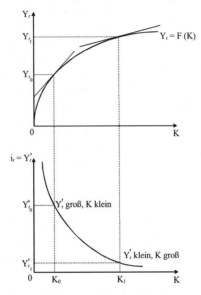

Makroökonomisch betrachtet stellen die Investitionen diesen Prozess der Anpassung des tatsächlichen Kapitalbestands an den optimalen bzw. gewinnmaximalen Kapitalbestand dar. Somit wird deutlich, dass die Investitionen funktional vom Realzins abhängig sind.

(8.21) $I = F(i_r)$

Die Investitionen nehmen folglich im liberalen Marktmodell mit sinkenden realen Zinsen zu.

Abb. 8-10: Investitionsnachfrage

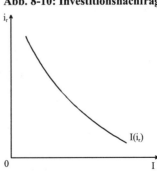

8.6.6 Das Gleichgewicht auf dem Güter- und Kapitalmarkt

Wie bereits erläutert, bestimmt bei einem gegebenen Einkommen die Höhe des Zinssatzes zum einen das Sparvolumen und damit das Geldkapitalangebot, und zum anderen den Umfang der Investitionsgüternachfrage. **Gleichgewicht** herrscht somit bei dem **Zinssatz**, bei dem **Sparen S** und **Investieren I** übereinstimmen. Im Gleichgewicht wird auch die **Aufteilung** des Volkseinkommens in **Konsum- und Investitionsgüter** bestimmt. Daher kann dieser Markt sowohl als **Kapital-** als auch als **Gütermarkt** bezeichnet werden.

(8.22) $S = I$

Abb. 8-11: Die Gleichgewichtssituation auf dem Güter- bzw. Kapitalmarkt

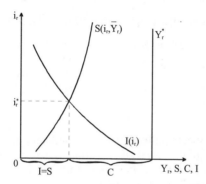

8.7 Makroökonomische Grundaussagen des liberalen Marktmodells

Aus der Darstellung des liberalen makroökonomischen Marktmodells lassen sich folgende Grundaussagen zusammenfassen:

Auf dem **Arbeitsmarkt** werden der **gleichgewichtige Reallohn** (w/P) und damit auch das **gleichgewichtige Vollbeschäftigungsniveau** bestimmt. Der gleichgewichtige Arbeitsmarkt determiniert damit bei einer linear-homogenen und **gegebenen Produktionsfunktion** auch die Höhe der gesamten Produktion, d. h. die Höhe des **realen Volkseinkommens** Y_r. Insofern bestimmt der Arbeitsmarkt im Zusammenhang mit der Produktionsfunktion das gesamte **Güterangebot** und zugleich in Verbindung mit den anderen Märkten (Geld-, Güter- und Kapitalmarkte) die gesamtwirtschaftlich **realisierte Güternachfrage**.

Auf dem **Geldmarkt** wird nur die Höhe des **Preisniveaus** bestimmt. Da hier die angebotene Geldmenge durch die Währungsbehörde exogen gegeben ist, und die Geldnachfrage aufgrund der angenommenen Konstanz des Kassenhaltungskoeffizienten bzw. der Umlaufgeschwindigkeit des Geldes von der Höhe des Volkseinkommens abhängt, stellt sich im Gleichgewicht am Geldmarkt das Preisniveau so ein, dass die monetäre Güternachfrage dem monetären Güterangebot entspricht.

Auf dem **Güter- bzw. Kapitalmarkt** wird nicht die Höhe, sondern die **Aufteilung** der gesamten **Produktion** Y_r in Konsum- und Investitionsgütern bestimmt. Die Aufteilung kommt durch den Zinsmechanismus, der die Höhe der Konsum- bzw. Investitionsgüternachfrage bestimmt, zustande.

8.8 Störungen des gesamtwirtschaftlichen Gleichgewichts

Das Anliegen des liberalen Modells ist es, nachzuweisen, dass - unter bestimmten institutionellen Bedingungen - mit Hilfe der Marktpreismechanismen, d. h. des Lohn-, Preis- und Zinsmechanismus, das marktwirtschaftliche System immer zum Gleichgewicht bei Vollbeschäftigung aller Produktionsfaktoren führt.

Der Anpassungsprozess auf Datenänderungen wurde allerdings in der bisherigen Darstellung nicht thematisiert. Im Modell geht man von einer unendlichen Anpassungsgeschwindigkeit aus, so dass dadurch mögliche Ungleichgewichte, d. h. wirtschaftliche Instabilitäten, die zeitweise in der Praxis auftreten können, eliminiert werden. In der Realität ist aber eine solche unendlich schnelle Anpassungsgeschwindigkeit nicht gegeben. Dies bedeutet, wie die Erfahrungen aus dem Wirtschaftsalltag zeigen, dass Schwankungen der wirtschaftlichen Aktivitäten und damit Ungleichgewichte, verbunden mit Arbeitslosigkeit oder Inflation bzw. Deflation, auch in Marktwirtschaften möglich sind.

Deshalb stellt sich generell die Frage nach der Stabilität des marktwirtschaftliche Systems. Stabil wäre das marktwirtschaftliche System, wenn es automatisch und kraft seiner Marktmechanismen in der Lage wäre, von einem Zustand des Ungleichgewichts, bei Unterbeschäftigung der Produktionsfaktoren, zu einem Gleichgewichtszustand mit Vollbeschäftigung zu gelangen.

Gleichgewichtsstörungen können in marktwirtschaftlich organisierten Volkswirtschaften auftreten, wenn Veränderungen in den realen Inputfaktoren und/oder in den monetären Größen entstehen. Im Folgenden wird die Problematik solcher Störungen erläutert.

8.8.1 Störungen des gesamtwirtschaftlichen Gleichgewichts durch monetäre Einflüsse

Störungen des gesamtwirtschaftlichen Gleichgewichts aus dem monetären Sektor können einerseits Veränderungen der Geldmenge und andererseits Veränderungen des Kassenhaltungskoeffizienten sein. Würde die Zentralbank bei einer gesamtwirtschaftlichen Vollbeschäftigungssituation die nominale **Geldmenge** M erhöhen, dann wird zunächst ein Ungleichgewicht auf den Geldmarkt entstehen. Da im realen Sektor Vollauslastung der Kapazitäten herrscht, wird die zusätzliche Güternachfrage, die durch das zusätzliche Geldangebot entstehen kann, auf kein entsprechendes Güterangebot stoßen. Nach der **Quantitätsgleichung** ($M^S = M^D = k \cdot P \cdot Y_r$) wird das zusätzliche Geld bei einem **konstanten Kassenhaltungskoeffizienten** k, durch eine Erhöhung des Preisniveaus eine Zunahme des **nominalen Volkseinkommens** ($Y = P \cdot Y_r$) bewirken. Die Preisniveauerhöhung hat aber während der Anpassungszeit folgende **vorübergehende Auswirkungen** auf die anderen Märkte:

Auf dem **Arbeitsmarkt** sinkt zunächst bei konstantem Nominallohn - infolge des erhöhten Preisniveaus - der Reallohn. Bei unverändertem Arbeitsangebotsverhalten wird bei niedrigerem Reallohn das Arbeitsangebot sinken. Dadurch entsteht ein **Nachfrageüberschuss** am Arbeitsmarkt.

Die Verknappung des Arbeitsangebots führt zu einer **verstärkten Konkurrenz** der Arbeitgeber um die knapp gewordenen Arbeitnehmer. Die Unternehmer werden daher über **höhere Nominallöhne** (Geldlöhne) versuchen, die Arbeitnehmer für sich zu gewinnen. Dieser Prozess dauert so lange an, bis sich das alte Vollbeschäftigungsgleichgewicht wieder beim alten Real- und erhöhtem Nominallohn eingestellt hat. Der Nominallohn wird letztlich in gleichem Maße wie das Preisniveau steigen.

Auf dem **Güter- bzw. Kapitalmarkt** sind ähnliche vorübergehende Auswirkungen aus dem erhöhten Preisniveau festzustellen. Es sinkt zunächst auch hier ceteris paribus infolge des erhöhten Preisniveaus der Realzins, so dass ein **Nachfrageüberschuss** nach Geldkapital entsteht. Durch das Sinken des Realzinses wird auf der anderen Seite des Marktes weniger Geldkapital angeboten. Die Verknappung des Geldkapitals führt zu **Nominalzinserhöhungen**, und zwar so lange, bis sich das Gleichgewicht beim ursprünglichen Realzins wieder einstellt. Auch der Nominalzins steigt hier in gleichem Maße wie das Preisniveau.

Die Anpassungsvorgänge, die durch eine Geldmengenerhöhung ausgelöst werden, lassen sich wie folgt zusammenfassen:

- Das Preisniveau (P), der Nominallohn (w) und der Nominalzins (i) erhöhen sich jeweils um den gleichen Prozentsatz.

- Das reale Volkseinkommen (Y_r), die Beschäftigung (A), der Reallohn (w/P) und der Realzins (i/P) bleiben nach vollzogener Anpassung gegenüber der Ausgangssituation unverändert.

Eine Geldmengenerhöhung hat nach diesem Modell letztendlich keine realwirtschaftlichen Auswirkungen. Die Stabilität des Wirtschaftssystems ist damit gewährleistet.

Ähnliche Anpassungsprozesse ohne Auswirkungen auf Produktion und Beschäftigung werden auch eine **Veränderung des Kassenhaltungskoeffizienten** (k) bewirken.

Geht man beispielsweise davon aus, dass ceteris paribus der Kassenhaltungskoeffizient aufgrund einer Streckung der Zahlungsperioden für Löhne und Gehälter in der Volkswirtschaft gestiegen ist, hat dies gemäß der Quantitätsgleichung Auswirkungen auf das Preisniveau. Dieses wird in diesem Zusammenhang sinken, weil die Zunahme des Kassenhaltungskoeffizienten, wie eine Geldmengensenkung wirkt. Die Auswirkungen und Anpassungsvorgänge vollziehen sich jetzt genau umgekehrt wie im Falle der Erhöhung der Geldmenge.

8.8.2 Störungen des gesamtwirtschaftlichen Gleichgewichts durch realwirtschaftliche Einflüsse

Störungen des gesamtwirtschaftlichen Gleichgewichts aus dem realen Sektor können z. B. aus Veränderungen der Produktionstechnik, oder Verhaltensänderungen auf dem Arbeitsmarkt bzw. dem Güter- oder Kapitalmarkt resultieren. Eine **Verbesserung der Produktionstechnik** (technischer Fortschritt) hat eine Erhöhung der Arbeitsproduktivität zur Folge. Dadurch ist es möglich, dass mit demselben Arbeitseinsatz ceteris paribus ein höheres Volkseinkommen erzeugt werden kann. In der geometrischen Darstellung führt eine Verbesserung der Produktionstechnik zu einer Verschiebung der gesamtwirtschaftlichen Produktionsfunktion nach oben (s. Abb. 8-12).

Auf dem **Arbeitsmarkt** erhöht die Einführung des technischen Fortschritts für jede Arbeitseinheit die Grenzproduktivität (den Grenzertrag) der Arbeit. Dadurch verschiebt sich die Grenzertragskurve, die die Arbeitsnachfragekurve darstellt, nach rechts oben. Somit erhöht sich der Beitrag zum Volkseinkommen (die Grenzproduktivität der Arbeit) von jeder bisher eingesetzten Arbeitseinheit. Demzufolge muss der Nominallohn (w = Y' · P) bei zunächst gleich bleibendem Preisniveau steigen.

Abb. 8-12: Störung des Gleichgewichts durch technischen Fortschritt

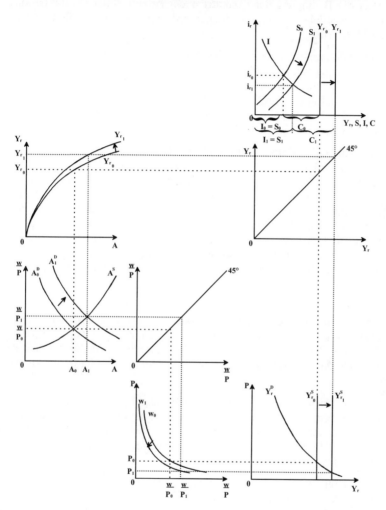

Das aus der höheren Beschäftigung im neuen Arbeitsmarktgleichgewicht resultierende erhöhte Volkseinkommen kann aber unter der Annahme der konstanten Geldmenge bei dem bisherigen Preisniveau nicht abgesetzt werden (Quantitätsgleichung). Das Preisniveau muss demnach sinken. Dies führt wiederum zu einer zusätzlichen Erhöhung des Reallohnniveaus, welches allerdings bei den bisherigen Arbeitsangebotsbedingungen nicht gleichgewichtig ist. Es besteht zunächst ein Arbeitsangebotsüberschuss, der unter der Bedingung der Konkurrenz der Arbeitnehmer um die bei diesem hohen Reallohn knapp gewordenen Arbeitsplätze Nominallohnsenkungen auslösen wird.

Dieser Prozess der Über- und Unterbietung des Nominallohnes führt im Zusammenhang mit der ständigen Preisniveausenkung zu einem neuen Arbeitsmarktgleichgewicht mit einem auf jeden Fall höheren Reallohn, höherer Beschäftigung, größerem Volkseinkommen und niedrigerem Preisniveau. Der Nominallohn wird grundsätzlich geringer sein als in der Ausgangssituation.

Auf dem **Güter- und Kapitalmarkt** führt das höhere Volkseinkommen (höheres Einkommen) bei zunächst unverändertem realen Zinssatz zu einem größeren Angebot an Sparkapital. In der geometrischen Darstellung zeigt sich dies durch eine Verschiebung der Angebotskurve an Sparkapital nach rechts unten. Aufgrund der Preisniveausenkung hätte der Realzins bei konstantem Nominalzins steigen müssen, da aber durch das Überangebot an Sparkapital eine stärkere Senkung des Nominalzinssatzes folgt, sinkt letztlich auch der Realzinssatz, so dass eine neue Gleichgewichtssituation bei niedrigerem Nominal- und Realzins, höherem Konsum-, Investitions- und Sparvolumen eintritt.

Eine weitere Störung des gesamtwirtschaftlichen Gleichgewichts kann aus der **Veränderung des Arbeitsangebots** resultieren. Das Arbeitsangebot in einer Volkswirtschaft kann sich z. B. durch Zustrom von ausländischen Arbeitskräften und/oder durch einen Bevölkerungszuwachs und/oder durch Veränderung des Arbeitsangebotsverhaltens der Wirtschaftssubjekte verändern.

Angenommen, es ändert sich das Arbeitsangebotsverhalten in der Weise, dass die Wirtschaftssubjekte nun bereit sind, bei einem unveränderten Reallohn mehr Arbeit anzubieten als vorher. In der geometrischen Darstellung (s. Abb. 8-13) wird dies durch eine Verschiebung der Arbeitsangebotskurve nach rechts unten angezeigt.

Am **Arbeitsmarkt** wird bei dem bisherigen Reallohn - aufgrund der Zunahme des Arbeitsangebots - ein Arbeitsangebotsüberschuss auftreten, der bei zunächst konstantem Preisniveau nur über Geldlohn- bzw. Nominallohnsenkungen abgebaut werden kann.

Die Senkung des Nominallohnes führt letztlich ceteris paribus auch zu einer Senkung des Reallohnes. Daraus folgt wiederum eine höhere Beschäftigung und in der zu Folge ein höheres Volkseinkommen. Das erhöhte Volkseinkommen kann bei einer gegebenen Nachfrage nur abgesetzt werden, wenn das Preisniveau sinken würde (Quantitätsgleichung).

Abb. 8-13: Störung durch Veränderung des Arbeitsangebots

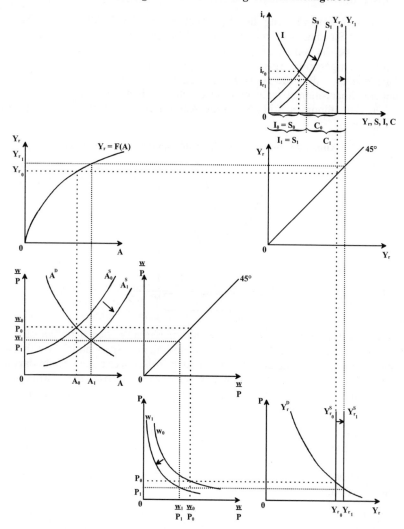

Die Veränderung des Arbeitsangebots hat auch Auswirkungen auf den **Gü-ter- und Kapitalmarkt.** Das gestiegene Volkseinkommen führt zu einer

Erhöhung des Angebots an Sparkapital. Geometrisch wird dies durch die Verschiebung der Angebotskurve für Sparkapital nach rechts unten sichtbar. Die Folgen auf diesem Markt sind dann die gleichen wie bei technischem Fortschritt.

Auch eine **Veränderung des Sparverhaltens** (des Geldkapitalangebots) stellt eine Störung aus dem realwirtschaftlichen Bereich dar. Unter der Annahme, dass die Wirtschaftssubjekte den zukünftigen Konsum höher bewerten als den gegenwärtigen, erhöht sich die Sparneigung in der Gegenwart. Dies bedeutet, dass die Haushalte zu jedem beliebigen realen Zinssatz ein höheres Sparvolumen realisieren. Dadurch verschiebt sich in der geometrischen Darstellung (s. Abb. 8-14) die Kurve des Geldkapitalangebots nach rechts unten.

Abb. 8-14: Störung durch Erhöhung des Sparvolumens

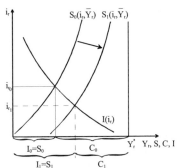

Das Gleichgewicht von Sparen und Investieren stellt sich dann bei einem geringeren Nominalzinssatz und bei einem höheren Spar- und Investitionsvolumen ein. Die Höhe des gesamten realen Volkseinkommens bleibt davon unbeeinflusst. Es verändert sich nur seine Zusammensetzung (Struktur). Gegenüber der Ausgangssituation werden jetzt mehr Investitions- und entsprechend weniger Konsumgüter produziert.

Auch das Volumen der gesamten Güternachfrage erfährt keine Veränderung. Allerdings verändert sich auch deren Zusammensetzung (die Nachfragestruktur). In der neuen Gleichgewichtssituation wird die Investitionsgüternachfrage in dem Maße zunehmen, wie die Konsumgüternachfrage zurückgeht.

Eine **Störung durch einen Rückgang der Investitionsgüternachfrage** zeigt sich in der geometrischen Darstellung durch eine Verschiebung der Investitionskurve nach links unten (s. Abb. 8-15). Nimmt beispielsweise aufgrund der negativeren Einschätzung der Zukunftsaussichten die Investitionsneigung der Unternehmer ab, dann geht die gesamtwirtschaftliche Nachfrage nach Investitionsgütern zurück. Es entsteht dadurch eine neue Gleichgewichtssituation am Güter- bzw. Kapitalmarkt bei niedrigerem Nominalzins, weil nur so das entstehende Überangebot an Geldkapital abgebaut werden kann.

Die Höhe des realen Volkseinkommens bleibt von dieser Veränderung unbeeinflusst. Seine Struktur wird sich jedoch verändern, da jetzt mehr Konsum- und entsprechend weniger Investitionsgüter produziert werden. Auch die gesamte Güternachfrage erfährt keinen Rückgang, da die geringere Investitionsgüternachfrage bei geringerem Nominal- und Realzinssatz vollständig durch höhere Konsumgüternachfrage kompensiert wird.

Abb. 8-15: Störung durch einen Rückgang der Investitionsgüternachfrage

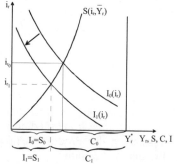

Bei den bisherigen Störungen handelte es sich um Veränderungen, die die Funktion der Marktmechanismen nicht beeinträchtigen. Solange also nach der hier dargestellten liberalen Konzeption die Marktmechanismen funktionsfähig bleiben, werden sie bei jeder endogenen Störung Anpassungsreaktionen innerhalb des Marktsystems hervorrufen, die es ihm ermöglichen, die Störungen zu absorbieren und die gesamte Volkswirtschaft in eine neue und stabile Gleichgewichtssituation bei Vollbeschäftigung aller Produktionsfaktoren zurückzuführen.

Diese positive Eigenschaft des marktwirtschaftlichen Systems würde man allerdings ausschalten, wenn **exogen**, beispielsweise durch staatliche oder gewerkschaftliche Interventionen, in das Marktsystem eingegriffen wird.

Ein solcher Eingriff würde die **staatliche Festsetzung eines nominalen Mindestlohnes,** der über dem Marktlohn liegt, darstellen. Ein solches Vorgehen setzt den Marktlohnmechanismus außer Kraft. Bei zunächst unverändertem Preisniveau wird die Festsetzung des nominalen Mindestlohnes über dem Marktlohn eine Erhöhung des Reallohnes bedeuten.

Da der Anpassungsmechanismus durch diesen Eingriff ausgeschaltet ist, wird der überhöhte Reallohn einen Rückgang der Arbeitsnachfrage herbeiführen. Bei der gegebenen Produktionsfunktion bedeutet ein geringerer Arbeitseinsatz ein niedrigeres Volkseinkommen. Ein geringeres Volkseinkommen kann bei gegebener Geldmenge und gegebener Umlaufgeschwindigkeit nur zu einem höheren Preisniveau abgesetzt werden (Quantitätsgleichung).

Das niedrigere Volkseinkommen vermindert auch das Angebot an Geldkapital zu jedem Zinssatz. Die Verknappung des Geldangebots führt zu einer Erhöhung des Nominalzinses und trotz der Preisniveauerhöhung auch des Realzinses. Die neue Gleichgewichtssituation auf diesem Markt weist ein niedrigeres Spar-, Konsum- und Investitionsvolumen bei einem höheren Nominal- und Realzins auf. Aufgrund der Erhöhung des Preisniveaus wird die ursprüngliche negative Wirkung des erhöhten Nominallohnes auf Beschäftigung und Produktion etwas gemildert, die Ungleichgewichtssituation am Arbeitsmarkt (Arbeitslosigkeit) wird dadurch jedoch nicht aufgehoben.

8.9 Resümee

In der Darstellung des liberalen makroökonomischen Marktmodells wurde gezeigt, dass eine zentrale Eigenschaft dieses Modells die Funktionsfähigkeit des Preismechanismus ist. Der Lohnmechanismus bringt das Arbeitsangebot und die Arbeitsnachfrage grundsätzlich ins Gleichgewicht. Damit wird die gesamte Auslastung der Produktionsfaktoren garantiert und die Höhe der gesamten Produktion bestimmt.

Außerdem wurde in der Darstellung des Modells ersichtlich, dass die so genannte **makroökonomische Zweiteilung (Dichotomie)** zwischen dem monetären und realen (güterwirtschaftlichen) Sektor gilt. Sie besagt, dass monetäre Störungen (Impulse), wie Veränderungen der Geldmenge und/oder des Kassenhaltungskoeffizienten, nur Einfluss auf das absolute Preisniveau haben, nicht aber auf die relativen Preise, wie Reallohn oder Realzins. So haben monetäre Einflüsse keine Wirkung auf die Höhe der Beschäftigung und des Volkseinkommens. Andererseits können Veränderungen der realen Größen Veränderungen der monetären Größen bewirken.

Im Rahmen der Analyse dieses Modells wurde ersichtlich, dass dauerhafte Störungen des gesamtwirtschaftlichen Gleichgewichtes auf exogen bewirkte Markteingriffe zurückzuführen sind. Private oder staatliche Eingriffe in das Marktgeschehen schalten nach dieser Theorie die Marktmechanismen aus und führen dadurch zu anhaltenden Ungleichgewichten, d. h. Krisen, wie z. B. dauerhafte Arbeitslosigkeit.

9. Die keynesianische makroökonomische Marktlehre

9.1 Keynesianische Hauptkritik an der liberalen Marktlehre

Die Weltwirtschaftskrise (1929 - 1933) veranlasste den englischen Nationalökonomen J. M. Keynes über die Ergebnisse der im achten Kapitel dargestellten und mehr oder weniger herrschenden liberalen ökonomischen Marktlehre nachzudenken. Lang anhaltende Massenarbeitslosigkeit, wie sie in dieser Zeit herrschte, war nach Meinung von Keynes durch das liberale ökonomische Marktmodell nicht ausreichend erklärt.

Deshalb versuchte er, den theoretischen Nachweis zu erbringen, dass es in einem marktwirtschaftlich organisierten Wirtschaftssystem Fälle gibt, in welchen - selbst unter der Annahme des Wettbewerbs auf allen Märkten - ein stabiles gesamtwirtschaftliches Gleichgewicht bei Unterbeschäftigung der Produktionsfaktoren möglich ist. Das Ziel seiner Theorie lag also darin, in einer theoretischen Analyse die Gründe aufzuzeigen, weshalb die Marktmechanismen (Lohn-, Preis- und Zinsmechanismus) offensichtlich nicht von selbst zu einem gesamtwirtschaftlichen Gleichgewicht bei Vollbeschäftigung aller Produktionsfaktoren führen müssen.

Keynes hat folgende Annahmen des liberalen Marktmodells in Frage gestellt:

- Der Lohnmechanismus bringt Angebot und Nachfrage nach Arbeit zum Ausgleich (liberale Beschäftigungslehre).

- Der Zinsmechanismus bringt das Sparkapitalangebot und die Nachfrage nach dem gesparten Geld (Investitionsgüternachfrage) zum Ausgleich (liberale Zinslehre).

- Die Quantitätstheorie des Geldes, wonach Geld nur zu Transaktionszwecken gehalten bzw. nachgefragt wird, gilt (liberale Geldlehre).

9.1.1 Die Kritik am Lohnmechanismus der liberalen Marktlehre

Wie im achten Kapitel erläutert wurde, basiert der Lohnmechanismus im Rahmen der liberalen Markttheorie auf zwei Grundvoraussetzungen:

Erstens wird angenommen, dass die Produktionsfaktoren in der Volkswirtschaft unter den Bedingungen einer linear homogenen Produktionsfunktion eingesetzt werden. In der partiellen Betrachtung einer solchen Produktionsfunktion gilt das Ertragsgesetz, worin die Gültigkeit der Grenzproduktivitätstheorie des Lohnes begründet liegt. Demnach entspricht der Nominallohn - also der Geldlohn - w dem mit dem Preisniveau P bewerteten physischen Grenzprodukt (Grenzertrag) Y_r' der Arbeit.

(9.1) $w = Y_r' \cdot P$

Zweitens wird das Arbeitsangebot mit Hilfe der Grenznutzentheorie begründet. Die Arbeitskräfte bieten nach dieser Theorie so lange Arbeit an, bis der **Nutzenzuwachs** (Grenznutzen), der aus dem Geldlohn, welcher durch den Einsatz einer zusätzlichen Arbeitseinheit erzielt wird, dem **Arbeitsleid**, das durch den Einsatz dieser Arbeitseinheit verursacht wird, entspricht.

Die Konsequenz aus dieser Theorie ist, dass die Arbeitskräfte immer dann ihr Arbeitsangebot verringern, wenn die Konsumgüterpreise bei unverändertem Nominallohn steigen, da der Reallohn dadurch sinkt und umgekehrt (vgl. hierzu die Ausführungen über den liberalen Arbeitsmarkt). Keynes bejaht die Gültigkeit der Grenzproduktivitätstheorie des Lohnes, verneint aber die grenznutzentheoretische Ableitung des gesamtwirtschaftlichen Arbeitsangebots. Der marktmäßig bestimmte Reallohn muss nicht immer dem Grenzleid der Arbeit entsprechen. Diese Auffassung wird mit dem tatsächlich beobachtbaren Verhalten am Arbeitsmarkt begründet.

Demnach sind die Arbeitnehmer in gewissen Grenzen bereit, den bestehenden Nominallohn (Geldlohn) auch bei einem erhöhten Preisniveau (sinkender Reallohn) zu akzeptieren, wenn dabei die reale Lohnsumme aufgrund der gestiegenen gesamtwirtschaftlichen Arbeitsnachfrage zunimmt. Die Arbeitnehmer sind andererseits nicht bereit, eine Senkung des bestehenden Nominallohnes hinzunehmen. Dies wird unter anderem auch mit der gewerkschaftlichen Organisation der Arbeitskräfte begründet. Außerdem trifft nach keynesianischer Auffassung nicht zu, dass mit einer Reallohnsenkung immer ein positiver Beschäftigungseffekt verbunden ist. Diesen Sachverhalt verdeutlicht Abbildung 9-1, die auf nachfolgendem Zahlenbeispiel basiert.

Abb. 9-1: Arbeitsnachfrage und Lohnsumme

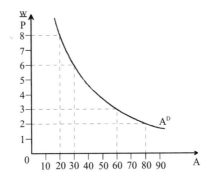

In der Ausgangsperiode besteht bei einer gegebenen gesamtwirtschaftlichen Arbeitsnachfragekurve und einem gegebenem Preisniveau (P) ein durchschnittlicher Reallohn w_1/P von 8 Geldeinheiten. Dies entspricht laut Arbeitsnachfragekurve einer Arbeitsnachfrage A_1 im Umfang von 20 Arbeitseinheiten. Die gesamte Lohnsumme L_1 würde dann in dieser Ausgangsperiode bei einem Preisniveau von Eins folgenden Wert annehmen:

(9.2) $L_1 = w_1 \cdot A_1 = 8 \cdot 20 = 160$ Geldeinheiten

Würde nun in der folgenden Periode der Nominallohn auf 6 Geldeinheiten sinken (w_2), dann steigt die Arbeitsnachfrage A_2 auf 30 Arbeitseinheiten. Die gesamte Lohnsumme L_2 beträgt dann:

(9.3) $L_2 = w_2 \cdot A_2 = 6 \cdot 30 = 180$ Geldeinheiten

Dieses Zahlenbeispiel bestätigt das Ergebnis der liberalen Markttheorie. Die Senkung des Reallohnes führt hier zu höherer Beschäftigung und zu höherer Güternachfrage.

Würde man jedoch eine Ausgangssituation mit einem Nominallohn w_3 von 3 Geldeinheiten und einer Beschäftigungsmenge A_3 von 60 Arbeitseinheiten unterstellen, dann beträgt die Lohnsumme L_3:

(9.4) $L_3 = w_3 \cdot A_3 = 3 \cdot 60 = 180$ Geldeinheiten

Sinkt nun in der folgenden Periode der Nominallohn auf 2 Geldeinheiten (w_4), so erhöht sich die Arbeitsnachfrage auf 80 Arbeitseinheiten (A_4). Die Lohnsumme L_4 wird dann folgenden Wert annehmen:

(9.5) $L_4 = w_4 \cdot A_4 = 2 \cdot 80 = 160$ Geldeinheiten

In dieser zweiten Situation führt eine Senkung des Reallohns zu einer Verminderung der Lohnsumme und damit der gesamtwirtschaftlichen Güternachfrage.

Die weitere Folge wäre dann mangels Güternachfrage - entgegen der liberalen Theorie - eine Verminderung der Arbeitsnachfrage in der nächsten Periode. Daraus wird deutlich, dass die Senkung des Reallohns die Beschäftigung nur unter bestimmten Voraussetzungen erhöhen kann.

Diese Situation tritt nur dann ein, wenn die prozentuale Reallohnsenkung kleiner ist als die prozentuale Zunahme der Arbeitsnachfrage. Mit anderen Worten: Mehrbeschäftigung entsteht, wenn die Reallohnelastizität der Arbeitsnachfrage absolut betrachtet größer als Eins ist ($|\varepsilon_A| > 1$).

9.1.2 Die Kritik am Zinsmechanismus der liberalen Marktlehre

Nach der liberalen Marktlehre wird das Gleichgewicht auf dem Konsum- bzw. Kapitalgütermarkt durch die Wirkung des Marktzinsmechanismus erreicht. Dieser teilt das gesamte verfügbare Güterangebot auf Konsum- und Investitionsgüter in der Weise auf, dass die Sparentscheidungen der Haushalte stets mit den Investitionsentscheidungen der Unternehmer übereinstimmen $(S = I)$.

Somit beruht das Gleichgewicht am Konsum- bzw. Kapitalgütermarkt auf den Annahmen der Zinsabhängigkeit des Sparens, des Konsums sowie der Investitionen. Nach der keynesianischen Lehre müssen die Spar- und Investitionsentscheidungen dagegen nicht notwendigerweise immer übereinstimmen, da sie von unterschiedlichen Personengruppen getroffen werden. Außerdem geht man hier davon aus, dass die Zinsabhängigkeit des Sparens sehr gering ist und deshalb vernachlässigt werden kann. Nach dieser Auffassung ist der primäre Bestimmungsfaktor des Konsums und damit des Sparens die Höhe des verfügbaren Einkommens.

Die Investitionsgüternachfrage ist auch in der keynesianischen Theorie vom Zins abhängig. Dies gilt allerdings unter der Annahme gegebener subjektiver Erwartungen hinsichtlich der zukünftigen Erträge der Investitionen. Die Höhe dieser Erträge sind von der so genannten **Grenzleistungsfähigkeit** des Kapitals abhängig, die zusammen mit der Höhe des Marktzinssatzes die Investitionsentscheidungen der Unternehmer bestimmen.

9.1.3 Die Kritik an der liberalen Geldlehre

In der keynesianischen Theorie wird auch die Aussage der Quantitätstheorie des Geldes, dass die Wirtschaftssubjekte Geld nachfragen (Geld halten), um nur ihre laufenden Transaktionen zu finanzieren bestritten. Für Keynes gibt es mehrere Motive der Kassenhaltung (der Geldnachfrage). Es wird zwischen dem Transaktions-, Vorsichts-, und dem Spekulationsmotiv der Kassenhaltung unterschieden.

9.2 Die Prämissen des keynesianischen Marktmodells

Im keynesianischen makroökonomischen Marktmodell gelten, mit Ausnahme des Sayschen Theorems und eines Teils der Quantitätstheorie des Geldes, dieselben Prämissen wie im liberalen Modell. Auch hier handelt es sich um eine kurzfristige (partielle) Betrachtung der gesamtwirtschaftlichen Aktivitäten. Unter der Annahme einer gegebenen Produktionstechnik (Produktionsfunktion) werden sowohl die Zahl der verfügbaren Arbeitskräfte als auch die Ausstattung der Volkswirtschaft mit Sachkapital als gegeben unterstellt. Die mit den Nettoinvestitionen verbundene Kapazitätserweiterung sowie die Wirkung technischen Fortschritts bleiben zunächst in der kurzfristigen Betrachtung unberücksichtigt.

Keynes hat ursprünglich auch ein konstantes Preisniveau vorausgesetzt, da er von Unterbeschäftigung der Produktionsfaktoren ausgegangen ist. Die Nominallöhne sind nur nach oben flexibel.

Die Formalisierung der keynesschen Aussagen in einem Gleichgewichtsmodell wurde nicht von Keynes, sondern vor allem durch J. R. Hicks (1904 - 1989) und A. H. Hansen (1887 - 1975) vorgenommen. Da oft in diese Formalisierung auch eine Keynesinterpretation der betreffenden Autoren mit einfließt, spricht man in diesem Zusammenhang nicht von keynesscher, sondern von keynesianischer Theorie.

9.3 Die Funktionsweise des Gütermarktes

In der keynesianischen makroökonomischen Markttheorie geht man davon aus, dass bei einer gegebenen Produktionsfunktion der Umfang der Beschäftigung und damit die Höhe des Sozialprodukts sowie der Umfang der benötigten Geldmenge von der gesamtwirtschaftlichen Nachfrage am Gütermarkt bestimmt werden.

Diese primär nachfrageorientierte Betrachtung steht im Gegensatz zum angebots- und arbeitsmarktorientierten liberalen Erklärungsansatz. Nach diesem wird die Höhe des gesamtwirtschaftlichen Konsum- und Kapitalgüterangebots, dank des Lohnmechanismus, der für Vollbeschäftigung aller Produktionsfaktoren sorgt, durch den Arbeitsmarkt bestimmt. Dieses Angebot wird wiederum durch das im Produktionsprozess entstandene Einkommen vollständig nachgefragt. Ein solches Gleichgewicht wird durch den Zinsmechanismus bewirkt, der dafür sorgt, dass das nicht für Konsumgüter verwendete Einkommen, also das Gesparte, voll für den Kauf der Kapitalgüter ausgegeben wird. So bleibt die Vollbeschäftigung der Produktionsfaktoren bestehen, da die aggregierte gesamtwirtschaftliche Güternachfrage dem aggregierten gesamtwirtschaftlichen Güterangebot entspricht und daher kein Unterbeschäftigungsproblem auftreten kann.

Die nachfrageorientierte Betrachtung von Keynes geht dagegen davon aus, dass die Vollbeschäftigung der Produktionsfaktoren und damit die höchstmögliche Produktion erst dann realisiert werden können, wenn erwartet wird, dass die beabsichtigte Produktion abgesetzt werden kann. Wie noch erläutert wird, kann im keynesianischen Modell das durch die Güternachfrage bestimmte Güterangebot nur zufällig zu einer Vollauslastung der Produktionsfaktoren führen. Keynes nimmt eher einen Zustand lang anhaltender marktbestimmter Unterbeschäftigung der Produktionsfaktoren in marktwirtschaftlichen Systemen als Regel an.

Diese Ausführungen verdeutlichen, dass der Gütermarkt der bestimmende (strategische) Markt im keynesianischen Modell ist. Daher ist ein zentrales Anliegen der keynesianischen Theorie, die Einflussfaktoren der gesamtwirtschaftlichen Güternachfrage zu bestimmen.

9.3.1 Die Bestimmungsfaktoren der Konsumgüternachfrage

Die Höhe des realen Volkseinkommens ist in der keynesianischen Theorie die bestimmende Größe des gesamtwirtschaftlichen Konsums. Daher wird die Nachfrage nach Konsumgütern als eine Funktion des Volkseinkommens dargestellt.

(9.6) $C = F(Y_r)$

Diese Konsumfunktion gilt allerdings nur in der kurzen Frist. Langfristig hat Keynes eine Anzahl von weiteren Bestimmungsfaktoren des Konsums angeführt. So haben z. B. die Erwartungen hinsichtlich der Entwicklung des Volkseinkommens, der Steuerpolitik, der Zinspolitik, der Politik der Einkommensverteilung sowie der Lohn- und Vermögenspolitik Einfluss auf die Konsumentscheidungen der privaten Haushalte. Da sich diese Bestimmungsfaktoren des Konsums allerdings nur langfristig verändern, betrachtete Keynes diese kurzfristig als konstant. Damit steht das Volkseinkommen und seine Entwicklung im Vordergrund seiner nachfrageorientierten Theorie.

Unter Volkseinkommen versteht man im Rahmen der keynesianischen Theorie das tatsächlich in der Gegenwart verfügbare Einkommen. Keynes war der Meinung, ohne dies im Einzelnen zu erläutern, dass sich gesamtwirtschaftlich optimistische und pessimistische Einkommenserwartungen der Konsumenten ausgleichen, so dass am Ende das laufende Einkommen der Gegenwart die Konsumausgaben bestimmt.

(9.7) $C_t = F(Y_{r_t})$

In der keynesianischen Konsumfunktion wird ein Teil des Konsums als einkommensunabhängig gesehen. Dieser autonome Konsum erklärt sich dadurch, dass auch bei nicht vorhandenem Volkseinkommen konsumiert wird. Ein solcher Konsum ist allerdings nur möglich, wenn auf Ersparnisse zurückgegriffen werden kann (Entsparen). Für den einkommensabhängigen Teil des Konsums wird angenommen, dass dieser mit steigendem Volkseinkommen zwar zunimmt, aber nicht in vollem Maß der Einkommenssteigerung. Dies bedeutet, dass die marginale Konsumneigung kleiner als eins ist.

Der Anteil des zusätzlichen gesamtwirtschaftlichen Konsums am Zuwachs des Gesamteinkommens wird durch die **marginale Konsumneigung** c bestimmt. Die marginale Konsumneigung, die auch Grenzneigung zum Konsum oder auch marginale Konsumquote genannt wird, gibt an, wie sich der Konsum verändert, wenn sich das Volkseinkommen um eine Einheit vergrößert oder verkleinert.

(9.8) $\quad c = \dfrac{dC}{dY_r}$

In der Analyse wird auch der durchschnittliche Konsum oder die **durchschnittliche Konsumquote** c^+ verwendet. Die durchschnittliche Konsumquote gibt den Anteil des Volkseinkommens an, der auf den Konsum entfällt.

(9.9) $\quad c^+ = \dfrac{C}{Y_r}$

Abb. 9-2: Konsumfunktionen

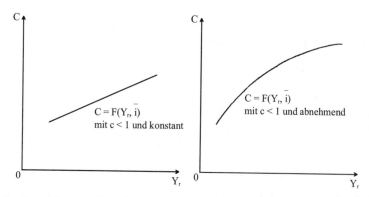

In der theoretischen Darstellung unterscheidet man zwischen linearen und nichtlinearen Konsumfunktionen. Linearen Konsumfunktionen liegt eine konstante Konsumneigung zugrunde. Demgegenüber wird eine mit steigendem Einkommen abnehmende Konsumneigung durch einen nichtlinearen Verlauf der Konsumfunktion widergespiegelt. Abbildung 9-2 stellt diese Sachverhalte dar.

9.3.2 Die Bestimmungsfaktoren des Sparens

Bei gegebenem Zinssatz bestimmt nach Keynes die Höhe des Volkseinkommens sowohl die Höhe der Konsumgüternachfrage C als auch die Höhe des Sparens S. Damit ist auch das Sparen eine Funktion des Volkseinkommens.

(9.10) $S = F(Y_r)$

In Analogie zur Konsumfunktion kann man auch bei der Sparfunktion die **marginale Sparneigung** s, auch marginale Sparquote genannt, als Veränderung des Sparens bei einer Einkommensveränderung darstellen.

(9.11) $s = \dfrac{dS}{dY_r}$

Da ein Teil des zusätzlichen Einkommens konsumiert und der Rest gespart wird, addieren sich marginale Konsum- und marginale Sparneigung zu eins.

(9.12) $\dfrac{dC}{dY_r} + \dfrac{dS}{dY_r} = 1$ oder $c + s = 1$

Die durchschnittliche Sparneigung s^+ ist definiert als der Anteil des gesamtwirtschaftlichen Sparens am Volkseinkommen.

(9.13) $s^+ = \dfrac{S}{Y_r}$

Auch die durchschnittliche Konsum- und Sparneigung addieren sich zu eins.

(9.14) $\dfrac{C}{Y_r} + \dfrac{S}{Y_r} = 1$ oder $c^+ + s^+ = 1$

Damit ist nach Keynes das Sparen wie das Konsumieren - nicht wie bei den Klassikern - eine Funktion des Zinssatzes, sondern eine Funktion des Volkseinkommens. Grafisch lässt sich die Sparfunktion am besten verdeutlichen, wenn sie im Zusammenhang mit der Konsumfunktion dargestellt wird. Die lineare Konsum- und Sparfunktion haben dabei folgende Form:

(9.15) $C = a + cY_r$,

wobei a den **autonomen Konsum** darstellt. Er ist der Konsum, welcher auch bei einem Einkommen von Null realisiert wird.

(9.16) $S = -a + sY_r$

In Gleichung (9.16) entspricht -a dem Betrag nach der Höhe des autonomen Konsums. Dieser wird aus dem Sparen der Vergangenheit finanziert. Der Schnittpunkt der Sparkurve mit der Abszissenachse (S = 0) in Abbildung 9-3, wird als Sparschwelle bezeichnet.

Abb. 9-3: Zusammenhang zwischen Konsum und Sparfunktion

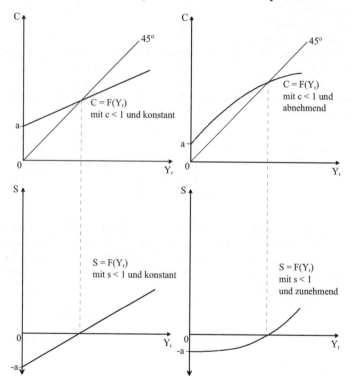

9.3.3 Die Bestimmungsfaktoren der Investitionen

Im liberalen theoretischen Ansatz ist der Bestimmungsfaktor der Investitionen der Zinssatz. Im keynesianischen Ansatz ist der Zinssatz dagegen nur **eine Einflussgröße**, die das Investitionsverhalten der Wirtschaftssubjekte bestimmt.

Nach keynesianischen Vorstellungen ergibt sich die Höhe der gesamtwirtschaftlichen Investitionen aus der Summe der Investitionen der einzelnen Unternehmer in einer Volkswirtschaft. Deshalb ist die Frage nach den
Bestimmungsfaktoren, die die einzelnen Unternehmer zu Investitionsentscheidungen veranlassen, von großer Bedeutung für die gesamtwirtschaftliche Entwicklung.

Diese Bedeutung wird mit der doppelten Wirkung der Investitionen in einer
Volkswirtschaft begründet. Investitionen haben aus ökonomischer Sicht
deshalb eine doppelte Wirkung, weil sie sowohl einkommens- bzw. be-
schäftigungswirksam als auch kapazitätswirksam sind (Einkommens- und
Kapazitätseffekt). Der **Einkommenseffekt** (auch Beschäftigungseffekt)
äußert sich in einer Zunahme der gesamtwirtschaftlichen Nachfrage und
damit letztlich der Beschäftigung. Der **Kapazitätseffekt** resultiert aus der
Tatsache, dass **Nettoinvestitionen** den Kapitalstock und damit die Produktionskapazität der Volkswirtschaft vergrößern.

Die keynesianische Einkommens- und Beschäftigungstheorie bezieht sich
nur auf den Einkommenseffekt der Investitionen, weil man sich zunächst
auf eine kurzfristige Analyse beschränkt. Da der Kapazitätseffekt erst nach
einem längeren Zeitraum wirksam wird, ist er Gegenstand der Wachstumstheorie, in der die langfristige ökonomische Entwicklung analysiert wird
(vgl. Kapitel Wachstumstheorie).

Wie beim liberalen Ansatz, so wird auch beim keynesianischen unterstellt,
dass eine Investition erst dann vorgenommen wird, wenn sie im Urteil des
Investors als rentabel erscheint. Unter **Rentabilität** versteht man dabei das
Verhältnis von Erfolg (Gewinn) zum eingesetzten Kapital (Investition). Bei
der Prüfung der Frage, ob eine Investition rentabel ist, steht jeder Investor
vor dem Problem einer Wahlentscheidung. Ihm stehen mehrere Möglichkeiten offen, wie er sein Kapital ertragbringend einsetzen kann.

Eine Möglichkeit besteht z. B. darin, das Geldkapital zu einem bestimmten
Zinssatz auf dem Geld- bzw. Kapitalmarkt anzulegen, d. h. eine **Finanzinvestition** vorzunehmen. Eine weitere Alternative ist die Durchführung
einer **Realinvestition** (Sachinvestition), d. h. er setzt sein Geldkapital direkt im eigenen Unternehmen ein. Eine solche Realinvestition wird der
Unternehmer nur dann vornehmen, wenn die erwartete Rendite mindestens
genau so hoch ist wie die der Finanzinvestition.

Da Investitionsentscheidungen grundsätzlich Entscheidungen für die Zukunft sind, besteht das Problem einer Investitionsentscheidung darin, die zu
unterschiedlichen Zeitpunkten anfallenden Ausgaben und Einnahmen einer
Investition ökonomisch so zu bewerten, dass sie vergleichbar sind.

Dazu stehen dem Unternehmer verschiedene Methoden zur Verfügung. Dies ist zum einen die **Kapitalwertmethode**, die - unter Berücksichtigung der Zukunftserwartungen des Unternehmers, welche sich im Kalkulationszinssatz widerspiegeln - die erwarteten Einnahmen den Ausgaben im Zeitablauf gegenüberstellt. Sind die erwarteten Einnahmen größer als die Ausgaben, ist die Realinvestition für den Unternehmer lohnend.

Zum anderen lässt sich eine Investition durch die **interne Zinsfußmethode** bewerten. Der ermittelte Zinsfuß r stellt die effektive Verzinsung des in das Projekt investierten Kapitals dar. Diese Größe r wird von Keynes als die **Grenzleistungsfähigkeit des Kapitals** bezeichnet. Andere Autoren sprechen von der **Grenzleistungsfähigkeit der Investition**. Darunter wird der Zinssatz verstanden, bei dem die Anschaffungskosten einer Investition gleich der Summe der abgezinsten Einnahmeüberschüsse der Lebensdauer der Investition sind.

Um die wirtschaftliche Effizienz eines Investitionsprojekts feststellen zu können, muss der interne Zinsfuß r, d. h. die Grenzleistungsfähigkeit des Kapitals, mit der Verzinsung alternativer Geldkapitalverwendungen, die dadurch verloren gehen (**Opportunitätskosten**), verglichen werden.

In der Regel wird ein Vergleich zwischen der Grenzleistungsfähigkeit des Kapitals r und dem effektiven Marktzins i vorgenommen. Ist die Grenzleistungsfähigkeit des Kapitals größer als der Marktzins, dann ist das Investitionsprojekt ökonomisch vorteilhaft.

Aus diesem Konzept wird die Investitionsnachfragefunktion eines Unternehmens im Rahmen des keynesianischen Systems abgeleitet. Je größer die positive Differenz zwischen Grenzleistungsfähigkeit des Kapitals und dem effektiven Marktzins ist, um so vorteilhafter ist für den betreffenden Unternehmer die beabsichtigte Investition. Ist nun die erwartete Grenzleistungsfähigkeit des Kapitals gegeben, dann hängt die Investitionsbereitschaft des Unternehmers von der Höhe des effektiven Marktzinssatzes i ab.

$$(9.17) \quad I = f(\overset{-}{i}, r)$$

Andererseits bedeutet eine Erhöhung der Grenzleistungsfähigkeit des Kapitals, d. h. optimistischere Zukunftserwartungen, größere Investitionsnachfrage bei unverändertem Marktzins.

$$(9.18) \quad I = f(r, \overset{-}{i})$$

Abb. 9-4: Individuelle Investitionsnachfrage im keynesianischen Modell

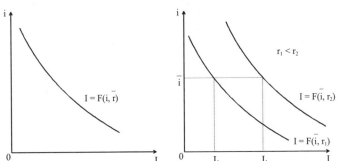

Die **gesamtwirtschaftliche Investitionsnachfrage** wird durch Aggregation der einzelnen Investitionsvorhaben abgeleitet. Die Investitionstätigkeit in der Volkswirtschaft nimmt demzufolge ab (zu), wenn der Marktzins - bei gegebener Grenzleistungsfähigkeit des Kapitals - steigt (fällt).

$$(9.19) \quad I = F(i, \bar{r})$$

Dies hängt damit zusammen, dass es in der Volkswirtschaft verschiedene Investitionsprojekte mit unterschiedlichen Rentabilitätserwartungen gibt. Geht man von einem bestimmten Marktzins aus, so ergibt sich, dass diejenigen Investitionsprojekte realisiert werden können, die eine höhere interne Verzinsung (r) aufweisen als der Marktzinssatz (i). Daraus lässt sich eine monoton fallende Investitionsfunktion ableiten.

Abb. 9-5: Gesamtwirtschaftliche Investitionsnachfragekurve

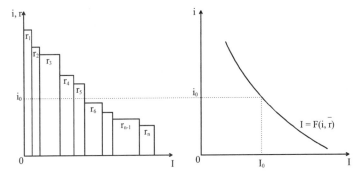

In Abbildung 9-5 ist die Grenzleistungsfähigkeit des Kapitals der Investitionsprojekte Eins bis Fünf größer als der Marktzins i_0. Alle weiteren Investitionsprojekte weisen eine geringere Grenzleistungsfähigkeit des Kapitals auf. Daraus folgt, dass die Investitionen mit den Grenzleistungsfähigkeiten r_1 bis r_5 bei einem Marktzins von i_0 getätigt werden. Es ergibt sich somit ein gesamtwirtschaftliches Investitionsvolumen von I_0.

9.3.4 Das güterwirtschaftliche Gleichgewicht - die IS-Kurve

Ein makroökonomisches Gleichgewicht auf dem Gütermarkt herrscht dann, wenn die **geplante** gesamtwirtschaftliche Güternachfrage (Y_r^D) gleich dem **geplanten** gesamtwirtschaftlichen Güterangebot (Y_r^S) ist. Oder wenn das **geplante** gesamtwirtschaftliche Sparen (S) den **geplanten** gesamtwirtschaftlichen Bruttoinvestitionen (I) entspricht. Es stellt sich daher die Frage nach den Bedingungen, die zu einem Gleichgewicht zwischen Sparen und Investieren bei gegebenen Spar- und Investitionsfunktionen führen.

Aus den Spar- und Investitionsfunktionen und der Gleichgewichtsbedingung lässt sich das gesamtwirtschaftliche güterwirtschaftliche Gleichgewicht bestimmen.

(9.10) $S = F(Y_r)$ Sparfunktion

(9.19) $I = F(i, \bar{r})$ Investitionsfunktion

(9.20) $I = S$ Gleichgewichtsbedingung

Im Gegensatz zum liberalen Modell, in welchem das Sparen und das Investieren vom Zinssatz abhängig sind und das System damit determiniert ist, liegt hier ein nicht eindeutig bestimmtes System von drei Gleichungen mit vier Unbekannten (S, Y_r, I, i) vor. Man kann dieses Problem nur dann lösen, wenn eine der unabhängigen Variablen Y_r, oder i als gegeben angenommen wird.

Ist beispielsweise der Zinssatz gegeben, dann lässt sich aus dem Gleichungssystem das Volkseinkommen ermitteln, bei welchem die Gleichgewichtsbedingung (I = S) erfüllt ist. Wenn das Volkseinkommen gegeben ist, dann lässt sich der Zinssatz ermitteln, bei welchem das Sparen dem Investieren entspricht.

So gibt es eine Fülle von Kombinationen von Zinssätzen und Einkommenshöhen, bei welchen güterwirtschaftliche Gleichgewichte existieren. Der geometrische Ort aller dieser Kombinationen wird in der Literatur als die **IS-Kurve** (investment = savings) bezeichnet. Die IS-Kurve gibt alle Kombinationen von Zins- und Einkommenshöhen an, bei welchen Gleichgewichte zwischen Geldkapitalangebot (Sparen) und Geldkapitalnachfrage (Investitionen) herrschen.

Die Abb. 9-6 zeigt, dass bei gegebenen Spar- und Investitionsfunktionen und bei einem gegebenem Zinssatz i_1 eine Investitionshöhe von I_1 bestimmt werden kann. Für diese Investition ist eine Ersparnis in Höhe von S_1 notwendig (Gleichgewichtsbedingung).

Abb. 9-6: Ableitung der IS-Kurve

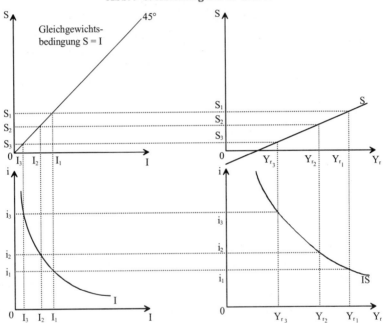

Aus der Sparfunktion wird dann die Höhe des Volkseinkommens ermittelt Y_{r_1}, die diese Sparhöhe ermöglicht. Auf diese Weise sind eine Fülle von solchen Kombinationen ableitbar, die die Gleichgewichtsbedingung ($I = S$) erfüllen.

Diese einzelnen gleichgewichtigen Kombinationen von Zins und Einkommen stellt die IS-Kurve dar. Sie zeigt, dass ein Gleichgewicht auf dem Gütermarkt bedingt, dass die Einkommen um so niedriger (höher) sind, je höher (niedriger) der Zinssatz ist. Die IS-Kurve stellt **keinen** funktionalen Zusammenhang zwischen Zins und Volkseinkommen dar. Sie ist nur eine aus den Investitions- und Sparfunktionen **abgeleitete** Kurve und gilt als

Gleichgewichtsort, der Spar- und Investitionsbeträge in Übereinstimmung bringt.

Auf dem Kapitalmarkt existiert allerdings nur **ein** bestimmter Zinssatz, und damit **ein** bestimmter Punkt auf der IS-Kurve, bei dem auch ein Gleichgewicht auf dem Geldmarkt, und damit ein simultanes (gleichzeitiges) güter- und geldwirtschaftliches Gleichgewicht herrscht. Diesen Punkt auf der IS-Kurve kann man allerdings erst dann bestimmen, wenn vorher Klarheit über die Gleichgewichtssituation auf dem Geldmarkt besteht.

9.4 Funktionsweise des keynesianischen Geldmarktes

In jeder modernen Volkswirtschaft übt das Geld mehrere Funktionen aus (vgl. Kapitel 10). Außer als Tauschmittel (**Tauschmittelfunktion**) dient das Geld auch als **allgemeine Recheneinheit** und ermöglicht damit eine Verringerung der Kosten der Informationsbeschaffung. Dies ist vor allem deshalb möglich, weil Geld die Zahl der relativen Preise der Güter beträchtlich verringert. In einer **Naturaltauschwirtschaft** (Tauschwirtschaft ohne Geld) gibt es bei n Gütern n · (n - 1) Preise. In einer Tauschwirtschaft mit Geld dagegen bestehen bei n Gütern lediglich n Preise.

Darüber hinaus kann das Geld eine **Wertaufbewahrungsfunktion** übernehmen. Bei dieser Funktion wird Geld als Wertaufbewahrungsmittel gehalten, um jederzeit Güter und verzinsliche Wertpapiere kaufen zu können, ohne dass dabei hohe Kosten entstehen.

Wie in der liberalen, so ist das **Geldangebot** in der keynesianischen Theorie auch eine exogen von der Zentralbank bestimmte Größe. Die angebotene Geldmenge ist daher bei der kurzfristigen Betrachtung eine Konstante.

9.4.1 Motive der Geldnachfrage

Die Geldnachfrage (Kassenhaltung) ist im keynesianischen Modell sowohl vom Volkseinkommen als auch vom Marktzins abhängig. Im keynesianischen Modell wird unterstellt, dass die Wirtschaftssubjekte mehrere Motive für ihre Geldnachfrage haben. Drei Motive der Geldnachfrage werden besonders hervorgehoben:

- das Transaktionsmotiv,

- das Vorsichtsmotiv und

- das Spekulationsmotiv.

9.4.1.1 Transaktionsmotiv der Geldnachfrage

Die Wirtschaftssubjekte fragen Geld nach, damit sie ihre Zahlungsverpflichtungen auch in der Zeit erfüllen können, in der kein Einkommen zu ihnen fließt. Diese Zahlungsverpflichtungen resultieren aus den Transaktionen (Bedarf), die sich am Güter- und Faktormarkt ergeben.

$$(9.21) \quad M_T^D = k \cdot P \cdot Y_r = k \cdot Y = F(Y)$$

Da sich der Kassenhaltungskoeffizient k auf mittlere Sicht nicht verändert, ist nach den Gleichungen (9.21) das nominale Sozialprodukt Y die dominierende Einflussgröße der Geldnachfrage für Transaktionszwecke. Steigt das Sozialprodukt, dann wird vermehrt Geld nachgefragt, um die gestiegenen Umsätze von Gütern und Dienstleistungen abwickeln zu können.

Abb. 9-7: Geldnachfrage nach Transaktionskasse

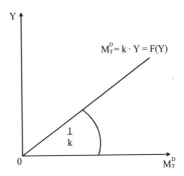

Der Einfluss des Zinssatzes auf die Transaktionskasse wird als gering angesehen, so dass auch im keynesianischen Modell unterstellt wird, dass die Höhe der Transaktionskasse unabhängig von der Höhe des Zinssatzes ist.

9.4.1.2 Vorsichtsmotiv der Geldnachfrage

Da bei den Wirtschaftssubjekten häufig Unsicherheit über die künftigen Einkommenseingänge und Zahlungsverpflichtungen besteht, ist es für unvorhergesehene (ungeplante) Zahlungen erforderlich, dass auch dafür Geld in der Kasse gehalten wird. Eine derartige Geldnachfrage wird im keynesianischen Modell als Kassenhaltung aus Vorsichtsmotiv bezeichnet. Auch diese Geldnachfrage ist hauptsächlich vom nominalen Sozialprodukt abhängig. In der Realität besteht möglicherweise auch eine geringe Zinssatzabhängigkeit, die in der Modelldarstellung allerdings vernachlässigt wird. Man geht von der Vorstellung aus, dass, wer wenig Einkommen hat, keine oder nur eine kleine Geldreserve bilden kann. Bezieher hoher Einkommen können dagegen einen größeren Teil ihres Einkommens als Vorsichtskasse halten.

(9.22) $M_V^D = F(Y)$

9.4.1.3 Spekulationsmotiv der Geldnachfrage

Geld wird nach der keynesianischen Theorie auch aus spekulativen Gründen gehalten bzw. nachgefragt. Hier geht man davon aus, dass das finanzielle Vermögen in Form von **zinslosem Geld** oder in **Form zinstragender Forderungen**, z. B. in Wertpapieren, angelegt werden kann.

Das Problem der optimalen Zusammensetzung des gesamten finanziellen Vermögens reduziert sich damit kurzfristig auf das Problem der optimalen Aufteilung zwischen **festverzinslichen Wertpapieren** und Geld. Ist diese Aufteilung gefunden, so ist damit auch die Geldnachfrage für Spekulationszwecke bestimmt.

Es taucht in diesem Zusammenhang allerdings die berechtigte Frage auf, weshalb Geld, das keinen Zinsertrag einbringt, einer Alternative mit Zinserträgen vorgezogen wird. Dies ist dann der Fall, wenn ein Zinsanstieg zu erwarten ist, der zu einem Kursverfall der Wertpapiere führt, der den Zinsertrag übersteigt. Es lohnt sich dann, für das Wirtschaftssubjekt zinsloses Geld, statt zinsbringender Vermögensanlagen zu halten. Anhand folgenden Beispiels soll dieser Sachverhalt erläutert werden.

Geht man von festverzinslichen Wertpapieren aus, deren **Nominalverzinsung** festgelegt ist, dann errechnet sich die so genannte **Rendite** R also die **Effektivverzinsung** dieser Wertpapiere aus der Formel: R = Nominalzins/Wertpapierkurs ·100.

Kauft jemand im Zeitpunkt t_0 ein festverzinsliches Wertpapier mit einem Nominalkurs von 100 € zum Kurswert von 100 €, und beträgt die Nominalverzinsung 10 %, so erzielt er im Zeitpunkt t_1 bei einem unveränderten Kurswert eine Rendite, d. h. eine Effektivverzinsung von 10 v. H., also 10 €. Bei einer solchen Konstellation auf dem Wertpapiermarkt besteht für den Betreffenden keine Veranlassung, seine Kassenhaltung zu ändern.

Würde er allerdings im Laufe der nächsten Periode einen Anstieg der Effektivverzinsung am Markt auf 12,5 v. H. erwarten, dann geht er davon aus, dass der Kurs des Wertpapiers auf 80 € fallen wird. Der Wertpapierbesitzer müsste dann seine Wertpapiere verkaufen, um zum einen sein Geld höher zu verzinsen und zum anderen die drohenden Kursverluste zu vermeiden. Würde er seine Papiere nicht verkaufen und träte die erwartete Situation ein, dann erzielt er zwar eine Verzinsung von 10 v. H. (10 €), verlöre aber 20 € pro Wertpapier, würde er dann seine Wertpapiere bei einem Kurswert von 80 € verkaufen.

Ein potentieller Käufer von Wertpapieren hingegen wird **bei gleichen Erwartungen** wie der Wertpapierbesitzer (fallende Wertpapierkurse) mit dem Kauf von Wertpapieren warten und damit seinen bisherigen Spekulationskassenbestand aufrechterhalten, um erst beim niedrigsten erwarteten Kurs die Wertpapiere zu erwerben. Entscheidend für die Wahl, Geld in der Spekulationskasse zu halten oder festverzinsliche Wertpapiere zu kaufen, sind bei diesen Überlegungen also die Erwartungen der Wirtschaftssubjekte hinsichtlich der möglichen künftigen Entwicklung des Effektivzinssatzes bzw. der Wertpapierkurse. Es wird unterstellt, dass den Entscheidungen der einzelnen Wirtschaftssubjekte hinsichtlich des Auf- und Abbaus von Spekulationskassenbeständen sichere Erwartungen über das Normalzinsniveau zugrunde liegen. Abweichungen von diesem Normalzinsniveau führen zu der Erwartung, dass in absehbarer Zeit eine Bewegung zu diesem Normalzins hin einsetzen wird.

Liegt beispielsweise der Marktzins weit über dem durchschnittlich erwarteten Normalzins, dann ist die spekulative Kassenhaltung der Wirtschaftssubjekte sehr gering. Dies gilt, weil sie in Erwartung fallender Zinsen bzw. steigender Kurse Wertpapiere kaufen. Demgegenüber ist die Spekulationskasse der Wirtschaftssubjekte bei einem unter dem durchschnittlich erwarteten Normalzins liegenden Effektivzins relativ groß, da die Wirtschaftssubjekte in einer solchen Situation mit einem Fallen der hohen Wertpapierkurse rechnen, und sie daher das Geld in liquider Form halten, um Verluste zu vermeiden und bei ihrem erwarteten Normalzinsniveau Wertpapiere kaufen können.

Nach dieser Theorie gibt es einen Zinssatz, der so niedrig ist bzw. bei dem der Kurs der Wertpapiere so hoch ist, dass alle Spekulanten angesichts des zu erwartenden extrem großen Kursverfalls sämtliches Spekulationsgeld in liquider Form halten. Diese Situation wird in der keynesianischen Theorie als **Liquiditätsfalle (liquidity trap)** bezeichnet. Umgekehrt kann in einer Volkswirtschaft ein solch hoher Zinssatz (Prohibitivzins) bei extrem niedrigen Wertpapierkursen existieren, dass die Spekulationskasse gleich Null ist, d. h. sämtliche Spekulationsgelder in Wertpapieren angelegt worden sind.

Da bei den einzelnen Wirtschaftssubjekten unterschiedliche Vorstellungen über die Höhe des Normalzinses bestehen, gibt es in der Volkswirtschaft ständig Anbieter und Nachfrager von Wertpapieren (in den Grenzen von Minimal- und Prohibitivzins). Aus diesem Verhalten kann man die gesamtwirtschaftliche Geldnachfrage zu Spekulationszwecken ableiten.

Jedes Wirtschaftssubjekt reagiert individuell, d. h. unterschiedlich auf Veränderungen des effektiven Zinssatzes bzw. des Marktzinssatzes. Liegt beispielsweise die Höhe des Marktzinssatzes über der als normal betrachteten Höhe, wird das betreffende Wirtschaftssubjekt Wertpapiere kaufen, da es mit einem Sinken des Zinssatzes und damit mit der Realisierung von Kursgewinnen rechnet. Liegt dagegen der Marktzins unter dem als normal erwarteten Zinssatz, wird das Wirtschaftssubjekt sämtliche Spekulationsgelder in der Spekulationskasse halten, um Kursverluste zu vermeiden. Je nach Verhältnis von Markt- bzw. Effektivzins (i) und individuellem Normalzins (i_N) trifft jedes Wirtschaftssubjekt eine Entweder-Oder-Entscheidung zugunsten der Spekulationskassenhaltung oder der Wertpapieranlage. Dies bedeutet, dass jedes Wirtschaftssubjekt sein gesamtes spekulatives Geld entweder in Wertpapieren angelegt hat oder in der Spekulationskasse hält.

Abb. 9-8: Individuelle Geldnachfrage nach Spekulationskasse

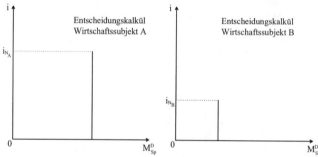

Dieses Verhalten führt dann dazu, dass bei sinkendem Marktzinssatz immer mehr Wirtschaftssubjekte nur Geld halten, da sie mit einer Umkehr der Entwicklung rechnen.

Abb. 9-9: Gesamtwirtschaftliche Geldnachfrage nach Spekulationskasse

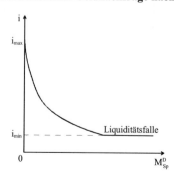

Die gesamtwirtschaftliche Geldnachfrage zu Spekulationszwecken ist daher als Addition der individuellen Nachfragefunktionen und in Abhängigkeit vom Marktzinssatz anzusehen.

(9.23) $\quad M_{Sp}^{D} = F(i)$

9.4.2 Die gesamtwirtschaftliche Geldnachfrage

Die gesamtwirtschaftliche Geldnachfrage ergibt sich aus der Summe der Nachfrage nach Transaktions-, Vorsichts- und Spekulationskasse.

(9.24) $\quad M^{D} = M_{T}^{D} + M_{V}^{D} + M_{Sp}^{D} = F(Y,i)$

Aus den Gleichungen (9.24) wird sichtbar, dass ein Teil der Geldnachfrage zinsunabhängig (Transaktions- und Vorsichtskasse) und ein Teil zinsabhängig (Spekulationskasse) ist. Die gesamte Geldnachfrage ist also von der Höhe des Volkseinkommens und des Zinssatzes abhängig. Die Abbildung 9-10 verdeutlicht diesen Zusammenhang.

Abb. 9-10: Gesamtwirtschaftliche Geldnachfrage in Abhängigkeit vom Zins

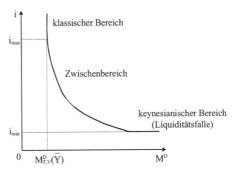

Der zinsunabhängige Teil der gesamten Geldnachfrage wird als klassischer Bereich bezeichnet, weil hierin die klassische, liberale Vorstellung über die Geldnachfrage, d. h. das Transaktionsmotiv der Kassenhaltung zum Ausdruck kommt.

Steigt z. B. die Höhe des Volkseinkommens, so nimmt auch die Geldnachfrage nach Transaktionskasse zu. Die Geldnachfrage für Spekulationsmittel wird sich bei gleichbleibendem Zinssatz nicht verändern. Die Gesamtgeldnachfragekurve wird sich um den erhöhten Transaktionsbedarf nach rechts verschieben. Für alternative Einkommenshöhen gibt es daher unterschiedliche Geldnachfragekurven, die in der Form gleich sind, sich aber im Abstand von der Ordinate unterscheiden.

9.4.3 Das geldwirtschaftliche Gleichgewicht - die LM-Kurve

Ein Gleichgewicht herrscht auf dem Geldmarkt, wenn die gesamte Geldnachfrage dem von den Währungsbehörden bestimmten Geldangebot entspricht. Es stellt sich daher die Frage nach den Bedingungen, die zu einem Gleichgewicht zwischen Geldangebot und Geldnachfrage bei gegebenen Transaktions- und Spekulationsfunktionen führen. Folgende Bedingungen bestimmen das Gleichgewicht am Geldmarkt:

(9.21) $M_T^D = F(Y, k)$ Liquiditätsfunktion nach Transaktionskasse

(9.22) $M_V^D = F(Y, k)$ Liquiditätsfunktion nach Vorsichtskasse

(9.23) $M_{Sp}^D = F(i)$ Liquiditätsfunktion nach Spekulationskasse

(9.25) $M^D = M^S$ Gleichgewichtsbedingung

Da die Liquiditätsfunktion nach Transaktions- und Vorsichtskasse zusammengefasst werden, handelt es sich hier um ein Gleichungssystem mit 3 Gleichungen und 4 Unbekannten (M^D, M^S, Y, i). Dieses Gleichgewichtssystem ist dann lösbar, wenn eine der unabhängigen Variablen (i oder Y) als gegeben betrachtet wird.

Ist z. B. der Zinssatz (i) gegeben, dann lässt sich aus dem Gleichungssystem das Volkseinkommen ermitteln, bei welchem die Gleichgewichtsbedingung ($M^D = M^S$) erfüllt ist. Ist hingegen das Volkseinkommen (Y) gegeben, dann lässt sich der Zinssatz ermitteln, bei welchem Gleichgewicht auf dem Geldmarkt herrscht.

Auf diese Weise können eine Fülle von Zins-Einkommens-Kombinationen ermittelt werden, bei denen Gleichgewichte auf dem Geldmarkt herrschen. Der geometrische Ort aller dieser Kombinationen wird in der Literatur als **LM-Kurve** bezeichnet (**Liquidity = Money Supply**).

Abbildung 9-11 zeigt, dass bei gegebenen Liquiditätsfunktionen (Transaktions-, Vorsichts- und Spekulationskasse) und bei einem gegebenen Zinssatz i_1 eine Spekulationskasse in Höhe von $M_{Sp_1}^D / P$ bestimmt werden kann.

Diese Spekulationskasse lässt ein Volumen von Transaktionsmitteln in Höhe von $M_{T,V_1}^D / P$ übrig (Gleichgewichtsbedingung). Aus der Liquiditätsfunktion nach Transaktionsmitteln (inklusive Vorsichtskasse) lässt sich die Höhe des Volkeinkommens (Y_{r_1}) ermitteln, die diese Höhe der Transaktionskasse ermöglicht. So sind eine Fülle von Zins-Einkommens-Kombinationen ableitbar, die die Gleichgewichtsbedingung ($M^D/P = M^S/P$) erfüllen.

Abb. 9-11: Grafische Herleitung der LM-Kurve

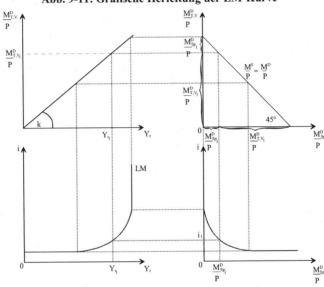

Diese Zins-Einkommens-Kombinationen werden durch die LM-Kurve abgebildet. Sie zeigt, dass ein Gleichgewicht auf dem Geldmarkt verlangt, dass die Einkommen um so höher (niedriger) sind, je höher (niedriger) der Zinssatz ist.

Die LM-Kurve stellt allerdings **keinen** funktionalen Zusammenhang zwischen Zins und Einkommen dar. Sie ist lediglich eine aus den Liquiditätsfunktionen - unter Gültigkeit der Gleichgewichtsbedingung „Geldnachfrage ist gleich dem Geldangebot" - abgeleitete Kurve.

9.5 Simultanes Gleichgewicht auf dem Güter- und Geldmarkt

Nachdem für die güterwirtschaftlichen und geldwirtschaftlichen Gleichgewichte die Gleichgewichtskurven abgeleitetet wurden, stellt sich nun die Frage, bei welchem Zinssatz und bei welcher Einkommenshöhe ein simultanes (gleichzeitiges) Gleichgewicht auf dem Güter- und Geldmarkt herrscht. Ein simultanes gesamtwirtschaftliches Gleichgewicht herrscht dann, wenn eine Kombination von Zins und Einkommen **bei gegebenem Preisniveau** beide Gleichgewichtsbedingungen (am Güter- und Geldmarkt) erfüllt.

Da alle Punkte auf der IS-Kurve die Gleichgewichtsbedingung am Gütermarkt und alle Punkte auf der LM-Kurve die Gleichgewichtsbedingung am Geldmarkt erfüllen, entspricht ein gemeinsamer Punkt der IS- und LM-Kurve der Bedingung für ein simultanes Gleichgewicht. Abbildung 9-12 verdeutlicht diesen Sachverhalt.

Abb. 9-12: Simultanes Gleichgewicht auf dem Güter- und Geldmarkt

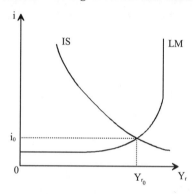

Ob dieses simultane Gleichgewicht auf dem Güter- und Geldmarkt zugleich ein Vollbeschäftigungsgleichgewicht darstellt, wird erst durch die Einbeziehung des Arbeitmarktes in die Betrachtung zu beantworten sein.

9.6 Produktion und Arbeitsmarkt im keynesianischen Modell

9.6.1 Die Arbeitsnachfrage

Im keynesianischen Modell gelten die gleichen produktionstechnischen Bedingungen wie im liberalen Modell. Auch hier wird eine linear homogene Produktionsfunktion vom Typ Cobb-Douglas sowie das Streben der Unternehmer nach Gewinnmaximierung unterstellt.

Aus diesem Verhalten leitet man dann die Arbeitsnachfragefunktion ab (vgl. hierzu die entsprechenden Ausführungen im Rahmen des liberalen Modells). Hiernach hängt die Arbeitsnachfrage von der Höhe des Reallohnes ab ($A^D = F (w/P)$).

Abb. 9-13: Ableitung der Arbeitsnachfragekurve

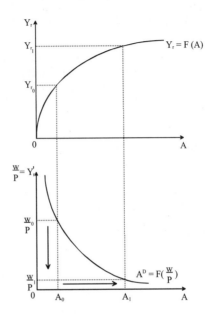

9.6.2 Das Arbeitsangebot

Bei der Ableitung der Arbeitsangebotsfunktion im keynesianischen Modell besteht ein Unterschied zum liberalen Modell, in welchem das Arbeitsangebot als eine Funktion des Reallohnes abgeleitet wird. Im keynesianischen Modell wird unterstellt, dass die Haushalte sich kurzfristig nicht am Real-, sondern am Nominallohn orientieren.

$$(9.26) \quad A^S = F(w)$$

Die Realität in entwickelten Volkswirtschaften zeigt, dass der Nominallohn - ab einem bestimmten Niveau - nach unten nicht flexibel, sondern starr ist. Dies ist in der Regel eine Folge der institutionellen Gegebenheiten in der Volkswirtschaft. Es wird deshalb im keynesianischen Modell angenommen, dass das Arbeitsangebot erst von einer bestimmten Arbeitsmenge (A_0 in Abb. 9-14) an eine steigende Funktion des Nominallohnes ist. Dies wird damit erklärt, dass erst bei A_0 Vollbeschäftigung erreicht wird. Das heißt alle, die zu diesem Nominallohn arbeiten wollen, finden auch Arbeit. Diejenigen, die nur zu einem höheren Nominallohn (ansteigender Ast der Kurve) arbeiten wollen, gelten als freiwillig arbeitslos und beeinträchtigen deshalb die

Vollbeschäftigungssituation der Volkswirtschaft nicht. So wird angenommen, dass die Arbeitsangebotskurve zunächst einen unendlich elastischen, dann einen elastischen Bereich hat.

Abb. 9-14: Die keynesianische Arbeitsangebotskurve

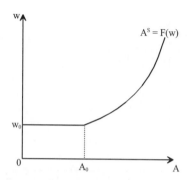

9.6.3 Das Gleichgewicht am Arbeitsmarkt

Da im keynesianischen Modell die Arbeitsnachfrage funktional vom Reallohn und das Arbeitsangebot vom Nominallohn abhängig sind, können beide Funktionen in dieser Form nicht in einem gemeinsamen Diagramm dargestellt werden. Dies ist erst möglich, wenn es gelingt, eine Abhängigkeit der Arbeitsnachfrage und des Arbeitsangebots von der gleichen Einflussgröße zu finden. Da die Ergebnisse des keynesianischen mit denjenigen des liberalen Modells verglichen werden sollen, ist es zweckmäßig, wenn eine Reallohnabhängigkeit auch für das Arbeitsangebot hergestellt wird.

Das nominallohnorientierte Arbeitsangebot lässt sich auch in Abhängigkeit vom Reallohn darstellen, wenn zunächst von einem konstanten Nominallohn ausgegangen wird. Unterstellt man für einen bestimmten Zeitpunkt einen konstanten durchschnittlichen Nominallohn (w) und ein konstantes Preisniveau (P), dann sind auch die Höhe des Reallohnes (w/P) und die Lage der Arbeitsangebotskurve festgelegt. Wie aus der Abb. 9-15 zu ersehen ist, herrscht im Schnittpunkt von Arbeitsangebots- und Arbeitsnachfragekurve ($A^D = A^S$) ein formales „Gleichgewicht" am Arbeitsmarkt (A^*). Dieses Gleichgewicht ist jedoch kein Vollbeschäftigungsgleichgewicht, da nicht alle Personen, die zu diesem Reallohn arbeiten wollen, auch arbeiten können. Dies ist erst ab dem Beginn des elastischen Bereiches der Arbeitsangebotskurve der Fall.

Schneidet die Angebotskurve die Nachfragekurve im unendlich elastischen Bereich, dann herrscht Unterbeschäftigung, da zu diesem Reallohn (w_0/P_0)

eine Arbeitsmenge in Höhe von A_0 angeboten, aber nur in Höhe von A^* nachgefragt wird. Daraus ist ersichtlich, dass bei einem gegebenen Nominallohn (w_0) die Höhe des Preisniveaus die Beschäftigungsmenge bestimmt.

Abb. 9-15: Keynesianisches Arbeitsmarktgleichgewicht

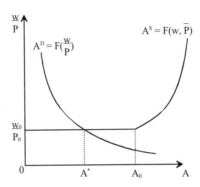

Geht man weiter davon aus, dass die Produktionsfunktion und damit das Verhalten der Unternehmer hinsichtlich der Arbeitsnachfrage unverändert ist (keine Lageveränderung der Arbeitsnachfragekurve), dann kann - da annahmegemäß Nominallohnveränderungen nach unten nicht möglich sind - nur ein Anstieg des Preisniveaus, der zu einer Senkung des Reallohnes führt, aus der Situation der unfreiwilligen Unterbeschäftigung herausführen. Würde man also die ceteris paribus-Klausel eines gegebenen Preisniveaus aufgeben, dann lassen sich bei einem konstanten Nominallohn die Lagen der Arbeitsangebotsfunktion bei verschiedenen Preisniveaus darstellen (Abb. 9-16).

Abb. 9-16: Arbeitsmarktgleichgewichte bei unterschiedlichen Höhen des Preisniveaus

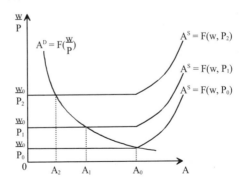

Verbindet man diese unterschiedlichen Angebotskurven mit einer gegebenen Arbeitsnachfragekurve, dann zeigt sich, dass die Unterbeschäftigungssituation durch kontinuierliche Preissteigerungen beseitigt und eine Vollbeschäftigungssituation herbeigeführt werden kann.

Die abgeleiteten Ergebnisse lassen vermuten, dass bei einer gegebenen Produktionsfunktion und bei einem nach unten nicht flexiblen Nominallohnsatz eine Mehrnachfrage nach Arbeit über eine Reallohnsenkung durch Preisniveauerhöhungen induziert werden kann. In der bisherigen Darstellung der Arbeitsangebotskurve wurden die Aussagen auf den unendlich elastischen Teil der Arbeitsangebotskurve bezogen. Es ist zu bemerken, dass für den elastischen Bereich die Annahme des konstanten Nominallohnes nicht gilt. Das heißt, dass die Beschäftigungswirkung aufgrund des flexiblen Nominallohns in diesem Bereich geringer ausfällt.

9.7 Gesamtwirtschaftliches Gütermarktgleichgewicht

9.7.1 Die Ableitung der gesamtwirtschaftlichen Angebotskurve

Um die gesamtwirtschaftliche Güterangebotskurve abzuleiten, wird von einer gegebenen linear-homogenen Produktionsfunktion und einem gegebenen Nominallohn ausgegangen. Da, wie gezeigt, die Arbeitsnachfrage vom Reallohn und das Arbeitsangebot vom Nominallohn abhängig sind, bestimmt die Variation des Preisniveaus und damit die Lage der Arbeitsangebotskurve die jeweilige Beschäftigungsmenge.

Dieser Sachverhalt wird in Abb. 9-17 durch die vier Arbeitsangebotsfunktionen bei unterschiedlichen Preisniveaus ($P_4 < P_3 < P_2 < P_1$) widergespiegelt. Bei einem Reallohn (w_1/P_4) wird entsprechend der Arbeitsnachfragekurve eine Beschäftigungsmenge in Höhe von A_4 realisiert. Dies entspricht gemäß der Produktionsfunktion einem realen Sozialprodukt in Höhe von Y_{r_4}.

Fasst man diesen Zusammenhang in einem Preisniveau-Sozialprodukt-Diagramm zusammen, dann entspricht die Kombination P_4-Y_{r_4} einem Punkt auf der gesamtwirtschaftlichen Güterangebotskurve Y_r^S. Würde nun das Preisniveau auf P_3 steigen, dann verschöbe sich die Lage der Arbeitsangebotskurve nach unten und damit würde sie die Arbeitsnachfragekurve bei einem höheren Beschäftigungsniveau A_3 schneiden. Dies entspräche wiederum einem höheren Sozialprodukt Y_{r_3}. Die P_3-Y_{r_3}-Kombination gibt einen weiteren Punkt der gesamtwirtschaftlichen Güterangebotskurve wieder.

Eine Vollbeschäftigungssituation (A_1) wird bei einem Preisniveau P_1 erreicht, da in diesem Punkt alle diejenigen, die zu diesem konstanten Nominallohn w Arbeit suchen, auch Arbeit finden. Diese Vollbeschäftigungssituation am Arbeitsmarkt entspricht einem höheren Sozialprodukt und damit einem neuen Punkt der Güterangebotskurve. Steigt nun das Preisniveau über P_1 hinaus (elastischer Bereich der Arbeitsangebotskurve), dann ist eine Erhöhung der Beschäftigung von zwei Faktoren abhängig.

Abb. 9-17: Herleitung der gesamtwirtschaftlichen Güterangebotskurve

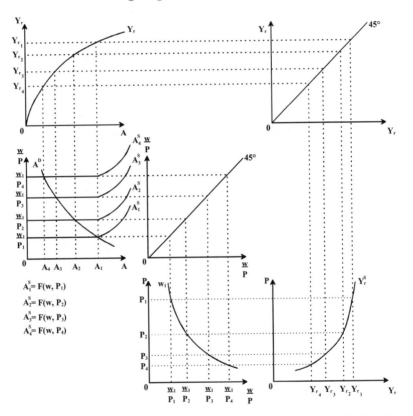

Zum **einen** muss der Nominallohn erhöht werden, um zusätzliches Arbeitsangebot zu induzieren, und zum **anderen** muss der Anstieg des Preisniveaus relativ höher als der des Nominallohnes sein, um dadurch eine Reallohnsenkung zu erzielen, die dann zu einer Erhöhung der Arbeitsnachfrage führen wird. Eine solche Entwicklung verursacht ab diesem Punkt einen steileren Verlauf der gesamtwirtschaftlichen Güterangebotskurve. Dieser resultiert aus der Erhöhung des Nominallohnsatzes, die ceteris paribus zu einer Verlangsamung des Beschäftigungswachstums und damit des Wachstums des Sozialprodukts führt. Hinzu kommt, dass im elastischen Bereich der Arbeitsangebotskurve eine Einkommenserhöhung um eine Einheit einen größeren Anstieg des Preisniveaus verlangt, als dies im unendlich elastischen Bereich der Arbeitsangebotskurve der Fall ist. Folglich muss die gesamtwirtschaftliche Güterangebotskurve ab diesem Punkt einen steileren Verlauf annehmen (vgl. Abb. 9-17). Es ist zu bemerken, dass hier - im Gegensatz zur gesamtwirtschaftlichen Angebotskurve im liberalen Modell - nicht alle Punkte Vollbeschäftigungssituation bedeuten.

Bei der Ableitung der gesamtwirtschaftlichen Güterangebotskurve ist man für den unendlich elastischen Bereich von einer **gegebenen Nominallohnhöhe** ausgegangen. Durch Veränderungen des Preisniveaus kann man ceteris paribus die Nominallohnkurve ableiten, die sämtliche Zusammenhänge von Preis- und Reallohnniveau bei einem gegebenen Nominallohnniveau anzeigt. Für den **elastischen Bereich** der Arbeitsangebotskurve gelten **unterschiedliche Nominallohnkurven**, weil die ceteris paribus-Bedingung des gegebenen Nominallohnes für jeden Punkt dieses Bereiches nicht gilt. Jeder Schnittpunkt der Arbeitsnachfragekurve (A^D) mit der Arbeitsangebotskurve (A^S) im weniger elastischen Bereich der letzteren repräsentiert eine andere Nominallohnkurve.

9.7.2 Die Herleitung der gesamtwirtschaftlichen Nachfragekurve

Die gesamtwirtschaftliche Güternachfrage lässt sich im keynesianischen Modell aus den Gleichgewichtseinkommen, die durch die simultanen Gleichgewichtssituationen des Güter- und Geldmarktes unter Berücksichtigung der Wirkungen von Preisniveauveränderungen entstehen, ableiten. Es ist in diesem Zusammenhang zuerst die Frage zu beantworten, wie Änderungen des Preisniveaus auf die simultane Gleichgewichtssituation von Güter- und Geldmarkt wirken

Die IS-Kurve steht in keiner Beziehung zum Preisniveau. Deshalb können Variationen des Preisniveaus keinen unmittelbaren Einfluss auf die IS-Kurve haben. Dies gilt nicht für die LM-Kurve. Wie bereits bei der Ableitung dieser Kurve gezeigt wurde, entspricht die Lage der LM-Kurve unterschiedlichen Zins-Einkommens-Kombinationen, die bei konstantem Preisniveau und konstanter realer Geldmenge ermittelt wurden. Wird die Annahme des konstanten Preisniveaus aufgehoben, dann hat jede Veränderung des Preisniveaus Auswirkungen auf die reale Geldmenge (M/P). Erhöhungen des Preisniveaus werden die reale Geldmenge senken und umgekehrt. Die Erhöhung oder Senkung der realen Geldmenge beeinflusst die Liquiditätssituation der Wirtschaftssubjekte auf dem Geldmarkt und damit die Lage der LM-Kurve.

Eine Preisniveauerhöhung vermindert die reale Geldmenge und löst damit eine Linksverschiebung (Stauchung des keynesianischen Bereichs) der LM-Kurve aus. Betrachtet man die Verschiebung der LM-Kurve im Zusammenhang mit der IS-Kurve, dann führt jede Preisniveauveränderung zu einem neuen Schnittpunkt der beiden Kurven. Es darf dabei allerdings nicht übersehen werden, dass dies nur dann gilt, wenn die Schnittpunkte im Zwischenbereich oder im klassischen Bereich der LM-Kurve liegen. Jeder Schnittpunkt repräsentiert wiederum unterschiedliche Gleichgewichtseinkommen.

Abb. 9-18: Herleitung der gesamtwirtschaftlichen Güternachfragekurve

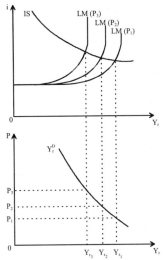

Normalfall: Eine "normal" verlaufende IS-Kurve schneidet die LM-Kurve im Zwischen- bzw. im klassischen Bereich.

Überträgt man diese Gleichgewichtspunkte in ein Preisniveau-Einkommensdiagramm und verbindet sie miteinander, dann erhält man die gesamtwirtschaftliche Güternachfragekurve (Y_r^D). Sie ist der geometrische Ort verschiedener Gleichgewichtssituationen auf dem Güter- und Geldmarkt bei alternativen Preisniveaus (s. Abb. 9-18). Die so abgeleitete Nachfragekurve hat eine negative Steigung, d. h., dass mit zunehmendem Preisniveau die Nachfrage ständig abnimmt und umgekehrt. Die so verlaufende Nachfragekurve wird als **Normalfall** bezeichnet.

Schneidet dagegen die IS-Kurve die LM-Kurve im keynesianischen Bereich, dann wird eine Veränderung des Preisniveaus, die eine Verschiebung der LM-Kurve bewirkt, keinen Einfluss auf die bestehende simultane Gleichgewichtssituation haben. Somit besteht in diesem Bereich kein Zusammenhang zwischen Preisniveau und nachgefragtem Sozialprodukt. Die Nachfragekurve verläuft dann parallel zur Preisniveauachse (s. Abb. 9-19). Dieser Fall wird auch als **Liquiditätsfalle** bezeichnet.

Ist die IS-Kurve zinsunabhängig (zinsunelastisch), dann spricht man von einer **Investitionsfalle**. Auch in diesem Fall hat eine Veränderung des Preisniveaus und somit eine Verschiebung der LM-Kurve keinen Einfluss auf die bestehende simultane Gleichgewichtssituation. Der Verlauf der Nachfragekurve ist auch hier eine Parallele zur Preisniveauachse (s. Abb. 9-19).

Abb. 9-19: Liquiditäts- und Investitionsfalle

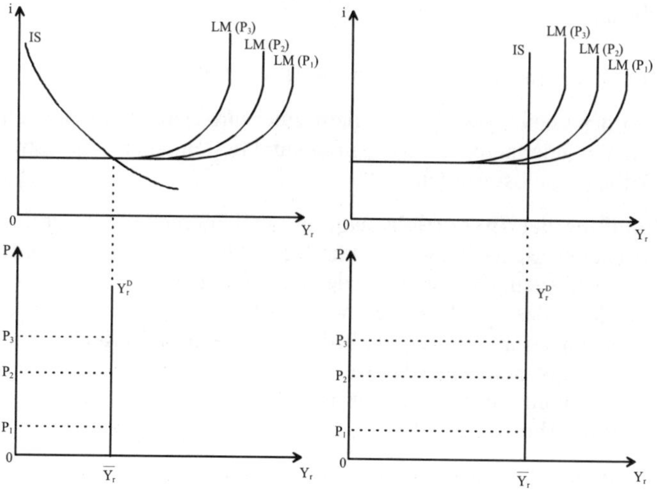

Liquiditätsfalle: Eine "normal" verlaufende IS-Kurve schneidet die LM-Kurve im keynesianischen Bereich.

Investitionsfalle: Aufgrund einer völlig zinsunelastischen Investitionsnachfrage ist auch die IS-Kurve zinsunabhängig.

Ein gesamtwirtschaftliches Gütermarktgleichgewicht herrscht dort, wo die Güterangebotskurve und die Güternachfragekurve einen gemeinsamen Schnittpunkt haben.

9.8 Gesamtmodell, Störungen und Anpassungsreaktionen

Die Betrachtungen der einzelnen Märkte im Rahmen des keynesianischen Ansatzes haben gezeigt, dass - im Gegensatz zur liberalen Markttheorie - der Marktmechanismus keine hinreichende Bedingung für das Zustandekommen von Gleichgewichten ist. Selbst unter der Bedingung eines simultanen Gleichgewichts auf dem Güter- und Geldmarkt muss kein Vollbeschäftigungsgleichgewicht bestehen. Ein solches Vollbeschäftigungsgleichgewicht wird im keynesianischen Modell nur dann mit Sicherheit erreicht, wenn die IS-Kurve die LM-Kurve im klassischen Bereich schneidet. Diese Konstellation ist nach dem keynesianischen Modell allerdings eher die Ausnahme als die Regel.

Darüber hinaus zeigt das Modell die Möglichkeit gesamtwirtschaftlicher Konstellationen auf, in denen der Marktmechanismus von alleine nicht in der Lage ist, die wirtschaftliche Situation sich in Krisen befindlicher Volkswirtschaften positiv zu beeinflussen (Liquiditäts- und Investitionsfalle). Wie im liberalen Marktmodell werden nachfolgend die Auswirkungen von realwirtschaftlichen und von monetären Störungen auf das Gesamtmodell analysiert.

9.8.1 Störungen aus dem güterwirtschaftlichen Bereich

Störungen des Gleichgewichts aus dem güterwirtschaftlichen Bereich können durch Veränderungen der Investitionsfunktion und der Spar- bzw. Konsumfunktion ausgelöst werden.

Eine **Zunahme der Investitionsneigung** der Unternehmer aufgrund einer optimistischeren Beurteilung der künftigen Gewinnsituation würde beispielsweise bedeuten, dass die Grenzleistungsfähigkeit des Kapitals r steigt. Dies führt dazu, dass die Unternehmer jetzt bereit sind, bei unverändertem Marktzins mehr zu investieren als bisher. Eine solche Verhaltensänderung kommt in der geometrischen Darstellung der Investitionsfunktion in einer Rechtsverschiebung der gesamtwirtschaftlichen Investitionskurve zum Ausdruck (vgl. Abb. 9-4 u. 9-5).

Da die Lage der Investitionskurve auch die Lage der IS-Kurve bestimmt, bewirkt eine Verschiebung der Investitionskurve nach rechts auch eine Verschiebung der IS-Kurve in die gleiche Richtung. Ob aus diesen Verschiebungen auch Veränderungen des Gleichgewichtseinkommens und des Zinssatzes resultieren, hängt vom neuen Schnittpunkt der IS-Kurve mit der LM-Kurve ab. Es werden sich also unterschiedliche Veränderungen von Zins und Einkommen ergeben, je nachdem, ob sich der neue Gleichgewichtspunkt im keynesianischen, im Zwischenbereich oder im klassischen Bereich befindet.

Im **keynesianischen Bereich** bewirkt die Verschiebung der IS-Kurve keine Veränderungen des Zinssatzes, so dass eine expansive Wirkung auf die Höhe des Volkseinkommens von der Erhöhung der Investitionstätigkeit ausgeht. Dieser Prozess lässt sich durch die Wirkung des so genannten **Einkommensmultiplikators** erklären.

Würde man unterstellen, dass in Ausgangsperiode 0 ein Gleichgewicht im güterwirtschaftlichen Sektor herrscht und dass die Investitionsgüternachfrage in der laufenden Periode und in den nächsten Perioden um den Betrag ΔI wächst, und dass die Unternehmer jeweils eine Periode später ihr Güterangebot der gewachsenen Nachfrage anpassen, dann wird der Einkommensmultiplikatorprozess bei einer durchschnittlichen gesamtwirtschaftlichen Konsumneigung ($\Delta C/\Delta Y = c$), die kleiner als eins und konstant ist, wie folgt verlaufen:

Gesamtwirtschaftliches Angebot Y_r^S	Gesamtwirtschaftliche Nachfrage Y_r^D
$Y_{r_0}^S = C_0 + I_0$	$Y_{r_0}^D = C_0 + I_0 + \Delta I$
$Y_{r_1}^S = C_0 + I_0 + \Delta I$	$Y_{r_1}^D = C_0 + I_0 + c \cdot \Delta I + \Delta I$
$Y_{r_2}^S = C_0 + I_0 + c \cdot \Delta I + \Delta I$	$Y_{r_2}^D = C_0 + I_0 + c^2 \cdot \Delta I + c \cdot \Delta I + \Delta I$
$Y_{r_3}^S = C_0 + I_0 + c^2 \cdot \Delta I + c \cdot \Delta I + \Delta I$	$Y_{r_3}^D = C_0 + I_0 + c^3 \cdot \Delta I + c^2 \cdot \Delta I + c \cdot \Delta I + \Delta I$

Die Summe der Einkommenszuwächse in der Periode n wäre dann:

$\sum\limits_{o}^{n} \Delta Y_r = Y_{r_n} = Y_{r_0} = \Delta I + c \cdot \Delta I + c^2 \cdot \Delta I + c^3 \cdot \Delta I + ... + c^{n-1} \cdot \Delta I$. Dies ist eine mathematische Reihe mit n Gliedern und dem Quotienten $\Delta C/\Delta Y = c < 1$. Konvergiert n gegen unendlich, lässt sich der **Einkommensmultiplikator** wie folgt darstellen:

$$(9.27) \quad \Delta Y_r = \frac{1}{1-c} \cdot \Delta I$$

Da sich die marginale Sparneigung (s) und die marginale Konsumneigung (c) zu Eins addieren, lässt sich die **Multiplikatorformel** auch wie folgt schreiben:

(9.28) $\quad \Delta Y_r = \frac{1}{s} \cdot \Delta I$

Aus dieser Multiplikatorformel folgt, dass bei einer über alle Perioden anhaltenden, gleich großen zusätzlichen Investitionsgüternachfrage (ΔI) das Gleichgewichtseinkommen um ein - von der Spar- bzw. Konsumneigung abhängiges - Vielfaches größer ist als der Zuwachs der Investitionsgüternachfrage.

Die Zunahme der Investitionstätigkeit bedeutet eine Ausweitung der gesamtwirtschaftlichen Produktion und damit des Realeinkommens. Nimmt das Einkommen aufgrund zusätzlicher Investitionen zu, dann wird zusätzliche Nachfrage nach Maßgabe der marginalen Konsumquote entstehen. Die höhere Konsumnachfrage veranlasst die Produzenten zum vermehrten Einsatz von Arbeitskräften und damit zu mehr Konsumgüterproduktion. Dies ist wiederum gleichbedeutend mit einer Zunahme des Realeinkommens. Hieraus resultiert - entsprechend der marginalen Konsumneigung - eine weitere Erhöhung der Nachfrage usw. Dieser Prozess wird allerdings ständig gebremst, weil jeweils ein Teil des zusätzlichen Einkommens - in Höhe der Sparneigung - gespart, also nicht unmittelbar nachfragewirksam wird.

Aus diesen Überlegungen folgt, dass die Einkommenssteigerung, die aus der Zunahme der Investitionsgüternachfrage resultiert, um so größer sein wird, je größer die marginale Konsumneigung c bzw. je kleiner die marginale Sparneigung s ist. Auf dem erreichten höheren Niveau verbleibt das Volkseinkommen allerdings nur dann, wenn auch in den folgenden Perioden die Investitionen gegenüber der Periode 0 immer um ΔI größer sind. Sollten die Investitionen - aus welchen Gründen auch immer - wieder auf die alte Höhe I_0 zurückfallen, dann wird ein negativer Multiplikatorprozess in Gang gesetzt, der das Einkommen auf das Ausgangsniveau zurückführen wird.

Ähnliche, aber gedämpfte Auswirkungen können entstehen, wenn die Rechtsverschiebung der IS-Kurve im **Zwischenbereich** der LM-Kurve stattfindet. Der Unterschied besteht allerdings darin, dass in diesem Bereich eine veränderte Investitionstätigkeit zu Zinsveränderungen führt, welche die Geldnachfrage nach Spekulationskasse beeinflusst. Dies bedeutet, dass eine erhöhte Investitions- bzw. Konsumgüternachfrage, die zusätzliche Geldmittel verlangt, ceteris paribus zu einer Zunahme des Zinssatzes führt.

Bei gegebener Geldmenge und gegebenem Preisniveau kann dieser zusätzliche Geldbedarf hier nur durch eine Verringerung der Spekulationskasse gedeckt werden. Dies wird durch steigende Zinsen ermöglicht. Dadurch werden Spekulationsgelder für Transaktionszwecke frei, da die Opportunitätskosten (entgehende Zinserträge) der Geldhaltung durch die Zinserhöhung steigen. Mit anderen Worten, die erhöhte Verzinsung führt bei den Wirtschaftssubjekten dazu, dass sie zunehmend ihre Spekulationsgelder für ertragsbringende Anlagen verwenden. Beschäftigung und Volkseinkommen werden durch die Multiplikatorwirkung steigen. Durch die Erhöhung des Volkseinkommens steigt dann auch der Bedarf an Transaktionskasse in der Volkswirtschaft.

Abb. 9-20: Gesamtwirtschaftliche Auswirkungen einer Verschiebung der IS-Kurve im Zwischenbereich der LM-Kurve

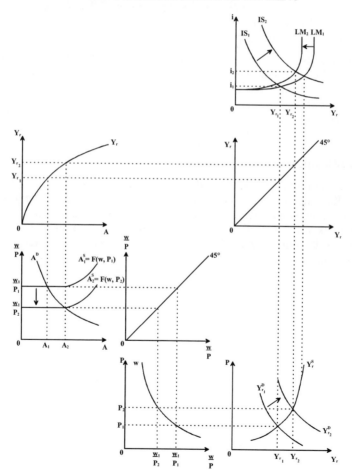

Die Steigerung des Zinssatzes bewirkt andererseits zugleich eine Senkung der Investitions- und der Konsumgüternachfrage. Damit wird das Ausmaß der ursprünglichen Erhöhung der Güternachfrage abgeschwächt. Daher findet die Steigerung des Einkommens gemäß dem Multiplikatoreffekt nicht in dem Umfang statt, wie sie aufgrund der erhöhten Grenzleistungsfähigkeit des Kapitals zu erwarten gewesen wäre. Demzufolge ist auch der Bedarf an Transaktionskasse ebenfalls geringer als bei einem vollen Multiplikatoreffekt.

Das Ergebnis der Rechtsverschiebung der IS-Kurve (durch Erhöhung der Grenzleistungsfähigkeit des Kapitals) im Zwischenbereich der LM-Kurve ist ein neues simultanes Gleichgewicht (auf dem Güter- und Geldmarkt) bei höherem Einkommen, höherer Beschäftigung, höherem Zinssatz, höherer Transaktionskasse und niedrigerer Spekulationskasse.

Eine Rechtsverschiebung der IS-Kurve im **klassischen Bereich** (verursacht durch die Zunahme der Investitionsgüternachfrage) ist bei Vollbeschäftigung am Arbeitsmarkt mit einer Zinserhöhung verbunden. Da die zusätzliche Nachfrage (ΔI) kurzfristig nicht befriedigt werden kann, steigt das Preisniveau - insbesondere im Investitionsgütersektor. Das höhere Preisniveau kann aber nicht bestehen bleiben, da die höhere Investitionsgüternachfrage längerfristig nur durch eine entsprechende Abnahme der Konsumgüternachfrage befriedigt werden kann.

Ähnliche Prozesse, wie durch die Veränderung der Grenzleistungsfähigkeit des Kapitals, werden durch **Veränderungen der Spar- bzw. der Konsumfunktionen** eingeleiten. Eine Veränderung der Sparfunktion bzw. der Konsumfunktion resultiert aus einer Veränderung des Konsum- bzw. Sparverhaltens der Wirtschaftssubjekte. Dies äußert sich entweder durch eine Veränderung des autonomen Konsums und/oder der Konsum- bzw. Sparneigung. Ein Mehrkonsum leitet einen positiven Einkommensmultiplikatorprozess ein, der zu höheren Einkommen führt (Verschiebung der IS-Kurve nach rechts). Die Auswirkungen sind die gleichen wie sie im Zusammenhang mit der Veränderung der Investitionsgüternachfrage beschrieben wurden.

Eine Erhöhung des autonomen Konsums äußert sich in einer Verschiebung der Sparfunktion nach unten und der IS-Kurve nach rechts. Eine Veränderung der Konsum- und damit auch der Sparquote führt zu einer Drehung der IS-Kurve.

9.8.2 Störungen aus dem monetären Bereich

Störungen des gesamtwirtschaftlichen Gleichgewichts, die durch den monetären Sektor verursacht werden, können entweder aus Veränderungen der Liquiditätspräferenz (Geldnachfrageveränderung) der Wirtschaftssubjekte und/oder durch eine Geldmengenveränderung entstehen.

Eine Erhöhung oder Senkung der **Geldnachfrage nach Transaktionskasse** wird durch eine entsprechende Veränderung der Umlaufgeschwindigkeit des Geldes bzw. des Kassenhaltungskoeffizienten angezeigt. Eine Zunahme der Transaktionskasse wird bei einem gegebenen Einkommen durch eine geringere Umlaufgeschwindigkeit des Geldes bzw. durch eine durchschnittlich höhere Kassenhaltungsdauer sichtbar.

Bei gegebener Geldmenge muss das zusätzlich verlangte Geld für Transaktionszwecke aus der Spekulationskasse entnommen werden. Dies ist allerdings - außerhalb des keynesianischen Bereiches - nur möglich, wenn der Zinssatz steigt. Da die reale Geldmenge und das reale Einkommen gegeben sind, bewirkt eine Verringerung der Umlaufgeschwindigkeit des Geldes eine Verschiebung der LM-Kurve nach links. Diese Linksverschiebung geht mit einer „Stauchung" des keynesianischen und des Zwischenbereichs einher.

Im **keynesianischen Bereich** sind sowohl der Zinssatz als auch das Einkommen relativ niedrig. Demzufolge ist auch die Geldnachfrage nach Transaktionsmitteln gering. Eine Erhöhung des Kassenhaltungskoeffizienten, die beispielsweise durch eine Streckung der Lohn- und Gehaltszahlungen in der Volkswirtschaft bedingt ist, bedeutet bei gegebenem Einkommen eine größere Kassenhaltung für Transaktionszwecke. Dieser Bedarf kann von der Spekulationskasse befriedigt werden, ohne dass dies Auswirkungen auf Zinssätze, Einkommen und Beschäftigung hat.

Die erhöhte Geldnachfrage nach Transaktionskasse wird **im Zwischenbereich** der LM-Kurve bei gegebener Geldmenge und gegebenem Preisniveau nur durch Verringerung der Spekulationskasse ermöglicht. Dies ist wiederum möglich, wenn die Opportunitätskosten der Spekulationskassenhaltung, d. h. die Zinserträge steigen. Eine Erhöhung des Zinssatzes entsteht durch die Zunahme der Geldnachfrage, die über Wertpapierverkäufe befriedigt wird. Andererseits bewirkt der erhöhte Zinssatz - ceteris paribus - einen Rückgang der Investitionsgüternachfrage. Es entsteht ein negativer Multiplikatorprozess, der das Volkseinkommen senkt. Ähnliche, aber verstärkte Wirkungen auf Zinssatz, Investitionen und Einkommen treten auch im **klassischen Bereich** ein.

Auf dem Arbeitsmarkt bewirkt die aus dem neuen Gleichgewicht auf dem Güter- und Geldmarkt resultierende Preisniveausenkung bei konstantem Nominallohn eine Erhöhung des Reallohnsatzes, welche durch eine Verschiebung der Arbeitsangebotskurve nach oben zum Ausdruck kommt. Die Beschäftigungsmenge und damit das Sozialprodukt gehen zurück.

Eine **Veränderung der Geldnachfrage nach Spekulationskasse**, die beispielsweise durch eine allgemeine Zunahme der Liquiditätsneigung der Wirtschaftssubjekte verursacht werden kann, führt dazu, dass bei jedem Zinssatz eine höhere Spekulationskasse als vorher gehalten wird. Eine solche Veränderung wird in Abbildung 9-21 durch die Rechtsverschiebung der Nachfragekurve nach Spekulationskasse dargestellt. Die Auswirkungen auf das simultane Güter- und Geldmarktgleichgewicht hängen wiederum vom Schnittpunkt der IS-Kurve mit der LM-Kurve ab. Die Rechtsverschiebung der Geldnachfragekurve nach Spekulationsmitteln bewirkt eine Verschiebung des keynesianischen und des Zwischenbereichs der LM-Kurve nach links und eine Verkürzung des klassischen Bereichs.

Abb. 9-21: Auswirkungen einer erhöhten Spekulationskassenhaltung auf die LM-Kurve

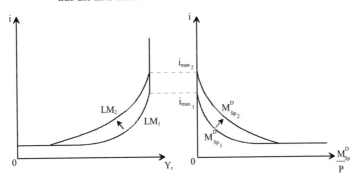

Die erhöhte Geldnachfrage nach Spekulationskasse bewirkt bei gegebener Geldmenge und gegebenem Preisniveau eine Erhöhung des Zinssatzes, was entsprechende negative Auswirkungen auf die Investitionen und die Beschäftigung haben wird.

Auch eine **Erhöhung des Geldangebots** durch die Zentralbank erhöht bei zunächst konstantem Preisniveau die reale Geldmenge. Dadurch verschiebt sich die LM-Kurve nach rechts. Je nachdem, in welchem Bereich die IS-Kurve die neue LM-Kurve schneidet, ergeben sich unterschiedliche Wirkungen auf Zins, Einkommen und Beschäftigung.

Im **keynesianischen Bereich** wird jedes zusätzliche Geldangebot in die Spekulationskasse fließen, ohne Zinsveränderungen hervorzurufen. Somit wird das zusätzliche Geldangebot keine zusätzliche Güternachfrage bewirken. Zinssätze, Einkommen und Beschäftigung bleiben unverändert niedrig.

Im **Zwischenbereich** der LM-Kurve führt das zusätzliche Geldangebot zu einer erhöhten Nachfrage nach Wertpapieren, da durch das erhöhte Geldangebot eine Zinssenkung und damit eine Wertpapierkurserhöhung erwartet wird. Die Zinssenkung induziert wiederum eine Zunahme der Investitionsgüternachfrage, die über den Multiplikatoreffekt zu steigendem Volkseinkommen und höherer Beschäftigung führt. Dieser gesamtwirtschaftlich positive Effekt wird allerdings durch die ausgelöste Preisniveauerhöhung und der damit einhergehenden Verringerung der realen Geldmenge (Linksverschiebung der LM-Kurve) abgeschwächt. Es entsteht ein neues und höheres Gleichgewichtseinkommen bei einem niedrigeren Zinssatz und höherer Beschäftigung.

Die gesamtwirtschaftlichen Auswirkungen der Geldmengenerhöhung lassen sich für den **Zwischenbereich** der LM-Kurve anhand von Abb. 9-22 verdeutlichen. Das zusätzliche Geld erhöht zunächst bei konstantem Preisniveau die gesamtwirtschaftliche Güternachfrage. In der geometrischen Darstellung wird dies durch eine Rechtsverschiebung der gesamtwirtschaftlichen Güternachfragekurve sichtbar. Der entstandene Nachfrageüberschuss kann ceteris paribus über eine Preisniveauerhöhung abgebaut werden. Diese Preisniveauerhöhung führt allerdings zu einem Rückgang der realen Geldmenge. Dieser Rückgang kommt in der teilweisen Rückverschiebung der LM-Kurve zum Ausdruck. Die dadurch entstehende neue Gleichgewichtssituation weist ein höheres Gleichgewichtseinkommen bei einem höheren Preisniveau aus. Auf dem Arbeitsmarkt bewirkt die Preisniveauerhöhung bei konstantem Nominallohn eine Reallohnsenkung und damit eine Verschiebung der Arbeitsangebotskurve nach unten. Erhöhte Beschäftigung ist die Folge.

Im **klassischen Bereich** der LM-Kurve bewirkt die zusätzliche Geldmenge eine noch höhere Wertpapiernachfrage als im Zwischenbereich. Dies hängt damit zusammen, dass hier das Halten von Spekulationskasse aufgrund des sehr hohen Zinsniveaus völlig unrentabel ist. Die zusätzliche Wertpapiernachfrage führt dann zu Kurssteigerungen bzw. Zinssenkungen. Die mit dem sinkenden Zins einhergehende zusätzliche Investitionsgüternachfrage erhöht über den Multiplikatoreffekt das Gleichgewichtseinkommen und die Beschäftigung entsprechend. Voraussetzung ist allerdings, dass volkswirtschaftliche Kapazitäten zur Verfügung stehen.

Abb. 9-22: Gesamtwirtschaftliche Auswirkungen einer Geldmengenerhöhung
- dargestellt für den Zwischenbereich der LM-Kurve -

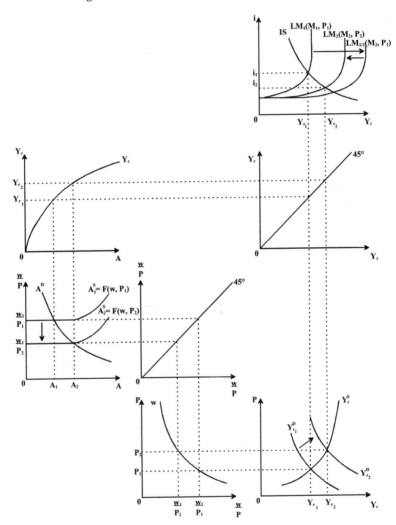

9.9 Resümee

Die Darstellung des keynesianischen Modells machte deutlich, dass die Marktmechanismen, im Gegensatz zum liberalen klassischen Modell, hier nicht immer in der Lage sind, eingetretene Störungen, wie beispielsweise Arbeitslosigkeit, endogen zu beseitigen. Man vertritt also die Meinung, dass der Markt, wenn er exogen oder endogen gestört wird, **instabil** ist. Er kann nach dieser Theorie Gleichgewichtsstörungen nicht immer aus eigener Kraft (endogen) beseitigen. Insofern besteht aus keynesianischer Sicht wirtschaftspolitischer Handlungsbedarf des Staates.

Diese keynesianische Position stellt allerdings nicht die grundsätzliche Funktionsweise des Marktes in Frage, sondern sie relativiert die liberale Vorstellung, dass der Markt immer, kraft seiner Marktmechanismen, aus einer ungleichgewichtigen Situation herausführen wird.

Nach dem keynesianischen Ansatz ist Unterbeschäftigung der Produktionsfaktoren in Verbindung mit stabilen gleichgewichtigen Güter- und Geldmärkten, wie dies durch den Schnittpunkt der IS-Kurve im keynesianischen Bereich der LM-Kurve verdeutlicht wird, die Regel, wenn der Ablauf der volkswirtschaftlichen Prozesse in Marktwirtschaften allein dem Markt überlassen wird.

Auch eine Senkung der Reallöhne könnte im Fall von Arbeitslosigkeit nicht mit Sicherheit die erwarteten positiven Beschäftigungswirkungen im Sinne der liberalen Theorie hervorbringen, da die Lohnsenkung möglicherweise zur Abnahme der gesamtwirtschaftlichen Güternachfrage und damit der Gesamtbeschäftigung führen kann. Selbst Geldpolitik, die im Modell - in den Gleichgewichtssituationen des Schnittpunktes der IS-Kurve im Zwischenbereich und im klassischen Bereich der LM-Kurve - positive gesamtwirtschaftliche Auswirkungen hat, misst man keine große beschäftigungspolitische Bedeutung bei, da kurzfristig die Investitionsgüternachfrage als relativ zinsunelastisch angesehen wird.

Die wirtschaftspolitische Schlussfolgerung des keynesianischen Ansatzes ist daher die Forderung nach einer aktiven Rolle des Staates. Dies gilt vor allem bei **stabilen** Ungleichgewichtssituationen, insbesondere auf dem Arbeitsmarkt **(Marktversagen)**. Diese Forderung wurde nach dem Zweiten Weltkrieg in der praktischen Wirtschaftspolitik - mehr oder weniger aller westlichen Industrienationen - umgesetzt. Nach anfänglichen Erfolgen führte diese Politik aber zu einer Überdimensionierung des staatlichen Einflusses mit der Konsequenz starker Beeinträchtigungen der dynamischen Elemente des Marktes, die man eigentlich mit der staatlichen Politik dynamisieren wollte. Inflationsprozesse, hohe Staatsverschuldung, Arbeitslosigkeit und stagnierende Volkswirtschaften waren und sind seitdem mehr oder weniger parallel und/oder abwechselnd die Begleiterscheinungen des wirtschaftlichen Prozesses in allen westlichen Industrienationen.

Diese negativen realen Entwicklungsprozesse aktivierten wiederum die wissenschaftliche Diskussion und trugen vor allem dazu bei, dass die klassischen theoretischen Vorstellungen überdacht und aktualisiert wurden. Wissenschaftliche Schulen, wie die Neoklassik, der Monetarismus oder der Postkeynesianismus sind so zu neuen Ideen gezwungen worden und standen durch die negative Entwicklung (Inflation, übertriebene Staatsverschuldung, langanhaltende Arbeitslosigkeit) vor neuen Fragen und Aufgaben.

Die nach wie vor existierenden Probleme zeigen aber, dass auch die in den letzten fünfundzwanzig Jahren angewandten primär neoliberalen wirtschaftspolitischen Empfehlungen nicht die erwarteten Ergebnisse gebracht haben. Insbesondere die gegenwärtige extrem negative Beschäftigungssituation - nicht nur in Deutschland, sondern fast weltweit - sind ein berechtigter Anlass für die Wiederbelebung der keynesianischen Ideen.

10. Geld

Im Rahmen dieses Kapitels werden ausgewählte Grundsachverhalte aus den Bereichen Geldtheorie und Geldpolitik behandelt. Es werden vor allem Grundlagen über das Wesen des Geldes, des Geldangebotes und der Geldnachfrage erörtert. Die ohnehin schwierige Unterscheidung in Geldtheorie und Geldpolitik wird hier dadurch zu lösen versucht, dass zum besseren Verständnis bestimmter Stellen der Geldpolitik gewisse Sachverhalte aus der Geldtheorie eingearbeitet wurden.

10.1 Grundlagen über das Wesen des Geldes

10.1.1 Notwendigkeit und Vorteile der Geldverwendung

Bevor die Frage beantwortet wird, was „Geld" ist und welche Funktionen es hat, sollen vorher kurz die Gründe angesprochen werden, die die Einführung bzw. Verwendung von Geld notwendig machten. Die Arbeitsteilung – die nicht erst in unserer Zeit, sondern schon in früheren Gesellschaften einsetzte – führte zu Tauschwirtschaften. Und dieser Tausch von zunächst Gütern gegen Güter machte die Einführung eines allgemein anerkannten Tauschmittels notwendig. Damit wurde das Medium „Geld" geboren.

Zum besseren Verständnis ein einfaches Beispiel: Ein auf Eigenversorgung (ökonomisch „**Subsistenzwirtschaft**") bedachter Bauer beabsichtigt zur besseren Milchversorgung seiner Kinder, die Anschaffung einer weiteren Kuh. Da er sich aber in einer Zeit befand, in welcher Ware gegen Ware getauscht wurde (Naturaltauschwirtschaft), bietet er eines seiner Pferde zum Tausch an. Bereits an dieser Stelle treten die ersten Probleme auf:

- Ist ein Pferd mehr, weniger oder tatsächlich genauso viel wert wie eine Kuh?
- Nehmen wir an, ein Pferd wäre eineinhalb Kühe wert, wie soll dann ein solcher Tausch bewerkstelligt werden?
- Wer möchte am selben Ort und zur selben Zeit eine Kuh ausgerechnet gegen ein Pferd tauschen?

Diese Probleme zeigen, dass sich der Landwirt aus unserem Beispiel auf den Weg machen musste, und jemanden finden, der bereit war eine Kuh gegen ein Pferd zu tauschen. Nehmen wir weiter an, dass er in einem weit entfernten Dorf jemandem begegnet, der seinerseits zwar eine Milchkuh zum Tausch anbietet, dafür aber unbedingt ein Schwein haben möchte. In seiner Not bliebe dem Bauern nichts anderes übrig, als nunmehr jemanden zu suchen, der „Pferd gegen Schwein" tauscht, um daraufhin im weit entfernten Dorf „Schwein gegen Kuh" zu tauschen. Man kann das Beispiel beliebig weiter spinnen, um zu zeigen, dass es ohne „Geld" im Grunde genauso viele Tauschmöglichkeiten wie Güter*arten* gibt, und die drei oben angeführten Probleme würden sich dabei sogar noch summieren. Spätestens am Ende eines solchen Tages muss auch der Bauer erkennen, welch hohe Kosten („Suchkosten") er letztendlich mit seinem Neuerwerb hatte:

- **Suchkosten.** Schließlich musste er sowohl zum Landwirt mit der Kuh als auch zum Bauern mit dem Schwein beträchtliche Wegstrecken und Widrigkeiten bewältigen. Die Suchkosten erstreckte sich jedoch nicht nur auf die Überwindung von Wegstrecken und die damit verbundenen (finanziellen) Auslagen. Der Begriff Suchkosten ist in der Ökonomie sehr weitreichend und beinhaltet ebenfalls die „Transaktions-" und die „Opportunitätskosten."

- **Transaktionskosten.** Geht man davon aus, dass ein Pferd wenigstens eineinhalb Kühe oder sogar zwei Schweine wert ist, dann hat der Bauer nicht unbedingt ein gutes Geschäft gemacht.

- Anderweitige **Opportunitätskosten**, denn diese „Transaktion" hat den Bauern zumindest einen Tag „gekostet". Währenddessen blieben die Feldarbeit und die Viehversorgung auf seinem Hof unerledigt.

Derartige **Opportunitätskosten – also entgangene Gewinne aus Tätigkeiten, die alternativ dazu hätten realisiert werden können** – wurden durch den Prozess der zunehmenden Arbeitsteilung nur noch größer. Man kann sogar sagen, dass die zunehmende Arbeitsteilung einschließlich ihrer Spezialisierungsvorteile, ohne die Einführung eines allgemein anerkannten Tauschmittels (Geld) gar nicht möglich gewesen wäre. Spätestens an dieser Stelle wird die notwendige Einführung und Verwendung eines Mediums Namens **„Geld" und die daraus erwachsenen Vorteile** sichtbar:

- Die Abkehr vom Tausch „Ware gegen Ware" hin zum Tauschprinzip „Geld gegen Ware" (d. h. „Geldwirtschaft") bringt vor allem die Senkung der Transaktionskosten auf ein Minimum.

- Zugleich steigert es die Effizienz und Effektivität von Tauschprozessen.

- Durch die Verwendung von Geld fällt der Einsatz knapper Mittel (Ressourcen) vielfach geringer aus und wird damit ökonomisch sinnvoller (rational).

- Selbst im Falle von Ertraglosigkeit und sogar Wertverlusten kann man bei Geldverwendung immerhin von einer Minimierung von Risiken sprechen.

- Erst durch die Verwendung von Geld ist in einer Volkswirtschaft die einzelwirtschaftliche Planung (also die Planung bei jedem einzelnen Individuum) ökonomisch sinnvoll machbar.

Daher kann letztlich gesagt werden, dass die Geldverwendung sowohl den individuellen Nutzen als auch die Wohlfahrt einer gesamten Volkswirtschaft erhöht.

10.1.2 Begriffe, Funktionen und Formen des Geldes

10.1.2.1 Der Geldbegriff

Der **Begriff** „Geld" ist nicht einheitlich definiert. Häufig ist von einem „allgemein akzeptierten Zahlungsmittel" die Rede, dem „Geldfunktionen" zukommen, sowie ein „gesetzlicher Annahmezwang" anhaftet, dass es von einer „Währungsbehörde" bzw. „Zentralbank" herausgegeben („emittiert") wird, in Form von „Bargeld" und „Buchgeld" existiert und schließlich sein Wert (der „Geldwert") von besonderer Wichtigkeit ist. Da jeder einzelne dieser Begriffe einer eigenen Erläuterung bedarf, wird im weiteren Verlauf dieses Kapitels darauf gesondert eingegangen. Der Vereinfachung halber wird sich hier zunächst der folgenden Gelddefinition angeschlossen: **Geld ist, was Geldfunktionen ausübt.**

10.1.2.2 Die Geldfunktionen

Im Gegensatz zur Gelddefinition, ist die Benennung der **Geldfunktionen** geradezu eindeutig möglich:

1. **Zahlungsmittel**funktion. Sie ist die ursprüngliche Aufgabe des Geldes und wird auch als **Tauschmittelfunktion** bezeichnet. Damit ist gemeint, dass bei Tauschvorgängen das Tauschmittel Geld verwendet wird. Man unterscheidet in „juristische" und „ökonomische" Zahlungsmittelfunktion. Das Juristische besteht darin, dass das staatliche Geld bei Begleichung einer Schuld angenommen werden **muss**. Indes besteht die ökonomische Zahlungsmittelfunktion des Geldes darin, dass man mit diesem Geld bezahlen **kann**. Im Übrigen wirkt sich ein Verlust des Geldwertes (Inflation) gerade bei der Zahlungsmittelfunktion besonders drastisch aus, weil es zu diesem Zweck immer weniger akzeptiert wird. Im Extremfall wird es als Tauschmittel sogar gänzlich abgelehnt und durch sog. **Geldsubstitute** (Geldersatz, auch **Geldsurrogat** genannt) ersetzt. So wurde z. B. in Deutschland unmittelbar nach dem Zweiten Weltkrieg übergangsweise mit amerikanischen Zigaretten bezahlt.

2. **Wertaufbewahrungs- und Wertübertragung**sfunktion. Diese Eigenschaft des Geldes ergibt sich zum einen daraus, dass Geld (jedenfalls für eine gewisse Zeit) ohne Wertverlust aufbewahrt werden kann. Während dieser Zeit verliert es nicht, z. B. durch Alterung oder Verschleiß, seinen Wert. Außerdem kann es Gegenstand von „Vermögen" sein, es vermag

also Vermögen zu speichern, weshalb man in diesem Zusammenhang von der Wert**speicher**funktion des Geldes spricht. Eine Wert**übertragung** erreicht das Geld zum einen dadurch, dass es zu anderen Personen übergeben werden kann. Zum anderen besitzt Geld die Fähigkeit, sich – mitsamt seiner Eigenschaften – in die Zukunft übertragen zu können. Auch diese Funktion kann nur wertstabiles Geld in zufrieden stellendem Maße ausüben.

3. **Rechenmittel**funktion. Hier geht es zunächst um den Ausdruck des Wertes einer Ware oder Dienstleistung in Geld. Dadurch erhält man einen festen, miteinander vergleichbaren und zugleich universellen Maßstab, den Preis! Dies wiederum stellt die Grundlage der gesamten Wirtschaftsrechnung dar, und zwar sowohl einzelwirtschaftlich als auch für die Volkswirtschaft eines ganzen Landes. Auch diese Geldfunktion wird in Zeiten der Inflation beeinträchtigt. Die Rechenmittelfunktion des Geldes darf nicht mit der Tauschmittelfunktion gleichgesetzt werden. So wurde z. B. in der Europäischen Union einst in ECU und ab 1999 in EURO-Einheiten **gerechnet** – und dies, obgleich in den einzelnen Mitgliedstaaten bis 2002 vorwiegend mit nationaler Währung **gezahlt** wurde.

So genanntes „gutes Geld" erfüllt alle seine Geldfunktionen im zufrieden stellenden Maße. Andernfalls ist von einem „mit Fehlern behafteten" Geldwesen die Rede. Die Güte des Geldes bemisst sich somit auch am Erfüllungsgrad der Geldfunktionen.

Zum Schluss dieses Abschnitts über Begriff und Funktionen sollen die **Eigenschaften des Geldes** erwähnt werden:

Die **Massengewohnheit der Annahme**. Geld muss, ganz seiner Zahlungsmittelfunktion entsprechend, zur Begleichung von Forderungen und Verbindlichkeiten von jedermann angenommen werden. Wichtig in diesem Zusammenhang ist, dass das Geld hier als „multilaterale Forderung" gilt – im Gegensatz etwa zu Schecks oder Lieferantenkrediten. Letztgenannte gelten (!) als Geld nur nach Vereinbarung zwischen zwei Wirtschaftssubjekten (bilaterale Forderung), sie sind in Wirklichkeit aber Geldersatzmittel.

Die andere der beiden Eigenschaften, die Geld haben muss, ist die des **Wertversprechens**. Der Besitz von Geld verspricht seinem Inhaber, Güter und Dienstleistungen in Höhe des angegebenen Betrages erwerben zu können. Dabei erfolgt die Dokumentation dieses Versprechens bei Bargeld in Form des Geldscheines oder der Geldmünze, bei Buchgeld in Form des Guthabens bei der Bank.

Zusammenfassend betrachtet kann also alles, was die oben genannten Geldfunktionen ausübt und darüber hinaus die zuletzt angesprochenen Eigenschaften innehat, als „Geld" fungieren. Und tatsächlich waren es in den Anfängen ausgewählte Sachgüter – wie etwa Muscheln, Perlen und diverse andere Edelsteine – die das erste „Geld" darstellten. Bis heute finden bestimmte, besonders geschätzte Sachgüter Verwendung als Geld. So sind z. B. Schuldscheine (anstatt Bargeld) nichts Ungewöhnliches. Sie werden bis zu ihrer Einlösung als Tauschmittel verwendet und gelten daher in dieser Zeit als „Geld". Insofern ließe sich Geld auch als „dokumentiertes Wertversprechen mit allgemeiner Geltung" definieren, wobei es verschiedene Formen annehmen kann.

10.1.2.3 Die Geldformen

In der Entwicklungsgeschichte des Geldes lässt sich insbesondere die Ausweitung seiner Funktionen beobachten: Von der zu Beginn ausschließlichen Tauschmittelfunktion des Geldes, hin zur Funktion als Verrechnungseinheit und Wertaufbewahrungsmittel. Diese Entwicklung lässt das Geld heutzutage in Form von Münzen und Banknoten (Bargeld) sowie als Buchgeld in Erscheinung treten.

Münzen und (Bank-)Noten stellen das **Bargeld** dar. Bei den **Münzen** handelt es sich um Metallstücke, auf welchen ihr Wert aufgeprägt ist. Im Gegensatz zu den zuerst verwendeten Gold- und Silbermünzen bilden seither minderwertige Metalle die materielle Basis. Da der materielle Wert nicht dem „Nennwert" entspricht, spricht man auch von „**Scheidemünzen**." Die Herausgabe der Geldmünzen wird vom Inhaber des „**Münzregals**" (Berechtigung zur Prägung und Ausgabe von Münzen) veranlasst. Ihm fließt auch der sog. „**Münzgewinn**" zu, der sich aus der Differenz zwischen den geringen Herstellungs- sowie Materialkosten und dem deutlich höheren Nennwert der Münzen ergibt. Neben dem Münzgeld findet Papiergeld in Form von **Banknoten** Verwendung. Dabei handelt es sich um Geld in Papierform, das von einer gesetzlich ermächtigten Behörde herausgegeben wird und auf einen bestimmten Betrag von Währungseinheiten lautet. Banknoten sind gesetzliche Zahlungsmittel, müssen also vorbehaltlos und in uneingeschränkter Höhe zur Begleichung einer Forderung oder Verbindlichkeit akzeptiert werden. Bei der mit einem Notenausgabemonopol ausgestatteten Behörde handelt es sich in aller Regel um eine staatliche Zentralnotenbank, der auch die sog. „**Seignorage**" zufällt. Ähnlich dem Münzgewinn, ergibt sich die Seignorage aus der Differenz zwischen den Material- und Herstellungskosten einer Banknote einerseits und ihrem wesentlich höheren Nennwert. Diese Differenz ist bei der Seignorage deutlich größer als beim Münzgewinn.

Das **Buchgeld** hat mittlerweile die maßgebliche Bedeutung erlangt. Dabei handelt es sich um Geldbeträge, über die sein Inhaber zwar jederzeit verfügen kann, der Zahlungsvorgang sich jedoch bargeldlos durch „Umbuchen" von einem Konto auf ein anderes vollzieht. Auch die „Haltung" von Buchgeld erfolgt bargeldlos, indem diese täglich verfügbaren Guthaben „auf Sicht" bei den Banken vorliegen und daher auch Sichteinlagen genannt werden. Somit gehören etwa auch Termin- und Spareinlagen im weiteren Sinne zum Buchgeld. Die oben erwähnte „Massengewohnheit der Annahme" ist auch im Zusammenhang mit Buchgeld von Bedeutung. Ist diese „allgemeine Anerkennung als Zahlungsmittel" nicht vorhanden, wie beispielsweise bei einem „Wechsel", dann handelt es sich nicht um Geld (in diesem Fall in Form von Buchgeld), sondern wiederum „nur" um ein Geldersatzmittel.

10.2 Das Geldangebot

10.2.1 Geldentstehung und Geldvernichtung

Im Rahmen dieses Abschnitts wird nicht auf die wirtschaftshistorische Geldentstehung eingegangen, also die Entstehung von Geld durch Verwendung bestimmter, besonders geschätzter Sachgüter (Naturalgeld). Hier geht es um die Geldentstehung im Sinne einer „**Geldschöpfung**", d. h. die Schaffung von neuem in einer Volkswirtschaft zusätzlichen Geld. Die Geldschöpfung erfolgt durch Herausgabe neuer Münzen und Noten („Bargeldschöpfung") sowie durch Gewährung von Krediten („Kreditschöpfung"). Im Zusammenhang mit der Geldschöpfung, ist immer auch seine Umkehrung, die „**Geldvernichtung**", von Bedeutung. Auch die Geldvernichtung begleitet das Geld seit seinen Anfängen: Wurden z. B. Perlen oder Muscheln eines Halsbandes als Zahlungsmittel verwendet, dann hatten sie währenddessen die Funktion als Geld. Sobald diese Objekte wieder zu einer Perlenkette bzw. Schmuck (d. h. als Sachgüter verwendet) wurden, ging ihre Geldfunktion verloren. Dasselbe geschah mit den Goldmünzen. Mit der Wiedereinschmelzung der Goldmünzen schmolz auch ihre Geldeigenschaft. In der Geldtheorie und Geldpolitik werden Geldschöpfung und Geldvernichtung ebenfalls im Zusammenhang betrachtet. In diesem Zusammenhang interessieren vor allem die daraus resultierende Geldmenge und demzufolge auch der Geldwert.

10.2.1.1 Entstehung und Vernichtung von Bargeld

Richten wir zunächst den Blick auf das Münzwesen. Das Recht zur alleinigen Herausgabe der „Geldstücke" lag früher bei den einzelnen Landesfürsten. Dieses als „**Münzhoheit**" bezeichnete Recht ist auch weiterhin eng mit der Hoheitsgewalt des Staates verbunden. Heutzutage liegt die Münzhoheit häufig direkt beim Staat, dagegen besitzt das alleinige Recht zur Herausgabe von Geldnoten („**Notenausgabemonopol**") die Zentralbank. Dazu ein Beispiel: Zu Zeiten der Deutschen Mark befand sich das Monopol zur Notenemission bei der Bundesbank. Dagegen lag das Münzregal – bis zu einer Höhe von 20 DM pro Kopf der Bevölkerung – in den Händen der Bundesregierung. Dementsprechend steht auch der Münzgewinn dem Staat zu, wenngleich er durch anderweitige Bestimmungen nicht beliebig viele Münzen prägen darf. Derartige Beschränkungen resultieren aus den Erfahrungen überzogener und zugleich missbräuchlicher Geldproduktionen. Diese Erfahrungen bewirkten zudem, dass das Notenemissionsmonopol in fast allen Ländern der Welt jeweils einer einzelnen nationalen Notenbank „anvertraut" wurde.

Der Begriff „**Notenbank**" ist nur eine von vielen Bezeichnungen für den Geldemittenten eines Landes bzw. innerhalb eines geschlossenen Währungsraumes. Daneben werden folgende Begriffe synonym verwendet: Zentralbank, Zentralnotenbank, Nationalbank, Währungsbank, Reservebank, Bundesbank, Staatsbank sowie Währungsbehörde. Demgegenüber ist die Bezeichnung aller übrigen (privaten oder staatlichen) Banken als „**Geschäftsbanken**" recht unstrittig und einheitlich.

10.2.1.2 Entstehung und Vernichtung von Buchgeld

Die Entstehung und Vernichtung von Buchgeld erfolgt sowohl durch die Zentralbank als auch durch die Geschäftsbanken. Die **Buchgeldschöpfung durch die Zentralbank** wiederum erfolgt (häufig nur an die Geschäftsbanken) durch den Ankauf sog. Aktiva, also ausländischer Währungen (Devisen), Wechsel, Wertpapiere oder anderer Vermögensgegenstände. Dadurch entsteht Buchgeld, weil der entsprechende Betrag der betreffenden Geschäftsbank auf ihrem Zentralbankkonto „verbucht" wird. Erst wenn die Geschäftsbank die Barauszahlung dieses Guthabens von der Zentralbank wünscht, entsteht Bargeld in gleicher Höhe. Wichtig in diesem Zusammenhang ist, dass hier das Geld im Rahmen eines Kredits entsteht. Denn am Fälligkeitsdatum (z. B. eines Wechsels) wird dieses Geld dem Wirtschaftskreislauf wieder entzogen. Genauer formuliert wird durch Verkauf von Zentralbankaktiva sowie durch Rückzahlung der von der Notenbank gewährten Kredite Zentralbankgeld „vernichtet." Diesen Sachverhalt, dass bereits im Prozess der Geldentstehung zugleich auch die Geldvernichtung begründet ist, bezeichnet man als das „**Fullertonsche Rückströmungsprinzip**". An dieser Stelle kann nun der Begriff Zentralbankgeld vollständig abgegrenzt und somit eingeführt werden: Beim **Zentralbankgeld** (auch „**Primärgeld**" genannt) handelt es sich um das gesamte umlaufende Bargeld und das von ihr geschaffene Buchgeld.

Bei der **Buchgeldschöpfung durch die Geschäftsbanken** gilt zunächst, dass sie „nur" Buchgeld schaffen (schöpfen) können. Dass neben der Zentralnotenbank auch durch die Geschäftsbanken zusätzliches Buchgeld entsteht, liegt in ihrer Geschäftstätigkeit begründet. Denn das zunächst von der Zentralbank geschaffene und nun auf Konten der Geschäftsbanken befindliche Geld wird von ihnen weiter verliehen. Durch diese Kredittätigkeit entsteht zusätzliches (Buch-)Geld innerhalb einer Volkswirtschaft. Die von den Geschäftsbanken geschaffene Buchgeldmenge bezeichnet man auch als „**Sekundärgeld.**" Geht diese Form der Geldentstehung auf das direkte Aktiv-werden der Geschäftsbanken zurück, dann wird sie als „**aktive** Geldschöpfung" bezeichnet. Mit der Kreditrückzahlung wird auch dieses Geld wieder vernichtet. Dagegen geht die Initialzündung bei der „**passiven** Geldschöpfung" von den sog. „**Nichtbanken**" aus (alle natürlichen und juristischen Wirtschaftssubjekte, die keine Geschäfte im Sinne des Bankgesetzes betreiben einschließlich des Staates). Dies geschieht durch eine Bareinzahlung (von Zentralbankgeld) einer Nichtbank auf ein Konto bei der Geschäftsbank. Indem dieser Betrag dem Kunden gutgeschrieben wird, erhöht sich jedoch nicht die gesamtwirtschaftliche Geldmenge. Durch diesen Vorgang wird lediglich Zentralbankgeld in Geschäftsbankengeld umgewandelt und bei Barabhebung wieder rückgängig gemacht. Weil sich dabei die Geschäftsbank weitgehend passiv verhält, spricht man hier von der passiven Schaffung von Geschäftsbankengeld. Durch die bloße Umwandlung einer Geldart in eine andere ändert sich bei dieser Art der „Geldschöpfung" die Gesamtgeldmenge jedoch nicht.

10.2.2 Grenzen der Geldschöpfung

10.2.2.1 Grenzen der Geldschöpfung bei der Zentralbank

Blickt man auf die Zentralbank und fragt nach ihrer maximal möglichen Grenze (im Sinne von Größe bzw. Menge) der Geldschöpfung, dann lautet die Antwort: Das Potenzial zur Geldschöpfung einer Zentralbank ist (theoretisch) unbegrenzt. Denn zum einen leistet sie mit den von ihr herausgegebenen Banknoten lediglich ein Leistungs**versprechen** zur Abwicklung des Zahlungsverkehrs. Darüber hinaus hat der Inhaber einer Banknote keine weitergehenden Forderungen gegenüber der Währungsbehörde, geschweige denn, dass er sie zur Erfüllung dieses Versprechens im Zuge einer Zwangsvollstreckung zwingen könnte. Gleiches gilt für die Buchgeldschöpfung einer Notenbank. Hier wäre es ihr sogar möglich, in Anzahl und Höhe unbegrenzte Kredite zu vergeben. Eine Zentralbank ist dadurch praktisch in der Lage ihre eigene Liquidität zu produzieren, wodurch sie im Gegensatz zu allen anderen Wirtschaftsteilnehmern nicht insolvent (zahlungsunfähig)

werden kann. Diese „Grenzenlosigkeit" der Geldschöpfung einer Zentralbank ist allerdings nur möglich, wenn

- die Wirtschaftssubjekte derartiges Zentralbankgeld dennoch weiterhin
akzeptieren (annehmen) – und
- keine gesetzlichen Restriktionen diesem Missbrauch ein Ende setzen würden.

Keine dieser Bedingungen ist in Theorie und Praxis gegeben. In der Geldtheorie wird u. a. durch entsprechende ordnungspolitische Rahmensetzung
(Unabhängigkeit der Zentralbank, Vorgabe des Ziels Geldwertstabilität)
einer überzogenen Zentralbankgeldschöpfung entgegengewirkt. Dagegen
würde in der wirtschaftspolitischen Praxis ein solches Verhalten der Zentralbank ebenfalls nicht lange hingenommen werden. Die Grenzenlosigkeit
der Zentralbankgeldschöpfung ist daher letztlich theoretischer Art.

10.2.2.2 Grenzen der Geldschöpfung bei den Geschäftsbanken

Hierbei handelt es sich ausschließlich um Buchgeldschöpfung. Der Haupt-
unterschied zur Zentralbankgeldschöpfung ist, dass Geschäftsbanken nicht
beliebig viel, sondern nur bis zu einer begrenzten Höhe neues Geld schaffen
können. Das mögliche Ausmaß dieser Buchgeldschöpfung hängt von zwei
Faktoren ab:

- Mindestreservesatz sowie
- Verhalten der Nichtbanken.

Der **Mindestreservesatz (r)** resultiert zunächst aus folgender Überlegung:
„Da täglich fällige Einlagen jederzeit abberufen werden können, unterliegt
das einzelne Kreditinstitut einem Liquiditätsrisiko und muss Zahlungen (…)
in Zentralbankgeld leisten. Die Geschäftsbank muss deshalb einen „Vorrat"
an Zentralbankgeld halten, um die mit der Zahlungsunfähigkeit verbundenen (...) Kosten so gering wie möglich zu halten."[1] Daher wird den Geschäftsbanken ein Mindestreservesatz von der Zentralbank vorgegeben.
Mittlerweile ist zwar die Bedeutung der Mindestreserve für die geldpolitische Praxis deutlich zurückgegangen, in der Geldtheorie ist sie jedoch von
Bedeutung. Die Mindestreserve verpflichtet also jede einzelne Geschäftsbank zur Haltung einer Zahlungsmittelreserve in Relation zu ihren Verbindlichkeiten auf einem (häufig zinslosen) Zentralbankkonto. Zur Veranschau-
lichung nehmen wir an, der Mindestreservesatz betrage 10 %. Dann müssten z. B. im Falle eines Geschäftskontoguthabens in Höhe von 100 €, 10 €
als Reserve bei der Zentralbank hinterlegt werden. Der betreffenden Ge-

---

[1] *Vollmer, U.* (2003), Geld und Kredit, S. 228, in: Vahlens Kompendium der Wirtschaftstheorie
und Wirtschaftspolitik, Band 1, 8. Aufl., München, S. 189 - 263.

schäftsbank stünden nun 90 € für Finanzgeschäfte zur Verfügung. Nehmen wir ferner an, dieses Geld würde in voller Höhe an eine Privatperson verliehen, die es nun zu einer anderen Geschäftsbank bringt. Dadurch stünden diesem Kreditinstitut nach Abführung der Mindestreserve 81 € zur Verfügung. In beiden Fällen hat sich die zusätzliche volkswirtschaftliche Geldmenge erhöht, jeweils vermindert um den Betrag der Mindestreserve. Der Geldschöpfungsprozess würde in diesem Beispiel erst dann aufhören, wenn sich zusammengenommen 100 € als (Mindest-)Reserve bei der Zentralbank befinden. Für die Buchgeldschöpfung bedeutet dies eine Grenze des Geldschöpfungspotentials in Abhängigkeit zum Mindestreservesatz. Es sind auch Unterteilungen der Mindestreservesätze auf Sicht- (r^D), Termin- (r^T) und Spareinlagen (r^S) möglich. Des Weiteren kann unterstellt werden, dass die Geschäftsbanken freiwillig einen etwas höheren Reservesatz bei der Zentralbank halten. Das dient der Vermeidung von Zahlungsschwierigkeiten gegenüber den Nichtbanken, weil das Verhalten der Nichtbanken hinsichtlich ihrer gewünschten Barauszahlungen nicht vorhersehbar ist. Hinzu kommt, dass es sich bei der Barauszahlung um eine Geldform handelt, die die Geschäftsbanken nicht herstellen können, sondern sich zunächst selber von der Zentralbank beschaffen müssen. Dieses über den Mindestreservesatz freiwillig bei der Zentralbank gehaltene Geld der Geschäftsbanken wird **Überschussreserve** ($R_ü$) genannt. Analog zur Mindestreserve stellt somit auch die Überschussreserve einen Einflussfaktor auf das Potential zur Geldschöpfung dar. Zur Vereinfachung ist es zulässig, die Überschussreserve zusammen mit der Mindestreserve (r) zu betrachten.

Blickt man auf das **Verhalten der Nichtbanken** hinsichtlich der Grenzen der Geschäftsbankengeldschöpfung, dann stehen insbesondere die Bargeldabflüsse von Guthaben im Mittelpunkt des Interesses. Denn nicht erst mit den unvorhersehbaren Zahlungsgewohnheiten der Nichtbanken geht den Geschäftsbanken Geldschöpfungspotential verloren. Die Nichtbanken selbst halten stets eine gewisse Menge an Zentralbankgeld in ihren Händen. Dieser in Bargeld gehaltene Anteil am Sichteinlagenbestand der Nichtbanken ist der sog. **Bargeldhaltungskoeffizient** (c). Folgende weitere Faktoren haben Einfluss auf das Verhalten der Nichtbanken: Das von den Nichtbanken jeweils gewünschte Verhältnis zwischen Bargeld und ihren Sichteinlagen (k), zwischen Termin- und Sichteinlagen (d) und zwischen Spar- und Sichteinlagen (e). Wichtig dabei ist, dass alle diese Daten den Geschäftsbanken nicht ohne weiteres für ihre Geldschöpfung zur Verfügung stehen und deshalb Einflussfaktoren auf die Grenze der Geschäftsbankengeldschöpfung darstellen.

Als Zwischenfazit lässt sich also sagen, dass der Geschäftsbankensektor (wie es bei der Zentralbank der Fall ist) keinerlei Liquiditätsprobleme hätte, soweit er Zahlungen mit einem Geld leisten kann, das er selbst herzustellen in der Lage ist. Sein Potential zur Geldschöpfung ist jedoch durch die Einlösbarkeit des Geschäftsbankengeldes in Zentralbankgeld begrenzt. Zudem sind die Kreditinstitute zur Mindestreservehaltung – ebenfalls in Form von Zentralbankgeld – verpflichtet. Der Geschäftsbankensektor benötigt also auch ein Zahlungsmittel, das er nicht selber herstellen kann und das ihn gleichzeitig in seinen Geldschöpfungsmöglichkeiten beschränkt. Dabei spielen bestimmte Größen eine gewisse Rolle. Um diese Faktoren in einen formalen Zusammenhang zu bringen, bedarf es den Begriff der „**monetären Basis**" (**B**) (Summe aus dem Bargeldumlauf und dem Zentralbankgeldbestand der Geschäftsbanken). **Geldmengen** werden, in welcher (speziellen) Abgrenzung auch immer (s. u.), gemeinhin mit „**M**" bezeichnet. Die Größe, mit der die interessierende Geldmenge maximal „geschöpft" werden kann, bezeichnet man als **Geldschöpfungs- bzw. Geldmengenmultiplikator (m)**.

In diesem Zusammenhang gilt allgemein:

(10.1) $\qquad M = m \cdot B$

Unter den oben genannten Bedingungen errechnet sich die maximal mögliche Buchgeldmenge (M_B):

(10.2) $\qquad M_B = R_{\ddot{u}} \cdot \dfrac{1}{1 - (1 - c) \cdot (1 - r)}$

Bezogen etwa auf die Geldmengenabgrenzung M_1 lautet der Geldmultiplikator m_1:

(10.3) $\qquad m_1 = \dfrac{1 + k}{k + r^D + r^T \cdot d + r^S \cdot e}$

Die gängigen Abgrenzungen der Geldmenge sind Gegenstand des nächsten Abschnitts.

10.2.3 Geldmengenabgrenzungen

Die Geldmengenabgrenzungen haben ihre wichtigste Bedeutung im Zusammenhang mit der Geldmengensteuerung (durch die Zentralbank). Mit ihnen versucht man u. a. folgende Fragen zu beantworten:

- Welche der denkbaren Geldmengenabgrenzungen sind für eine bestimmte Zielverfolgung am besten geeignet und
- welche Geldmengenabgrenzung dient am besten zur Erklärung gewisser Wirkungszusammenhänge.

In definitorischer Auflistung werden folgende Geldmengenabgrenzungen von der Europäischen Zentralbank unterschieden:[2]

- $M_1 = C + D$, d. h. die Geldmenge M_1 ist definiert als der gesamte Bargeldumlauf (C) plus die täglich fälligen Einlagen (Depositen, D).
- $M_2 = M_1 + F + K$, d. h. die Geldmengenabgrenzung M_2 beinhaltet die Geldmenge M_1 plus Einlagen mit einer vereinbarten Laufzeit von maximal zwei Jahren (F) und Einlagen mit einer vereinbarten Kündigungsfrist von bis zu drei Monaten (K).
- $M_3 = M_2 + GMP$, d. h. das Geldmengenaggregat M_3 umfasst die Geldmenge M_2 plus der Repogeschäfte, Geldmarktfondsanteile, Geldmarktpapiere und Schuldverschreibungen mit einer vereinbarten Laufzeit von höchstens zwei Jahren.

Zur näheren Hinterfragung dieser Geldmengenabgrenzungen lässt sich sagen:

- Die Geldmenge M_1 erfüllt uneingeschränkt die Zahlungsmittelfunktion des Geldes und teilweise auch das Kriterium der Wertaufbewahrungsfunktion. Alle übrigen Geldmengenaggregate unterscheiden sich einerseits in der Fristigkeit (der Einlagen) und andererseits hinsichtlich der Institutionen (deren Verbindlichkeit sie darstellen).
- Es handelt sich bei allen Geldmengenabgrenzungen um definitorische Festlegungen. Sie können daher länderspezifisch variieren und sich im Zeitablauf ändern. Deshalb wurde im Zuge der Internationalisierung der Finanzmärkte mit einer „erweiterten" Geldmenge M_3 operiert (M_{3erw}). Auch die oben aufgeführten Geldmengenaggregate sind erst seit Beginn der dritten Stufe der Europäischen Währungsunion „gültig". Sie unterscheiden sich daher z. B. von den ehemaligen Geldmengenabgrenzungen durch die Deutsche Bundesbank.
- Dadurch, dass es sich um rein definitionsmäßige, also nach bestimmten (Auswahl-)Kriterien vollzogene Abgrenzungen handelt, ergeben sich weitere Probleme. Es stellt sich zum einen die Frage nach der Vergleichbarkeit unterschiedlicher Geldmengenabgrenzungen. Zum anderen ist zu klären, inwieweit die jeweiligen Geldmengen durch andere Faktoren (z. B. den Zinssatz) beeinflusst werden. Fraglich ist zudem, ob und welche Faktoren überhaupt berücksichtigt werden sollen.
- Problematisch ist die Geeignetheit dieser Aggregate hinsichtlich ihrer (gewünschten) Steuerbarkeit durch die Zentralbank.

---

[2] Das Folgende in Anlehnung an *Vollmer, U.* (2003), Geld und Kredit, in: Vahlens Kompendium der Wirtschaftstheorie und Wirtschaftspolitik, Band 1, 8. Aufl., München, S. 189 - 263.

- Allgemein unproblematisch ist hingegen die Geldmenge M_1. In ihrer Abgrenzung gilt sie als eindeutig und gemeinhin einheitlich, und damit auch als international vergleichbar.

10.2.4 Die Institution Zentralbank

Zur Erläuterung einer Zentralbank ist der Blick auf ihre Aufgaben bzw. Funktionen hilfreich. Es lassen sich vier **Notenbankfunktionen** unterscheiden:

1. Als primäre Aufgabe ist die **Geldemission** zu nennen. Zwar kann abweichend das sog. Münzregal beim Staat liegen, es ist dann jedoch in seinem Ausmaß durch Vorgaben der Notenbank begrenzt. Das von der Notenbank emittierte Geld wird auch als Zentralbankgeld bezeichnet. Ihm wird per Gesetz (d. h. vom Staat, nicht von der Emissionsbank) die Eigenschaft des gesetzlichen Zahlungsmittels verliehen. Dadurch muss dieses Geld zur Begleichung von Forderungen und Verbindlichkeiten vorbehaltlos akzeptiert werden.

2. **Bank des Staates.** Hier ist zwischen der Funktion als „Hausbank" sowie als „Kreditbank" des Staates zu unterscheiden. In der Hausbankfunktion unterscheidet sie sich kaum von einer Geschäftsbank gegenüber einer Privatperson. Problematisch kann aber ihre Funktion als Kreditbank des Staates sein, weil dadurch eines (staatlich erzwungenen) Geldschöpfungsmissbrauchs Tür und Tor geöffnet sein könnte. Diese Problematik ist daher Gegenstand vielfältiger Auseinandersetzung sowohl in der Geldtheorie als auch der Geldpolitik.

3. Das **Halten von Währungsreserven** betrifft ebenfalls das Verhältnis der Notenbank zum Staat. Es bezieht sich nicht nur auf den Umgang mit ausländischen Zahlungsmitteln (Devisen), sondern z. B. auch auf die Verwaltung der nationalen Goldreserven. Interessant ist, dass diese Notenbankfunktion (zumindest in Teilen) auch von anderen Institutionen übernommen werden kann.

4. Die Aufgabe der Notenbank als **Bank der Banken** verweist auf ihre Sonderstellung gegenüber den Geschäftsbanken. Hier geht es um die Versorgung des Geschäftsbankensektors mit Zentralbankgeld im Zuge der Kreditgewährung. Dabei handelt es sich weder um eine originäre noch um eine „verliehene" Aufgabe der Zentralbank. Sie resultiert aus ihrem alleinigen Recht zur Herausgabe gesetzlicher Zahlungsmittel.

Als **geldpolitische Instrumente** der Europäischen Zentralbank (EZB) sind zu nennen: Offenmarktgeschäfte, ständige Fazilitäten sowie die bereits besprochenen (und im Falle der EZB verzinsten) **Mindestreserven**. Die

Offenmarktgeschäfte sind das bedeutendste geldpolitische Instrument der EZB. Die EZB wird hier direkt aktiv, indem sie Wertpapiere und Devisen kauft oder verkauft. Dadurch wird, entsprechend der geldpolitischen Absicht der EZB, dem Markt Liquidität gegeben oder entzogen. Die **ständige Fazilitäten** betreffen die sehr kurzfristigen Tagegelder. Auch sie dienen dazu, ebenfalls dem jeweiligen geldpolitischen Kurs der EZB entsprechend, den Finanzinstituten Liquidität bereitzustellen oder zu absorbieren.

Im Zusammenhang mit Banken ist grundsätzlich zu klären, ob es sich um ein „einstufiges" oder „mehrstufiges" Bankensystem handelt. Bei Konzentration sämtlicher organisatorischer Gewalt auf einer zentralen institutionellen Ebene liegt ein **einstufiges Notenbanksystem** vor. Mit anderen Worten: Es gibt nur eine einzige „Staatsbank", die auch die Funktion als Geschäftsbank wahrnimmt. Existieren neben der Notenbank noch viele andere (private und öffentliche) Geschäftsbanken, dann spricht man von einem Zwei- bzw. **mehrstufigen Bankensystem**. Abgesehen von wenigen Ausnahmen, ist dies das dominierende Bankensystem.

Beim Versuch einer **Einordnung** der Notenbank in das volkswirtschaftliche Gesamtgefüge sind vielfältige Fragestellungen denkbar. Man kann z. B. nach den Zielen fragen, die einer Notenbank vorgegeben werden sollen. Dabei unterscheidet man, je nach Ausrichtung der Notenbankstrategie, zwischen der Geldpolitik als sog. (Preisniveau-)Stabilitätspolitik, Beschäftigungspolitik, Zahlungsbilanzpolitik und Wachstumspolitik. Des Weiteren ist das Verhältnis der Notenbank zum Staat von großer Wichtigkeit. Die Bedeutung dieses Beziehungszusammenhangs ergibt sich bereits aus dem historisch vielfach belegten Missbrauch der Geldemission im Zusammenhang mit (zwangsweisen) Staatskrediten und den daraus resultierenden Inflationen. Es sind also gewisse Vorkehrungen zur Sicherung des Geldwertes zu treffen. Im Beziehungszusammenhang Notenbank und Staat sind folgende Maßnahmen zur Sicherung von Geldwertstabilität notwendig:

- Geldwertstabilität als Zielvorgabe. Der Zentralbank wird die Aufgabe erteilt, vorrangig auf Wertstabilität des von ihr emittierten Geldes zu achten.

- Unabhängigkeit der Zentralbank. Der Notenbank wird der Status völliger Unabhängigkeit insbesondere gegenüber staatlichen Institutionen verliehen. Die Zentralbank soll damit zur Zielverfolgung nach eigenen, ökonomischen Gesichtspunkten befähigt werden.

Mit diesen Überlegungen rückt das Phänomen Inflation in den Mittelpunkt des Interesses. Warum ist Inflation derart nachteilig für eine Volkswirtschaft und worin liegen die Erfahrungen der Menschen mit früheren Inflationen? Diese Fragestellungen führen zum nächsten Abschnitt.

10.2.5 Das Phänomen Inflation

Unter dem Begriff **Inflation** versteht man in einer marktwirtschaftlich organisierten Volkswirtschaft einen anhaltenden Geldwertverlust bzw. anhaltende Preisniveausteigerungen. Preissteigerungen eines oder weniger Güter sind unproblematisch, zumal sie aus berechtigten ökonomischen Gründen resultieren können. Erst die fortwährende Steigerung eines gesamten Preisniveaus in einer Volkswirtschaft veranlasst zur (Inflations-)Sorge.

Die **Inflationsmessung** erfolgt mittels eines sog. Warenkorbs. Die Preise verschiedener Güter und Dienstleistungen gehen dabei in unterschiedlicher Gewichtung in den Warenkorb und damit in die Ermittlung der Inflationsrate ein. Die Inflationsrate errechnet sich durch Vergleich des Warenkorbpreises der laufenden Periode mit dem Preis desselben Warenkorbs aus der Vorperiode. Die **Problematiken der „richtigen" Inflationsmessung** liegen u. a. in der Auswahl der Korbzusammensetzung sowie in der Frage nach der Gewichtung jedes einzelnen Gutes. Es geht also darum, welche Güter Eingang in die Berechnungen finden sollen und wenn ja, wie (ge-)wichtig sind dessen Preisänderungen im direkten Vergleich zu denen der anderen Korbgüter. Zudem können sich eben diese Konstellationen im Zeitablauf ändern, so dass dies im „Korbdesign" berücksichtigt werden muss. Aber selbst, wenn es gelingen würde, alle diese „Stolpersteine" auszuräumen und einen absolut adäquaten Güterkorb zur Inflationsmessung zusammenzustellen, dann bliebe immer noch das Problem der Vergleichbarkeit. Denn mit der Aufstellung eines solchen Korbes versucht man stets, die Gegebenheiten des betreffenden Währungsraums möglichst gut abzubilden. Die Anwendbarkeit desselben Warenkorbs auf einen anderen Währungsraum sowie der Vergleich zweier (nationaler) Güterkörbe sind daher problematisch. Somit ist auch der Vergleich zweier Inflationsraten letztlich wenig aussagekräftig. Um dieser Problematik bei der Inflationsmessung entgegenzuwirken, werden die betreffenden Güter- und Dienstleistungskörbe in gewissen Abständen neu berechnet (erstellt). Dem Problem der Vergleichbarkeit begegnet man mit der Zusammenstellung vereinheitlichter Konstrukte. So wurde etwa in der Europäischen Union der so genannte HVPI (Harmonisierter-Verbraucher-Preis-Index) eingeführt. Man kann sagen, dass derartige Anstrengungen der Problematik bei der Inflationsmessung entgegenwirken. Sie können sie aber nicht vollständig ausräumen.[3]

Bei den **Inflationsursachen** geht es nicht allein um die Frage nach den Auslösefaktoren von Inflationen. Gegenstand derartiger Untersuchungen ist auch, was eine Inflation weiter fortbestehen lässt, sie beschleunigt oder

---

[3] Das Folgende in Anlehnung an *Cassel, D.* (2003), in: Vahlens Kompendium der Wirtschaftstheorie und Wirtschaftspolitik, Band 1, 8. Aufl., München, S. 331 - 395.

verlangsamt sowie auf internationaler Ebene überträgt. Des Weiteren lässt sich in diesem Kontext zwischen monetären- und nichtmonetären Theorien differenzieren. Wie bereits aus der Namensgebung zu vermuten ist, sehen die monetären Erklärungsansätze im Gelde selbst die Maßgabe für Inflationen, wogegen nichtmonetäre Theorien andere ökonomische Faktoren (z. B. Strukturtheorie) als Erklärungsgegenstand heranziehen. Bei den monetären Ansätzen sind die quantitätstheoretische sowie neoquantitätstheoretische Theorie von besonderer Bedeutung. Diese sind Gegenstand einer gesonderten Betrachtung weiter unten in diesem Kapitel.

Hinsichtlich der **Inflationsarten** ist eine Unterscheidung nach der Inflationshöhe bzw. dem Inflationstempo sehr verbreitet. Demnach existieren (in aufsteigender Reihenfolge) die „schleichende", „trabende", „galoppierende" und die „Hyperinflation." Allerdings sind ihre Abgrenzungen nicht einheitlich und werden von verschiedenen Autoren unterschiedlich gesetzt. Weit verbreitet ist der Vorschlag von P. Cagan, der ab einer monatlichen Inflationsrate von 50 % (das entspricht einer jährlichen Preissteigerungsrate von fast 13000 %) Hyperinflation annimmt. Die Messung bzw. Feststellung der Inflation erfolgt stets im Nachhinein (ex post). Stellt man dagegen auf die im Vorgriff (ex ante) stattfindende Anpassung drohender Inflationen ab, so unterscheidet man zwischen einer sog. „antizipierten" oder aber „nicht antizipierten" Inflation. Diese Begriffe beschränken sich nicht nur auf die jeweiligen Erwartungshaltungen, sondern beinhalten auch tatsächlich getroffene Maßnahmen zur Linderung von Inflationswirkungen. Als weitere Inflationsart ist die sog. „Kassenhaltungsinflation" (bzw. „zurückgestaute" Inflation) zu nennen. Sie ist zumeist die Folge von Preisstopps, die güterwirtschaftliche Unterversorgung mit sich bringen. In einer solchen Situation ist zwar Geld vorhanden, es kann aber (aufgrund fehlender Waren) nicht ausgegeben werden und muss somit in den Kassen der Wirtschaftssubjekte verbleiben. Dagegen stellen die „offene" und „verdeckte" (bzw. „versteckte") Inflation auf ihre jeweilige Messbarkeit ab. Erstere bezeichnet eine ohne weiteres messbare (feststellbare) Inflation. Im anderen Fall ist die Preissteigerungsrate (z. B. durch staatliche, subventionäre Eingriffe) nur mit Mühe feststellbar.

Mit den oben behandelten Geldfunktionen wurde zugleich ein Aspekt negativer **Inflationswirkungen** angesprochen. Abhängig von der Inflationshöhe werden bestimmte Geldfunktionen beeinträchtigt oder entfallen vollständig (Beispiel: Zigarettenwährung). Des Weiteren vermindert eine Inflation, unabhängig davon, ob sie erwartet oder unerwartet eingetreten ist, die Wirksamkeit des Wettbewerbs und die Vorteile einer Geldwirtschaft. Beiden Aussagen geht folgende Argumentationskette voraus:

- Inflation führt zur Verzerrung der (relativen) Preise,
- dies täuscht falsche Knappheitsrelationen vor,
- Folge ist eine Fehlallokation knapper Ressourcen,
- die Wettbewerbslenkung wird in die Irre geführt,
- dies wiederum hat negative Folgen für wirtschaftliches Wachstum, Wohlstand und Beschäftigung.

Mit Blick auf die Einkommens- und Vermögensumverteilungswirkungen von Geldentwertungen kann man sagen, dass durch Inflation gerade die schwächsten Gruppen einer Gesellschaft am stärksten getroffen werden:

- Weil sich ihre Einkommen nicht oder nicht schnell genug an die Preisniveausteigerungen anpassen. In Zeiten der Inflation steigen kleine Einkommen (z. B. Renten) keineswegs so schnell wie der Geldwert sinkt.
- Weil sich für kleinere Vermögen nur sehr beschränkte Möglichkeiten des Inflationsschutzes ergeben. Hierzu ein Beispiel: Großverdiener A hat 1 Mio. € auf seinem Konto, Rentner B 100 000 €. Nehmen wir weiter an, kleine Eigentumswohnungen gäbe es schon ab 100 000 €. Bei einer Inflationsrate von z. B. 10 % wären zwar alle in gleicher Weise betroffen, doch die Möglichkeiten, sich vor dieser Inflation zu schützen (z. B. durch Flucht in die Sachgüter), sind absolut ungleich verteilt. Denn die betreffende Eigentumswohnung, die sich auch der Rentner gerade noch hätte leisten können, kostet nun 110 000 € und ist für ihn damit unerreichbar. Großverdiener A hingegen kann sich jetzt „nur" noch 9 Eigentumswohnungen leisten, ist aber dennoch in der Lage, fast sein gesamtes Vermögen vor der Inflation in Sicherheit zu bringen. Dagegen bleibt Rentner B auf seinem Ersparten „sitzen", das zudem in seinem Wert weiter abnimmt.

In diesen Einkommens- und Vermögensumverteilungswirkungen von Inflationen sieht Friedrich August von Hayek ein großes gesellschaftliches Konfliktpotenzial. Daraus resultiert auch die Forderung, dass sowohl aus ökonomischen als auch sozialpolitischen Gründen einer auf Wertstabilität ausgerichteten Geldpolitik der Vorzug zu geben ist. In diesem Sinne spricht man auch vom „Primat der Geldpolitik."

10.2.6 Phillips-Kurven-Diskussion

10.2.6.1 Das Phillips-Kurven-Theorem

Die Wirkungen der Inflation speziell auf die Beschäftigungssituation einer Volkswirtschaft werden insbesondere im sog. Phillips-Kurven-Theorem diskutiert und mittels der sog. Phillips-Kurve veranschaulicht.

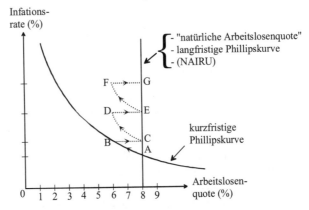

Abb. 10-1: Phillips-Kurve

Grundannahme ist ein fester Beziehungszusammenhang zwischen Inflationsrate und Arbeitslosenquote. Demnach ist es in einer Volkswirtschaft möglich, mit einer höheren Inflationsrate eine geringere Arbeitslosenquote zu realisieren (durchgezogene Linie). Mit anderen Worten: Mit etwas mehr Inflation kann man sich etwas weniger Arbeitslosigkeit „erkaufen." Dem „ökonomischen" Nachteil einer hohen Inflationsrate steht der „soziale" Vorteil einer hohen Beschäftigung gegenüber, und man muss nun beides gegeneinander abwägen. Unter Einbeziehung der negativen Inflationswirkungen ist ein solches Abwägen jedoch schwierig. Bezieht man zudem noch weitere mögliche Aspekte (z. B. Verzögerungseffekte, sog. lags) in die Betrachtung mit ein, dann wird der hier unterstellte Zusammenhang zwischen Inflation und Arbeitslosigkeit sehr fraglich. Werden „Erwartungen" der Wirtschaftssubjekte in die Betrachtung einbezogen, dann wird das Phillips-Kurven-Theorem (zumindest) instabil.

Nehmen wir zunächst den Fall an, die Unternehmen seien von dem inflationären Vorgang überrascht. Durch diese (Überraschungs-)Inflation kommt es zur Verteuerung der Waren, nicht aber des Faktors Arbeit (Bindung an laufende Tarifverträge). Dadurch wird „Arbeit" (relativ) billiger, und die Unternehmen werden nun Arbeitskräfte einstellen. Dies entspricht zunächst einer Bewegung auf der (ursprünglichen) Phillips-Kurve von Punkt A nach B, d. h. weniger Arbeitslosigkeit, allerdings bei höherer Inflation. Allerdings wird die inflationäre Entwicklung von den Arbeitnehmervertretern antizipiert (vorausgesehen, durchschaut) und mit höheren Lohnforderungen für die nächste Periode quittiert, die den Faktor Arbeit wieder verteuern. Die Unternehmen werden daraufhin dazu übergehen, die offenbar voreilig eingestellten Arbeitskräfte zu entlassen. Im Modell kommt dies einer Bewegung von Punkt B nach C gleich. Volkswirtschaftlich betrachtet entspricht das der ursprünglichen Arbeitslosenquote bei einer jetzt höheren Inflationsrate. Nehmen wir des Weiteren an, es würde noch einmal versucht, den Arbeitsmarkt mit geldpolitischen Mitteln „anzukurbeln." Bezogen auf das vorliegende Modell entspräche dies (jetzt vom Punkt C ausgehend) einer Bewegung nach F und wenig später weiter zum Punkt G. Man kann davon ausgehen, dass die Wirtschaftssubjekte diese Vorgänge recht schnell antizipieren. Im Modell (wie auch in der ökonomischen Praxis) kommt dies einer Bewegung auf der Parallelen zur Abszisse gleich. Im Ergebnis stellen sich höhere Inflationsraten ein, jedoch vollends ohne Beschäftigungswirkung. Diese Senkrechte wird auch als die „natürliche Arbeitslosenquote" bezeichnet und kann als „langfristige Phillips-Kurve" interpretiert werden. Abschließend lässt sich also sagen, dass das Phillips-Kurven-Theorem (wenn überhaupt) bestenfalls nur kurzfristig „funktioniert."

10.2.6.2 Die NAIRU

Die Erkenntnisse aus der Phillips-Kurven-Diskussion führen dazu, sich die „natürliche Arbeitslosenrate" genauer anzusehen. Der **Begriff NAIRU** steht für **N**on **A**ccelerating **I**nflation **R**ate of **U**nemployment und wird häufig mit „inflationsstabile Arbeitslosenquote" übersetzt. Gelegentlich wird die NAIRU mit der „natürlichen Arbeitslosenrate" aus der Phillips-Kurve gleichgesetzt.

Das **Anliegen** (bzw. Motivation) der NAIRU ist die präzisere (Lage-) Bestimmung der „natürlichen Arbeitslosenquote" aus der Phillips-Kurven-Diskussion, die dort nicht näher erläutert wurde. Es handelt sich also um den Versuch zu bestimmen, wo sich diejenige (nationale) Arbeitslosenquote befindet, die sich bei stabilen Inflationsraten – also ohne den Einsatz der Geldpolitik – ergibt.

Die **Schwierigkeit** liegt nun in der Wahl der Indikatoren und Annahmen, die wiederum für die Lage (Ergebnis) und Güte der NAIRU verantwortlich zeichnen. Beispiele für solche ausgewählten und bewerteten Indikatoren sind:

- externe Schocks (z. B. Rohstoffpreise),
- Produktivitätseffekte,
- gesetzliche Regelungen (Arbeits-, Kündigungsschutz, ...),
- Inflexibilitäten (z. B. von Lohnstrukturen) oder auch
- Definitionen der zugrunde liegenden Arbeitslosenquote (Berücksichtigung nur registrierter oder auch verdeckter Arbeitslose?! Mit oder ohne der Langzeitarbeitslosen?! ...).

Bei der Bewertung der **Vor- und Nachteile** der NAIRU ist stets zu berücksichtigen, dass es sich dabei letztlich um eine Schätzung handelt. Schon aus diesem Grund ist sie immer auch strittig (anfechtbar). Auf der anderen Seite liefert die NAIRU mitunter überraschende Ergebnisse. So wurde etwa für die Bundesrepublik Deutschland für das Jahr 1998 eine Arbeitslosenquote von 8 - 8,5 % ermittelt, ein Wert, der dem tatsächlich festgestellten Wert erstaunlich nahe kam. Die NAIRU kann also mitunter präzise Ergebnisse liefern und somit aufschlussreiche Aussagen über ihre zeitliche und/oder dynamische Verschiebung (Verschiebung der „natürlichen Arbeitslosenquote" nach links oder rechts) machen. Damit ist die NAIRU sehr erklärungsreich, nicht zuletzt hinsichtlich der hierzu gewählten Faktoren selbst. Sie kann überaus hilfreich sein, Fehlentwicklungen und Faktoren aufzuzeigen, an denen anzusetzen ist, um die Arbeitslosigkeit ohne Inkaufnahme höherer Inflationsraten zu bekämpfen.

Alles in allem sind die bislang besprochenen Sachverhalte dargelegt worden, ohne jedoch den Versuch zu unternehmen, sie eindeutig der Geldpolitik oder der Geldtheorie zuzuordnen. Es ist allerdings nicht möglich, bestimmte Teile aus der Geldpolitik, ohne Einarbeitung gewisser geldtheoretischer Sachverhalte richtig zu verstehen. Daher wurde nicht auf die Unterscheidung in Geldtheorie- und Geldpolitik, sondern in Geldangebot und Geldnachfrage Wert gelegt. Die folgenden Ausführungen betreffen die Geldnachfrage.

10.3 Die Geldnachfrage

10.3.1 Einordnende Bemerkungen

Die Auseinandersetzung mit monetären Größen, wie der Umlaufgeschwindigkeit des Geldes, dem Geldangebot sowie der Geldnachfrage hat, dogmengeschichtlich betrachtet, verschiedene geldtheoretische Ansätze hervorgebracht. Das Hauptanliegen dieser theoretischen Diskussion war insbesondere die Frage nach den Wirkungen („Transmissionsmechanismen") des Geldes auf das Preisniveau und auf die realwirtschaftlichen Größen, wie

Realeinkommen, Investitionen, Sparen, Konsum, Beschäftigung und das Sozialprodukt. In diesem Abschnitt werden der klassische, keynesianische sowie der monetaristische geldtheoretische Ansatz vergleichend dargestellt, und zwar hauptsächlich unter den beiden Gesichtspunkten der Geldnachfrage und des jeweiligen Transmissionsmechanismus.

Das Geldangebot betreffend ist vorauszuschicken, dass sowohl im klassischen als auch im keynesianischen geldtheoretischen Ansatz das nominale Geldangebot als eine konstante Größe angesehen wird. Mit anderen Worten wird also in beiden Ansätzen unterstellt, dass das Geldangebot einer Volkswirtschaft (M^S) nicht durch das Verhalten der Wirtschaftssubjekte, sondern durch eine staatliche Währungsbehörde (Zentralbank) **exogen** vorgegeben wird. Aus Gründen der Vereinfachung und Vergleichbarkeit unterstellen wir selbiges auch für den monetaristischen Ansatz.

Die Geldnachfrage betrachtend ist eine erste Unterscheidung innerhalb dieser geldtheoretischen Ansätze zu beachten. Definitionsgemäß versteht man unter der Geldnachfrage (M^D) die gewünschte Kassenhaltung privater Nichtbanken (also der privaten Haushalte und der Unternehmen). Je nachdem, ob diese Wirtschaftssubjekte bei den Überlegungen bezüglich ihrer Kassenhaltung Veränderungen der Kaufkraft des Geldes (also das Preisniveau) mit berücksichtigen oder nicht, spricht man von **nominaler** oder **realer** Geldnachfrage. Die reale Geldnachfrage ist als die vom Preisniveau bereinigte nominale Geldmenge definiert und errechnet sich demzufolge, indem man die nominale Geldmenge (M) durch das Preisniveau (P) dividiert:

(10.4) $$M_r^D = \frac{M^D}{P}$$ (Gleichung der *realen* Kassenhaltung)

Im klassischen Ansatz berücksichtigen die Wirtschaftssubjekte auch Preisniveauveränderungen in ihren Überlegungen und fragen deshalb **Realkasse** in bestimmter Höhe nach. Dagegen wird im keynesianischen Ansatz nicht zwischen nominalen und realen Geldgrößen unterschieden, sondern ein konstantes Preisniveau unterstellt.

Bei allen im Folgenden zu behandelnden Ansätzen wird ein Gleichgewicht auf dem Geldmarkt unterstellt ($M^S = M^D$). Sie unterscheiden sich aber hinsichtlich der einzelnen Determinanten der Geldnachfrage sowie ihrer Motive der Geldhaltung.

Bevor auf die einzelnen Theorien eingegangen wird sei ausdrücklich darauf verwiesen, dass der klassische und insbesondere der keynesianische Ansatz bereits im Teil zur Makroökonomik dieses Buches ausführlich behandelt werden. Trotz dieser Überschneidung werden sie hier aus Gründen der wirtschaftswissenschaftlichen Systematik thematisiert. Um die Überschneidungen nicht allzu groß werden zu lassen, werden im Folgenden lediglich die Kernaussagen des klassischen sowie des keynesianischen geldtheoretischen Ansatzes zusammengefasst.

10.3.2 Die (quantitätstheoretischen) Ansätze der Klassik

Die Kernaussage der Klassiker zum Thema Geld lässt sich auf den folgenden Satz bringen: **Das Preisniveau verhält sich proportional zur Geldmenge.** Diese geldtheoretische Vorstellung, in der also das vorherrschende Preisniveau im direkten Zusammenhang zur umlaufenden Geldmenge steht, wird daher auch **„Quantitätstheorie des Geldes"** genannt und kursiert in der Literatur in zwei Varianten:

- Umlaufgeschwindigkeitsansatz (Fishersche Verkehrsgleichung),
- Kassenhaltungsansatz (Cambridge-Gleichung).

Beide unterscheiden sich nicht im Ergebnis, sondern in ihrer analytischen Vorgehensweise. Nach klassischer Auffassung ist Geld „nur" ein technisches Hilfsmittel zur Durchführung der gewünschten Transaktionen. Geld hat also einzig und allein (s)eine Funktion als Tausch- bzw. Zahlungsmittel, weshalb das Halten von „Transaktionskasse" nach dieser Vorstellung die einzige Form und das einzige Motiv der Geldnachfrage ist.

$$(10.5) \quad M^D = F(Y) \qquad \text{(Geldnachfragefunktion)}$$

Irving Fisher hat nun aus dieser Erkenntnis – dass nämlich der Wert (Kaufkraft) des Geldes von der Geldmenge, von der Gütermenge und von der Umlaufgeschwindigkeit des Geldes abhängt – folgende Verkehrsgleichung (auch Quantitäts- oder Tauschgleichung genannt) formuliert:

$$(10.6) \quad M \cdot v = Y_r \cdot P \qquad \text{(Fishersche Verkehrsgleichung)}$$

Die **Cambridge-Version** der Quantitätstheorie fragt insbesondere nach den Bestimmungsgründen der Geldnachfrage (Kassenhaltung) der Wirtschaftssubjekte und lautet:

$$(10.7) \quad M^D = k \cdot P \cdot Y_r \qquad \text{(Cambridge-Gleichung)}$$

Im Gegensatz zu Fisher, der primär die Bestimmungsgründe des Preisniveaus (bzw. der Kaufkraft des Geldes) erklären will, werden in der Cambridge-Version einzelwirtschaftliche (mikroökonomische) Belange in den Vordergrund gestellt. Dort interessiert die Frage nach der Höhe desjenigen Vermögensanteils, den jedes einzelne Wirtschaftssubjekt in Geld zu halten bereit ist, weil es daraus Vorteile hat. Diese Vorteile liegen in der Abwicklung laufender Transaktionen sowie in der Absicherung vor unerwarteten Ereignissen. Gleichzeitig jedoch verursacht eine vermehrte Kassenhaltung (Bargeld) dem Wirtschaftssubjekt auch Kosten (sog. Opportunitätskosten) in Form von entgangenen Zinsgewinnen.

Nach diesem Modell (beide Versionen) gehen vom monetären Sektor keinerlei Wirkungen auf den realen Sektor einer Volkswirtschaft aus. Veränderungen der Geldmenge bewirken lediglich proportional gleichgerichtete Änderungen nominaler Größen, wie den Nominallohn, berühren jedoch nicht das Verhalten der Wirtschaftssubjekte. Mit anderen Worten ist **Geld** im Rahmen der klassischen Theorie neutral und **wirkt wie ein „Schleier"**, der die Wirtschaftsprozesse umhüllt, ohne sie zu beeinflussen.

10.3.3 Der (keynesianische) liquiditätspräferenztheoretische Ansatz

Im Ansatz von John Maynard Keynes wird den bislang nur angesprochenen Beweggründen, warum Geld nachgefragt bzw. gehalten wird, gründlicher nachgegangen und folgende **drei Motive der Geldnachfrage bzw. Kassenhaltung** thematisiert: Transaktions-, Vorsichts- und Spekulationsmotiv.

Die Haltung von (Bar-)Geld zur Begleichung laufender Transaktionen ist für Keynes nicht (wie bei den Klassikern) die Hauptursache, sondern „nur" eines von mehreren Gründen für die (gesamtwirtschaftliche) Geldnachfrage.

(10.8) $M_T^D = F(Y)$ (Transaktionskassengleichung)

Keynes glaubt, dass die Wirtschaftssubjekte parallel dazu eine **Vorsichtskasse** halten. Sie tun dies einerseits um eventuell anfallende ungeplante (zufällige) Transaktionen tätigen zu können. Andererseits sind sie sich über eine gewisse Unsicherheit ihrer zukünftigen Einkommensein- und Zahlungsausgänge bewusst, weshalb sie sich zur Haltung einer Vorsichtskasse (M_V^D) veranlasst sehen.

(10.9) $M_V^D = F(Y)$ (Vorsichtskassengleichung)

Das grundlegend Neue bei Keynes ist jedoch die Einführung der **Spekulationskasse** (M_{Sp}^D). Hier wird angenommen, dass jedes Wirtschaftssubjekt weiteres Geld für Spekulationszwecke bereit hält (nachfragt). Es steht dabei vor dem Problem der Aufteilung seines finanziellen Vermögens innerhalb seiner Spekulationskasse, das wiederum aus der Abwägung der jeweiligen Vor- und Nachteile resultiert. Nach Keynes stiftet Geld seinem Besitzer bereits durch seine Liquidität einen Nutzen. Dagegen besteht der Nachteil dieser Anlageform in den entgangenen Zinserträgen, zumal Bargeld bekanntlich keine Zinsen bringt. Der Vorteil (Nutzen) von festverzinslichen

Wertpapieren indes liegt zunächst in der Verzinsung, aber auch in der Entwicklung der Wertpapierkurse. Allerdings haben Wertpapiere den Nachteil fehlender Liquidität. Zwischen diesen beiden Anlageformen, so die Annahme, trifft das Individuum eine Entweder-Oder-Entscheidung.

$$(10.10) \quad M_{Sp}^{D} = F(i) \qquad \text{(Spekulationskassengleichung)}$$

Die gesamtwirtschaftliche Geldnachfrage (M^{D}) in einer Volkswirtschaft ergibt sich wiederum aus der Summe der Nachfrage nach Transaktions-, Vorsichts- und Spekulationskasse:

$$(10.11) \quad M^{D} = F(Y;i) \qquad \text{(gesamte Geldnachfrage)}$$

Zur Beantwortung der Frage nach den Wirkungen („Transmissionsmechanismen") des Geldes auf das Preisniveau und auf die realwirtschaftlichen Größen werden im liquiditätspräferenztheoretischen Ansatz von Keynes drei Bereiche unterschieden:

- **Klassischer Bereich.** Hier kommt das Transaktions- und Vorsichtsmotiv der Kassenhaltung voll zum Tragen, weshalb dieser Teil der Geldnachfragekurve von Änderungen des Zinssatzes ganz und gar unberührt ist (zins**un**elastischer Teil).
- **Zinselastischer Bereich** (Zwischenbereich).
- **Keynesianischer Bereich.** In diesem völlig (unendlich) elastischen Abschnitt der Geldnachfragekurve („**Liquiditätsfalle**") spielen sich Variationen der Geldmenge nur in der Spekulationskasse ab und haben keine Auswirkungen auf den realen Sektor einer Volkswirtschaft.

Die letztendlichen Transmissionswirkungen von Geldmengenänderungen hängen nun davon ab, welche der hier kurz dargelegten Bedingungen vorliegen. Die **Liquiditätspräferenztheorie** betont den keynesianischen Bereich und damit die **Unwirksamkeit der Geldpolitik**.

10.3.4 Der neoquantitätstheoretische Ansatz

Mit der bereits gemachten Zuwendung hin zu den Motiven der Geldhaltung, lässt sich die nun interessierende **Neoquantitätstheorie** (auch Friedmans Vermögenstheorie genannt) ebenfalls verkürzt darstellen. Denn auch sie geht grundsätzlich davon aus, dass die Wirtschaftssubjekte aus ganz unterschiedlichen Motiven Geld halten bzw. nachfragen, weshalb hier die Untersuchung eben dieser Einflussfaktoren der Geldhaltung im Mittelpunkt steht. Im Unterschied zur obigen klassischen Quantitätstheorie, wonach das Geld einzig und allein die Tauschmittelfunktion ausübt, betonen die Neoquantitätstheoretiker die Bedeutung des Geldes als Vermögensobjekt. Demnach wird das Geld von den Wirtschaftssubjekten – wie in der keynesianischen Liquiditätspräferenztheorie auch – als eine von mehreren Vermögensalternativen angesehen. Die Betrachtung dieser Anlagealternativen erfolgt nun jedoch viel genauer. Es wird nämlich gefragt, wie ein Besitzer von Geld, festverzinslichen Wertpapieren, Aktien, Sach- und Humankapital (Letzteres verstanden als sein Arbeitsvermögen) eine für ihn optimale Aufteilung auf diese einzelnen Vermögensarten vornimmt. Die Besonderheit der Neoquantitätstheorie ist also die **Einbeziehung des Humankapitals**, das als zukünftiges Einkommen verstanden wird und zudem sogar **als das wichtigste Vermögensgut** (jedenfalls für die meisten Menschen) eingestuft wird. Im Einzelnen wird in diesem Ansatz von folgenden Einflussfaktoren auf die reale Geldnachfrage eines jeden Wirtschaftssubjektes ausgegangen:

- Die Größe seines Gesamtvermögens. Man spricht hier auch vom „erwarteten" oder „permanenten Einkommen" (Y^P), weil in diese Betrachtung auch alle zukünftig erwarteten Einkommen mit einfließen.

- Die Aufteilung des Gesamtvermögens in Humankapital (h) und die anderen hier möglichen Vermögensformen (s).

- Die erwarteten Ertragsraten des Geldes (i_m), der festverzinslichen Wertpapiere (i_o) und der Aktien (i_a).

- Die erwartete Inflationsrate (P^e).

- Der Geldnutzen (U_m). Dieser nichtmonetäre Vorteil der Geldhaltung resultiert aus der hier ebenfalls anerkannten Liquiditäts- und Sicherheitsmittelfunktion des Geldes, also den allgemeinen Vorteilen der Geldverwendung.

In Form einer Gleichung lautet die Nachfrage nach Realkasse (M^D/P):

$$(10.12) \qquad \frac{M^D}{P} = F(Y^P, \frac{h}{s}, i_m, i_o, i_a, P^e, U_m)$$

Verbal ausgedrückt wird also nach dieser Theorie die gesamte Geldnachfrage einer Volkswirtschaft bestimmt vom permanenten Einkommen, den Opportunitätskosten der (Bar-)Geldhaltung, den Veränderungen des Preisniveaus, dem Anteil des Humanvermögens am Gesamtvermögen sowie dem Nutzen der Geldhaltung. Es ist hierzu allerdings **kritisch** anzumerken, dass der Einfluss der Vermögensaufteilung in Human- und Nichthumanvermögen gar nicht eindeutig zu ermitteln ist. Deshalb – und weil eine Umwandlung von Humankapital in andere Vermögenswerte nicht ohne weiteres möglich ist – wird der Einfluss dieser Größe als konstant angenommen. Auch der Einfluss der Geldnutzung wird als konstant betrachtet. Zudem ist der Geldnutzen ohnehin nicht leicht zu quantifizieren, zumal es sich dabei um eine nichtmonetäre Größe handelt. Allerdings ist gerade diese

Problematik deshalb so gravierend, weil in der Praxis die Vorteile aus der Geldhaltung (also der Geldnutzen) einen wesentlichen Einfluss auf die Geldnachfrage haben dürften.

Unter diesen einschränkenden Bedingungen lässt sich jedoch sagen, dass **im neoquantitätstheoretischen Ansatz** nach Milton Friedman die Höhe der gesamten **Geldnachfrage allein von der Höhe der Opportunitätskosten** der Geldhaltung **abhängt.** Da annahmegemäß die Wirtschaftssubjekte bei gegebenem Geldangebot eine für sie optimale Zusammensetzung ihres Geldvermögens realisieren, wird eine Veränderung der Geldangebotsmenge diese „optimale Vermögensstruktur" ebenso stören. Dadurch werden die rational handelnden Wirtschaftssubjekte zu Umschichtungen ihres gesamten Vermögens veranlasst. Dies wiederum, so ist hier die Argumentationskette, beeinflusst zunächst die Preise (Kurse) der Finanzmärkte und verändert sodann die Preisrelationen zwischen Finanz- und Gütermärkten. Gemäß der Neoquantitätstheorie **haben also monetäre Veränderungen kurzfristig Einfluss auf den realwirtschaftlichen Sektor** einer Volkswirtschaft.

10.4 Resümee

Beim Vergleich der drei dargestellten Ansätze lässt sich zunächst sagen, dass im Gegensatz zur klassischen Quantitätstheorie sowohl im keynesianischen (mit Ausnahme von Liquiditäts- und Investitionsfalle) als auch friedmanschen Ansatz Veränderungen im monetären Sektor auch Auswirkungen auf den realen Sektor einer Volkswirtschaft haben. Der Transmissionsweg wird allerdings unterschiedlich erklärt. Sieht man von der Situation der Liquiditätsfalle ab, so wirkt gemäß der Liquiditätspräferenztheorie eine Geldmengenerhöhung über den Zins auf die Investitionen und bewirkt damit auch eine Zunahme von Produktion und Beschäftigung. Dagegen hat im neoquantitätstheoretischen Ansatz ein monetärer Impuls zunächst eine Neuordnung der gesamten einzelwirtschaftlichen Vermögensstruktur zur Folge. Dies wiederum verändert die Preisrelationen zwischen den Finanz- und Gütermärkten und dadurch auch die Nachfrage zugunsten des realen Sektors. Allerdings ist einschränkend zu bemerken, dass dieser Prozess nur wirksam ist, solange noch Kapazitäten in der Volkswirtschaft verfügbar sind. Wächst die Geldmenge darüber hinaus, dann schlägt sie voll auf das Preisniveau durch. Demnach wäre das Ergebnis einer dauerhaften Geldmengenerhöhung die Inflation, weshalb insofern eine gewisse Gemeinsamkeit zwischen dem quantitäts- und dem neoquantitätstheoretischen Ansatz besteht.

11. Konjunkturtheorie

Ein weiterer Untersuchungsgegenstand der makroökonomischen Analyse ist das Konjunkturphänomen. Der Begriff der Konjunktur beschreibt allgemein ausgedrückt die wirtschaftliche Gesamtsituation einer Volkswirtschaft. Die Tatsache, dass die wirtschaftliche Aktivität von Volkswirtschaften konjunkturellen Schwankungen unterliegt, greift tief in das Leben der Menschen ein. In wirtschaftlich schlechten Zeiten werden Menschen arbeitslos, zahlreiche Unternehmen verlieren ihre Selbständigkeit oder gehen Konkurs, Produktionskapazitäten liegen brach.

Letzten Endes heißt dies, dass die ökonomische Leistungsfähigkeit einer Gesellschaft nicht vollständig ausgeschöpft wird, was zu gesamtgesellschaftlicher Wohlstandsminderung führt. Um diesen negativen Folgen konjunktureller Schwankungen erfolgreich begegnen zu können, ist es notwendig, deren Ursachen und eventuell zugrunde liegende Gesetzmäßigkeiten zu analysieren. Diesem Anliegen widmet sich in erster Linie die Konjunkturtheorie.

11.1 Das Erscheinungsbild der Konjunktur

11.1.1 Das Konjunkturphänomen

Ein Blick auf den Verlauf wichtiger gesamtwirtschaftlicher Größen, wie beispielsweise die Auftragseingänge, das Bruttoinlandsprodukt, die Industrieproduktion, die Beschäftigung oder die Preise zeigt, dass diese Größen in der Regel im Zeitablauf zunehmen. Dabei ist zu beobachten, dass sich diese Zunahme nicht gleichmäßig, sondern - idealisiert - in Wellenbewegungen vollzieht.

Während die langfristige Zunahme, also die trendmäßige Entwicklung der volkswirtschaftlichen Aktivität und deren Erklärung Gegenstand der Wachstumstheorie und somit des nächsten Kapitels ist, untersucht die Konjunkturtheorie die kurz- bis mittelfristigen **Aktivitätsschwankungen**. Diese Aktivitätsschwankungen äußern sich sowohl in **qualitativen**, empirisch kaum oder nur unvollständig erfassbaren Tatbeständen, wie etwa in den Erwartungen der Unternehmer[1] z. B. hinsichtlich ihrer Investitionsplanung oder ihrer Absatzaussichten, als auch in zahlreichen **quantitativ** fassbaren **Kriterien,** wie z. B. der Veränderung der Zahl der Beschäftigten, des Konsums, des Inlandsprodukts oder des Preisniveaus.

---

[1] In der BRD werden die Erwartungen u. a. durch den monatlich erhobenen IFO-Geschäftsklimaindex erfasst.

Der **Konjunkturverlauf** spiegelt die **ungleichgewichtige Entwicklung** zwischen **potentiellem gesamtwirtschaftlichem Angebot** und **wirksamer gesamtwirtschaftlicher Nachfrage** wider. Er ist durch **Schwankungen im Auslastungsgrad der Produktionsfaktoren** (Kapazitätsauslastung) gekennzeichnet.

Hingegen bildet der Wachstumspfad die gleichgewichtige Entwicklung einer Volkswirtschaft und damit die Veränderung der volkswirtschaftlichen Kapazitäten ab. Der langfristige Wachstumspfad einer Volkswirtschaft stimmt somit nur im Durchschnitt mit der tatsächlichen Entwicklung der Volkswirtschaft überein. In Abb. 11-1 wird dieser Sachverhalt angedeutet. Die tatsächlich beobachtbare Entwicklung wird hier durch die Kurve des Konjunkturverlaufs abgebildet, welche sinusförmig um den langfristigen Wachstumspfad schwankt.

Abb. 11-1: Wachstumspfad und Konjunkturverlauf

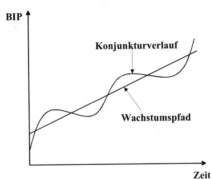

Der Begriff der Konjunktur oder des Konjunkturzyklus beschreibt somit die Tatsache, dass die wirtschaftliche Aktivität von Volkswirtschaften Schwankungen unterliegt. Diese stellen für Wirtschaftstheorie und -politik ein ständig wiederkehrendes Phänomen dar. Die Messung der Schwankungen, die theoretische Erklärung ihres Zustandekommens, daraus ableitbare Prognosen der zukünftigen konjunkturellen Entwicklung sowie die Möglichkeiten, diese Entwicklung zu beeinflussen, stehen im Mittelpunkt von Konjunkturtheorie und -politik.

11.1.2 Konjunkturzyklen

Bevor auf die theoretischen Erklärungen des Konjunkturphänomens eingegangen wird, soll der Frage nach eventuell vorliegenden Regelmäßigkeiten und Besonderheiten der konjunkturellen Entwicklung im Zeitablauf nachgegangen werden. Bezweifelt man das Vorliegen eines Grundmusters des wirtschaftlichen Verlaufs, entfällt auch die Notwendigkeit einer eigenständigen Konjunkturtheorie. Die beobachtbaren gesamtwirtschaftlichen Schwankungen der wirtschaftlichen Aktivitäten können dann z. B. durch die Beschäftigungs-, Wachstums- und Inflationstheorien analysiert und erklärt werden.

Da streng periodisch wiederkehrende gleichartige Zyklen in der Realität nicht beobachtet werden können, bezweifelten viele Ökonomen die Existenz eines Konjunkturphänomens. Der Grund, dass dennoch konjunkturtheoretische Forschung betrieben wurde und wird, ist die Erkenntnis, dass sich die beobachtbaren unregelmäßig auftretenden wirtschaftlichen Aktivitätsschwankungen durch eine Anzahl gemeinsamer Eigenschaften auszeichnen. So weisen empirische Untersuchungen der vergangenen Konjunkturverläufe auf verschiedene Gemeinsamkeiten hin. Diese werden als **stilisierte Fakten**[2] des Konjunkturverlaufs bezeichnet.

Darüber, welche Ähnlichkeiten bzw. Gemeinsamkeiten die Konjunkturzyklen tatsächlich charakterisieren, gibt es jedoch unterschiedliche Auffassungen und somit eine Vielzahl von Listen stilisierter Fakten. Unterschiedliche Schwerpunktsetzungen in der Analyse der Konjunkturverläufe führen dabei zu unterschiedlichen Ergebnissen. Dies zeigt sich auch in den beiden folgenden Aufzählungen stilisierter Fakten. Während Maußner auf verschiedene internationale Untersuchungen zurückgreift und diese um seine Analysen ergänzt, stellt Kromphardt bei seiner Untersuchung im Wesentlichen auf die Entwicklung in der Bundesrepublik Deutschland ab.

Wie die nachfolgenden Aufzählungen zeigen, entwickeln sich die verschiedenen betrachteten gesamtwirtschaftlichen Größen im Konjunkturverlauf unterschiedlich. Einige Größen, wie z. B. die Investitionen, verhalten sich **prozyklisch**. Das bedeutet, dass sie in etwa den gleichen zeitlichen Verlauf wie die Indikatorgröße[3] aufweisen. Andere, wie z. B. das Preisniveau, sind durch einen entgegengesetzten zeitlichen Verlauf gekennzeichnet. Ein solcher Verlauf wird als **antizyklisch** bezeichnet.

Darüber hinaus gibt es Größen, die ihren Höhe- bzw. Tiefpunkt n Perioden vor oder nach der Indikatorgröße erreichen. Hier spricht man dann von einem **Vorlauf** (Lead) bzw. **Nachlauf** (Lag). Aufgrund dieser unterschiedlichen Verlaufseigenschaften der Größen können diese in **Früh-**, **Präsens-** sowie **Spätindikatoren** des Konjunkturverlaufs eingeteilt werden.

---

[2] Stilisierte Fakten spiegeln die qualitativen Eigenschaften von Zeitreihen ökonomischer Größen wider.
[3] Die Indikatorgröße ist in der Regel der konjunkturelle Verlauf des realen BIP.

Stilisierte Fakten nach A. Maußner:[4]

- Der private Konsum ist prozyklisch und weist die gleichen Schwankungen wie das Bruttosozialprodukt auf.
- Der öffentliche Konsum folgt der Konjunktur mit einjähriger Verzögerung.
- Die Investitionen sind prozyklisch, ihre Amplitude ist um den Faktor Drei größer als die des privaten Konsums.
- Mit Ausnahme der Landwirtschaft ist die Produktion in allen Wirtschaftszweigen signifikant prozyklisch.
- Die Arbeitsproduktivität entwickelt sich prozyklisch.
- Die Zahl der Arbeitslosen schwankt ausgeprägt antizyklisch Die Beschäftigtenzahl im privaten Sektor entwickelt sich prozyklisch, die Beschäftigung im Staatssektor hinkt um etwa ein Jahr hinterher.
- Das Preisniveau verlief in der Nachkriegszeit antizyklisch.
- Der Entwicklung des Reallohns ist prozyklisch.
- Die kurzfristigen Zinssätze schwanken prozyklisch, die Entwicklung der langfristigen Zinssätze ist geringer ausgeprägt und ebenfalls prozyklisch.
- Die Umlaufgeschwindigkeit des Geldes ist antizyklisch mit einem Lead von einem Jahr.

Stilisierte Fakten nach J. Kromphardt:[5]

- Investitions-, Spar- und Gewinnquote entwickeln sich prozyklisch.
- Arbeits- und Kapitalproduktivität entwickeln sich ebenfalls prozyklisch.
- Die Preis-, Lohn- und Beschäftigungsentwicklung läuft im Konjunkturverlauf nach.
- Das Verhältnis von Selbstkündigungen zu Entlassungen entwickelt sich prozyklisch.
- Die Zinssätze und die Umlaufgeschwindigkeit des Geldes entwickeln sich prozyklisch.
- Das warenproduzierende Gewerbe unterliegt stärkeren zyklischen Schwankungen als der Dienstleistungssektor.
- Die Investitionen schwanken im Konjunkturverlauf stärker als andere Nachfrageaggregate.

---

[4] *Maußner, A.* (1994), Konjunkturtheorie, S.17 ff., Berlin u. a.
[5] *Kromphardt, J.* (1993), Wachstum und Konjunktur, 3. Aufl., Göttingen, S. 15 ff.

Aus den unterschiedlichen Verläufen der einzelnen gesamtwirtschaftlichen Größen ergibt sich der gesamtwirtschaftliche Konjunkturverlauf als die zyklische Wiederkehr der gleichen Phasen, als Wechselprozess von **Expansion** und **Kontraktion**. Diese Wiederkehr der gleichen Phasen ist eine der bedeutendsten Gemeinsamkeiten des Konjunkturverlaufs.

Das idealtypische Grundmuster des Konjunkturphänomens besteht demnach in sich wiederholenden Zyklen wellenförmiger Aktivitätsschwankungen der Wirtschaft, die durch die Wiederkehr der gleichen Phasen gekennzeichnet sind. Nach G. Haberler (1900 - 1995) lassen sich Konjunkturzyklen in 4 Phasen oder genauer 2 Phasen und 2 Wendepunkte zerlegen. Aus der Verwendung des Ausdrucks **Krise** für den oberen und des Ausdrucks **Erholung** für den unteren Wendepunkt des Konjunkturverlaufs resultieren nur zwei Konjunkturphasen: **Prosperität** (auch Aufschwung) und **Depression** (auch Abschwung). Haberler fasst die Phasen als bestimmte Bewegungsrichtungen auf, nämlich die Prosperität als Expansion und die Depression als Kontraktion des wirtschaftlichen Prozesses. Expansion und Kontraktion bedeuten also entgegengesetzte Richtungen des Konjunkturverlaufs.

Abb. 11-2: Konjunkturphasen

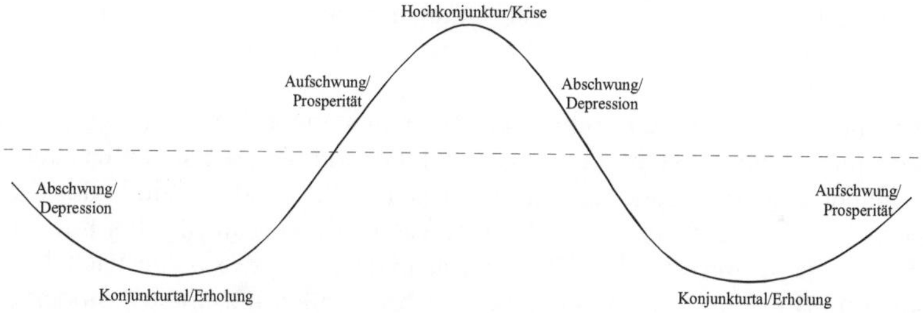

In der Phase der **Prosperität** verbessern sich die Zukunftserwartungen der Unternehmer. Sie holen in der Vergangenheit zurückgestellte Ersatzinvestitionen nach, wodurch die Umsätze, Gewinne sowie die Beschäftigung und die Einkommen in der Volkswirtschaft zunehmen. Dies erhöht die Bereitschaft der Unternehmen zu weiteren Investitionen. Die steigende Konsum- und Investitionsgüternachfrage führt dabei zur Auslastung des Produktionspotentials.

In der **Krise** schlägt die Richtung des Konjunkturverlaufs um. Sie ist im Wesentlichen durch die Vollauslastung der Produktionskapazitäten und optimistische Zukunftserwartungen gekennzeichnet (deshalb wird diese Phase auch als **Hochkonjunktur** oder **Boom** bezeichnet). Die Nachfrage übersteigt das Produktionspotential, was zu Preissteigerungen führt. Dies wiederum lässt die Gewinne steigen, weshalb die Investitionsbereitschaft in der Volkswirtschaft weiter zunimmt. Die steigende Kreditnachfrage führt zur Verknappung der Kreditmittel und damit zu steigenden Zinsen.

Die Phase der **Depression** ist vor allem durch eine ungleichmäßige Entwicklung der gesamtwirtschaftlichen Nachfrage auf der einen Seite und des Produktionspotentials auf der anderen Seite gekennzeichnet. Diese Situation, in der das gesamtwirtschaftliche Angebot die gesamtwirtschaftliche Nachfrage übersteigt, führt zu sinkenden Preisen und Gewinnen, zum Rückgang von Einkommen und Beschäftigung sowie zu pessimistischeren Zukunftserwartungen der Unternehmer mit der Folge sinkender Investitionsbereitschaft.

Die **Erholung** ist der untere Wendepunkt des Konjunkturverlaufs. Sie geht zum einen mit einer Unterauslastung der Produktionsfaktoren (insbesondere mit hoher Arbeitslosigkeit), zum anderen mit niedrigen Einkommen, niedriger Konsumnachfrage, fallenden Preisen und, trotz niedriger Zinsen geringen Investitionen einher (deshalb auch **Konjunkturtal**).

Erstmals wurde das Konjunkturphänomen als ständig wiederkehrende wirtschaftliche Schwankungen Mitte des 19. Jahrhunderts von C. Juglar (1819 - 1905) empirisch erfasst. Aus der Untersuchung verschiedener Zeitreihen leitete er einen regelmäßigen Zyklus des Konjunkturverlaufs mit einer Dauer von sieben bis elf Jahren (Juglarzyklus) ab. Andere Untersuchungen aus den 20er Jahren des 20. Jahrhunderts kamen unter Verwendung anderer Zeitreihen ebenfalls zu regelmäßigen Zyklenverläufen, die sich allerdings in Zeitdauer und Amplitude unterscheiden. Die bedeutendsten sind zum einen der auf J. Kitchin (1861 - 1932) zurückgehende kürzere Zyklus mit einer Periodenlänge von drei bis fünf Jahren und zum anderen die nach N. D. Kondratieff (1892 - 1938) benannten langen Wellen mit einer Periodenlänge von 48 bis 60 Jahren.

J. A. Schumpeter (1883 - 1950) vertrat die Auffassung, dass der tatsächliche Verlauf des Konjunkturphänomens das Resultat der Überlagerung einer Vielzahl solcher verschiedenen wellenförmigen Bewegungen mit unterschiedlichem zeitlichem Verlauf und Amplitude sei. Als Beispiel führte er die Überlagerung der oben angeführten **Kitchin-, Juglar- und Kondratieffzyklen**, die zu einem wesentlich unregelmäßigerem Konjunkturverlauf führt, an.

11.2 Erklärungsansätze für konjunkturelle Bewegungen

So normal die Schwankungen der wirtschaftlichen Aktivität einer Volkswirtschaft als Ganzes auch sind, so unregelmäßig und schwer vorhersehbar ist ihr Auftreten. Dies liegt insbesondere an der Vielzahl möglicher Ursachen für Konjunkturschwankungen und deren Interdependenzen. So lassen sich konjunkturelle Schwankungen in der Regel nicht auf nur eine Ursache zurückführen. Vielmehr handelt es sich um **komplexe Ursachengebilde**, dessen Struktur von Zyklus zu Zyklus wechselt. Schon Anfang des 20. Jahrhunderts waren über 200 Ursachenhypothesen bekannt. Aufgrund dieser Komplexität lassen sich Konjunkturverläufe, wie schon Haberler feststellte, nicht durch Modelle erklären, die nur auf eine Ursache abstellen. Vielmehr leisten diese einzelnen Erklärungsansätze jeweils einen Teilbeitrag zur Erklärung des Gesamtphänomens, wobei die Relevanz des Beitrags der einzelnen Theorien von Zyklus zu Zyklus verschieden sein kann.

Im Folgenden wird ein Überblick über die verschiedenen Theorien zur Erklärung des Konjunkturphänomens gegeben. Dabei werden die Theorien in ältere und neuere Ansätze unterschieden.

11.2.1 Ältere Ansätze zur Konjunkturerklärung

Die hier vorgestellten Ansätze wurden vom Beginn des 19. Jahrhunderts bis zur Mitte des vergangenen Jahrhunderts herausgearbeitet. Aufgrund der Vielzahl von Theorien und der unterschiedlichen Herangehensweisen ist eine Systematisierung schwierig. So können letztlich weder eine Einteilung in **exogene** bzw. **endogene Theorien**, eine Unterscheidung von monetären und realwirtschaftlichen Theorien noch eine Einteilung in Überinvestitions- und Unterkonsumtionstheorien oder andere denkbare Klassifizierungen vollends befriedigen.

Vorwiegend Einigkeit herrscht unter Konjunkturtheoretikern allerdings darüber, dass monokausale Erklärungen - also Erklärungen, die nur auf eine einzelne Ursache abstellen - nicht geeignet sind, den komplexen Zusammenhang der Konjunkturschwankungen zu erklären. Darüber hinaus liegt der Schwerpunkt der meisten Konjunkturerklärungen auf endogenen Einflussfaktoren. Dabei werden sowohl exogene als auch psychologische u. a. Einflüsse in unterschiedlichem Ausmaß zur Erklärung des Konjunkturphänomens herangezogen.

Aufgrund der Vielzahl der Erklärungsansätze kann im Rahmen dieses Kapitels kein Anspruch auf Vollständigkeit erhoben werden. Vielmehr werden die **Hauptdenkrichtungen** anhand ausgewählter Theorieansätze kurz vorgestellt. Dabei wird zuerst auf exogene Theorieansätze, die dadurch gekennzeichnet sind, dass sie die Ursache der konjunkturellen Schwankungen des Wirtschaftslebens außerhalb des ökonomischen Systems suchen, kurz eingegangen. Danach werden die marxistische Krisentheorie, das Saysche Theorem, ein rein monetärer Erklärungsansatz, die Überinvestitions- und

Unterkonsumtionstheorien, die konjunkturtheoretischen Überlegungen Schumpeters, die psychologischen Theorien sowie das Akzeleratorprinzip betrachtet.

11.2.1.1 Exogene Erklärungsansätze des Konjunkturphänomens

Im Unterschied zu anderen gesellschaftlichen Nöten, wie Kriegen und Revolutionen, Hungerkatastrophen und Erdbeben, kann das Konjunkturphänomen nicht ohne weiteres auf menschliche Schuld oder auf die offensichtliche Einwirkung bestimmter Naturkräfte zurückgeführt werden. Daher suchte man nach einer verborgenen Zwangsläufigkeit des wirtschaftlichen Geschehens. Da schon die Bibel vom Wechsel zwischen den sieben fetten und sieben mageren Jahren spricht, verwundert es nicht, dass man die Ursachen für die Schwankungen im Wirtschaftsleben zunächst im exogenen Bereich (insbesondere in der Natur) vermutete.

Aufgrund der Dominanz der Landwirtschaft zu Beginn des 19. Jahrhunderts waren die Konjunkturerklärungen vor allem Erklärungen für **Ernteschwankungen** und deren Auswirkungen auf das wirtschaftliche Leben. Durch die Abhängigkeit der Landwirtschaft von natürlichen Gegebenheiten lag es nahe, die Ursache für die zyklischen Schwankungen des Wirtschaftslebens in der Natur zu suchen. So wurden im frühen 19. Jahrhundert Konjunkturschwankungen u. a. auf Veränderungen der **Sonnenflecken**, die das Wetter und damit die Ernten und somit die Preise beeinflussen, zurückgeführt. Andere erklärten den Konjunkturzyklus als von Sonnenzyklen oder anderen regelmäßig wiederkehrenden **kosmischen Einflüssen** abhängig. Mit der Zunahme des internationalen Handels im 19. Jahrhundert und der damit verbundenen Abnahme der Bedeutung regionaler Missernten traten die Fernwirkungen von Ernteschwankungen speziell auf die Investitionsgüterindustrie ins Zentrum der Ernteschwankungstheorien.

Ende des 19. Jahrhunderts trat ein weiterer exogener Einflussfaktor in den Mittelpunkt des Interesses. Vor allem die immer weiter fortschreitende Industrialisierung und die **technologische Entwicklung** führten dazu, dass man den technischen Fortschritt für die Konjunkturzyklen verantwortlich machte. Aus heutiger Sicht stellt der technische Fortschritt allerdings keine von außen kommende exogene Ursache dar, sondern lässt sich endogen - also aus dem wirtschaftlichen System heraus - erklären.

Eine weitere exogene Erklärung für Konjunkturschwankungen sah man in den **Bevölkerungsveränderungen**, die einerseits durch den natürlichen Bevölkerungszuwachs, andererseits durch Migration bedingt waren.

Wichtige exogene Einflussfaktoren der letzten Jahrzehnte waren u. a. die **Ölpreisschocks** oder die **deutsche Wiedervereinigung**. Allerdings können solche auslösenden exogenen Ereignisse den Konjunkturverlauf als zyklische Schwankungen der wirtschaftlichen Aktivität nur unzureichend bzw. überhaupt nicht erklären, da die Wirkung des Schocks wesentlich von der Absorptionsfähigkeit des Wirtschaftssystems abhängt.

11.2.1.2 Die marxistische Krisentheorie

Die Haupthypothese der **marxistischen Krisentheorie** ist, dass die marktwirtschaftliche (kapitalistische) Produktionsweise aufgrund des **Privateigentums an den Produktionsmitteln** und ihres **planlosen Charakters** Anarchie und Krisen erzeuge und schließlich notwendig zum **Zusammenbruch** des gesamten (kapitalistischen) Systems führe.

Nach der marxistischen Theorie besteht der **Wert** ($W = c + v + m$) einer Ware aus drei Bestandteilen:

- aus dem Wert des **konstanten Kapitals** (c), d. h. aus dem Wert des Sachkapitals, der für die Produktion dieser Ware erforderlich und in die Ware eingegangen ist. Dieses Kapital wird konstant genannt, weil unterstellt wird, dass es seine Wertgröße im Produktionsprozess nicht verändert,
- aus dem Wert der Arbeitskraft (v), **variables Kapital** genannt, d. h. aus der Lohnsumme, die für die Arbeitskräfte bezahlt wird, und
- aus dem **Mehrwert** (m), also dem Überschuss, den die Arbeitskraft bei ihrem Einsatz erzielt hat.

Das Ziel der wirtschaftlichen Tätigkeit des Kapitalisten ist nach Marx ausschließlich die Vermehrung des Mehrwerts (m). Dies kann nur geschehen, wenn ständig große Teile des realisierten Mehrwerts akkumuliert werden. Die Akkumulation des Mehrwerts bewirkt eine Erhöhung der **organischen Zusammensetzung des Kapitals** $\left(O = \frac{c}{v}\right)$. Diese führt bei zunehmender Mehrwertrate $\left(R = \frac{m}{v}\right)$ zu einer **Abnahme der Profitrate** $\left(P = \frac{m}{c+v} = \frac{R}{1+O}\right)$, wenn die Veränderung der organischen Zusammensetzung des Kapitals größer als die Veränderung der Mehrwertrate ist.

In der kurzen Frist verhindern (gesamtwirtschaftlich betrachtet) - von Marx und den anderen Klassikern aufgezeigte - Gegentendenzen den **tendenziellen Fall der Profitrate**. Da diese langfristig jedoch zu schwach sind, den Fall der Profitrate zu verhindern, kommt es zur **Krise**.

Eine Begründung für die Unvermeidbarkeit kurzfristiger Krisen im Kapitalismus sah Marx in der **Unterkonsumtion**. Diese folgt aus der einseitigen Orientierung der Kapitalisten an der Produktion ohne Rücksicht auf die Konsumtion. Daraus resultieren **Disproportionen** zwischen Produktion und Konsumtion mit der Folge der **Überproduktion**. Die Begründung liegt in der Annahme, dass die treibende Kraft des Kapitalismus der Trend zur ständigen Akkumulation von Mehrwert ist. Dies führt dazu, dass mit Ausnahme eines kleinen Teils des Mehrwerts, der von den Kapitalisten konsumiert wird, ein großer Teil für die Erweiterung des konstanten und ein kleinerer Teil für die Erweiterung des variablen Kapitals verwendet wird. In diesem Prozess werden sowohl die Produktionsmöglichkeiten, d. h. das konstante Kapital, als auch das variable Kapital und damit die Konsumtion zunehmen. Die stärkere Zunahme des konstanten im Verhältnis zum variablen Kapitals vergrößert jedoch langfristig das Angebotspotential, so dass Absatzschwierigkeiten unter diesen Annahmen unvermeidlich werden. Dadurch können die geplanten Profite nicht realisiert werden. Daraus folgt eine Änderung des Akkumulationsverhaltens, wodurch die Krise eingeleitet wird. Das Problem der Überproduktion bzw. Unterkonsumtion würde nicht entstehen, wenn man - ausgehend von einer Gleichgewichtssituation zwischen Produktion und Konsumtion - annimmt, die Produktion und die Konsumnachfrage würden gleichmäßig wachsen. Da jedoch die kapitalistische Produktion anarchisch und planlos vor sich gehe, kann es eine solche proportionale Entwicklung nicht geben. Die Krise ist also das Ergebnis einer kapitalistischen Überproduktion, die aus der Vernachlässigung des Wachstums des variablen Kapitals entsteht.

Die dargestellten Überlegungen stellen keine geschlossene Konjunkturtheorie dar - sie sollten es auch nie sein -, allerdings lieferten sie erstmals eine mögliche ökonomische Begründung für die Schwankungen der wirtschaftlichen Aktivität in Marktwirtschaften und dienten u. a. auch als Grundlage für die Theorie der wirtschaftlichen Entwicklung Schumpeters.

11.2.1.3 Das Saysche Theorem

Mit seiner Argumentation - die heute als **Saysches Theorem** bekannt ist - wandte sich der französische Nationalökonom J. B. Say (1767 - 1832) gegen die These, dass die Ursache wirtschaftlicher Krisen in allgemeiner Überproduktion liegt. Demnach dient die Produktion von Waren - in Naturaltauschwirtschaften und Geldwirtschaften, in denen Geld nur als Tauschmittel fungiert - letztendlich dem Zweck des eigenen Konsums. Deshalb wird man nur so viel produzieren, wie man selbst nachfragen möchte. Da das Angebot also seine eigene Nachfrage schafft, kann das güterwirtschaftliche Gleichgewicht als Übereinstimmung von Güterangebot und Güternachfrage nicht dauerhaft gestört werden.

In der Realität auftretende **partielle Störungen** sind demnach auf die Eigenheiten der **arbeitsteiligen Produktion** zurückzuführen, da hier zu einem bestimmten Teil auf Verdacht hin produziert werden muss. Allerdings sorgt der **Marktmechanismus** dafür, dass die partielle Überproduktion durch die Anpassung des Angebots an die Nachfrage wieder beseitigt wird.

Da jedoch das **Geld** in modernen Volkswirtschaften seine Neutralität im Warentausch verloren hat, kann das Saysche Theorem hier nicht aufrechterhalten werden. Dieser **Neutralitätsverlust** resultiert zum einen aus dem teilweisen **Funktionswechsel** des Geldes vom reinen Tauschmittel zum Tausch- und Wertaufbewahrungsmittel, zum anderen aus der Tatsache, dass das Geldangebot unabhängig von der Produktion ist, was zu güterangebotsunabhängiger Zusatznachfrage führen kann. Damit sind monetär ausgerichtete Ansätze unabdingbare Bestandteile der Erklärung des Konjunkturphänomens.

11.2.1.4 Rein monetäre Konjunkturerklärungen

Bedeutendster Vertreter rein monetärer Konjunkturerklärungen, welche die Ursachen für das Schwanken der wirtschaftlichen Aktivität auf die Eigenheiten des **Geldsystems** zurückführen, ist G. Hawtrey (1879 - 1975). Er formulierte zwei Hypothesen über die Bedeutung des monetären Sektors für die Erklärung konjunktureller Schwankungen.

Demnach kann die Wiederkehr des Konjunkturzyklus - so die **erste Hypothese** - durch rein monetäre Ursachen erklärt werden, die bewirken, dass ständig Schwankungen auftreten, deren Dauer sich über Jahre erstrecken kann. Dies impliziert, dass eine enge **Korrelation** von **Geldbewegung,** also Veränderung der umlaufenden Geldmenge auf der einen Seite, und **Güterbewegungen,** also Veränderung der Güternachfrage auf der anderen Seite besteht.

Wenn - so die Argumentation - die Geldmenge sinkt, geht die Nachfrage zurück. Die Erwartungen der Unternehmen über ihre Absatzaussichten werden nicht erfüllt, und die Lagerhaltung steigt bei fallenden Güterpreisen. Daraufhin müssen die Unternehmen ihre Produktion senken und Produktionsfaktoren freisetzen. Ein neues Gleichgewicht von Angebot und Nachfrage entsteht erst nach einem langwierigen Anpassungsprozess. Steigt die Geldmenge, sind die Wirkungen umgekehrt.

Der Konjunkturverlauf wird also ausschließlich durch monetäre Faktoren (Geldumlaufschwankungen und daraus resultierenden Preisniveauveränderungen) und deren Wirkung auf den realen Sektor erklärt. Demnach können Konjunkturschwankungen durch die Stabilisierung des Geldumlaufs beseitigt werden. Da sich der Geldumlauf in modernen Volkswirtschaften jedoch jeglicher Kontrolle entzieht und somit nicht konstant gehalten werden kann, sind - so die **zweite Hypothese** - unvermeidliche **Geld- oder Kreditbewegungen** notwendige und hinreichende Bedingungen für den Konjunkturzyklus.

Dies folgt insbesondere aus der Tatsache, dass der Geldumlauf in modernen Geldwirtschaften stark von der **Geldschöpfung** der privaten Geschäftsbanken abhängt. Diese sehen sich im Aufschwung einer aufgrund **optimistischer Zukunftserwartungen** stark zunehmenden Kreditnachfrage gegenüber. Die Befriedigung dieser Nachfrage geht mit einer Abnahme der Liquidität des Bankensektors einher, was letztlich zu einem scharfen Anziehen der Kreditbremse und damit zum Erliegen der Kreditexpansion führt. Durch die permanente Instabilität des Kreditsystem besteht also die Gefahr eines Umschlags des Konjunkturverlaufs. Demnach könnte der Aufschwung - allerdings verbunden mit steigenden Preisen - unbegrenzt weitergehen, wenn **unbeschränkte Kreditexpansion** möglich wäre.

Insbesondere letztere Aussage, aber auch die Behauptung, dass der Zusammenbruch immer auf monetäre Restriktionen zurückzuführen ist, lässt sich aus empirischer Sicht nicht halten. Darüber hinaus sind konjunkturelle Aufschwungprozesse nicht notwendigerweise mit inflationären Tendenzen verbunden. Die Bedeutung dieser Überlegungen liegt vor allem darin, dass sie Wirkungsmechanismen des Kredit- und Bankensystems in Bezug auf den Konjunkturverlauf aufzeigen, die keine Konjunkturtheorie vernachlässigen sollte.

11.2.1.5 Überinvestitionstheorien

Ältere Konjunkturerklärungen, die sowohl die monetären als auch die realen Einflüsse in die Betrachtung einbeziehen, diese allerdings unterschiedlich gewichten, sind die Überinvestitions- und die Unterkonsumtionstheorien. Die Theorie, nach der der konjunkturelle Zusammenbruch auf Überinvestitionen zurückzuführen ist, geht im Wesentlichen auf K. Wicksell (1851-1926) zurück. Dieser wollte in erster Linie eine Erklärung für die **Bewegungen des allgemeinen Preisniveaus** liefern. Seine Untersuchungen gaben aber auch den Anstoß, monetäre Zinserklärungen und Überinvestitionstheorien zu entwickeln.

Der Ausgangspunkt der Wicksellschen Theorie waren vollbeschäftigte Volkswirtschaften. Er unterschied bei seinen Überlegungen zwischen zwei monetären Zinssätzen. Dies war zum einen der **natürliche Zins** (i_n), der den

Gleichgewichtspreis auf dem Geldkapitalmarkt widerspiegelt. Bei diesem Zins stimmen das Angebot an Sparkapital und die Nachfrage nach Investitionsmittel, d. h. die Kreditnachfrage, überein. Aufgrund der in der Realität zu beobachtenden Variabilität von Geldnachfrage und Geldangebot weicht der tatsächliche Zinssatz, der für die Nachfrager - die privaten Haushalte als Konsumenten und die Unternehmen als Investoren - ein wichtiger **relativer Preis** ist, jedoch vom natürlichen Zins ab. Dieser tatsächlich zu beobachtende Zinssatz wird als **Marktzins** (i_m) oder **monetärer Zins** bezeichnet. In dieser Abweichung des Marktzinses vom natürlichen Zins (man spricht hier von **Zinsspanne**) sah Wicksell die Ursache der Schwankungen des allgemeinen Preisniveaus.

Die Schwankungen der wirtschaftlichen Aktivität im Allgemeinen und des Preisniveaus im Besonderen lassen sich demnach wie folgt erklären: Ausgehend vom Gleichgewichtszins (natürlichem Zins) bedeutet eine Abweichung des Marktzinses nach unten, dass ein Angebotsüberschuss an Geldkapital vorliegt. Umgekehrt bedeutet ein über dem Gleichgewichtszins liegender Marktzins einen Nachfrageüberschuss nach Geldkapital. Diese Situationen können z. B. durch vermehrte oder verminderte Kreditgeldschöpfung der Geschäftsbanken zustande kommen.

So führt z. B. ein Angebotsüberschuss an Geldkapital, der aus einer **positiven Zinsspanne** ($i_n > i_m$) resultiert, dazu, dass die Nachfrage der Unternehmen nach Krediten zu Investitionszwecken zunimmt. Die so angeregte Investitionstätigkeit bedingt zum Ersten, dass die Nachfrage nach Vorprodukten und nach Produktionsfaktoren steigt, wodurch - aufgrund der Vollbeschäftigung - deren Preise steigen. Zum Zweiten führen die Einkommenssteigerungen zu zusätzlicher Konsumgüternachfrage, welche sich in Preiserhöhungen für Konsumgüter niederschlägt. Dieser **Wicksellsche Prozess** läuft so lange weiter, wie eine positive Zinsspanne existiert.

Aufgrund der positiven Gewinnaussichten der Unternehmer bei positiver Zinsspanne bleibt die Geldkapitalnachfrage weiterhin hoch. Allerdings führt die über dem Gleichgewichtsniveau liegende Investitionstätigkeit zu **Überinvestitionen**, was eine Verknappung des Geldkapitalangebots[6] auslöst. Dadurch steigt im Aufschwung der Marktzins, und die positive Zinsspanne verringert sich, bis sie schließlich negativ wird. Bei **negativer Zinsspanne** sind die Wirkungen auf die Preise gegenteilig.

Kritiker wiesen allerdings darauf hin, dass der Zusammenhang zwischen unter dem Gleichgewichtsniveau liegenden Kapitalmarktzinsen, prosperie-

---

[6] Die Verknappung des Geldkapitalangebots resultiert daraus, dass die Möglichkeiten der Geschäftsbanken zur Kreditgeldschöpfung ausgereizt sind (vgl. Kapitel 10).

render Wirtschaft und Preissteigerungen nicht gelten muss, da in wachsenden Volkswirtschaften Kredit- oder Geldmengenexpansion nicht zwangsläufig zu Preisniveausteigerungen führt. Darüber hinaus wird die Frage
nicht beantwortet, was in einem Prozess, in dem der Marktzins unter dem
natürlichen Zins liegt, beispielsweise mit den Gütermengen geschieht. Diese
Frage versucht F. A. v. Hayek (1899 - 1992) zu beantworten. Er zeigt, dass
es im Aufschwung zu **Disproportionalitäten** zwischen Angebot und Nachfrage kommt, was zur Verlangsamung des Aufschwungprozesses und letztendlich zum Konjunkturumschlag im oberen Wendepunkt führt.

Wie im Wicksellschen Prozess nehmen aufgrund der positiven Zinsspanne
die Gewinnaussichten der Unternehmer und damit die Investitionen zu.
Durch die Konkurrenz der Unternehmen um die knappen Ressourcen und
Produktionsfaktoren steigen die Preise für Rohmaterialien und Produktionsfaktoren. Die Ausdehnung der Investitionsgüterproduktion zur Befriedigung
der gestiegenen Nachfrage ist bei Vollbeschäftigung nur zu Lasten der Konsumgüterproduktion möglich. Das verringerte Angebot an Konsumgütern,
verbunden mit Preissteigerungen, führt zum Verzicht der Konsumenten auf
einen Teil ihres Konsums (**Zwangssparen**).

Die im Aufschwung mit Verzögerung gestiegenen Einkommen führen dann
zu steigender Konsumgüternachfrage, da die Konsumenten ihr altes Konsumniveau nun wieder erreichen wollen. Aufgrund der jetzt verhältnismäßig
günstigeren Gewinnaussichten in der Konsumgüterproduktion werden die
Produktionsfaktoren aus der Investitionsgüterproduktion abgezogen und in
die Konsumgüterproduktion umgelenkt. Die durch den zunehmenden Wettbewerb um die Produktionsfaktoren weiter steigenden Faktorpreise führen
im Investitionsgütersektor zu Verlusten und unter Umständen zu Investrui-
nen, da den höheren Kosten keine höheren Erträge gegenüberstehen. Der
konjunkturelle Umschwung wird eingeleitet.

Zusätzlich wird der Aufschwung durch eine Verknappung des Geldkapitalangebots, was zu steigenden Marktzinsen führt, abgeschwächt. Durch Kre-
diteinschränkungen seitens der Geschäftsbanken kann das bisherige Ausmaß der Investitionen nicht mehr aufrecht erhalten werden. Die Situation
vor dem Umschwung ist durch **Überinvestition**, **Untersparen** und **Über-
konsum** charakterisiert.

Damit lässt sich der Zusammenbruch auf zwei sich gegenseitig verstärken-
de, auf den ersten Blick paradoxe Situationen zurückführen. Dies ist zum
einen die Tatsache, dass eine steigende Konsumgüternachfrage negative
Auswirkungen auf den Investitionsgütersektor hat und zum anderen, dass in
einer Volkswirtschaft Mangel und Überfluss zur gleichen Zeit existieren.
Ersteres resultiert aus der Tatsache, dass die Produktionsfaktoren im Auf-

schwung voll ausgelastet sind und somit zusätzliche Konsum- und Investitionsgüterproduktion nur alternativ erfolgen können. Aus Sicht des zweiten Punktes könnte der Zusammenbruch vermieden werden, wenn die Haushalte mehr sparen und weniger konsumieren würden, also mehr Geldkapitalangebot zur Verfügung stünde. Der Keim des Zusammenbruchs liegt nach der Überinvestitionstheorie also schon im **kreditfinanzierten Aufschwung**, der notwendigerweise zur Überinvestition führt.

Neben den hier dargestellten Überlegungen zur Überinvestition als Ursache für konjunkturelle Bewegungen gibt es noch eine Vielzahl weiterer Überlegungen der frühen Konjunkturtheoretiker zu diesem Ursachentyp. Allen gemein ist, dass sie den Zusammenbruch nicht zwingend endogen erklären, da es nicht zwangsläufig zu einer disproportionalen Entwicklung von Investitions- und Konsumgütersektor kommen muss, weil die Möglichkeit besteht, dass sich beide Bereiche ohne Depression an die veränderten Bedingungen anpassen. Offen bleibt darüber hinaus die Frage, ob - wie von Hawtrey gezeigt - nicht eine Kreditexpansion, allerdings verbunden mit der Gefahr starker Inflation, den Abschwung verhindern könnte.

11.2.1.6 Unterkonsumtionstheorien

Neben der oben behandelten marxistischen Unterkonsumtionstheorie lässt sich auch die Keynessche Theorie als ein Spezialfall dieser Konjunkturerklärung einordnen. Für beide ist jedoch charakteristisch, dass sie keine geschlossene Konjunkturtheorie lieferten und dies auch nicht wollten. Vielmehr erarbeiteten sie wertvolle Aspekte zur Interpretation bestimmter Konjunkturphasen.

Die Unterkonsumtionstheorien zur Konjunkturerklärung sind den theoretischen Erklärungen von Keynes sehr ähnlich. Sie sind mehr Depressions- als voll entwickelte Konjunkturtheorie und ein sehr heterogenes Gedankengebäude. Der wohl bekannteste Vertreter dieser Theorie war E. Lederer (1882 - 1939).

Die Ursache der Krise ist für die Unterkonsumtionstheoretiker eine unzureichende Konsumgüternachfrage. Eine zentrale Hypothese besteht darin, dass die Kaufkraft nicht ausreicht, um anhaltende Vollbeschäftigung zu garantieren. Die Argumentation für den Aufschwung ist ähnlich der der Überinvestitionstheorie. Auch hier ist die **Kreditexpansion** auslösender Faktor der disproportionalen Entwicklung, da sie zu starken Steigerungen der Investitionsgüternachfrage führt.

Der Abbruch des Aufschwungs resultiert jedoch nicht aus **Disproportionen** zwischen Investitions- und Konsumgütersektor, sondern - so eine Argumentation - der Unterkonsumtionstheoretiker aus **Disproportionen** zwischen Gewinn- und Lohneinkommensentwicklung. Hiernach bleiben die **Lohneinkommen** im Aufschwung hinter den **Gewinneinkommen** zurück, was aufgrund der höheren **Sparquote** von **Besitzeinkommensbeziehern** zu übermäßigem Sparen führt. Daraus folgt, dass gemessen an der tatsächlichen Konsumnachfrage zu viel investiert wird, was letztlich zum Zusammenbruch führt.

Andere Autoren sehen die Wurzel der Krise in dem durch die mangelnde Nachfrage ausgelösten **Preisverfall**. Finden, so deren Argumentation, die Spargelder keine Anlage als Investitionen, entsteht eine **Nachfragelücke**. Der Konsumrückgang führt letztlich zu **Deflation** und zu Gewinneinbrüchen.

Ein **Kaufkraftdefizit** kann darüber hinaus auch aus einem Anwachsen des Güterangebots entstehen, wenn die Kaufkraft nicht durch Vergrößerung des Geldangebots oder Verringerung der Kassenhaltungsdauer geldseitig erhöht wird. In diesem Fall sinken tendenziell die Preise, weil die vorhandene Kaufkraft nicht ausreicht, den Markt zum bisherigen Preis zu räumen. Dies beeinträchtigt die Investitionsbereitschaft der Unternehmen.

Nach Ansicht der Unterkonsumtionstheoretiker gibt es verschiedene Möglichkeiten, die Entstehung von Disparitäten zu verhindern. Zum einen müsste die Lohnentwicklung im Gleichklang mit der Preis- bzw. Kostenentwicklung verlaufen, was die Entstehung von übermäßigen Sparbeträgen verhindert. Zweitens würde eine Ausdehnung des Konsums zu Lasten des Sparens durch die Besitzeinkommensbezieher den Aufschwung aufrechterhalten, da sich so keine Nachfragelücke bildet. Darüber hinaus kann eine Anpassung der monetären Größen eine Krise verhindern, sofern deren Ursache eine zu geringe monetäre Nachfrage ist.

11.2.1.7 Schumpeters Theorie der wirtschaftlichen Entwicklung

Die Theorie von Schumpeter nimmt in zweierlei Hinsicht eine Sonderstellung unter den älteren Konjunkturtheorien ein. Zum einen werden hier psychologische, soziologische, technologische und wirtschaftliche Überlegungen auf einmalige Weise miteinander verknüpft. Zum anderen offenbart sie die enge Synthese der kurz- bis mittelfristigen konjunkturellen Sichtweise mit der langfristig angelegten Betrachtung der Wachstumstheorie. So kann es auch nicht erstaunen, dass Schumpeters Überlegungen noch heute großen Einfluss auf verschiedene Teilbereiche der Wirtschaftstheorie, insbesondere auf die moderne Wachstumstheorie, die "Neue Politische Ökonomie" und die moderne Betriebswirtschaftslehre haben.

Wie in den meisten bisher behandelten Theorien spielen auch bei Schumpeter die **Investitionen** eine zentrale Rolle. Insbesondere betonte er die Investitionen in **neue** Produktionstechnologien und Organisationsstrukturen. Deshalb sind für Schumpeters Argumentation die Unterscheidungen von **Invention** (Erfindung) und **Innovation** (Entwicklung und Einführung neuer Methoden in den Produktionsprozess) sowie von **innovativen** (Pionierunternehmer) und **imitierenden Unternehmern** von entscheidender Bedeutung. Während Erfindungen jederzeit stattfinden können, hängt die Einführung und Durchsetzung neuer Produktionsmethoden wesentlich von der Risikobereitschaft und Energie der handelnden Unternehmer ab. Nur ein geringer Teil der Unternehmer zählt zu diesen innovativen **dynamischen Unternehmern.** Sie sind diejenigen, die aufgrund ihrer besonderen Persönlichkeitsstruktur, Risikobereitschaft und Weitsicht neue Erfindungen als erste wirtschaftlich nutzen (**Basisinnovationen**).

Folgt man den Überlegungen Schumpeters, dann sind diese Basisinnovationen der Ausgangspunkt für die "**langen Wellen**" der wirtschaftlichen Entwicklung (**Kondratieffzyklus**). Die langen Wellen enthüllen demnach die Natur und den Mechanismus des kapitalistischen Wirtschaftssystems. Dieser Theorie zufolge besteht jede lange Welle im Kern aus einer industriellen Revolution (Basisinnovation) und der Absorption ihrer Wirkungen u. a. durch Imitation.

Nach Schumpeter lässt sich der Beginn einer langen Welle beispielsweise gegen Ende der 80er Jahre des 18. Jahrhunderts statistisch und historisch belegen. Dieser Zyklus wurde durch die Einführung und Durchsetzung der Dampfkraft sowie die Etablierung von Eisen- und Textilindustrie ausgelöst (**industrielle Revolution**) und hatte in England seinen Höhepunkt um das Jahr 1800. Er endete mit einem Tiefststand zu Beginn der 40er Jahre des 19. Jahrhunderts. Darauf folgten Basisinnovationen im Verkehrswesen, wie z. B. die Dampfschifffahrt und die Eisenbahn, die eine neue lange Welle erzeugten. Der Aufschwung begann in den 40er Jahren des 19. Jahrhunderts. Der Höhepunkt dieser Welle wurde 1857 erreicht. Sie fand ihr Ende im Jahr 1897. Danach ist wieder eine neue Welle feststellbar, deren Höhepunkt um 1911 lag und die ihren Niedergang in den 40er Jahren des letzten Jahrhunderts fand. Sie war verbunden mit Innovationen in der Chemie, der Elektrizität und der Nutzung des Verbrennungsmotors (**2. industrielle Revolution**).

Diese Basisinnovationen formen nach Schumpeter - der sich auf Kondratieff bezieht - die jeweils bestehende Struktur der Wirtschaft grundlegend um, indem insbesondere neue Produktionsmethoden, neue Güter und neue Organisationsformen entstehen sowie neue Versorgungsquellen erschlossen werden. Während der Ausprägung dieser neuen Strukturen findet eine lebhafte Ausdehnung der allgemeinen Wirtschaftstätigkeit statt, die durch kurze Phasen negativer wirtschaftlicher Entwicklung unterbrochen sein kann. Gleichzeitig beginnt die Ablösung der alten Strukturen (**Prozess der schöpferischen Zerstörung**) mit der Folge, dass Abschwung und Depression unvermeidlich werden.

Somit gibt es längere Perioden des Steigens und Sinkens der Preise, der Zinsen und der Beschäftigung. Alles dies sind Phänomene des Prozesses der andauernden Erneuerung des Produktionsapparates. Das Ergebnis dieses Prozesses ist jedes Mal eine Lawine von Konsumgütern, die ständig das Realeinkommen der Einzelnen erweitert, obwohl zunächst Verwirrung, Verluste und Arbeitslosigkeit entstehen. Mit anderen Worten: Der so genannte kapitalistische Prozess erhöht - Kraft seines Mechanismus - progressiv den Lebensstandard der Massen. Allerdings geschieht dies in einer Folge von Wechsellagen, deren Ausschläge proportional zur Geschwindigkeit des Fortschritts sind.

Neben diesen langen Wellen der wirtschaftlichen Entwicklung, die durch Basisinnovationen ausgelöst werden und deren Gesetzmäßigkeit umstritten ist, sind es vor allem jene häufiger auftretenden **Innovationen,** die das durch die Basisinnovation entstandene Potential immer intensiver nutzen, die den Konjunkturverlauf in der kurzen und mittleren Frist beeinflussen. Sie finden ihren Ausdruck in den schon bekannten Juglar- und Kitchinzyklen.

Diese kurz- bis mittelfristige Innovationsdynamik wird wesentlich vom **dynamischen Unternehmer** bestimmt. Er ist der Erste, der die vorhandene Technologie intensiver nutzt, weshalb sich der dynamische Unternehmer in einer monopolähnlichen Situation befindet. Dies hat zur Folge, dass er zunächst hohe Gewinne realisieren kann. Durch die Etablierung der Innovation am Markt und die monopolähnlichen Renditen werden andere Unternehmer (**Imitatoren**) ermutigt, sich ebenfalls dieser Neuerungen zu bedienen, wodurch die Wirtschaft aufblüht und sich die Neuerung durchsetzt. Je mehr Unternehmer die Innovation nutzen, desto geringer werden die Gewinne der neu auf den Markt drängenden Unternehmen. Nach einiger Zeit sind aufgrund der Zunahme des Wettbewerbs - auch für den Pionierunternehmer - die Möglichkeiten, die ursprüngliche Innovation gewinnbringend zu verwerten, erschöpft. Die sinkenden Gewinne leiten den Abschwung der Wirtschaft ein. Ein neuer Aufschwung kommt erst wieder zustande, wenn eine neue Erfindung durch einen dynamischen Unternehmer wirtschaftlich verwertet wird.

Die **treibende Kraft** der wirtschaftlichen Entwicklung ist nach Schumpeter somit die Innovation und der sie durchführende dynamische Unternehmer.

11.2.1.8 Psychologische Erklärungsansätze

In allen bisher betrachteten Theorien spielen psychologische Faktoren eine mehr oder weniger große Rolle. Psychologische Erklärungen leisten insbesondere einen Beitrag zur Erklärung der **Schwankungsintensität** des Konjunkturverlaufs. Neben dieser Verstärkerrolle, die erklärt, warum die Wirkung im Vergleich zur Ursache derart stark ist, können psychologische Faktoren unter bestimmten Umständen auch selbst Ursache konjktureller Bewegungen sein.

In einer Marktwirtschaft, die unter den Bedingungen des Modells der **vollständigen Konkurrenz** arbeitet, wird unterstellt, dass die Wirtschaftssubjekte **vollständige Informationen** über die wirtschaftlichen Zusammenhänge der Vergangenheit und der Gegenwart besitzen. Daraus resultiert, dass sie **sichere Erwartungen** bilden, auf denen ihre Entscheidungen basieren.

In der Realität weisen Marktwirtschaften jedoch verschiedene psychologische Eigentümlichkeiten auf, die für den konjunkturellen Prozess von Bedeutung sind. Der Einfluss solcher psychologischer Faktoren auf den Konjunkturverlauf soll nachfolgend exemplarisch am Beispiel der beschränkten Markttransparenz kurz dargestellt werden. Darüber hinaus werden von der Vielzahl psychologischer Faktoren einige kurz angesprochen.

Die handelnden Wirtschaftssubjekte haben in der Regel nur bruchstückhaftes Wissen über die Wirklichkeit des Wirtschaftsprozesses. Diese mangelnde Markttransparenz kann z. B. auf Unternehmerseite zu einer übermäßigen Anpassung der Produktionskapazitäten an die Nachfrage führen. Dies verstärkt sowohl im Aufschwung als auch im Abschwung den Konjunkturverlauf.

Die Grundlage für die Erklärung des Phänomens der **beschränkten Markttransparenz** wurde von A. Aftalion (1874 -1956) gelegt. Insbesondere A. C. Pigou (1877 - 1959) präzisierte später die Bedeutung für den Konjunkturverlauf. Sie wiesen darauf hin, dass es zum Wesen marktwirtschaftlicher Produktion gehört, dass die Produktionserweiterung erhebliche Zeit erfordert, in der die benötigten Kapitalgüter erzeugt werden (Herstellungsperiode). Da die Unternehmer ihre Entscheidungen, die Produktion zu erweitern unabhängig voneinander treffen und sich dabei an den derzeitigen Preisen der Güter orientieren, werden so lange neue Investitionen angeregt, solange die Erweiterung des Produktionsapparates sich noch nicht in erweiterter Güterproduktion äußert. Dies resultiert aus der Tatsache, dass die Preise der Konsumgüter während dieser Zeit weiterhin hoch bleiben und so die Gewinnerwartungen der Unternehmen positiv beeinflusst werden. Im

Ergebnis führt dies zu einer überdimensionierten Anpassung des Produktionsapparates.

Die Hauptwirkungen dieser übermäßigen Anpassung infolge **beschränkter Markttransparenz** bestehen erstens in der Verstärkung des konjunkturellen Auf- und Abschwungprozesses und zweitens in der Erzeugung eines psychologischen Effektes (Optimismus/Pessimismus), der den Umbruch der Konjunktur einleiten kann.

Neben der beschränkten Markttransparenz ist die Tatsache, dass sich die Wirtschaftssubjekte in ihren Entscheidungen von Erwartungen leiten lassen und dass diese Erwartungen ungewiss sind von konjunktureller Bedeutung. Die **ungewissen Erwartungen** beeinflussen die Stimmung der Haushalte und der Unternehmer und wirken sich auf deren Konsum-, Investitions- und Produktionsentscheidungen aus. Das gilt auch für politische, insbesondere wirtschaftspolitische Veränderungen, wie etwa Regierungswechsel oder Konjunkturprogramme, die positive oder negative Erwartungen auslösen können. Diese Erwartungen schlagen sich in **Optimismus** oder **Pessimismus** nieder. Werden die Erwartungen jedoch nicht erfüllt, schlägt die Stimmung leicht ins andere Extrem um.

Auch der Umstand, dass die Wirtschaftssubjekte, indem sie einem bestimmten erwarteten Marktgeschehen (z. B. Preissteigerungen) zuvorkommen wollen, dieses vorzeitig auslösen, was man **Antizipation** oder sich selbsterfüllende Erwartungen bezeichnet, kann in ähnlicher Weise konjunkturelle Selbstverstärkungsprozesse auslösen.

11.2.1.9 Akzeleratorwirkungen

Akzeleratorwirkungen sind produktionstechnische Beschleunigungseffekte. Sie gehen u. a. auf Arbeiten von A. Aftalion, C. Pigou und J. M. Clark (1847 -1938) zurück. In den älteren Konjunkturtheorien wurden sie sowohl zur Begründung von Überinvestitionstheorien als auch von Unterkonsumtionstheorien herangezogen. Wie die psychologischen Ansätze leisten sie vorwiegend einen Beitrag zur Beantwortung der Frage nach der Stärke des konjunkturellen Auf- und Abschwungprozesses. Sie zeigen insbesondere wie sich Nachfrageveränderungen auf die Volkswirtschaft auswirken. Dies geschieht anhand der Akzeleratorwirkung von Nachfrageveränderungen.

Der **Akzelerator** b gibt Auskunft darüber, wie viel Kapitalgütereinheiten (Nettoinvestitionen I) zusätzlich benötigt werden, um eine weitere Konsumgütereinheit (dC) zu erstellen.

$$(11.1) \qquad b = \frac{I}{dC}$$

Wenn der Akzelerator im Zeitablauf konstant ist, folgt daraus eine funktionale Abhängigkeit der Nettoinvestitionen von der Veränderung des Konsums.

(11.2) $I = b \cdot dC$

Gleichung (11.2) zeigt, welche Auswirkungen eine marginale Veränderung der Nachfrage nach Konsumgütern auf die Nettoinvestitionen hat. Anders ausgedrückt gibt sie die Höhe der Nettoinvestition - man spricht hier von **induzierten Investitionen** - an, die zur Erstellung einer Konsumguteinheit benötigt wird. Der Akzelerator wirkt dabei nur im Bereich b > 1 beschleunigend, wobei die Wirkung der Nachfrageveränderung um so höher ausfällt, je größer der Akzelerator ist. Bedingung für im Zeitablauf steigende induzierte Investitionen ist dabei allerdings eine Zunahme der Wachstumsrate der Konsumgüternachfrage.

Das Akzeleratorprinzip allein kann zwar die Beschleunigung der Auf- und Abschwungprozesse erklären, nicht aber deren Wendepunkte.

11.2.2 Neuere Ansätze der Konjunkturerklärung

Wie in vielen Teilgebieten der Wirtschaftswissenschaften lassen sich seit Mitte des letzten Jahrhunderts - nicht zuletzt aufgrund des Einflusses der Überlegungen von Keynes und deren wissenschaftlicher Diskussion - auch in der Konjunkturtheorie veränderte Denk- und Herangehensweisen beobachten. Zum einen hielten in die - bis dato fast ausschließlich verbal formulierte Theorie - immer stärker formalisierte Modelle Einzug, wodurch es gelang, die ökonomische Betrachtung stärker zu dynamisieren. Darüber hinaus gewannen die Unterscheidung zwischen dem **Impuls**, also dem exogenen Schock als auslösendem Moment, konjktureller Instabilität und dem systemimmanenten endogenen **Verarbeitungsmechanismus**, also der Art und Weise der Reaktion des ökonomischen Systems auf diesen Impuls, stärker an Bedeutung.

Auch neuere Ansätze zur Erklärung des Konjunkturphänomens gibt es in großer Anzahl. Ihre Komplexität ist nicht zuletzt aufgrund der Formalisierung und Dynamisierung der Modelle sehr hoch. Deshalb ist eine umfangreiche Darstellung der Ansätze in diesem Rahmen nicht möglich. Im Folgenden werden ausgewählte Ansätze der neueren Konjunkturtheorie kurz umrissen. Unterscheiden lassen sich diese insbesondere nach den in den Modellen unterstellten **Preisflexibilitäten**. Konjunkturmodelle mit flexiblen Preisen auf allen Märkten gehen von stets **preisgeräumten Märkten** aus, d. h. es wird die Funktionsfähigkeit des Preismechanismus vorausgesetzt. Demgegenüber unterstellen die Modelle mit **Preisrigiditäten** zumindest partielle Störungen des Preismechanismus mit der Folge länger anhaltender Ungleichgewichte.

11.2.2.1 Konjunkturmodelle mit Preisrigiditäten

Multiplikator-Akzelerator-Modelle, die insbesondere auf J. R. Hicks (1904 -1989) und P. A. Samuelson (geb. 1915) zurückgehen, können unter bestimmten Bedingungen die Schwankungen der wirtschaftlichen Aktivität erklären. Sie verknüpfen dabei das im letzten Abschnitt dargestellte **Akzeleratorprinzip** mit dem aus der Makroökonomik bekannten **Multiplikatorprinzip**.

Im Folgenden wird das Prinzip der Multiplikator-Akzelerator-Modelle an einem einfachen Beispiel verdeutlicht. Die induzierten Nettoinvestitionen sind hier durch die Veränderung der Konsumgüternachfrage bestimmt.

Tabelle 11-1 verdeutlicht den unten beschriebenen Prozess anhand folgenden Zahlenbeispiels. Die dauerhafte Erhöhung der autonomen Investitionen I^a ab Periode 0 betrage 100, die marginale Konsumneigung sei c = 0,8 und der Akzelerator weise einen Wert von b = 1,25 auf.

Tab. 11-1: Multiplikator und Akzelerator im Zusammenspiel

Periode	dauerhafte Veränderung der autonomen Investitionen ΔI^a	Veränderung der Konsumnachfrage $\Delta C_t = c \cdot \Delta Y_{t-1}$	Induzierte Investitionen I_t $= b \cdot \Delta C_t$	Veränderung der induzierten Investitionen ΔI_t	Veränderung des Volkseinkommens $\Delta Y_t = \Delta C_t + \Delta I^a + I_t$
0	100				100
1	-	80	100	100	180
2	-	144	180	80	224
3	-	179	224	44	223
4	-	178	223	-1	177
5	-	142	177	-46	96
6	-	77	96	-81	-4
7	-	-3	-4	-100	-103
8	-	-82	-103	-99	-181
9	-	-145	-181	-78	-223
10	-	-178	-223	-42	-220
11	-	-176	-220	3	-173
12	-	-138	-173	47	-91
13	-	-73	-91	82	9
14	-	7	9	100	107

Voraussetzung für das Auslösen des Mechanismus ist z. B. eine zusätzliche und dauerhafte Erhöhung der **autonomen Investitionen** I^a, die den Multiplikatorprozess in Gang setzt. Dadurch entsteht in der Volkswirtschaft zunächst zusätzliches Einkommen ΔY (Aufschwung) in Höhe der zusätzlichen Investitionen ΔI^a. Das zusätzliche Einkommen erhöht in der nächsten Periode die Konsumnachfrage - in Abhängigkeit von der **marginalen Konsum-**

neigung c - in Höhe von $\Delta C_t = c \cdot \Delta Y_{t-1}$. Diese zusätzliche Konsumnachfrage führt nach dem Akzeleratorprinzip (vereinfacht in der gleichen Periode) zu **induzierten Nettoinvestitionen** $I_t = b \cdot \Delta C_t$ (Verstärkung des Aufschwungs).

Da die marginale Konsumneigung in der Regel kleiner 1 ist, wird die **zusätzliche** Konsumnachfrage von Periode zu Periode kleiner (Multiplikatorwirkung nimmt im Zeitablauf ab). Daraus folgt, dass auch die induzierten Nettoinvestitionen abnehmen und letztendlich - aufgrund rückläufiger Nachfrage - akzeleratorbedingt negativ werden. Diese Abnahme führt zur Verringerung des Einkommenszuwachses (Abschwächung des Aufschwungs) und bei **Desinvestitionen** (negative induzierte Investitionen) zu sinkenden Einkommen (konjunkturelle Wende und Beginn des Abschwungs). Damit wird ein negativer Multiplikator-Akzelerator-Prozess ausgelöst, der aufgrund der entsprechend abnehmenden Veränderungsraten des Konsums und der Investitionen den Einkommensrückgang abbremst und zum Wiederaufschwung führt.

Samuelson zeigte, dass die Veränderungen des Volkseinkommens im Multiplikator-Akzelerator-Modell einen schwingenden Verlauf aufweisen können, wobei die **Schwingungstendenz** vom Verhältnis von Verhaltenskonstante c und technischer Relation b abhängt. Man unterscheidet dabei einen Verlauf mit konstanter Amplitude, einen gedämpften Verlauf und einen explosiven Verlauf.

Abb. 11-3: Auswirkungen von Multiplikator-Akzelerator-Prozesses

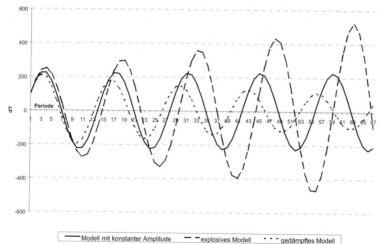

Eine **konstante Amplitude** kommt zustande, wenn die marginale Konsumneigung dem reziproken Wert des Akzelerators entspricht (c = 1/b). Liegt der Wert der marginalen Konsumneigung darüber, nimmt die Amplitude der Schwingungen im Zeitablauf zu (c > 1/b). Dieser Verlauf wird als **explosives** oder **divergierendes Modell** bezeichnet. Übersteigt der reziproke Wert des Akzelerators die marginale Konsumneigung, spricht man von einem **gedämpften Modell**, da die Amplitude der Schwingungen im Zeitablauf kleiner wird (c < 1/b).

Das **Goodwin-Modell** von 1967 erklärt die konjunkturellen Schwankungen aus Veränderungen der **funktionellen Einkommensverteilung** (vgl. Kapitel Verteilungstheorie). Bei seiner Erklärung geht R. M. Goodwin (1913 - 1996) davon aus, dass auf dem Gütermarkt ein typisch klassisches Gleichgewicht zustande kommt, da er unterstellt, dass die Lohneinkommen vollständig konsumiert und die Kapitaleinkommen vollständig investiert werden. Damit stimmt die gesamtwirtschaftliche Nachfrage immer mit dem Angebot überein.

Im Gegensatz zum Gütermarkt ist der Arbeitsmarkt **mengenbeschränkt**. Das Arbeitsangebot wird in Abhängigkeit vom Kapitalstock nachgefragt, so dass es hier zu **Ungleichgewichten** kommen kann. Die Kapitalproduktivität wird als konstant angenommen, so dass technischer Fortschritt nur die Arbeitsproduktivität erhöht.

Konjunkturelle Schwankungen können im Modell entstehen, da die Unternehmer ihre Einkommen vollständig investieren und so Arbeitsplätze schaffen. Übersteigt das Wachstum des Kapitalstocks das Arbeitskräftewachstum, kommt es zu Lohnsteigerungen. Diese führen zu sinkenden Kapitaleinkommen. Sinkende Kapitaleinkommen schwächen die Investitionsdynamik und damit das Wachstum der Arbeitsnachfrage ab. Infolgedessen kommt es dazu, dass das Arbeitsangebot die Arbeitsnachfrage übersteigt. Die Löhne sinken wieder, und die Kapitaleinkommen steigen. Steigende Kapitaleinkommen führen wieder zu höheren Investitionen und somit zum Abbau des Arbeitsangebotsüberhangs.

Aus diesem Wechsel von zunehmender und abnehmender **Kapitaleinkommensquote** und den daraus resultierenden **Investitionsschwankungen**, die mit unterschiedlichen Auslastungsgraden des Produktionsfaktors Arbeit einhergehen, entsteht im Goodwin-Modell eine ständige Abfolge von Konjunkturschwankungen mit konstanter Amplitude.

Auch im Modell von W. Nordhaus (geb. 1941) aus dem Jahr 1975, welches den Konjunkturverlauf politökonomisch erklärt, kommt dem Arbeitsmarkt eine besondere Rolle zu. Vereinfacht dargestellt ist es das Ziel einer jeden

Regierungspartei, bei der nächsten Wahl wieder gewählt zu werden. Die Wähler machen ihre Wahlentscheidung ausschließlich von ihrer wirtschaftlichen Situation - verstanden als Momentaufnahme und als Vergleich im Zeitablauf - abhängig. Diese widerspiegelt sich in gesamtwirtschaftlichen Indikatoren, wie der Arbeitslosenquote und der Inflationsrate sowie deren Veränderung in der Wahlperiode.

Nordhaus legt seiner Erklärung eine **modifizierte Phillipskurve** zugrunde. Der langfristige Verlauf beschreibt einen negativen Zusammenhang von **Inflationsrate** und **Arbeitslosenquote**. Die kurzfristigen Verläufe spiegeln die **Inflationserwartungen** wider. Da es hiernach möglich ist, die Arbeitslosigkeit auf Kosten einer höheren Inflation zu senken, kann man zeigen, dass unter den Modellannahmen die **optimale Wirtschaftspolitik** einer Regierung darin besteht, die Arbeitslosenquote durch geeignete Maßnahmen vor der Wahl kurzfristig zu senken. Dabei wird die Zunahme der Inflation in Kauf genommen. Kurz nach der Wahl schnellt die Arbeitslosigkeit nach oben. Die Inflation wächst aufgrund der Wirkungsverzögerung durch die Inflationserwartungen noch weiter. Während der Legislaturperiode wird die Arbeitslosigkeit stetig abgebaut, während die Inflationsrate nur nach und nach zunimmt. Die Arbeitslosigkeit befindet sich zur nächsten Wahl auf dem niedrigsten Stand der Wahlperiode, und die wirtschaftliche Situation erscheint den Wählern als gut - die Regierung wird wieder gewählt und der Prozess beginnt von Neuem.

Beispielhaft für Modelle der **Neuen Keynesianischen Makroökonomik** wird hier kurz auf eine Erklärung von J.-P. Benassy (geb. 1948) eingegangen. Er modifiziert ein keynesianisches **IS-LM-Modell** insbesondere dahingehend, dass die Güterpreise voll flexibel und markträumend sind. Im Ergebnis entstehen Konjunkturschwankungen aus dem Zusammenspiel von Absatzerwartungen der Unternehmer und der **Lohnentwicklung**. Im Aufschwung übersteigen die **Nachfrageerwartungen** der Unternehmer aufgrund zuvor gesunkener Preise das Angebot deutlich. Die Investitionen nehmen zu und die Beschäftigung sowie das Sozialprodukt wachsen. Die Zunahme der Beschäftigung geht mit steigenden Löhnen einher. Dies führt zu steigenden Kosten bei den Unternehmen. Die Preise steigen, und die Nachfrage sowie die Nachfrageerwartungen sinken - der Umschwung wird eingeleitet. Im Abschwung gehen die Investitionen, die Beschäftigung und das Sozialprodukt zurück, die Löhne und Preise sinken - dies leitet den erneuten Umschwung ein.

11.2.2.2 Konjunkturmodelle mit stets preisgeräumten Märkten

Zu den Modellen, die **flexible Preise** unterstellen und auf dieser Grundlage von stets **geräumten Märkten** ausgehen, zählen einerseits die monetaristischen Ansätze und andererseits die Konjunkturerklärungen der "Neuen Klassischen Makroökonomik" (NKM). In den **monetaristischen Konjunkturmodellen** resultieren die Konjunkturschwankungen primär aus zufällig auftretenden exogenen **geldangebotsseitigen Schocks**. Der - aufgrund des funktionierenden Marktmechanismus - stabile private Sektor absorbiert den Geldangebotsschock. Dabei entstehen zyklische Schwankungen, deren Amplitude im Zeitablauf abnimmt.

Dauerhafte Konjunkturschwankungen können somit nur durch das ständige Auftreten **unregelmäßiger Schocks** erklärt werden. Schwankungen der wirtschaftlichen Aktivität ließen sich demnach verhindern, wenn die Notenbank für gleichmäßiges Geldmengenwachstum sorgen könnte.

Grundlegend für die **NKM** ist zum einen, dass sie die Annahme, die handelnden Akteure verfügen über vollkommene Voraussicht und Informationen - wie die Neue Keynesianische Makroökonomik und der Monetarismus auch -, fallen lässt. Die Modelle der NKM basieren vielmehr auf **rationalen Erwartungen**[7] und unvollständigen Informationen der handelnden Akteure. Zum anderen behalten die Modelle die Annahmen der **vollständigen Konkurrenz** und **flexibler Preise** bei, was zu stets geräumten Märkten führt.

Eine erste Modellgruppe der NKM führt konjunkturelle Schwankungen auf **unvollständige Informationen** zurück. So besitzen die Wirtschaftssubjekte z. B. keine vollständigen Informationen über das gesamte makroökonomische Geldangebot bzw. dessen räumliche Verteilung - sie verfügen nur über regional begrenztes Wissen. Daraus können Fehleinschätzungen der heutigen Preise sowie der zukünftigen Preisentwicklung resultieren. Diese Prognosefehler führen z. B. zu **Anpassungskosten** in den Unternehmen und zu gesamtwirtschaftlichen Kapazitätseffekten. Die makroökonomische Anpassung erstreckt sich über mehrere Perioden und äußert sich in zyklischen Schwankungen.

Ein weiterer Ansatz der NKM zur Konjunkturerklärung sind die **Real Business Cycles Theorien**. Diese erklären die Schwankungen der wirtschaftlichen Aktivität ausgehend von **technologischen Schocks**. Demnach haben ständige exogene Veränderungen der Technologie Auswirkungen auf die Produktion. Dadurch entstehen Schwankungen des Wirtschaftsprozesses, die u. a. durch lags im Investitionsbereich bzw. durch Veränderungen des Arbeits-Freizeit-Kalküls verstärkt werden. Dadurch kommt es zu **intertem-**

---

[7] Ein Wirtschaftssubjekt handelt auf der Grundlage rationaler Erwartungen, wenn es alle zur Verfügung stehenden relevanten Informationen und antizipierbaren künftigen Ereignisse in die Erwartungsbildung einbezieht.

poralen Substitutionsprozessen, die sich in Schwankungen der wirtschaftlichen Aktivität niederschlagen.

Auslöser solcher **realer Schocks** können - neben der Veränderung der Technologie - auch Veränderungen der **Konsumentenpräferenzen**, des **Steuersystems** oder der **Erwerbsbevölkerung** sein. Die realen Schocks führen dabei zwar immer zur Herausbildung rationaler Erwartungen, welche die unvorhersehbaren Veränderungen jedoch nicht richtig abbilden. Daraus resultieren Entscheidungen, die wirtschaftliche Anpassungsprozesse notwendig machen, in deren Folge wirtschaftliche Schwankungen entstehen.

Der letzte Ansatz der NKM, der hier kurz umrissen wird, zeigt, dass Konjunkturschwankungen die Folge der Einbeziehung **irrelevanter Faktoren** in die Erwartungsbildung sein können. Diese Erwartungen können zu **temporären Gleichgewichten** (Sunspotgleichgewichten) führen, die sich erst durch die Einbeziehung der irrelevanten Faktoren ausbilden. Die Erwartungen erfüllen sich somit selbst. Da diese **Sunspotgleichgewichte** nicht allein durch die realen Faktoren und die relevanten Informationen determiniert sind, kann es zu einer Abfolge solcher temporärer Gleichgewichtssituationen kommen, die mit Schwankungen der Produktion, des Auslastungsgrades, und der Preise einhergehen.

12. Wachstumstheorie

Wie aus dem vorangegangenen Kapitel bekannt, ist wirtschaftliches Wachstum von konjunkturellen - also kurz - bis mittelfristigen - Aktivitätsschwankungen begleitet. Die Trennung von **Trend** (Wachstum) und **Zyklus** (Konjunktur) ist dabei allerdings nicht einfach und aufgrund der gegenseitigen Beeinflussung nicht unumstritten.

In den einfacheren makroökonomischen Grundmodellen wird davon ausgegangen, dass die Bevölkerung, die Faktorbestände sowie der Stand der Technik und damit auch die volkswirtschaftliche Produktionskapazität sich nicht verändernde Größen sind. Man spricht dann von einer stationären Volkswirtschaft. Im Gegensatz dazu ist die Wachstumstheorie durch die Betrachtung sich verändernder Größen im Zeitablauf gekennzeichnet.

Der Begriff des Wachstums ist ursprünglich ein biologischer. Im Gegensatz zur Biologie ist der auf Volkswirtschaften übertragene Wachstumsbegriff durch die Perspektive der Dauerhaftigkeit geprägt.

Im Zentrum des wachstumstheoretischen Interesses stehen demzufolge Fragen der langfristigen Entwicklung von Volkswirtschaften und deren gesamtgesellschaftliche Auswirkungen. Insbesondere werden Antworten auf folgende Fragen gegeben:

- Welche Kräfte bestimmen das Wachstum einer Volkswirtschaft?
- Wohin tendiert der Wachstumsprozess langfristig?
- Welche Probleme der Allokation, der Stabilität und der Verteilung sind mit wirtschaftlichem Wachstum verbunden?
- In welcher Weise kann man die wirtschaftliche Entwicklung wirtschaftspolitisch beeinflussen?

Dieses Kapitel beschäftigt sich insbesondere mit den ersten beiden Fragestellungen. Bevor jedoch Antworten auf diese Fragen gegeben werden, sollen zunächst der Begriff des wirtschaftlichen Wachstums konkretisiert und der Wachstumsprozess charakterisiert werden.

12.1 Begriffliche Grundlagen der Wachstumstheorie

12.1.1 Der Begriff des wirtschaftlichen Wachstums

Aufgrund der Vielzahl der Untersuchungsziele, die Gegenstand von Wachstumstheorie und -empirie sind, kann es eine allgemeingültige, von allen Wachstumstheoretikern und -empirikern anerkannte Definition für wirtschaftliches Wachstum nicht geben. Deshalb wird im Folgenden

- ausgehend von einer allgemeinen Formulierung des Begriffes Wachstum - ein Überblick über verschiedene Begriffsbestimmungen erarbeitet.

Ausgehend vom Sinn des Wirtschaftens kann man unter wirtschaftlichem Wachstum allgemein die **ständige Erhöhung des Grades der Bedürfnisbefriedigung** der Menschen eines Gemeinwesens verstehen. Allerdings ergeben sich hieraus - insbesondere aus der Tatsache, dass die Größe gesamtgesellschaftliche Bedürfnisbefriedigung nicht bzw. nur schwer fassbar ist - Bewertungsprobleme. Deshalb bedient man sich zur Quantifizierung des wirtschaftlichen Geschehens in der Volkswirtschaftslehre und speziell auch in der Wachstumstheorie üblicherweise des **Inlandsprodukts** als Maßgröße. Demnach nimmt die Bedürfnisbefriedigung in einer Gesellschaft zu, und es liegt Wachstum im obigen Sinn vor, wenn das Inlandsprodukt (Y) im Zeitablauf wächst.

(12.1) $Y_t < Y_{t+1}$

Diese Sichtweise ist insbesondere in zweifacher Hinsicht unzureichend:

- Vergrößert sich das Inlandsprodukt aufgrund gestiegener Preise bei Konstanz der produzierten Mengen nur nominal, dann liegt keine erhöhte Güterversorgung vor. Daraus folgt, dass nicht die Veränderungen des nominalen Inlandsprodukts betrachtet werden müssen, sondern die des **realen Inlandsprodukts** (Y_r)[1].

(12.2) $Y_{r_t} < Y_{r_{t+1}}$.

- Jedoch ist auch dieses Verständnis von wirtschaftlichem Wachstum noch nicht hinreichend um die Problematik zu erfassen. Dies resultiert aus der Tatsache, dass trotz steigendem realen Inlandsprodukt aus einem stärkeren Wachstum der Bevölkerung eine Verminderung der Bedürfnisbefriedigung Pro-Kopf resultiert. Deshalb hat sich in der Theorie, wie auch in der Praxis die Verwendung des **realen Pro-Kopf-Inlandsprodukts** weitestgehend als Maß zur Bewertung der wirtschaftlichen Leistungsfähigkeit und deren Veränderung durchgesetzt. Danach wächst eine Volkswirtschaft, wenn ihr reales Inlandsprodukt Pro-Kopf (N) im Zeitablauf zunimmt (12.3). In diesem Fall liegt **intensives Wachstum** vor. Wächst dagegen das reale Inlandsprodukt nur absolut, spricht man von **extensivem Wachstum**.

$$(12.3) \qquad \frac{Y_{r_t}}{N_t} < \frac{Y_{r_{t+1}}}{N_{t+1}}$$

---

[1] Zur Ermittlung des realen Inlandsproduktes vgl. Kapitel 6.

Aus Gleichung (12.3) ergibt sich auch die heute übliche Definition der **Wachstumsrate** (G_r) einer Volkswirtschaft. Diese beschreibt die prozentuale Veränderung des realen Pro-Kopf-Einkommens im Zeitablauf und lässt sich wie folgt ermitteln.

$$(12.4) \qquad G_r = \frac{\dfrac{Y_{r_{t+1}}}{N_{t+1}} - \dfrac{Y_{r_t}}{N_t}}{\dfrac{Y_{r_t}}{N_t}}$$

Alternativ lässt sich wirtschaftliches Wachstum - und darauf stellt die theoretische und empirische Literatur zu diesem Thema in zunehmendem Maße ab - als **Wachstum der Produktivitäten** verstehen. Unter den Bedingungen einer im Zeitablauf konstanten Beschäftigungsquote und konstanter Arbeitszeit ist die in Gleichung (12.4) ermittelte Wachstumsrate gleich der Wachstumsrate der Arbeitsproduktivität.

Allerdings spiegeln auch (12.3) und (12.4) ein als ständige Verbesserung der Bedürfnisbefriedigung der Menschen verstandenes wirtschaftliches Wachstum nur unvollständig wider. Dies wird insbesondere darin deutlich, dass stattfindende **Strukturveränderungen** und deren Wohlfahrtswirkungen nicht erfasst werden. So liegt hiernach Wachstum auch dann vor, wenn das Pro-Kopf-Inlandsprodukt aufgrund einer gesteigerten Produktion von Investitionsgütern bei gleicher oder sogar verringerter Produktion von Konsumgütern wächst. Daraus muss allerdings keine direkte Erhöhung der Bedürfnisbefriedigung einer Gesellschaft resultieren, da die hierzu erforderlichen Konsumgüter erst in späteren Perioden zur Verfügung stehen.

Darüber hinaus sind ökonomische Wachstumsprozesse immer auch von **Umverteilungen** begleitet (etwa Reiche werden reicher, Arme werden ärmer etc.), welche mit unvergleichbaren Nutzenab- und Nutzenzugängen bei verschiedenen Individuen verbunden sind. Damit ist eine Gesamtbeurteilung der Wohlfahrtswirkungen ausgeschlossen. Andererseits ist zu bedenken, dass erhöhte gesamtwirtschaftliche Bedürfnisbefriedigung - auch ohne vergrößertes Inlandsprodukt - allein schon durch Umverteilung eintreten kann.

Es kann auch sein, dass die produzierten Mengen und die Preise sich nicht verändert haben, weshalb das reale Inlandsprodukt unverändert bleibt. Hat sich aber im betrachteten Zeitraum die **Qualität** der Produkte verbessert, tritt trotz gleichem realen Inlandsprodukt Pro-Kopf eine Verbesserung der Bedürfnisbefriedigung ein.

Man sieht also, dass es unter dem Gesichtspunkt der Bedürfnisbefriedigung zumindest sehr schwer ist, die Veränderungen des realen Sozialprodukts als Indiz für Wohlstandssteigerungen von Gesellschaften zu betrachten. Es wird daher der Wohlfahrtsaspekt bei der wachstumstheoretischen Betrachtung in der Regel beiseite gelassen und sich rein auf den Aspekt der Produktion beschränkt.

Doch selbst dieses enge - nur auf das Produktionsergebnis abstellende - Verständnis wirtschaftlichen Wachstums kann zu Fehlinterpretationen führen, da es auch kurzfristige Schwankungen der wirtschaftlichen Aktivität (Konjunktur) erfasst. Dieses **konjunkturell bedingte Wachstum** des Produktionsergebnisses ist dadurch gekennzeichnet, dass es auf einer stärkeren Auslastung des vorhandenen **Produktionspotentials** beruht und somit - für sich genommen - keine nachhaltige Wirkung auf den langfristigen Wachstumsprozess ausübt. Langfristig spiegelt nur eine **Erweiterung der Produktionskapazitäten** wirtschaftliche Wachstumsprozesse wider. Allerdings ist deren statistische Erfassung mit Schwierigkeiten verbunden, weshalb in der weiteren wachstumstheoretischen Betrachtung dieses konjunkturtheoretische Problem durch die Annahme vollbeschäftigter Volkswirtschaften, insbesondere des Faktors Kapital, eliminiert wird.

Zusammenfassend kann somit festgestellt werden, dass wir heute von wirtschaftlichem Wachstum sprechen, wenn eine Ausweitung der volkswirtschaftlichen **Kapazität** (z. B. durch Vergrößerung des Faktorbestandes oder durch eine Verbesserung der Produktionstechnik, d. h. durch technischen Fortschritt) stattfindet. Wirtschaftliches Wachstum wird üblicherweise anhand des realen Bruttoinlandsproduktes Pro-Kopf gemessen und liegt vor, wenn die **Wachstumsrate** (G_r) größer Null ist. Geht das BIP Pro-Kopf zurück, spricht man von Schrumpfung der Wirtschaft.

12.1.2 Wachstumstheoretische Grundbegriffe

Wirtschaftliches Wachstum verstanden als die Erweiterung der Produktionsmöglichkeiten einer Volkswirtschaft impliziert eine zentrale Rolle der **Produktionsfaktoren** - insbesondere von Kapital und Arbeit - für die Wachstumstheorie. Dabei sind einerseits die zur Verfügung stehenden Mengen (Quantitäten) an Kapital und Arbeit, andererseits deren Qualitäten von Bedeutung.

Der Begriff des **Kapitals** umfasst in der wachstumstheoretischen Betrachtung in der Regel das **Sach- oder Realkapital** einschließlich des Produktionsfaktors Boden. Die **Qualität** des Kapitals wird in erster Linie vom Niveau des angewandten **technischen Wissens** bestimmt. Die Summe des Sachkapitals einer Volkswirtschaft wird als **Kapitalstock** (K) bezeichnet.

Der Zuwachs des Kapitalstocks im Zeitablauf sind die **Nettoinvestitionen**[2] einer Volkswirtschaft. Dabei ist zu beachten, dass Investitionen einen **dualen Charakter** haben. Einerseits führen Investitionen - wie aus den Grundmodellen der Makroökonomik bekannt - zu Einkommenssteigerungen (**Einkommenseffekt** der Investition), die wiederum Nachfragesteigerungen nach sich ziehen, andererseits erhöhen Investitionen - wie aus Kapitel 11 bekannt - die volkswirtschaftliche Kapazität (**Kapazitätseffekt** der Investition) und somit das gesamtwirtschaftliche potentielle Angebot.

Das Verhältnis von Kapitalstock zu **potentieller** Produktion (Y) wird als (durchschnittlicher) **Kapitalkoeffizient** (k) bezeichnet (12.5). In den Modellen der Wachstumstheorie entspricht die tatsächliche Produktion der potentiellen, da hier - wie oben dargestellt - von vollbeschäftigten Volkswirtschaften ausgegangen wird.

$$(12.5) \quad k = \frac{K}{Y}$$

Die Höhe des Kapitalkoeffizienten hängt einerseits von der Länge des betrachteten Zeitraumes ab, da zu seiner Berechnung die **Bestandsgröße** Kapitalstock ins Verhältnis zur **Stromgröße** Produktion gesetzt wird, andererseits ist sie technologisch bedingt, da sie auch von der technischen Ergiebigkeit des Produktionsfaktors Kapital abhängt. Der Kapitalkoeffizient spiegelt den Stand des angewandten technischen Wissens und dessen Änderung (technischen Fortschritt) und darüber hinaus auch die Änderung des Arbeitseinsatzes wider. Der Kapitalkoeffizient ist um so kleiner, um so geringer der zur Erstellung des Volkseinkommens notwendige Kapitalstock ist.

Der **marginale Kapitalkoeffizient** (k') gibt die für eine gewünschte Erhöhung der Produktionskapazität (dY) erforderliche **Nettoinvestition** I an. Er lässt sich somit als Verhältnis von Nettoinvestition und Veränderung des Produktionspotentials schreiben.

$$(12.6) \quad k' = \frac{I}{dY}$$

Da die Investition I als Zuwachs des Kapitalstocks K definiert ist, kann der marginale Kapitalkoeffizient auch als Verhältnis der Veränderung des Kapitalstocks zur Veränderung des Volkseinkommens dargestellt werden.

---

[2] Für die Wachstumstheorie sind in der Regel nur die Nettoinvestitionen von Interesse, da Ersatzinvestitionen nur bei Unterlassung Auswirkungen auf das Produktionspotential einer Volkswirtschaft haben.

(12.7) $k' = \dfrac{dK}{dY}$

Der Kehrwert des Kapitalkoeffizienten ist die **Kapitalproduktivität** y_K (12.8). Sie gibt den Produktionsertrag pro eingesetzter Kapitaleinheit an. Da hier das Produktionsergebnis allein auf einen der eingesetzten Produktionsfaktoren (in diesem Fall Kapital) bezogen wird, spricht man auch von partieller Produktivität.

(12.8) $\quad y_K = \dfrac{Y}{K}$

Analog zum Produktionsfaktor Kapital lassen sich auch für den Produktionsfaktor Arbeit entsprechende Verhältnisgrößen ableiten. Dabei ist die **Arbeitsproduktivität** (y_A) und insbesondere deren Wachstumsrate von besonderer Bedeutung für die Wachstumstheorie. Die Arbeitsproduktivität gibt den Ertrag pro eingesetzter Arbeitseinheit an und ergibt sich aus dem Verhältnis von Volkseinkommen zu Arbeitseinsatz A.

(12.9) $\quad y_A = \dfrac{Y}{A}$

Setzt man den Kapitalstock zum Arbeitseinsatz ins Verhältnis erhält man die **Kapitalintensität** k_i (12.10). Der reziproke Wert der Kapitalintensität stellt die **Arbeitsintensität** dar. Die Kapitalintensität nimmt mit steigendem Kapitaleinsatz pro Arbeitseinheit zu. Dies bedeutet, dass die Arbeitsplätze in zunehmendem Maße mit Kapital ausgestattet werden. Da sich die Kapitalintensität auch als Verhältnis von Arbeitsproduktivität zu Kapitalproduktivität darstellen lässt, wird deutlich, dass die Arbeitsproduktivität um so höher ist je kapitalintensiver eine Volkswirtschaft produziert.

(12.10) $\quad k_i = \dfrac{K}{A} = \dfrac{\dfrac{Y}{A}}{\dfrac{Y}{K}}$

Hohe Kapitalintensität kennzeichnet die Produktion in den **Industrienationen**. Demgegenüber weisen **unterentwickelte Volkswirtschaften** in der Regel eine hohe Arbeitsintensität auf.

Wie im Verlauf dieses Kapitels noch gezeigt wird, ist **technischer Fortschritt** eine entscheidende Quelle für die Steigerung der **Arbeitsproduktivität**. Nach seiner Wirkung auf die **Einkommensverteilung** kann technischer Fortschritt in **neutralen** und **nichtneutralen technischen Fortschritt** eingeteilt werden. **Neutraler technischer Fortschritt** liegt vor, wenn der technische Fortschritt keine Auswirkungen auf die funktionelle Einkommensverteilung (vgl. Kapitel Verteilungstheorie) hat. In der wachstumstheoretischen Literatur findet man im Wesentlichen folgende drei Ansätze zur Klassifikation neutralen technischen Fortschritts:

- **Harrod-neutraler technischer Fortschritt** liegt vor, wenn die Kapitalproduktivität bei steigender Arbeitsproduktivität konstant bleibt. Da in diesem Fall Kapital und Produktion mit der gleichen Rate wachsen verändern sich - aufgrund der Konstanz des Zinssatzes - die partiellen Produktionselastizitäten (Einkommensquoten) nicht. Weil der technische Fortschritt nur die Produktivität der Arbeit erhöht, wird er auch als **arbeitsvermehrend**[3] bezeichnet.

- Bleibt hingegen die Arbeitsproduktivität konstant und wächst aufgrund des technischen Fortschritts die Kapitalproduktivität, liegt **Solow-Neutralität** vor. Diese Art von technischem Fortschritt wird - in Analogie zum Harrod-neutralen - **kapitalvermehrend** genannt, da er wirkt als ob bei gleicher Effizienz mehr Kapital zur Verfügung stünde.

- Technischer Fortschritt wird als **Hicks-neutral** bezeichnet, wenn bei gegebener Kapitalintensität das Grenzproduktivitätsverhältnis und damit auch das Faktorpreisverhältnis konstant bleiben. Da hier Arbeits- und Kapitalproduktivität proportional wachsen, wirkt er sowohl **arbeits- als auch kapitalvermehrend**.

Für die Wachstumstheorie ist Harrod-neutraler technischer Fortschritt von besonderer Relevanz, da dieser - wie Hicks-neutraler auch - mit gleichgewichtigem Wachstum vereinbar ist und darüber hinaus die nachfolgend dargestellten empirischen Fakten erklären kann. **Gleichgewichtswachstum** oder auch **steady state** liegt - bei aller Unterschiedlichkeit in Details - allgemein formuliert vor, wenn die relevanten Wachstumsraten im Zeitablauf konstant sind.

12.1.3 Charakteristika des Wachstumsprozesses

Bei allen Besonderheiten der wirtschaftlichen Entwicklung weist der Wachstumsprozess der Industrieländer eine Reihe gemeinsamer Charakteristika auf. Diese erstmals von N. Kaldor (1908 - 1986) als **stilisierte Fakten** in die Literatur eingeführten Charakteristika des Wachstumsprozesses dienen seither als ein Maßstab für die Leistungsfähigkeit theoretischer

---

[3] Arbeitsvermehrend meint, dass durch die Steigerung der Arbeitsproduktivität bei gleich bleibendem Kapitaleinsatz weniger Arbeitskräfte für die Produktion einer konstanten Gütermenge benötigt werden, so dass der Produktionsfaktor vermehrt zur Verfügung steht.

Wachstumsmodelle. Kaldors Liste aus dem Jahr 1961 umfasst folgende 6 Merkmale:

1. Die Arbeitsproduktivität wächst in den Industrieländern mit nahezu gleich-bleibender Rate.
2. Die Kapitalintensität der Produktion nimmt ständig zu.
3. Die Kapitalrendite ist nahezu konstant.
4. Der Kapitalkoeffizient ist nahezu konstant.
5. Die Einkommensanteile von Arbeit und Kapital sind nahezu konstant.
6. Die geografische Streuung der Wachstumsraten der Arbeitsproduktivität ist groß.

So lässt sich zeigen, dass der wirtschaftliche Wachstumsprozess der heutigen Industrieländer - über die letzten 200 Jahre hinweg - durch die **fortlaufende Zunahme der Arbeitsproduktivität (Y/A)** gekennzeichnet ist (Kaldors stilisierter Fakt Eins). Auf lange Sicht wächst die Arbeitsproduktivität dabei mit einer durchschnittlichen Rate von rd. 2 %. Nicht zuletzt aus dieser Zunahme der Arbeitsproduktivität resultiert auch eine ständige Erhöhung der realen Pro-Kopf-Einkommen in den betrachteten Ländern. Allerdings unterliegen die Wachstumsraten selbst konjunkturbereinigt hohen Schwankungen.

Weiterhin ist für den Wachstumsprozess der Industrieländer charakteristisch, dass die Produktion (Y) und der Kapitalstock (K) langfristig mit annähernd der gleichen Rate wachsen. Daraus ergibt sich, dass der **Kapitalkoeffizient (K/Y) im Zeitablauf nahezu konstant** ist (Kaldors stilisierter Fakt Vier). Da - wie auch Gleichung (12.10) verdeutlicht - bei steigender Arbeitsproduktivität die Produktion schneller wächst als der Arbeitseinsatz ($g_Y > g_A$) und ein konstanter Kapitalkoeffizient - gleiche Wachstumsraten von Kapitalstock und Produktion ($g_K = g_Y$) vorausgesetzt - bedingt, dass auch der Kapitalstock schneller wächst als der Arbeitseinsatz ($g_K > g_A$), muss auch die **Kapitalintensität (K/A) zunehmen** (Kaldors stilisierter Fakt Zwei).

Aufgrund dieser Entwicklungen der partiellen Faktorproduktivitäten und der Faktorproportionen ist theoretisch zu erwarten, dass sich auch die durchschnittlichen Entlohnungssätze der Faktoren, der Lohnsatz und die Kapitalrendite unterschiedlich entwickeln. Nach der **Grenzproduktivitätstheorie** der Verteilung (vgl. Kapitel Verteilungstheorie) wird der Lohnsatz für den im Verhältnis zum Kapital knapper werdenden Faktor Arbeit stärker steigen als die Kapitalrendite. Da die Grenzproduktivität des Kapitals im Zeitablauf annähernd konstant bleibt, verändert sich - bei Gültigkeit des Grenzproduktivitätsprinzips - die absolute Höhe der **Kapitalrendite** im Zeitablauf nur geringfügig. Wenn die Kapitalrendite im Zeitablauf nahezu konstant ist und der Kapitalstock mit der gleichen Rate wächst wie das Volkseinkommen, dann muss auch der Anteil des Kapitaleinkommens am Volkseinkommen (**Gewinnquote**) annähernd konstant bleiben. Unter Berücksichtigung nur zweier Produktionsfaktoren (Arbeit und Kapital) ergibt sich dann, dass auch die Lohnquote nahezu konstant ist. Arbeitseinkommen und Kapitaleinkommen steigen also während des wirtschaftlichen Wachstumsprozesses in etwa proportional. Das Arbeitseinkommen wächst dabei in erster Linie wegen der steigenden Durchschnittseinkommen pro Arbeitskraft, das Kapitaleinkommen erhöht sich hingegen aufgrund einer fortlaufenden Expansion des Kapitalstocks bei nur wenig veränderter Durchschnittsrendite.

Diese theoretische Argumentation spiegelt sich in Kaldors stilisierten Fakten als Punkt Fünf wider. Allerdings gibt es hinsichtlich der Ermittlung der Lohn- und Kapitaleinkommensanteile methodische Probleme, die in unterschiedlichen Schätzungen zum Ausdruck kommen. Der herrschenden Meinung, dass die **Einkommensanteile von Kapital und Arbeit langfristig nahezu konstant** sind, stehen einige Schätzungen gegenüber, die einen sinkenden Anteil des Kapitals am Einkommen ermitteln. Aus diesem Fakt resultiert im Zusammenhang mit Fakt Eins (die Arbeitsproduktivität im Zeitablauf nimmt zu) eine **konstante Kapitalrendite** (Kaldors stilisierter Fakt Drei).

Kaldors sechster Fakt beschreibt die Tatsache, dass einerseits für einzelne Länder bzw. Ländergruppen im Durchschnitt nur **geringe Steigerungen,** teilweise bis hin zur Abnahme („Wachstumskatastrophen"), **der Arbeitsproduktivität,** festzustellen sind, andererseits wächst die Arbeitsproduktivität **in anderen Ländern mit hohen Raten** („Wachstumswunder"). Die zugrunde liegenden Daten zeigen zum einen, dass wirtschaftliche Aufholprozesse ärmerer Länder möglich sind (südostasiatische „Tigerstaaten"), zum Zweiten, dass die Unterschiede im Pro-Kopf-Einkommen und der Arbeitsproduktivität zwischen den Ländern bzw. Ländergruppen beträchtlich sind und zum Dritten, dass die Wachstumsrate der Arbeitsproduktivität unabhängig von der absoluten Höhe der Arbeitsproduktivität ist. Betrachtet man darüber hinaus Länder mit gleichen Wachstumsraten der Arbeitsproduktivität aber z. B. unterschiedlicher absoluter Arbeitsproduktivität, zeigt sich weiter, dass unterschiedliche gleichgewichtige Wachstumspfade existieren.

Im Laufe der Zeit - insbesondere seit den 80er Jahren des 20. Jahrhunderts - trat die empirische Wachstumsforschung stärker ins Zentrum des wissenschaftlichen Interesses. Eine Reihe von Autoren bestätigten die Liste Kaldors und arbeiteten darüber hinaus weitere zumeist spezifische Charakteristika des Wachstumsprozesses heraus. So wies z. B. Romer[4] darauf hin, dass sich steigende Kapitalintensität aus den Fakten Eins und Vier und eine konstante Kapitalrendite aus den Fakten Vier und Fünf der Liste Kaldors ergeben (vgl. oben) und ergänzte die Liste um fünf weitere Fakten. Dabei ist insbesondere die schon von Solow in den 60er Jahren des letzten Jahrhunderts aufgezeigte Tatsache, dass sich das **Produktionswachstum nicht allein durch vermehrten Arbeits- und Kapitaleinsatz erklären lässt**, von Interesse. Dieser Fakt beschreibt den Sachverhalt, dass der überwiegende Teil des wirtschaftlichen Wachstums entwickelter Volkswirtschaften nicht über quantitatives Wachstum der Einsatzfaktoren Kapital und Arbeit sondern durch eine Reihe weiterer Faktoren - die im Rahmen der weiteren Ausführungen erarbeitet werden - determiniert wird. Die Aussagefähigkeit der theoretischen Wachstumsmodelle hängt demzufolge davon ab inwieweit sie in der Lage sind, die stilisierten Fakten des Wachstumsprozesses zu erklären. Die Bestimmung dieser Faktoren durch Wachstumsmodelle und empirische Untersuchungen sowie die Analyse von Wachstumswirkungen stehen damit im Mittelpunkt der wachstumstheoretischen und -empirischen Forschung.

12.2 Wachstumstheoretische Grundmodelle

Nach R. M. Solow[5] (geb. 1924) lassen sich seit Mitte des 20. Jahrhunderts drei Wellen des wissenschaftlichen Interesses an der Wachstumstheorie identifizieren. Die erste, im Zuge der theoretischen Überlegungen von Keynes (ab dem Ende der 30er Jahre), ist insbesondere mit R. F. Harrod (1900 - 1978) und E. Domar (1914 - 1997) verbunden. Von Mitte der 50er Jahre an standen das maßgeblich von Solow und T. Swan (geb. 1918) entwickelte neoklassische Modell und dessen Variationen im Mittelpunkt des Interesses. Seit Mitte der 80er Jahre dominiert im Zuge der Arbeiten von Romer 1986 und Lucas 1988 die auf dem neoklassischen Modell basierende Neue bzw. Endogene Wachstumstheorie. Nachdem im Folgenden kurz auf vorkeynesianische Wachstumsvorstellungen eingegangen wird, stehen diese drei Entwicklungsetappen des wachstumstheoretischen Denkens im Zentrum der weiteren Überlegungen.

12.2.1 Vorläufer der neueren Wachstumstheorie

Wachstums- und entwicklungstheoretische Fragestellungen waren seit Begründung des nationalökonomischen Denkens mit wechselnder Intensität

---

[4] *Romer, P. M.* (1989), Capital Accumulation in the Theory of Long-Run-Growth, in: Barro, R. J. (Hrsg.), Modern Business Cycle Theory, Oxford, S. 51 - 127.
[5] *Solow, R. M.* (1994), Perspectives on Growth Theory, Journal of Economic Perspectives, Winter 1994, Jg. 8, Nr. 1, S. 45 - 54.

zentrale Bestandteile der Volkswirtschaftslehre. Frühe Beiträge, die Eingang in die moderne Entwicklungstheorie finden, stammen dabei u. a. von F. List (1789 - 1849).

Die klassischen Nationalökonomen, angefangen bei Smith und Ricardo bis hin zu Marx vertraten die Auffassung, dass wirtschaftliches Wachstum insbesondere auf **Kapitalakkumulation** zurückzuführen sei. Die Quelle des Wachstums war für die Klassiker somit bei gegebenem technischen Wissen, bei gegebener Bedürfnisstruktur, bei gegebenen Naturbedingungen und Ordnungen die Produktion und der Einsatz zusätzlicher Kapitalgüter.

Als treibende Kraft des **Akkumulationsprozesses** sahen die Klassiker das Streben der Unternehmer nach Profiten. Daraus folgt, dass der Akkumulationsprozess anhält, solange zusätzliche Profite erzielt werden können. Da die klassischen Nationalökonomen - allen voran Marx (vgl. Kapitel Konjunkturtheorie) - langfristig eine fallende Profitrate erwarteten, waren sie der Überzeugung, dass der Wachstumsprozess, der mit der Industrialisierung und der damit einhergehenden Akkumulation von Kapital einsetzte, ins Stocken geraten, und die Volkswirtschaften zu neuen stationären Gleichgewichten tendieren würde. Die von ihnen aufgezeigten Gegentendenzen (z. B. verbesserte Produktionsmethoden bei Smith, Ricardo und J. S. Mill, Arbeitszeitverlängerung oder Kapitalvernichtung bei Marx) konnten ihrer Ansicht nach den Prozess der fallenden Profitrate zwar abschwächen und somit hinauszögern, aber letztendlich nicht verhindern.

Erst Anfang des 20. Jahrhunderts stellte Schumpeter die Zwangsläufigkeit einer im Zeitablauf fallenden Profitrate in Frage. Demnach führt die Verbindung von **Kapitalakkumulation** mit **technischem Fortschritt** zu dauerhaftem Wachstum. Die Quelle des technischen Fortschritts ist nach Schumpeter die dem kapitalistischen Produktionsprozess innewohnende Innovationsfähigkeit (vgl. Kapitel Konjunkturtheorie). Mit seinen Überlegungen schuf er eine wesentliche Grundlage für Modelle der neuen Wachstumstheorie, die sich Ende des 20. Jahrhunderts etablierte.

12.2.2 Postkeynesianische Wachstumstheorie

Die auf der keynesianischen Theorie basierenden Ansätze der Wachstumstheorie werden unter dem Begriff postkeynesianische Wachstumstheorie zusammengefasst. Dabei handelt es sich um Theorien, die in doppelter Hinsicht keynesianischer Natur sind: Erstens gehen sie von der **konjunkturellen Instabilität** des marktwirtschaftlichen Systems aus und zweitens sehen sie den Hauptansatzpunkt für die Erklärung und die Lösung der makroökonomischen Probleme in der **Nachfrageentwicklung**. Die postkeynesianische Theorie geht aber auch in doppelter Hinsicht über den keynesiani-

schen Ansatz hinaus: Erstens betrachtet sie einige in den kurzfristigen keynesianischen Modellen als konstant angenommene Größen als im Zeitablauf
veränderlich und bezieht zweitens stärker die Angebotsseite in die Betrachtung ein.

Die Grundfragestellung der postkeynesianischen Wachstumstheorie resultiert aus der zugrunde gelegten Instabilität des marktwirtschaftlichen Prozesses. Wie aus den vorangegangenen Kapiteln bekannt ist, haben **Investitionen** im Wirtschaftsprozess einen **dualen Charakter**. Erstens schaffen
Investitionen Einkommen und Beschäftigung. Man spricht in diesem Zusammenhang vom **Einkommenseffekt** der Investition. Zweitens schaffen
die Investitionen neue Kapazitäten, d. h. neue Produktionsmöglichkeiten
und damit neues Angebot. Dies nennt man den **Kapazitätseffekt** der Investition.

Da aber in einer geschlossenen Volkswirtschaft ohne staatliche Aktivität
zusätzliches Einkommen nur über zusätzliche Nettoinvestitionen, d. h. ein
Wachstum der Nettoinvestitionen im Zeitablauf, geschaffen werden kann,
demgegenüber zusätzliche Kapazitäten aber schon durch jede positive Nettoinvestition entstehen, müssen das gesamtwirtschaftliche Angebot und die
gesamtwirtschaftliche Nachfrage nicht gleichgewichtig wachsen. Steigen
z. B. in einer unterbeschäftigten Volkswirtschaft die Nettoinvestitionen
dauerhaft auf ein höheres Niveau, so löst diese Änderung ein Einkom-
menswachstum aus. Das Einkommen kommt auf höherem Niveau zur Ruhe.
Die gesamtwirtschaftliche Kapazität erreicht dagegen kein solches Ruhesta-
dium, sie wächst weiter, solange Nettoinvestitionen vorgenommen werden.

Die Folge eines den Einkommenseffekt übersteigenden Kapazitätseffektes
wäre, dass das Angebot die Nachfrage übersteigt. Es entstehen **Überkapa-
zitäten**. Diese sind um so niedriger und werden um so langsamer wachsen,
je geringer das Investitionsniveau, je größer der marginale Kapitalkoeffizient bei gegebenem Investitionsniveau und je kleiner die marginale Sparquote ist.

In den postkeynesianischen Grundmodellen der Wachstumstheorie wird ein
konstanter Kapitalkoeffizient unterstellt. Ein konstanter Kapitalkoeffizient
impliziert die Gleichheit von durchschnittlichem und marginalem Kapitalkoeffizienten und resultiert aus der Tatsache, dass **keine Substitutionsprozesse** zwischen den Produktionsfaktoren Arbeit und Kapital stattfinden.
Dies kann darin begründet sein, dass nur ein technisch effizientes Faktoreinsatzverhältnis existiert. Andererseits werden keine Substitutionsprozesse
ausgelöst, wenn der Faktorpreismechanismus nicht wirkt, da sich dann die
relativen Faktorpreise nicht verändern.

Im Folgenden werden die Modelle von Domar (1946) und Harrod (1939) vorgestellt. Die Modelle beantworten die Fragen, ob und unter welchen Bedingungen gleichgewichtiges Wachstum von Volkswirtschaften möglich ist.

Domar ging davon aus, dass die **potentielle Nachfragelücke** allein durch zusätzliche Investitionen geschlossen werden kann. Dieser Fall weist aber gegenüber den übrigen Alternativen (Mehrnachfrage durch den Staat, durch die privaten Haushalte und durch das Ausland) die Besonderheit auf, dass die Investitionen nicht nur neue Nachfrage, also Einkommen schaffen, sondern darüber hinaus in der Zukunft noch mehr neue Kapazitäten bereitstellen, die ihrerseits durch noch mehr Nachfrage auszulasten sind, wenn die Wirtschaft weiter wachsen soll. Wenn also die zur Auslastung der Kapazitäten notwendige Nachfrage allein über Investitionen geschaffen werden soll, dann müssen die dazu erforderlichen zusätzlichen Investitionen ständig größer werden, d. h. die Nettinvestitionen müssen wachsen.

Dieses Wachstum der Nettoinvestitionen und das dadurch bedingte Wachstum der Kapazitäten und des Einkommens stellte Domar in den Mittelpunkt seiner Betrachtung. Die Frage, die er stellte, lautete: Mit welcher Rate müssen die Nettoinvestitionen wachsen, wenn die zusätzlichen Kapazitäten immer ausgelastet sein sollen und in der Volkswirtschaft dauerhaft makroökonomisches Gleichgewicht bestehen soll? Er fragte also nach den Bedingungen für stetiges und gleichgewichtiges Wachstum.

Ausgangspunkt der Betrachtung ist ein gesamtwirtschaftliches Gleichgewicht, was die Übereinstimmung von Sparen und Investieren (12.11) impliziert.

(12.11) $S_0 = I_0$

Die **Nettoinvestitionen** I_0 betrachtet Domar - in keynesianischer Tradition - als **autonom** gegeben. Sie werden also nicht näher erklärt. Domar unterstellte, dass die Kapazitäten immer voll ausgelastet werden. Aufgrund des Kapazitätseffektes schaffen die Investitionen der Periode t_0 (I_0) in der nächsten Periode t_1 zusätzliche Kapazitäten ($dK_{0,1} = I_0$).

In Erwartung entsprechender Nachfrage lasten die Unternehmer die zusätzlichen Kapazitäten aus und erhöhen ihre Produktion. Das Angebot $dY_{0,1}^S$ nimmt in Abhängigkeit vom Kapitalkoeffizienten zu.

(12.12) $dY_{0,1}^S = \dfrac{1}{k} \cdot I_0$

Dadurch entstehen in gleicher Höhe neue Einkommen ($dY_{0,1}$), die - in Abhängigkeit von der marginalen Konsumquote c - konsumiert oder gespart werden. Die Ersparnis (S) in der Periode t_1 steigt also gegenüber der Vorperiode um:

(12.13) $\quad dS_{0,1} = (1-c) \cdot dY_{0,1} = s \cdot dY_{0,1} = s \cdot \dfrac{1}{k} \cdot I_0$

In Höhe von $dS_{0,1}$ entsteht folglich eine **Nachfragelücke**. Um diese Lücke - zur Aufrechterhaltung des Gleichgewichts - durch zusätzliche Investitionsnachfrage zu schließen, muss genau in Höhe des Nachfrageausfalls, also in Höhe von $dS_{0,1}$, zusätzlich investiert werden.

(12.14) $\quad dI_{0,1} = dS_{0,1} = s \cdot \dfrac{1}{k} \cdot I_0$

Das bedeutet: Die in der Periode t_1 zusätzlich erforderliche Investition ($dI_{0,1}$) macht einen bestimmten Bruchteil der Investitionen der Vorperiode aus. Dieser wird bestimmt durch das Verhältnis von marginaler Sparneigung und marginalem Kapitalkoeffizienten. Daraus folgt einerseits, dass je größer die marginale Sparquote ist, um so größer muss die zusätzliche Investitionsnachfrage sein, weil ein um so größerer Teil des zusätzlichen Einkommens als Nachfrage ausfällt und andererseits, je größer der marginale Kapitalkoeffizient ist, um so kleiner muss die zusätzliche Investitionsnachfrage sein, weil der Kapazitäts- bzw. Angebotszuwachs (Kapazitätseffekt der Investition) um so kleiner ist.

Betrachtet man diesen Prozess weiter, dann stellt man fest, dass die Investitionen immer mit der Rate s/k wachsen müssen, um ein gleichgewichtiges Wachstum von Angebot und Nachfrage sicherzustellen. Verallgemeinernd kann festgestellt werden, dass die in Periode t zusätzlich erforderliche Investition in einem durch den Quotienten s/k bestimmten festen Verhältnis zur Gesamtinvestition der Vorperiode t-1 steht.

(12.15) $\quad dI_{t-1,t} = \dfrac{s}{k} \cdot I_{t-1}$

Aus der Gleichung (12.15) ergibt sich auch die **gleichgewichtige Wachstumsrate** g* der Investitionen.

(12.16) $\quad \dfrac{dI_{t-1,t}}{I_{t-1}} = \dfrac{s}{k} = g*$

Diese gleichgewichtige Wachstumsrate wird realisiert, wenn die Unternehmer ihre Produktion immer im Maße der Kapazitätserweiterung ausdehnen und in dieser Höhe zusätzliche Einkommen entstehen und wenn von den zusätzlichen Einkommen jeweils ein konstanter Bruchteil s gespart wird.

Aus den bisherigen Überlegungen folgt, dass das Wachstum der Investitionen einer Exponentialfunktion entsprechen muss.

(12.17) $I_t = I_0 \cdot e^{\frac{s}{k}t} = I_0 \cdot e^{g^* t}$

Wenn die Investitionen immer mit der Rate s/k wachsen, nehmen auch die **Kapazitäten** mit dieser Rate zu. Demzufolge wachsen durch die Auslastung der Kapazitäten auch die **Einkommen** um dieselbe Rate. Daraus folgt, dass auch die **Sparbeträge** um den gleichen Prozentsatz zunehmen. Es kann also festgestellt werden, dass bei gleichgewichtigem Wachstum Volkseinkommen, Kapitalstock und Sparen mit der gleichen Rate s/k wie die Investitionen wachsen. Diese Rate bezeichnet man als **gleichgewichtige Wachstumsrate**.

(12.18) $g^* = g_I = g_Y = g_K = g_S = s/k$

Domar hat die Bedingungen, unter denen gleichgewichtiges Wachstum möglich ist, herausgearbeitet. Er wollte damit den wirtschaftspolitischen Entscheidungsträgern einen Orientierungspunkt geben. Eine Wachstumstheorie - im engeren Wortsinn - stellt das Domar-Modell dagegen nicht dar. Die Tatsache, dass die Determinanten des Wachstumsprozesses nicht untersucht werden und das weitgehende Fehlen von Verhaltensfunktionen, insbesondere einer endogen bestimmten Investitionsfunktion, stellen wesentliche Mängel des Modells dar.

Das Modell von **Harrod** - welches vor dem Domars entwickelt wurde - enthält eine solche Verhaltenshypothese über das **Investitionsverhalten**. Harrod bedient sich dazu in seinem Modell des **Akzelerationsprinzips**. Der **Akzelerator** k^+ gibt die Abhängigkeit der Investitionen von der relativen gesamtwirtschaftlichen Einkommensveränderung an (**induzierte Investitionen**). Harrod unterscheidet zwischen der gewünschten und der natürlichen Wachstumsrate.

Die **gewünschte oder befriedigende Wachstumsrate** (warrented rate of growth, g*) ist bei Harrod diejenige Wachstumsrate, die das Wachstum der geplanten Größen im Gleichgewicht garantiert. Grundlegend für die Ermittlung dieser Wachstumsrate sind eine Investitionsfunktion und eine Sparfunktion. Die Investitionsfunktion leitet sich aus der Akzeleratorformel

(12.19) $\quad k^+ = \dfrac{I_t}{Y_{t+1} - Y_t}$ ab.

Die **Investitionen** sind hier somit vom geplanten zukünftigen Produktionszuwachs abhängig.

(12.20) $\quad I_t = k^+(Y_{t+1} - Y_t)$

Die **Sparfunktion** stellt die geplante Ersparnis der Periode t in Abhängigkeit vom Einkommen derselben Periode dar.

(12.21) $\quad S_t = s \cdot Y_t$

Gleichgewicht herrscht - wie bereits bekannt -, wenn die Investitionen I gleich der Ersparnis S sind. Daraus folgt, dass gleichgewichtiges Wachstum vorliegt, wenn die vom Einkommen der betrachteten Periode abhängige geplante Ersparnis gleich den von den geplanten Produktionsveränderungen abhängigen Investitionen ist.

(12.22) $\quad s \cdot Y_t = k^+(Y_{t+1} - Y_t)$

Durch Umstellen erhält man die gleichgewichtige Wachstumsrate der Produktion.

(12.23) $\quad g_Y^* = \dfrac{Y_{t+1} - Y_t}{Y_t} = \dfrac{s}{k^+}$

Die **natürliche Wachstumsrate** ist nach Harrod durch den technischen Fortschritt und das Bevölkerungswachstum begrenzt. Sie bildet die Obergrenze des wirtschaftlichen Wachstums einer Volkswirtschaft. Unter den Bedingungen, dass von technischem Fortschritt abgesehen wird sowie die Lebensarbeitszeit und die durchschnittliche Arbeitszeit konstant gehalten werden, muss - in vollbeschäftigten Volkswirtschaften - die gewünschte Wachstumsrate der natürliche Wachstumsrate g_n entsprechen, damit gleichgewichtiges Wachstum vorliegt. Dies resultiert aus der Tatsache, dass aufgrund der unterstellten linear-limitationalen Produktionsfunktion die Produktionsfaktoren Arbeit und Kapital mit der gleichen Rate wachsen müssen.

Im Wachstumsgleichgewicht nach Harrod gilt:

(12.24) $\quad \dfrac{dA}{A} = g_n = \dfrac{dY}{Y} = g_Y^* = \dfrac{s}{k^+}$

Unter der Voraussetzung, dass die Volkswirtschaft und das Arbeitsangebot mit der Rate s/k^+ wachsen, stimmen die für die Aufrechterhaltung der Vollbeschäftigung erforderliche Wachstumsrate des Kapitalstocks und die durch das Bevölkerungswachstum gegebene Wachstumsrate überein.

Über die Ableitung der Bedingung für gleichgewichtiges Wachstum hinaus, gab Harrod durch die Einbeziehung des Akzelerators eine Erklärung für die Erhöhung der Investitionen. Dabei verwendet er allerdings das eigentlich zu erklärende Wachstum des Volkseinkommens zur Bestimmung der Investitionen.

Neben dem bisher betrachteten Problem der Existenz **eines Wachstumsgleichgewichts** spielt in der Wachstumstheorie die Frage nach der **Stabilität** dieses Gleichgewichts eine bedeutende Rolle. Stabile makroökonomische Systeme sind dadurch gekennzeichnet, dass sie bei Abweichungen vom Gleichgewichtszustand in der Lage sind, selbständig zum ursprünglichen oder aber zu einem neuen Gleichgewicht zurückzukehren. **Instabilität** liegt dagegen vor, wenn das System bei einer Abweichung selbständig keinen Gleichgewichtspfad erreicht.

Harrod zeigte, dass der gleichgewichtige Wachstumspfad, den sein Modell aufzeigt, extrem instabil ist. Dies gilt sowohl für einmalige (kurzfristige) Störungen, wie z. B. ein Abweichen der tatsächlich realisierten Wachstumsrate von der gewünschten, als auch für strukturelle Störungen, wie ein Abweichen des Arbeitskräftewachstums vom Kapitalstockwachstum.

In den dargestellten postkeynesianischen Wachstumsmodellen sind keine Parameter enthalten, die eine Rückführung des Sozialprodukts auf den ursprünglichen oder das Erreichen eines neuen gleichgewichtigen Wachstumspfades bewirken könnten. Harrod spricht in diesem Zusammenhang von einem „**Wachstum auf des Messers Schneide**".

Modellendogene Stabilität lässt sich durch die Flexibilisierung der verschiedenen Reaktionsparameter erreichen. So führen - wie verschiedene Erweiterungen des Modells zeigen - z. B. die Einführung einer flexiblen Sparquote, eine Endogenisierung der natürlichen Wachstumsrate oder die Flexibilisierung des Kapitalkoeffizienten zu stabilen Wachstumsmodellen.

12.2.3 Neoklassische Wachstumstheorie

Die **neoklassische Wachstumstheorie**[6], greift die Kritikpunkte an der postkeynesianischen Theorie auf und arbeitet den technischen Fortschritt als

---

[6] Die Darstellung der neoklassischen Wachstumstheorie erfolgt in Anlehnung an: *Frenkel, M./Hemmer, H.-R.* (1999), Grundlagen der Wachstumstheorie, München.

Determinante des Wachstumsprozesses heraus. In den Grundmodellen wird dieser jedoch nicht erklärt, er wird vielmehr als exogen gegeben angenommen. Darüber hinaus gelingt es den neoklassischen Grundmodellen, **stabile Wachstumsgleichgewichte** zu modellieren. Die Grundmodelle gehen auf Arbeiten von Solow und Swan aus dem Jahr 1956 zurück.

Im Gegensatz zur postkeynesianischen Wachstumstheorie stehen in der neoklassischen Wachstumstheorie produktionstheoretische Überlegungen im Vordergrund - sie ist also angebotsorientiert. Die zentralen Annahmen der neoklassischen Wachstumstheorie sind:

- **vollkommene Substitutionalität** der Produktionsfaktoren Arbeit und Kapital bei vollständiger Variabilität der Faktorpreise (hieraus folgt die Variabilität des Kapitalkoeffizienten k),
- **abnehmende partielle Grenzprodukte** der Produktionsfaktoren,
- **lineare Homogenität** der Produktionsfunktion (konstante Niveaugrenzprodukte).

Diese Annahmen spiegeln sich in der verwendeten **neoklassischen Produktionsfunktion** wider. Sie ist ein Kernstück der neoklassischen Wachstumstheorie. In allgemeiner Form lässt sie sich als

(12.25) $Y = F(K, A)$

darstellen. Das Produktionsergebnis ist abhängig vom Einsatz der Produktionsfaktoren Kapital (K) und Arbeit (A). Die aus dieser Produktionsfunktion unter Beachtung der neoklassischen Annahmen der Substituierbarkeit und linearen Homogenität ableitbare Funktion der **Arbeitsproduktivität** lautet:

(12.26) $y_A = \dfrac{Y}{A} = f\left(\dfrac{K}{A}\right) = f(k_i)$

Die Arbeitsproduktivität, die den Ertrag pro eingesetzter Arbeitseinheit angibt ist vom Kapitaleinsatz pro eingesetzter Arbeitseinheit, also der Kapitalintensität (k_i), abhängig.

Die am weitesten verbreitete makroökonomische neoklassische Produktionsfunktion ist die **Cobb-Douglas-Produktionsfunktion.**[7] Sie lässt sich z. B. in folgender Form darstellen:

(12.27) $Y = T \cdot K^\alpha \cdot A^\beta$

Hier ist das Produktionsergebnis zusätzlich - im Vergleich zur allgemeinen Form, aber auch verglichen mit der bisherigen Darstellungsweise der Cobb-

---

[7] Eine weitere spezielle neoklassische Produktionsfunktion ist die CES-Produktionsfunktion.

Douglas-Produktionsfunktion - vom **Technologieparameter** (T) abhängig, der den Stand des angewandten technischen Wissens darstellt. Die Exponenten α und β geben die **partiellen Produktionselastizitäten** für Kapital (α) und Arbeit (β) an. Diese addieren sich bei Vorliegen einer linear-homogenen Produktionsfunktion zu eins. Sie geben an, wie hoch die prozentuale Änderung des Outputs ist, wenn sich der Einsatz des Produktionsfaktors Kapital oder der Einsatz des Produktionsfaktors Arbeit um ein Prozent erhöht. Sofern - wie hier unterstellt - die Entlohnung der Produktionsfaktoren nach ihrem Grenzprodukt erfolgt, geben die Exponenten auch die Verteilungsquoten, also die **Kapitaleinkommensquote** α und **Lohneinkommensquote** β, an (vgl. Kapitel Verteilungstheorie).

Zur Ermittlung des **Wachstumsgleichgewichts** im neoklassischen Modell werden zunächst die tatsächliche Wachstumsrate des Volkseinkommens, die Wachstumsrate des Arbeitskräftepotentials und die Wachstumsrate des Kapitalstocks bestimmt. Da die Wachstumsrate des Volkseinkommens von der Veränderung der Faktorbestände im Zeitablauf abhängt, ist es sinnvoll, den Zeitindex t in die neoklassische Produktionsfunktion[8] (12.25) einzuführen.

(12.28) $Y(t) = F[K(t), A(t)]$

Differenziert man diese Produktionsfunktion nach der Zeit erhält man nach einigen Umformungen die **Wachstumsrate des Volkseinkommens** g_Y als:

(12.29) $g_Y = \alpha \cdot g_K + \beta \cdot g_A$

Im Modell wird der Einfachheit halber angenommen, dass Arbeitskräftebestand und Bevölkerung (N) mit der selben und - wie in der Neoklassik üblich - konstanten Rate (n) wachsen. Daraus folgt, dass gilt:

(12.30) $g_A = g_N = n = const.$

Darüber hinaus resultiert aus dem Wicksell-Johnsen-Theorem (die **Niveauelastizität** ist gleich der Summe der Produktionselastizitäten) und der Annahme einer linear-homogenen Produktionsfunktion (daraus folgt eine Niveauelastizität = 1), dass $\alpha + \beta = 1$ und damit $\alpha = 1 - \beta$. Setzt man dies in Gleichung (12.29) ein, zeigt sich, dass die tatsächliche Wachstumsrate des Volkseinkommens (12.31) von den Wachstumsraten des Kapitalbestandes und des Arbeitskräftepotentials gewichtet mit den jeweiligen partiellen Produktionselastizitäten - also von der Angebotsseite - abhängig ist.

(12.31) $g_Y = (1 - \beta) g_K + \beta \cdot n$

---

[8] Der Einfachheit halber wird das neoklassische Gleichgewicht anhand der allgemeinen Form hergeleitet.

Die Investitionen bestimmen im Gleichgewicht mit der Ersparnis, die **Wachstumsrate des Kapitalstocks**. Da aus der gesamtwirtschaftlichen Ersparnis auch die Abschreibungen finanziert werden, werden die **Bruttoinvestitionen** I^B als Summe von **Nettoinvestitionen** I^N und **Abschreibung** D betrachtet. Die Abschreibungen entsprechen dabei der **Abschreibungsrate** δ multipliziert mit dem Kapitalstock K. Wachstum des Kapitalstocks findet dann statt, wenn die Nettoinvestitionen positiv sind. Dies setzt voraus, dass die Bruttoinvestitionen größer als die Abschreibungen sind.

$$(12.32) \quad I^N = I^B - \delta \cdot K > 0$$

Die **Wachstumsrate des Kapitalstocks** lässt sich somit folgendermaßen bestimmen:

$$(12.33) \quad g_K = \frac{dK}{K} = \frac{I^N}{K} = \frac{I^B - \delta \cdot K}{K}$$

Aufgrund der Gleichheit von Bruttoinvestitionen und Ersparnis kann I^B durch S ersetzt werden. Durch Einsetzen der Sparfunktion (S = sY) und kürzen von K ergibt sich:

$$(12.34) \quad g_K = \frac{S - \delta \cdot K}{K} = \frac{sY}{K} - \delta = s\frac{Y}{K} - \delta$$

Die Kapitalproduktivität (Y/K) lässt sich durch das Verhältnis von Arbeitsproduktivität (y_A) zu Kapitalintensität k_i ersetzen.

$$(12.35) \quad g_K = s\frac{\frac{Y}{A}}{\frac{K}{A}} - \delta = s\frac{y_A}{k_i} - \delta$$

Unter Verwendung der **Arbeitsproduktivitätsfunktion** (12.26) lässt sich die Wachstumsrate des Kapitalstocks wie folgt darstellen:

$$(12.36) \quad g_K = s\frac{f(k_i)}{k_i} - \delta$$

Gleichung (12.36) entspricht der um die Abschreibungsrate geminderten Lösung im Domar-Modell.[9] Sie zeigt, dass die gleichgewichtige Wachs-

---

[9] Dies gilt, da die Kapitalproduktivität gleich dem reziproken Wert des Kapitalkoeffizienten entspricht. Gleichung (12.36) ließe sich somit auch als s/k -δ darstellen.

tumsrate des Kapitalstocks dem Produkt von **Sparquote** und **Kapitalproduktivität**, vermindert um die Abschreibungsrate entspricht.

Da ein **steady state** bedingt, dass alle relevanten Größen mit konstanter Rate wachsen und das Arbeitskräftepotential - wie oben eingeführt - mit der konstanten Rate n wächst, ist zu untersuchen, unter welchen Bedingungen die Wachstumsraten des Volkseinkommens und des Kapitalstocks konstant sind. Werden der Einfachheit halber die Sparquote und die Abschreibungsrate im Zeitablauf als konstant angesehen, kann die **Wachstumsrate des Kapitalstocks** nur konstant sein, wenn die **Kapitalproduktivität** konstant ist, was die Gleichheit der Wachstumsrate des Volkseinkommens (g_Y) und der Wachstumsrate des Kapitalstocks (g_K) impliziert.

(12.37) $g_Y = g_K = \text{const.}$

Durch Einsetzen der Beziehung aus Gleichung (12.37) in die Gleichung zur Bestimmung der Wachstumsrate des Volkseinkommens g_Y (12.29), folgt die Identität von g_Y und g_K mit der Wachstumsrate der Bevölkerung n.

(12.38) $g_Y = g_K = n$; (da gilt: $g_Y = \beta \cdot n + (1 - \beta) \cdot g_Y$ bzw. $\beta \cdot g_y = \beta \cdot n$)

Da die **Wachstumsrate der Bevölkerung** als konstant unterstellt wurde, müssen sich die Wachstumsraten g_Y und g_K an diese anpassen. Im **neoklassischen Wachstumsgleichgewicht** wachsen demzufolge die Produktionsfaktoren (und aufgrund der linear-homogenen Produktionsfunktion auch die Produktion) mit derselben Rate. Wird in Gleichung (12.38) die gleichgewichtige Wachstumsrate des Kapitalstocks eingesetzt, erhält man das neoklassische Wachstumsgleichgewicht.

(12.39) $g_Y = g_K = \dfrac{s \cdot f(k_i)}{k_i} - \delta = n$

Das Gleichgewicht wird also vom exogen gegebenen **Bevölkerungswachstum** bestimmt. Da die Sparquote und der Abschreibungskoeffizient - aufgrund der unterstellten Konstanz - keinen Einfluss auf die Gleichgewichtslösung haben, erfolgt die Anpassung der Wachstumsrate des Kapitalstocks über die Kapitalproduktivität $f(k)_i/k_i$ bzw. deren Kehrwert dem Kapitalkoeffizienten $k_i/f(k_i)$. Die Kapitalproduktivität ist gleichgewichtig, wenn sie dem Verhältnis der um den Abschreibungskoeffizienten erhöhten Wachstumsrate des Arbeitskräftepotentials zur Sparquote entspricht.

(12.40) $\dfrac{f(k_i)}{k_i} = \dfrac{n + \delta}{s}$

Stellt man diese Gleichgewichtslösung nach der **Sparfunktion pro Kopf** um (12.41), lässt sich das neoklassische Wachstumsgleichgewicht ausgehend von der **Arbeitsproduktivitätsfunktion** $y_A = f(k_i)$ aus Gleichung (12.26) grafisch darstellen (s. Abb. 12-1).

(12.41) $s \cdot f(k_i) = (n + \delta) \cdot k_i$

Abb. 12-1: Das neoklassische Wachstumsgleichgewicht

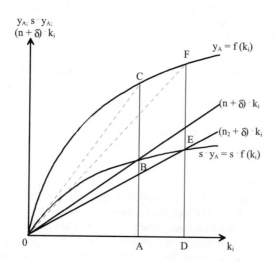

Die Sparfunktion $s \cdot f(k_i)$ verläuft aufgrund der konstanten **Sparquote** proportional zur **Arbeitsproduktivitätsfunktion** $y_A = f(k_i)$. Der Abstand der beiden Funktionen wird durch s bestimmt. Da im neoklassischen Modell der Gütermarkt stets geräumt wird, entspricht die Sparfunktion pro Arbeitseinheit gleichzeitig der **Investitionsfunktion** pro Arbeitseinheit.

Die rechte Seite der Gleichgewichtsbedingung (12.41) wird durch die Kurve $(n + \delta) \cdot k_i$ wiedergegeben. Sie gibt die im Wachstumsprozess notwendigen **Investitionen pro Arbeitseinheit** an. Die Investitionen müssen dabei einerseits die **Abschreibungen** auf den Kapitalstock ersetzen und andererseits den **Kapitalstock** so weit erhöhen, dass die zusätzlichen Arbeitseinheiten dieselbe Kapitalausstattung aufweisen wie die schon im Produktionsprozess befindlichen. Aufgrund der Konstanz von Arbeitseinsatz n und Abschreibungsrate δ ergibt sich ein linearer Verlauf.

Das neoklassische Wachstumsgleichgewicht ist somit im Punkt B erreicht, da hier Kapitalstock und Arbeitspotential mit der gleichen Rate wachsen. Aufgrund der linear-homogenen Produktionsfunktion nimmt die Produktion um die gleiche Rate zu. Im Wachstumsgleichgewicht ist die **Arbeitspro-duktivität** durch AC, die **Kapitalintensität** durch 0A und die **Kapitalpro-duktivität** durch das Steigungsmaß der Gerade 0C charakterisiert.

Im Gegensatz zu den postkeynesianischen Ansätzen zeichnet sich das neo-klassische Wachstumsmodell durch **Stabilität** des Wachstumsgleichge-wichts aus. Diese Stabilität resultiert aus der typisch neoklassischen An-nahme der vollen **Preisflexibilität**. Aufgrund dieser Flexibilität werden die eingesetzten Produktionsfaktoren immer nach ihren Grenzproduktivitäten entlohnt. Weicht das Grenzproduktivitätsverhältnis vom Preisverhältnis der Einsatzfaktoren ab, passt sich das Preisverhältnis an das neue Verhältnis der Grenzproduktivitäten an.

Wird das Gleichgewicht z. B. durch eine Verringerung des Wachstums der Bevölkerung gestört, verläuft die $(n + \delta) \cdot k_i$-Gerade flacher $((n_2 + \delta) \cdot k_i$-Gerade). Das ursprüngliche Wachstumsgleichgewicht (Punkt B) ist nun durch eine höhere Wachstumsrate des Kapitalstocks im Vergleich zur Be-völkerungswachstumsrate gekennzeichnet $(g_K > n)$. Punkt B erfüllt damit nicht mehr die Voraussetzung für die Existenz eines Wachstumsgleichge-wichts $(g_Y = g_K = n)$.

Durch dieses ungleichgewichtige Wachstum von Kapital und Arbeit wird der Produktionsfaktor Arbeit im Verhältnis zum Kapital knapper. Aufgrund des funktionierenden **Faktorpreismechanismus** sinkt der Preis des Kapi-tals (der Zins) und der Preis der Arbeit (der Lohn) steigt. Der Faktor Arbeit wird durch den Faktor Kapital substituiert. Die Kapitalausstattung pro Ar-beitseinheit (Kapitalintensität) nimmt also zu. Mit steigender Kapitalintensi-tät ist - aufgrund der zugrunde liegenden Produktionsfunktion - eine Ab-nahme der Kapitalproduktivität verbunden. Diese führt (aufgrund der unter-stellten Konstanz von s und δ) zum Sinken der Wachstumsrate des Kapital-stocks (12.36). Dieser Prozess hält so lange an, bis sich die Wachstumsrate des Kapitalstocks wieder an die der Bevölkerung angepasst hat. Stimmen die Wachstumsraten überein - Punkt E in Abb. 12-1 -, ist ein neues Wachs-tumsgleichgewicht erreicht, welches durch höhere Kapitalintensität (0D > 0A), höhere Arbeitsproduktivität (DF > AC) und niedrigere Kapitalproduk-tivität (tan 0F < tan 0C) gekennzeichnet ist.

Das neoklassische Wachstumsgleichgewicht ist demnach stabil und durch die Zunahme der relevanten absoluten Größen (Produktion, Investition, Ersparnis und Konsum) um die gleiche Rate gekennzeichnet. Aufgrund des ebenfalls mit derselben Rate wachsenden Arbeitseinsatzes bleiben die Pro-Kopf-Größen im Wachstumsgleichgewicht allerdings konstant - das **Pro-Kopf-Wachstum** ist Null.

Allerdings gehen **Anpassungsbewegungen** an einen Gleichgewichtswachstumspfad - wie gezeigt - mit Veränderungen der Pro-Kopf-Größen einher. Demzufolge ist der Anpassungsprozess an ein Wachstumsgleichgewicht in Volkswirtschaften - mit einer gegenüber dem steady state zu geringen Kapitalausstattung - mit Pro-Kopf-Wachstum verbunden. Darüber hinaus kann temporäres Wachstum der Pro-Kopf-Größen aus der Erhöhung der **Sparquote**, einer Verringerung des Wachstums der **Bevölkerung** sowie aus einem geringeren **Abschreibungskoeffizienten** resultieren.

Um dauerhaftes **intensives Wachstum** aus dem Modell heraus zu erklären, ist die Erweiterung um **technischen Fortschritt** notwendig. Der technische Fortschritt wird im Grundmodell der neoklassischen Wachstumstheorie nicht näher erklärt - er ist deshalb **exogen**.

Technischer Fortschritt kann in das Modell integriert werden, wenn die Produktionsfunktion $Y(t) = F [K(t), A(t)]$ dahingehend verändert wird, dass sie zum Ausdruck bringt, dass sich neben den eingesetzten Faktormengen von Arbeit und Kapital auch die eingesetzte **Technologie** im Zeitablauf verändert. Dies geschieht im Folgenden durch die Integration der Zeit als eigenständige Variable.

(12.42) $Y = F (K, A, t)$

Differenziert nach der Zeit erhält man nach weiteren Umformungen die Bedingung für das Gleichgewichtswachstum bei Vorliegen von **faktorungebundenem autonomen technischen Fortschritt**.[10]

(12.43) $\dfrac{\partial F}{\partial t} \dfrac{1}{Y} = g_Y - [\alpha \cdot g_k + \beta \cdot g_A]$

Die linke Seite der Gleichung stellt den Teil des Wachstums dar, der nicht durch die Vermehrung der **Inputfaktoren** (Kapital und Arbeit) erklärt werden kann. Dieser Teil ist die Wachstumsrate der **totalen Faktorproduktivität**, auch **Solow-Residual** genannt. Er ergibt sich aus der Differenz der Wachstumsrate des Sozialprodukts und der Summe der mit ihren partiellen Produktionselastizitäten gewichteten Inputfaktoren Kapital und Arbeit. Die Wachstumsrate der totalen Faktorproduktivität spiegelt den Teil des Wachstums wider, der auf die Veränderung des technischen Wissen g_T zurückzuführen ist. Wird die Sparquote als exogen gegeben betrachtet, ergibt sich die Wachstumsrate des Sozialprodukt als:

---

[10] Faktorungebundener technischer Fortschritt besagt, dass sich die Produktivität des gesamten relevanten Faktorbestandes durch technischen Fortschritt erhöht. Autonom bedeutet, dass die Verbesserung des technischen Wissens ausschließlich eine Funktion der Zeit ist und somit nicht durch z. B. den Kapitalbestand oder Forschungsaufwendungen beeinflussbar ist.

(12.44) $g_Y = \alpha \cdot g_K + \beta \cdot n + g_T$

Die Wachstumsrate des Sozialprodukts ist also die Summe der Einkommenszuwächse, die sich aus dem Wachstum der Inputfaktoren (Kapital, Arbeit und technisches Wissen) ergeben. Weil im Gleichgewicht die Wachstumsrate des Kapitalstocks g_K mit der des Sozialprodukts g_Y übereinstimmen muss, da hier die Kapitalproduktivität auch bei technischem Fortschritt konstant bleibt, ergibt sich aus Gleichung (12.44) die Gleichgewichtsbedingung:

(12.45) $g_K = n + \dfrac{g_T}{\beta}$ bzw. $g_Y = n + \dfrac{g_T}{\beta}$;   da gilt: $\alpha = 1-\beta$

Die **Gleichgewichtswachstumsrate des Volkseinkommens** ergibt sich also als Summe von mengenmäßigem **Arbeitskräftewachstum** und dem Quotient aus **technischer Fortschrittsrate** und **Produktionselastizität der Arbeit**. Damit zeigt sich, dass die Wachstumsraten g_K und g_Y - um die technische Fortschrittsrate dividiert durch die Produktionselastizität der Arbeit g_T/β - größer sind als die des Arbeitseinsatzes n. Daraus folgt, dass die **Arbeitsproduktivität** und damit das **Pro-Kopf-Einkommen** infolge von technischem Fortschritt wachsen.

Dieser Sachverhalt ist anhand eines Zwei-Perioden-Modells in Abb. 12-2 dargestellt. Punkt B charakterisiert das ursprüngliche Gleichgewicht mit der Arbeitsproduktivitätsfunktion y_{A_1} = f(k$_i$) und der Sparfunktion s · y_{A_1} = s · f(k$_i$). Aufgrund des technischen Fortschritts verschiebt sich in der Darstellung die Arbeitsproduktivitätsfunktion (auf y_{A_2} = f(k$_i$)) und die von ihr funktional abhängige Sparfunktion (auf s · y_{A_2} = s · f(k$_i$)) nach oben. Damit stellt Punkt B kein Wachstumsgleichgewicht mehr dar.

Bei der ursprünglichen Kapitalintensität (0A) ist die Kapitalstockwachstumsrate aufgrund des technischen Fortschritts größer als die Wachstumsrate der Bevölkerung. Die Anpassung an das neue Wachstumsgleichgewicht (Punkt H) erfolgt analog zur Störung im Grundmodell durch die Anpassung der Kapitalintensität, wodurch die Wachstumsrate des Kapitalstocks an die der Bevölkerung angeglichen wird.

Nach erfolgtem Anpassungsprozess ist die Wachstumsrate des Pro-Kopf-Einkommens wieder Null, da die Bevölkerung mit derselben Rate wie der Kapitalstock und das Einkommen wächst. Das neue steady state ist durch höhere Kapitalintensität (0G > 0A), höhere Arbeitsproduktivität (GI > AC) und gleiche Kapitalproduktivität (tan 0I = tan 0C) gekennzeichnet.

Die bei der ursprünglichen Kapitalintensität (0A) erhöhte Arbeitsproduktivität (CC') stellt den **statischen Effizienzgewinn**, der Zuwachs der Arbeitsproduktivität im Anpassungsprozess (C'I) den **Wachstumsbonus** des technischen Fortschritts dar.

Abb. 12-2: Wachstum durch technischen Fortschritt

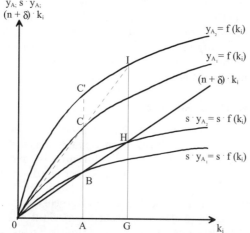

Es hat sich gezeigt, dass Wachstum durch die Einführung von technischem Fortschritt in das neoklassische Grundmodell erklärt werden kann. Dauerhaftes Wachstum erfordert demnach ständigen technischen Fortschritt, da sonst **stabile Wachstumsgleichgewichte** mit konstanten und gleichen Wachstumsraten der relevanten Größen, was zu keiner Zunahme des Pro-Kopf-Einkommens führen würde, erreicht werden.

Im Rahmen der neoklassischen Wachstumstheorie wurde durch verschiedene Erweiterungen versucht, technischen Fortschritt **endogen**, d. h. aus dem Modell heraus, zu erklären. So wurde technischer Fortschritt und damit langfristige Wachstumsprozesse u. a. auf **Lernprozesse in der Produktion** (K. J. Arrow, geb. 1921), **Humankapitalbildung** (H. Uzawa, geb. 1928) und **Grundlagenforschung** (K. Shell, geb. 1938) zurückgeführt.

Darüber hinaus wurde die Frage nach der **Optimalität des Wachstums** gestellt. Eine Antwort darauf lieferte bspw. E. S. Phelps (geb. 1933) mit der „**Goldenen Rate der Akkumulation**". Diese setzt optimales Wachstum mit höchstmöglichem Konsum gleich und besagt, dass eine gleichgewichtig wachsende Wirtschaft ihr Konsummaximum erreicht, wenn die **Sparquote** gleich der **partiellen Produktionselastizität des Kapitals** ist. Wird das

Wachstumsgleichgewicht durch ein solches optimales Wachstum charakterisiert, werden alle **Arbeitseinkommen** konsumiert und alle **Gewinneinkommen** investiert. Man spricht in diesem Zusammenhang auch vom „golden-age"-Wachstum.

Sowohl das neoklassische Grundmodell als auch dessen Erweiterungen sind, insbesondere aufgrund der Produktionsfunktion und des funktionierenden Faktorpreismechanismus, **stabil**. Darüber hinaus wird mit **technischem Fortschritt** eine wesentliche Quelle des Wirtschaftswachstums aufgezeigt. Trotz des Fortschritts, den die neoklassischen Ansätze darstellten, konnten sie - aufgrund der weitgehend unbefriedigenden Endogenisierung des technischen Fortschritts - keine befriedigende Erklärung langfristiger Wachstumsprozesse liefern.

12.2.4 Neue Wachstumstheorie

Unter dem Begriff der „Neuen Wachstumstheorie" werden sehr heterogene Theorieansätze zusammengefasst, deren Gemeinsamkeit die Erklärung der Wachstumsprozesse durch **endogene Faktoren** ist. Mitte der 80er Jahre des 20. Jahrhunderts bereiteten insbesondere Romer und Lucas (geb. 1937) mit ihren Arbeiten den Weg für die Weiterentwicklung der Wachstumstheorie. Ihre Modelle basierten im Wesentlichen auf der neoklassischen Wachstumstheorie. Sie betrachteten den technischen Fortschritt allerdings nicht als gegeben, sondern erklärten ihn endogen. Darüber hinaus unterstellten sie, dass verschiedene Volkswirtschaften über unterschiedliche technologische Möglichkeiten verfügen.

Nach R. J. Barro[11] (geb. 1944) lassen sich im Wesentlichen zwei Denkrichtungen der Neuen Wachstumstheorie unterscheiden. Die erste baut auf den Arbeiten von Arrow und Uzawa auf und zeigt, dass unbegrenztes Wachstum möglich ist, da die Erträge der Investitionen in Kapital[12] im Wachstumsprozess nicht zwangsläufig zurückgehen. Sie erklären langfristiges Wachstum also letztendlich ohne technischen Fortschritt aus technologieunabhängigen Faktoren. Frenkel/Hemmer (1999) bezeichnen diese Modelle als **endogene Wachstumsmodelle mit konstantem Technologieparameter**.

Die zweite Gruppe von Modellen integriert Forschung und Entwicklung sowie die Annahme unvollständigen Wettbewerbs in die Modelle der Wachstumstheorie. Sie zeigen, dass Aktivitäten in Forschung und Entwick-

---

[11] *Barro, R. J.* (1994), Recent Research on Economic Growth, NBER Reporter, Summer 1994, S. 6 - 9.
[12] Den Modellen der "Neuen Wachstumstheorie" liegt ein insbesondere um Humankapital erweiterter Kapitalbegriff zugrunde.

lung zu technischem Fortschritt führen und so langfristiges Wachstum erklären können. Diese Modelle lassen sich Frenkel/Hemmer (1999) folgend als **endogene Wachstumsmodelle mit variablem Technologieparameter** bezeichnen.

Im Folgenden wird das **AK-Modell**, das zur ersten Modellgruppe gehört und aufgrund seiner Modellstruktur das einfachste Modell der neuen Wachstumstheorie ist, exemplarisch kurz vorgestellt.

Der Name resultiert aus der verwendeten Produktionsfunktion, die nur **Kapital** als Produktionsfaktor explizit ausweist. Dabei umfasst der **erweiterte Kapitalbegriff** die akkumulierbaren Produktionsfaktoren (Sach- **und** Humankapital). Dies weist schon auf eine Besonderheit der Modelle der neuen Wachstumstheorie hin. In der Regel stellen diese nicht mehr auf den Produktionsfaktor Arbeit, wie er bisher verstanden wurde, ab. Vielmehr verwenden sie den Produktionsfaktor **Humankapital** zur Erklärung von Wachstumsprozessen.

Um die Vergleichbarkeit mit anderen Darstellungen zu erleichtern, wird im Folgenden der **Technologieparameter** mit A bezeichnet. Dies ist möglich, da Humankapital im Begriff des Kapitals aufgeht und Arbeit somit keinen explizit ausgewiesenen Produktionsfaktor mehr darstellt.

Die Produktionsfunktion des Modells erklärt das Produktionsergebnis ausschließlich durch den Einsatz von Kapital. Die Höhe des Outputs wird bei gegebenem Kapitaleinsatz darüber hinaus durch den gegebenen Stand des technologischen Wissens einer Volkswirtschaft - den der Technologieparameter widerspiegelt - bestimmt. Die dem Modell zugrunde liegende **Produktionsfunktion** lässt sich somit wie folgt darstellen:

(12.46) $Y = A \cdot K$ mit $A > 0$

Diese Produktionsfunktion weist eine **konstante Kapitalproduktivität**, die mit dem **Grenzprodukt des Kapitals** übereinstimmt, auf. Die aus (12.46) abgeleitete **Pro-Kopf-Einkommensfunktion** zeigt, dass die Höhe des Pro-Kopf-Einkommens bei gegebenem Technologieparameter von der Kapitalintensität bestimmt wird.

(12.47) $y = A \cdot k_i$

Aufgrund des veränderten Kapitalbegriffs spiegeln die Begriffe Kapitalintensität und Arbeitsproduktivität hier - im Gegensatz zur neoklassischen Theorie - keine produktionstechnischen Größen wider. Die **Wachstumsrate des Kapitalstocks pro Kopf** ergibt sich (analog zur Neoklassik) durch Umformung von Gleichung (12.39) als die Differenz des Quotienten aus

Sparneigung und konstanter Kapitalproduktivität abzüglich der Summe von Wachstumsrate der Bevölkerung und Abschreibungskoeffizient.

$$(12.48) \qquad g_{k_i} = \frac{s}{k} - (n + \delta)$$

Aufgrund des linearen Verlaufs der Produktionsfunktion wird die durchschnittliche Kapitalproduktivität ($1/k$) durch den Technologieparameter A bestimmt. Deshalb lässt sich Gleichung (12.48) auch wie folgt schreiben.

$$(12.49) \qquad g_{k_i} = s \cdot A - (n + \delta)$$

Aufgrund der Produktionsfunktion muss bei gegebenem Technologieparameter das Pro-Kopf-Einkommen mit derselben Rate zunehmen.

$$(12.50) \qquad g_y = s \cdot A - (n + \delta)$$

Aus Gleichung (12.50) folgt, dass Wachstum des Pro-Kopf-Einkommens vorliegt, wenn

$$(12.51) \qquad s \cdot A > n + \delta \qquad\qquad \text{da dann} \quad g_y > 0 \text{ ist.}$$

Aus Gleichung (12.51) resultiert, dass das **Wachstum des Pro-Kopf-Einkommens** bei gegebenem Technologieparameter um so höher ist, desto höher die **Sparquote** und um so niedriger das **Bevölkerungswachstum** und der **Abschreibungskoeffizient** sind.

Damit zeigt dieses einfache Modell Bedingungen auf, mit denen dauerhaftes Wachstum erklärt werden kann. Obwohl hier, wie im neoklassischen Modell, der technische Fortschritt gegeben ist, kann das Wachstum des Pro-Kopf-Einkommens **modellendogen** erklärt werden. Die permanente Akkumulation von Kapital führt im Modell zu steigender Pro-Kopf-Kapitalausstattung und so zu anhaltendem Wachstum der Produktion und des Einkommens.

Im Rahmen der neuen Wachstumstheorie wird somit gezeigt, wie es zu wirtschaftlichem Wachstum kommen kann. In den Modellen der zweiten Gruppe, die **technischen Fortschritt modellendogen** erklären, kommt dem **Humankapital** und dessen **Bildung** besondere Bedeutung zu.

Die neue Wachstumstheorie geht damit über die zuvor betrachteten Modelle hinaus. Sie ermöglicht die modellendogene Erklärung der **Determinanten des Wachstumsprozesses**. Demnach liegt eine - schon den klassischen Nationalökonomen bekannte - Quelle für Wachstumsprozesse in der ständigen **Akkumulation von Kapital**. Kapitalakkumulation kann dauerhaftes

Wachstum allerdings nur erklären, wenn sie mit steigenden Skalenerträgen in der Produktion einhergeht.

Darüber hinaus zeigen die Modelle der neuen Wachstumstheorie verschiedene weitere Determinanten des Wachstumsprozesses auf. Dies gelingt, indem der im neoklassischen Wachstumsmodell exogen gegebene technische Fortschritt endogenisiert wird. Es zeigt sich dabei, dass der technische Fortschritt entscheidend vom Faktor Arbeit bzw. Humankapital abhängt. So arbeiten die Modelle der neuen Wachstumstheorie, insbesondere **Humankapital** und **Forschung und Entwicklung,** als Quelle des technischen Fortschritts und damit entscheidende Determinanten des Wachstumsprozesses heraus.

Die Modelle der neuen Wachstumstheorie können die **stilisierten Fakten** des Wachstumsprozesses weitestgehend erklären. Allerdings ist die gleichgewichtige Wachstumsrate hier von verschiedenen **Politikmaßnahmen** abhängig. So kann sie z. B. durch Subventionierung des Forschungs- und Entwicklungssektors oder durch eine geeignete Steuerpolitik erhöht werden. Diese Implikation steht jedoch auf einer schwachen empirischen Grundlage.

13. Verteilungstheorie

13.1 Anliegen und Grundbegriffe der Verteilungstheorie

Fragen der Einkommensverteilung stellen in einer marktwirtschaftlich organisierten Volkswirtschaft eines der wichtigsten, aber auch schwierigsten gesellschaftspolitischen Probleme dar. Eine angemessene Beteiligung aller sozialen Gruppen am gesellschaftlichen Wohlstand kann als eine wichtige Voraussetzung für die wirtschaftliche und politische Stabilität einer Gesellschaft angesehen werden. Ein Problem zeigt sich bereits bei der Definition des Verteilungsziels. Was ist eine angemessene oder gar eine gerechte Verteilung? Aus marktwirtschaftlicher Sicht kann zunächst argumentiert werden, dass eine Verteilung nach Marktleistung gerecht ist (Prinzip der **Leistungsgerechtigkeit**). Das realisierte Markteinkommen kann allerdings nur dann als leistungsgerecht interpretiert werden, wenn alle Marktakteure über gleiche Startchancen verfügen; eine Voraussetzung, die in der Realität selten erfüllt ist. Darüber hinaus ist es „dem Markt" völlig gleichgültig, ob jemand z. B. Kinder zu ernähren hat oder vielleicht aus Krankheits- oder Altersgründen gar nicht in der Lage ist, Markteinkommen zu erzielen. Deshalb ist es unumgänglich, neben dem Prinzip der Verteilung nach Marktleistung das Prinzip der **Bedarfsgerechtigkeit** zu berücksichtigen. Hieraus erwächst die gesellschaftspolitische Aufgabe, die am Markt entstandenen Einkommen zumindest so weit umzuverteilen, dass das Existenzminimum eines jeden Mitglieds der Gesellschaft gewährleistet wird. Wie viel Umverteilung eine Gesellschaft braucht, ist allerdings sehr umstritten. Diese Fragestellungen bilden den Gegenstand der **Verteilungspolitik** und können, so interessant und wichtig sie auch sind, an dieser Stelle nicht weiter behandelt werden.

Die **Verteilungstheorie** versucht, insbesondere die Frage zu beantworten, wie sich das Produktionsergebnis einer Volkswirtschaft auf einzelne Wirtschaftssubjekte, auf bestimmte Gruppen von Wirtschaftssubjekten oder auf Wirtschaftssektoren verteilt. Als positive Theorie beschäftigt sich die Verteilungstheorie dabei weniger mit der Frage, wie die Ergebnisse des Wirtschaftsprozesses verteilt werden sollen – dies ist die Aufgabe der Verteilungspolitik –, als vielmehr damit, wie die Ergebnisse des Wirtschaftens tatsächlich verteilt werden. Diese Frage lässt sich in doppelter Weise beantworten. Zum einen kann nach der beobachtbaren Verteilung gefragt werden (empirisch-statistisches Problem), zum anderen kann man fragen, wie das Zustandekommen einer bestimmten Verteilung theoretisch begründet werden kann. Die letztgenannte Frage bildet den Kern der Theorie der Einkommensverteilung.

Grundsätzlich unterscheidet man in der Theorie der Einkommensverteilung zwischen **funktioneller** und **personeller** Einkommensverteilung.

Unter **funktioneller Einkommensverteilung** versteht man die Verteilung des Produktionsergebnisses einer Volkswirtschaft auf die einzelnen Produktionsfaktoren. Nach der klassischen Theorie ergeben sich daraus drei funktionelle Einkommenskategorien, nämlich der **Lohn** als Preis für den Faktor Arbeit, der **Zins** als Entgelt für die Nutzung des Faktors Kapital und die **Grundrente** als Preis für die Verwendung des Faktors Boden. Als vierte Einkommensart lässt sich noch der **Unternehmergewinn** berücksichtigen, der allerdings nicht als funktionelles Einkommen, sondern als Residuum (Resteinkommen), das nach der Entlohnung der Produktionsfaktoren übrig bleibt, betrachtet wird. Da eine Trennung unterschiedlicher Einkommensbestandteile nach der Funktion im Produktionsprozess erfolgt, spricht man von funktioneller Verteilung. Es erscheinen nicht Personen, sondern Produktionsfaktoren als Einkommensbezieher. Einen Überblick über verschiedene Theorien der funktionellen Einkommensverteilung gibt der Abschnitt 13.3.

Im Gegensatz dazu untersucht die **personelle Einkommensverteilung** die Verteilung des Einkommens auf einzelne Personen oder Haushalte. Das Einkommen einer Person kann dabei mehrere funktionelle Einkommenskategorien umfassen (**Querverteilung**). So kann z. B. ein Arbeitnehmer, der Vermögenswerte in Aktien angelegt hat, neben seinem Arbeitslohn auch Dividendenzahlungen erhalten. Funktionelle und personelle Einkommensverteilung fallen also in der Regel nicht zusammen.

Innerhalb der personellen Verteilung wird zwischen Primär- und Sekundärverteilung unterschieden. Unter **Primärverteilung** versteht man die Verteilung, die sich infolge des Marktprozesses ergibt. **Die Sekundärverteilung** ist die Verteilung, die sich nach Umverteilung der am Markt entstandenen Einkommen, d. h. nach Berücksichtigung von Steuern und Abgabenzahlungen sowie Transferleistungen ergibt. Die Sekundärverteilung stellt damit die Verteilung der **verfügbaren Einkommen** in einer Volkswirtschaft dar.

Ein weiterer Ansatz ergibt sich, wenn man fragt, wie sich das Volkseinkommen auf bestimmte **soziale Gruppen** verteilt. Tabelle 13-1 lässt für Deutschland erhebliche Einkommensunterschiede zwischen verschiedenen sozialen Gruppen erkennen. Bei der Interpretation dieser Zahlen ist allerdings zu berücksichtigen, dass die angegebenen Zahlen Durchschnittswerte darstellen und die Streuung innerhalb der angegebenen Gruppen z. T. sehr groß ist.

Schließlich kann auch die Verteilung des Einkommens auf **Wirtschaftszweige** untersucht werden. Dieser Aspekt spielt aber in der Theorie der Einkommensverteilung eine eher untergeordnete Rolle.

Tab. 13-1: Netto-Jahreseinkommen in Deutschland nach sozialer Stellung (2000)

Haushalte von ...	Euro je Haushalt	Euro je Haushaltsmitglied
Selbständigen	88 500	32 800
Beamten	39 100	15 200
Angestellten	35 300	15 200
Arbeitern	28 900	10 600
Pensionären	27 200	16 300
Rentnern	20 700	12 600
Arbeitslosengeld-/-hilfeempfängern	18 700	8 400
Sozialhilfeempfängern	13 300	5 700
Privathaushalte insgesamt	31 100	14 300

Quelle: Statistisches Bundesamt (Hrsg.) (2002), Datenreport 2002, Bonn.

13.2 Maße der funktionellen und personellen Verteilung

13.2.1 Maße der funktionellen Einkommensverteilung

Bei der Messung der funktionellen Einkommensverteilung unterscheidet man in der Regel zwischen Lohneinkommen L (Arbeitnehmerentgelte) einerseits und Gewinn- und Zinseinkommen G (Unternehmens- und Vermögenseinkommen) andererseits. Man erhält die **Lohn-** und die **Gewinnquote,** wenn man diese Größen jeweils ins Verhältnis zum Volkseinkommen setzt (vgl. 6. Kapitel).

$$(13.1a) \quad LQ = \frac{L}{Y} \quad \text{und} \quad (13.1b) \quad GQ = \frac{G}{Y}, \quad \text{mit } Y = G + L$$

Dabei können jeweils Brutto- und Nettoquoten unterschieden werden. Die Arbeitnehmerentgelte, die Grundlage der Berechnung der **Bruttolohnquote** sind, enthalten neben den Bruttolöhnen auch die Arbeitgeberbeiträge zur Sozialversicherung sowie zusätzliche Aufwendungen der Arbeitgeber. Die **Nettolohnquote** erhält man, wenn man die Nettolöhne und -gehälter (Bruttolöhne abzüglich Lohnsteuern und Sozialversicherungsbeiträge) zur Summe aller Nettoeinkommen ins Verhältnis setzt. Veränderungen dieser Quoten spiegeln Veränderungen der relativen Einkommenspositionen zwischen Lohn- und Gewinneinkommensbeziehern wider. Problematisch hierbei ist allerdings, dass Veränderungen dieser Quoten auch aus einer Veränderung der Anteile der Lohn- und der Gewinneinkommensbezieher an der Gesamtzahl der Einkommensbezieher resultieren können. Um strukturelle Veränderungen dieser Art aus der Entwicklung der Lohn- und der Gewinnquote herauszurechnen, wird eine so genannte **bereinigte Lohnquote** berechnet, die den Anteil der Lohneinkommen am Volkseinkommen angibt, der sich bei jeweils unveränderter Beschäftigtenstruktur (bei unverändertem Verhältnis Arbeitnehmer/Selbständige) ergeben hätte.

Tab. 13-2: Entwicklung der tatsächlichen und der bereinigten Lohnquote in Deutschland[1]

Jahr	Bruttolohnquote		Anteil der Arbeitnehmer an den Erwerbstätigen
	tatsächlich	bereinigt[2]	
1970	67,3	73,2	83,4
1975	73,3	77,2	86,1
1980	75,2	77,2	88,3
1985	72,3	73,9	88,7
1990	69,8	70,7	89,6
1991	72,5	72,5	90,7
1994	73,8	74,5	89,8
1996	72,8	73,6	89,7
1998	71,5	72,5	89,4
2000	72,8	73,6	89,7

1 Angaben bis 1990 für Westdeutschland, ab 1991 für Gesamtdeutschland.
2 Lohnquote auf Basis des Anteils der Arbeitnehmer an den Erwerbstätigen des Jahres 1991.
Quelle: Statistisches Bundesamt (Hrsg.), Fachserie 18: Volkswirtschaftliche Gesamtrechnungen und eigene Berechnungen.

Die Zahlen in Tabelle 13-2 lassen für die bereinigte Lohnquote nach einem Anstieg in den 70er Jahren im Zeitraum 1980 - 1990 eine eindeutige Abwärtsbewegung erkennen. Einem vorübergehenden erneuten Anstieg nach der Wiedervereinigung folgte Mitte der 90er Jahre ein neuerlicher Rückgang, wobei zuletzt eine gewisse Stabilisierung erkennbar war.

Allerdings sind mit der Interpretation dieser Zahlen als Verteilungsmaß einige Nachteile verbunden. Die Unterteilung des Volkseinkommens in die genannten Kategorien ist sehr grob. So enthalten die Arbeitnehmerentgelte auch die Gehälter hochbezahlter Manager, während die Unternehmens- und Vermögenseinkommen Zins- oder Dividendeneinkommen von Arbeitnehmern einschließen. Von daher sind insbesondere zur Diskussion verteilungspolitischer Fragestellungen Maße der personellen Verteilung von größerer Aussagekraft.

13.2.2 Maße der personellen Einkommensverteilung

Als Untersuchungsgegenstand der Theorie der personellen Einkommensverteilung war die Verteilung des Wirtschaftsergebnisses auf einzelne Personen oder einzelne private Haushalte benannt worden. Das Hauptproblem wird dabei in der Regel in der Frage der Gleichheit bzw. Ungleichheit der Einkommensverteilung gesehen. Deshalb wurden in der Theorie der personellen Einkommensverteilung verschiedene Maßzahlen entwickelt, die über die Gleichheit bzw. Ungleichheit der Einkommensverteilung Auskunft geben sollen. Besondere Bedeutung haben dabei die so genannte Lorenzkurve und der daraus abgeleitete Gini-Koeffizient.

Bei der Konstruktion der **Lorenzkurve** wird auf der horizontalen Achse des Koordinatensystems die Zahl der Einkommensbezieher – beginnend mit der untersten Einkommensstufe – in Prozent abgetragen und auf der vertikalen Achse der Prozentsatz des Gesamteinkommens, der vom entsprechenden Anteil der Einkommensbezieher bezogen wird. Die mit $45°$ ansteigende Diagonale stellt eine Kurve völlig gleichmäßiger Verteilung dar (10 % der Einkommensbezieher erhalten 10 % des Gesamteinkommens, 20 % der Einkommensbezieher 20 % usw.). In der Realität hat man es mit konvexen Kurven zu tun. Je näher die Kurve an der Diagonale verläuft, um so „gleicher" ist die Einkommensverteilung, je gekrümmter sie ist, um so ungleicher ist die Einkommensverteilung.

Abb. 13-1: Lorenzkurve und Gini-Koeffizient

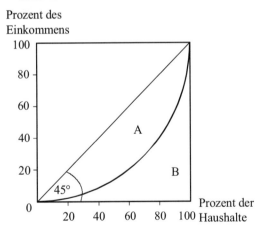

Vergleicht man nun verschiedene Verteilungssituationen miteinander, so ist – zieht man die Lorenzkurve als Indikator heran – eine Aussage nur dann möglich, wenn die betrachteten Lorenzkurven sich nicht schneiden. Um auch in solchen Situationen Aussagen zu ermöglichen, wurde eine Maßzahl entwickelt, die als Gini-Koeffizient bezeichnet wird.

Den **Gini-Koeffizient** erhält man, wenn man die Fläche A zwischen der Kurve der Gleichverteilung (der Diagonalen) und der Lorenzkurve zur gesamten Fläche A + B unter der Diagonalen ins Verhältnis setzt (vgl. Abb. 13-1). Bei einer völligen Gleichverteilung (Fläche A wird Null) erhält man demnach einen Gini-Koeffizienten von 0, bei einer völligen Ungleichverteilung (dem reichsten Einkommensbezieher fließt das gesamte Einkommen zu, und die Fläche B wird Null) einen Gini-Koeffizienten von 1.

Der Gini-Koeffizient ermöglicht sowohl Vergleiche der relativen Einkommensverteilung im Zeitablauf als auch Vergleiche der relativen Einkommensverteilung unterschiedlicher Volkswirtschaften (vgl. Tabelle 13-3).

Tab. 13-3: Internationaler Vergleich: Gini-Koeffizienten und Einkommensanteile nach Einkommensklassen

Land	Gini-Koeff.	%-Anteil am Gesamteinkommen (bzw. Konsum)				
		ärmste 20 %	2. 20 %	3. 20 %	4. 20 %	reichste 20 %
Schweden (1992)	**0,250**	9,6	14,5	18,1	23,2	34,5
Tschechien (1996)	**0,254**	10,3	14,5	17,7	21,7	35,9
Deutschland (1994)	**0,300**	8,2	13,2	17,5	22,7	38,5
Frankreich (1995)	**0,327**	7,2	12,6	17,2	22,8	40,2
Großbritannien (1991)	**0,361**	6,6	11,5	16,3	22,7	43,0
USA (1997)	**0,408**	5,2	10,5	15,6	22,4	46,4
Russland (1998)	**0,487**	4,4	8,6	13,3	20,1	53,7
Brasilien (1996)	**0,600**	2,5	5,5	10,0	18,3	63,8

Quelle: World Bank (Hrsg.), World Development Report 2000/2001, S. 282 f.

Allerdings weist auch der Gini-Koeffizient als Verteilungsmaß einige Nachteile auf. Hier ist zunächst das Problem der Datenerhebung zu nennen, welches insbesondere im internationalen Vergleich von nicht zu vernachlässigender Bedeutung ist. Je nach Stichprobe können selbst für eine Volkswirtschaft sehr unterschiedliche Ergebnisse erzielt werden. Problematisch ist darüber hinaus, dass bei der Berechnung der Gini-Koeffizienten Umverteilungen innerhalb der oberen Einkommenskategorien genau so gewichtet werden wie Umverteilungen innerhalb der unteren Einkommenskategorien, obwohl Letztere aus verteilungspolitischen Gesichtspunkten oft höher bewertet werden.

13.3 Theoretische Ansätze der funktionellen Einkommensverteilung

13.3.1 Ältere Ansätze der Einkommensverteilung

In der älteren Verteilungstheorie wird nicht so sehr von funktioneller oder personeller Verteilung, sondern von der Erzeugung und Verteilung des wirtschaftlichen Wertes gesprochen. Dabei bestand keine einheitliche Meinung darüber, wodurch sich der Wert der erzeugten Güter bestimmt. In der klassischen Theorie dominierte die so genannte **objektive Wertlehre**, wonach sich der Wert eines produzierten Gutes aus dem zu seiner Herstellung erforderlichen Arbeitsaufwand (Produktionskosten) bestimmt. Diese Vorstellung wurde später von den wissenschaftlichen Sozialisten, insbesondere auch von Karl Marx, übernommen. Die Verteilungslehre von Johann Heinrich von Thünen (1783 – 1850) weist dagegen bereits Elemente der subjektiven Wertlehre auf (vgl. 13.3.2).

13.3.1.1 Die Verteilungslehre der Klassik

Als Begründer der "Klassischen Nationalökonomik" gilt der englische Nationalökonom **Adam Smith** (1723 - 1790). Die verteilungstheoretischen Ansichten von Smith kommen in seiner Preistheorie zum Ausdruck. Die sich auf dem Markt bildenden Preise der Güter bestimmen demnach sowohl die Produktionsstruktur als auch die Verteilung des Produktionsergebnisses auf die Mitglieder der Gesellschaft. Die Höhe des Marktpreises wird dabei zum einen durch das Verhältnis von Angebot und Nachfrage, zum anderen durch die Produktionskosten bestimmt. Die Produktionskosten determinieren den „natürlichen Preis" eines Gutes. Sie setzen sich zusammen aus dem Lohn für die aufgewendete Arbeit, dem Zins für das investierte Kapital sowie der Rente, die für die Benutzung des für die Produktion erforderlichen Bodens gezahlt wird. Für die Verteilung bedeutet dies, dass jeder Produktionsfaktor vom Produktionswert eines Gutes den Anteil erhält, der seinem Beitrag an den Produktionskosten entspricht.

In seiner **Lohntheorie** geht Smith davon aus, dass der Lohn durch das Verhältnis von Angebot und Nachfrage nach Arbeitsleistungen bestimmt wird, jedoch langfristig nicht unter das Existenzminimum fallen kann, da dann das Arbeitsangebot langfristig ebenfalls zurückgehen würde. Dem liegt der Gedanke zugrunde, dass ein hoher Lohn zur Vermehrung, ein niedriger Lohn zur Verminderung der Bevölkerung führe. In seiner **Kapitaltheorie** geht Smith davon aus, dass die Höhe des Profits durch das Verhältnis von Angebot und Nachfrage nach Kapital bestimmt wird. Smiths **Rententheorie** ist nicht frei von Widersprüchen. Einmal wird die Grundrente mit der

Fruchtbarkeit des Bodens begründet, zum anderen wird die Rente als Differentialrente erklärt, die je nach Lage des Bodens unterschiedlich hoch sei.

Diese Überlegungen wurden von **James Anderson** (1739 - 1808) aufgegriffen, der damit erst eine eigentliche **Rententheorie** schuf. Anderson ging davon aus, dass die Grundrente ein Differentialeinkommen ist, das nur dann entsteht, wenn zur Befriedigung einer steigenden Nachfrage nach Nahrungsmitteln Böden unterschiedlicher Qualität bebaut werden müssen, was bei jeweils gleichen Produktionskosten zu unterschiedlichen Erträgen führt. Da der Marktpreis die Kosten des zuletzt bebauten (des unfruchtbarsten) Bodens decken muss, fällt für alle anderen Böden eine Rente an, die der Differenz zwischen erzieltem Erlös und Kosten entspricht.

Aufbauend auf Smith schuf **David Ricardo** (1772 - 1823) ein theoretisch fundierteres Modell der Einkommensverteilung. Für Ricardo bestimmt sich der Wert eines Gutes aus dem für seine Herstellung erforderlichen Arbeitsaufwand. Das eingesetzte Kapital ist darin als so genannte „vorgetane Arbeit" enthalten.

Auch bei Ricardo wird die **Lohnhöhe** durch Angebot und Nachfrage nach Arbeit bestimmt. Der natürliche Preis der Arbeit (der natürliche Lohn) ist nach Ricardo der Preis, der nötig ist, die Arbeiter in die Lage zu versetzen, sich fortzupflanzen. Der natürliche Preis der Arbeit hängt damit von den Preisen der Lebensmittel ab. Reallohnsteigerungen führen über eine Erhöhung der Bevölkerungszahl zu steigenden Lebensmittelpreisen, da Böden schlechterer Qualität bebaut werden müssen. Dies hat zur Folge, dass die Reallöhne wieder sinken. Die Arbeitslöhne bleiben deshalb nach Ricardo langfristig auf Existenzminimumniveau. Eine dauerhafte Reallohnerhöhung ist nur dann möglich, wenn die Arbeiter auf höhere Löhne nicht mit verstärkter Vermehrung reagieren. Diese **Existenzminimumtheorie** des Lohnes wurde von einer Reihe von Autoren übernommen, so von den Sozialisten **Karl Marx** (vgl. 13.3.1.3) und **Ferdinand Lassalle** (1805 - 1864), der den Ausdruck „Ehernes Lohngesetz" prägte.

Die **Grundrente** entsteht bei Ricardo dadurch, dass Böden unterschiedlicher Qualität bebaut werden. Da der Marktpreis die Kosten des schlechtesten Bodens decken muss, fällt für die besseren Böden ein die Produktionskosten übersteigender Mehrertrag an, der den Grundeigentümern als Rente zufließt.

Der **Kapitalertrag (Profit)** ist bei Ricardo ein Residualeinkommen (Resteinkommen), das sich aus dem Arbeitsertrag abzüglich Arbeitslohn und Grundrente ergibt. In Ricardos Theorie kommt es langfristig zu einer Abnahme des Kapitalprofits, da mit der Bevölkerungszunahme und der damit verbundenen Beanspruchung immer schlechterer Böden die Grundrente langfristig ansteigt. Da der Reallohn gleichzeitig konstant bleibt, sinkt der Profit.

Ricardo kommt damit im Hinblick auf die langfristige wirtschaftliche Entwicklung zu einer pessimistischen Einschätzung. Die Löhne verharren dauerhaft auf Existenzminimumniveau, die Profitrate fällt gegen Null, Kapitalakkumulation und wirtschaftliches Wachstum kommen an ein Ende. Die Volkswirtschaft erreicht einen stationären Endzustand.

Noch negativer wird die langfristige Lohnentwicklung durch **Robert Malthus** (1766 - 1834) beurteilt. Nach Malthus wächst die Nahrungsmittelproduktion langfristig in einer arithmetischen (1, 2, 3, 4...), die Bevölkerung dagegen in einer geometrischen Reihe (1, 2, 4, 8...). Ständig wachsende Nahrungsmitteldefizite seien die Folge. Zur Begrenzung des Bevölkerungswachstums fordert Malthus moralische Enthaltsamkeit z. B. in Form von Spätehen oder einer freiwilligen Beschränkung der Kinderzahl und plädiert für eine Abschaffung der Unterstützungsleistungen für Arme, die seiner Ansicht nach als Prämie zur Bevölkerungsvermehrung wirken.

Eine Weiterentwicklung erfuhr die klassische Lohntheorie durch **James Mill** (1773 - 1836), der die Lohnfondstheorie entwickelte, die von seinem Sohn **John Stuart Mill** (1806 - 1873) übernommen wurde. Nach der **Lohnfondstheorie** wird der Lohnsatz durch das Verhältnis zwischen dem jeweils verfügbaren Umfang des Kapitals und der Zahl der Lohnarbeiter bestimmt. Wächst der Kapitalstock einer Volkswirtschaft relativ zur Zahl der Arbeitskräfte, dann wird der Lohnsatz größer, wächst die Bevölkerung relativ zum Kapitalstock, dann sinkt der Lohnsatz. Mill geht zwar davon aus, dass die Bevölkerung entsprechend dem Bevölkerungsgesetz von Malthus wächst, da er aber gleichzeitig eine Zunahme des Kapitalbestandes unterstellt, muss seiner Auffassung nach der Lohnsatz nicht notwendigerweise sinken.

In seiner Kapitaltheorie kommt Mill zu dem Ergebnis, dass der Profit sowohl ein Äquivalent für die Enthaltsamkeit (den Konsumverzicht) des Kapitalisten eine Risikoprämie als auch eine Entschädigung für die Arbeit und Mühe des Kapitalisten darstellt.

13.3.1.2 Die Verteilungslehre von Johann Heinrich von Thünen

Johann Heinrich von Thünen trug mit seiner Lehre maßgeblich zur Verbreitung des klassischen Gedankenguts in Deutschland bei. In seinem Werk „Der isolierte Staat in Beziehung auf Landwirtschaft und Nationalökonomie" untersucht von Thünen, der selbst Landwirt war, im Zusammenhang mit dem Verteilungsaspekt vor allem zwei Problemkreise. So fragt er, wie sich die Entfernung eines landwirtschaftlichen Produktionsstandortes vom Markt auf die Herstellung landwirtschaftlicher Produkte auswirkt. Darüber hinaus fragt er nach der Höhe des „naturgemäßen" Lohnes. Beide Fragen werden durch von Thünen modelltheoretisch beantwortet.

Im Zusammenhang mit der ersten Frage kommt er, wie Smith und Ricardo vor ihm, zu dem Ergebnis, dass der Getreidepreis ausreichend sein muss, die Kosten des entferntesten Produzenten (einschließlich Transportkosten) vollständig zu ersetzen. Damit erhält auch der letzte (entfernteste) noch eingesetzte Boden eine Landrente größer oder gleich Null. Von Thünen erklärt damit, ohne dass er dessen Auffassungen kannte, die Bodenrente in gleicher Weise wie Ricardo.

Im Zusammenhang mit der Frage nach der Höhe des naturgemäßen Lohnes sucht von Thünen ein Gesetz zu finden, das die Verteilung des Arbeitsertrages zwischen Arbeiter, Kapitalisten und Grundeigentümer bestimmt. Thünen teilt Ricardos Auffassung, dass der Lohn langfristig nicht über das Existenzminimum steigen kann, nicht. Er entwickelt seine Lohntheorie anhand eines idealtypischen Modells, in welchem der Boden als freies (nicht knappes) Gut angenommen wird. Landwirtschaftliche Arbeitskräfte haben grundsätzlich zwei Möglichkeiten. Sie können entweder als Lohnarbeiter bei anderen Produzenten landwirtschaftlicher Güter arbeiten oder aber mit Hilfe von Ersparnissen selbst Boden urbar machen und einen landwirtschaftlichen Betrieb führen. Entscheiden sie sich für die zweite Variante, dann fällt ihnen eine Rente zu. Entscheiden sie sich für die erste Variante, so muss der Lohn die Ausgaben für die Lebenshaltung übersteigen und Ersparnisse und Zinsen ermöglichen, da andernfalls die Arbeiter selbst einen Betrieb eröffnen würden. Aus diesen Überlegungen leitet von Thünen eine Formel für den natürlichen Lohn ab. Danach gilt:

(13.2) $l = \sqrt{A \cdot E}$

Der „richtige" Lohn l ist gleich dem geometrischen Mittel aus dem Arbeitsertrag A und den Ausgaben der Arbeiter für das physische Existenzminimum E.

Neben seiner normativen Lohntheorie entwickelte von Thünen auch eine Theorie darüber, wie sich Lohn und Zins in der Realität bilden. Er kommt dabei zu dem Ergebnis, dass die Höhe des Lohnes durch den Arbeitsertrag des zuletzt eingestellten Arbeiters bestimmt wird und der Ertrag der zuletzt eingesetzten Kapitaleinheit die Höhe des Zinssatzes für die gesamte Volkswirtschaft bestimmt. Mit diesen Ergebnissen ist von Thünen der eigentliche Begründer der Grenzproduktivitätstheorie (vgl. 13.3.2).

13.3.1.3 Die Verteilungslehre von Karl Marx

Im Zuge der mit der industriellen Revolution im 18. und 19. Jahrhundert auftretenden sozialen Gegensätze entstand die sozialistische Lehre als Gegenposition zu den Auffassungen der klassischen Nationalökonomie. Als Ursache der beobachtbaren ungleichen Einkommensverteilung wurde das Privateigentum an Produktionsmitteln gesehen. Nachdem zunächst die Vorstellungen der utopischen Sozialisten, die durch Vernunft und Überzeugungsarbeit zu einer gerechteren Ordnung gelangen wollten, dominierten, setzte sich später innerhalb der sozialistischen Bewegung die Lehre der wissenschaftlichen Sozialisten durch, in der die Auffassung vertreten wurde, der Zusammenbruch der bestehenden kapitalistischen Gesellschaftsordnung und der Übergang zum Sozialismus seien gesetzmäßig. Wichtigster Vertreter des wissenschaftlichen Sozialismus war Karl Marx. Im Folgenden sollen die verteilungstheoretischen Aspekte seiner Lehre kurz erläutert werden.

Nach Marx gibt es in der Wirtschafts- und Gesellschaftsordnung des Kapitalismus zwei Klassen, die der Kapitalisten und die der Arbeiter. Die Kapitalisten verfügen über die sachlichen Produktionsmittel, die Arbeiter besitzen nur ihre eigene Arbeitskraft. Die Arbeiter sind gezwungen, ihre Arbeitskraft zu verkaufen. Die Kapitalisten benötigen Arbeitskräfte, um ihr Sachkapital produktiv einzusetzen. Ziel der Kapitalisten ist die Gewinnerzielung. Marx bezeichnet das Sachkapital als **konstantes Kapital**, die Arbeitskräfte als **variables Kapital**.

Der Lohn der Arbeitskraft wird nach Marx durch das gesellschaftliche Existenzminimum determiniert. Durch den Einsatz der Arbeitskraft im Produktionsprozess wird ein Wert geschaffen, der den Lohn übersteigt. Die Differenz zwischen dem durch die Arbeit hervorgebrachten Wert insgesamt und dem Lohn der Arbeit selbst wird von Marx als **Mehrwert** bezeichnet und fließt dem Kapitalisten zu. Dies wird, da den Arbeitern ein Teil des von ihnen geschaffenen Wertes vorenthalten wird, von Marx als Ausbeutung der Arbeiter durch die Kapitalisten bezeichnet.

Ziel der Kapitalisten ist es, mit dem eingesetzten Kapital (Summe aus konstantem und variablem Kapital) einen möglichst hohen Gewinn (Profit) zu erzielen. Die **Profitrate** ist das Verhältnis von Mehrwert zum eingesetzten Kapital. Marx behauptet, dass die Profitrate langfristig fällt. Dies wird von ihm damit begründet, dass das Verhältnis von konstantem und variablem Kapital (von Marx als **organische Zusammensetzung des Kapitals** bezeichnet) langfristig wächst, das Verhältnis von Mehrwert und konstantem Kapital (die so genannte **Mehrwertrate**, die den Ausbeutungsgrad angibt), langfristig konstant bleibt. Beides zusammen führt dazu, dass die Profitrate fällt (vgl. 11. Kapitel).

Das Fallen der Profitrate bewirkt nach Marx einen Konzentrationsprozess in der Wirtschaft, da nur noch Betriebe mit entsprechend großem Kapitaleinsatz rentabel sind. Dies führt dazu, dass immer mehr variables Kapital (Arbeit) durch konstantes Kapital ersetzt wird, die Nachfrage nach Arbeitskräften geht zurück. Es entsteht eine „industrielle Reservearmee". Folge ist nach dem von Marx formulierten „Gesetz der kapitalistischen Akkumulation" eine immer größere Verelendung der Arbeiter; Akkumulation von Armut auf der einen Seite und Akkumulation von Reichtum auf der anderen Seite. Auf die von Marx in diesem Zusammenhang prophezeiten immer schärfer werdenden Krisen, die letztlich zum Zusammenbruch des Systems führten, wurde bereits im 11. Kapitel eingegangen.

13.3.2 Die mikroökonomische Grenzproduktivitätstheorie der Verteilung

Im vorangegangenen Abschnitt wurde die klassische Verteilungslehre aus der objektiven Wertlehre hergeleitet. Da jeder Produktionsfaktor entsprechend seinem Anteil an den Produktionskosten entlohnt wird, bestimmte für die Klassiker das Kostenprinzip nicht nur die Höhe der Preise, sondern auch die Aufteilung des gesamten Volkseinkommens auf die einzelnen Einkommensarten. Die Grenznutzenschule vollzog den Übergang zur **subjektiven Wertlehre**. Indem die Grenznutzenschule das Nutzenprinzip als bestimmendes Prinzip der Preisbildung einführte, dient es damit gleichzeitig als Regulator der Einkommensverteilung. Das Grenzproduktivitätsprinzip der Verteilung wird hier zunächst mikroökonomisch dargestellt und im folgenden Abschnitt auf die Makroebene übertragen. Gegenstand ist dabei die Frage nach der Höhe von Löhnen und Zinsen und die Aufteilung des Sozialproduktes auf Arbeit und Kapital. Die Grenzproduktivitätstheorie liefert damit Antworten auf die Frage nach der funktionellen Verteilung.

13.3.2.1 Faktorpreisbildung bei vollständiger Konkurrenz

Grundaussage der Grenzproduktivitätstheorie ist, dass die Nachfrage eines Unternehmers nach einem Produktionsfaktor vom Beitrag der zuletzt eingesetzten Einheit dieses Produktionsfaktors zur Erstellung dieses Produktes (vom Grenzprodukt dieses Faktors) abhängt. Verhalten sich die Unternehmen gewinnmaximierend, dann werden sie ceteris paribus (d. h. unter Annahme der Konstanz der Einsatzmengen der übrigen Faktoren) den Einsatz eines Produktionsfaktors ausdehnen, solange der zusätzliche Ertrag die zusätzlichen Kosten übersteigt (vgl. 5. Kapitel).

Der Ertragszuwachs aufgrund des Einsatzes einer zusätzlichen Einheit eines Produktionsfaktors bei Konstanz der Einsatzmengen der übrigen Faktoren wird als **Grenzprodukt** oder Grenzertrag bezeichnet. Davon zu unterscheiden ist das **Durchschnittsprodukt** (Durchschnittsertrag), das man erhält, wenn man das Gesamtprodukt durch die Zahl der eingesetzten Faktoreinheiten dividiert. Unterstellt man eine klassische Produktionsfunktion, so nimmt der Grenzertrag bei Mehreinsatz eines Faktors zunächst zu und dann ab. Die Kurve des Durchschnittsproduktes liegt zunächst unter der des Grenzproduktes und wächst so lange, bis die Kurve des Grenzproduktes geschnitten wird (vgl. 5. Kapitel).

Das Unternehmen ist nun weniger am physischen Ertrag, als vielmehr am wertmäßigen Ertrag der Produktion interessiert. Diesen erhält man, wenn man den physischen Ertrag mit dem Preis des Gutes multipliziert. Der so bestimmte wertmäßige Ertrag der Produktion in Abhängigkeit von der Faktoreinsatzmenge wird als **Erlösprodukt** bezeichnet.

Analog erhält man das **Erlösgrenzprodukt** durch Multiplikation des (physischen) Grenzproduktes mit dem Grenzerlös (dem zusätzlichen Erlös bei Verkauf einer zusätzlichen Produkteinheit). Das Erlösgrenzprodukt gibt damit den zusätzlichen Erlös (Umsatz) bei Einsatz einer zusätzlichen Faktoreinheit an. Ebenso erhält man durch Multiplikation des Durchschnittsproduktes mit dem Produktpreis das **Durchschnittserlösprodukt**.

Um die gewinnmaximale Faktoreinsatzmenge zu bestimmen, muss das Unternehmen nun das Erlösgrenzprodukt des Faktors mit den zusätzlichen Kosten, die der Einsatz einer weiteren Faktoreinheit verursacht, vergleichen. Die Kosten des Einsatzes einer zusätzlichen Faktoreinheit werden als **Grenzausgabe** bezeichnet. Der Begriff der Grenzausgabe ist vom Begriff der Grenzkosten zu unterscheiden. Während der Begriff Grenzausgabe die Kosten des Einsatzes einer zusätzlichen Faktoreinheit erfasst, versteht man unter Grenzkosten die Kosten der Erzeugung einer zusätzlichen Produkteinheit.

Aus diesen Überlegungen lässt sich nun die Bedingung für die gewinnmaximale Einsatzmenge eines Produktionsfaktors ableiten. Ein Unternehmen wird die Einsatzmenge eines Produktionsfaktors m erhöhen, solange das Erlösgrenzprodukt (EGP) die Grenzausgaben (GA) übersteigt. Das Gewinnmaximum ist erreicht, wenn gilt:

(13.3)   EGP = GA

Unter den Bedingungen der vollkommenen Konkurrenz ist der Produktpreis für das Unternehmen eine gegebene Größe (vgl. 5. Kapitel). Damit sind Grenzerlös und Produktpreis identisch. Das Produkt aus Grenzprodukt

∂ x/∂ m und Produktpreis p wird als **Wertgrenzprodukt** (WGP) bezeichnet. Herrscht auf dem Faktormarkt ebenfalls vollständige Konkurrenz, entsprechen die Grenzausgaben dem Faktorpreis q. Die Bedingung für ein Gewinnmaximum lautet dann:

$$(13.4) \qquad WGP \; = \frac{\partial x}{\partial m} \cdot p = q$$

In Abb. 13-2 sind die Kurven des Wertgrenzproduktes, des Durchschnittswertproduktes sowie der Faktorpreis dargestellt. Da Letzterer unabhängig von der Faktoreinsatzmenge ist (vollständige Konkurrenz), lässt er sich durch eine Gerade veranschaulichen, die parallel zur Abszisse verläuft. Der Schnittpunkt von Faktorpreisgerade und Grenzwertproduktkurve gibt die gewinnmaximale Faktoreinsatzmenge an. Links dieses Schnittpunktes ist das Wertgrenzprodukt größer als der Faktorpreis, d. h. der Gewinn kann durch Einsatz zusätzlicher Faktoreinheiten erhöht werden. Bei einer Ausdehnung der Faktoreinsatzmenge über OA hinaus, übersteigen die zusätzlichen Ausgaben die zusätzlichen Einnahmen, und der Gewinn nimmt ab.

Abb. 13-2: Gleichgewicht bei vollständiger Konkurrenz auf Güter- und Faktormarkt

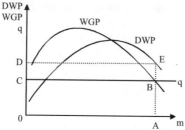

Multipliziert man den Faktorpreis OC mit der Faktoreinsatzmenge OA erhält man das dem Faktor insgesamt zufließende Einkommen (Fläche des Rechtecks OABC). Der Gesamterlös (Produkt aus Durchschnittswertprodukt und Faktoreinsatzmenge) wird durch die Fläche des Rechtecks OAED dargestellt. Die Differenz zwischen Gesamterlös und Faktoreinkommen (Fläche BCDE) fließt als Einkommen den fixen Faktoren oder verbleibt dem Unternehmen als Gewinn.

Ausgehend von diesen Überlegungen können nun die Wirkungen von Preisänderungen auf die Faktornachfrage analysiert werden. Steigt der Produktpreis (oder das physische Grenzprodukt), so führt dies, da sich die Wertgrenzproduktkurve nach oben verschiebt, zu einer Ausdehnung der Faktornachfrage. Das gleiche Ergebnis erhält man, wenn der Faktorpreis sinkt.

Ein Anstieg des Faktorpreises führt dagegen ceteris paribus zu einem Rückgang der Faktoreinsatzmenge und zu einer Einschränkung der Produktion (Kontraktionseffekt der Faktorpreiserhöhung). Grafisch wird eine Faktorpreiserhöhung durch eine Parallelverschiebung der Faktorpreisgeraden nach oben dargestellt (vgl. Abb. 13-3). Die gleiche Wirkung hätte ein Rückgang des Produktpreises (Verschiebung der Wertgrenzproduktkurve nach unten).

Abb. 13-3: Wirkung einer Faktorpreiserhöhung auf die Faktoreinsatzmenge

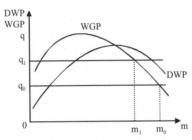

Gibt man die Annahme der Konstanz der Einsatzmengen der übrigen Faktoren auf, führt eine Faktorpreiserhöhung zusätzlich zu einer Substitution des relativ teurer gewordenen Faktors durch andere, nun relativ billigere Faktoren (Substitutionseffekt der Faktorpreiserhöhung). Der Rückgang des Faktoreinsatzes wird dadurch weiter verstärkt. So können z. B. Lohnerhöhungen zu kapitalintensiverer Produktion führen.

Ein Faktorpreisanstieg führt allerdings nur dann notwendig zu einem Rückgang der Einsatzmenge dieses Faktors, wenn die Kurve des Wertgrenzproduktes unverändert bleibt. Verschiebt sich dagegen die Wertgrenzproduktkurve nach oben, kann trotz Faktorpreiserhöhung das Einsatzvolumen des Faktors unverändert bleiben. Während mikroökonomisch eine solche Beziehung zwischen Faktorpreis und Wertgrenzprodukt wenig plausibel erscheint, sieht das makroökonomisch ganz anders aus. Denn makroökonomisch bedeutet eine Erhöhung, z. B. des Lohnsatzes, gleichzeitig eine Erhöhung der gesamtwirtschaftlichen Nachfrage. Dies führt aber dazu, dass der Produktpreis steigt, was wiederum zu einer Verschiebung der Wertgrenzproduktkurve nach oben führt. Darüber hinaus ziehen makroökonomisch eine Erhöhung des Faktorpreises und die damit verbundene Verringerung der Güterangebotsmenge ebenfalls eine Erhöhung des Produktpreises nach sich. Eindeutige Aussagen über die makroökonomischen Wirkungen veränderter Faktorpreise sind demnach aus der mikroökonomischen Analyse nicht ableitbar.

Damit sind bereits einige der Probleme angesprochen, die sich bei der **Aggregation** der aus den Wertgrenzproduktkurven der einzelnen Anbieter abgeleiteten individuellen Faktornachfragekurven zur einer **Gesamtnachfragekurve** für den betreffenden Produktionsfaktor ergeben. Üblicherweise wird die Gesamtnachfragekurve durch horizontale Addition der individuellen Wertgrenzproduktkurven gewonnen und weist dementsprechend einen fallenden Verlauf auf. Eine solche Ableitung der Gesamtnachfragekurve ist jedoch nur unter der Annahme eines konstanten Güterpreises möglich. Reagieren aber alle Anbieter beispielsweise auf einen Anstieg des Faktorpreises mit einer Verringerung des Faktoreinsatzes, wird sich das Güterangebot ebenfalls verringern, und der Güterpreis wird steigen. Dessen ungeachtet wird im Allgemeinen davon ausgegangen, dass die Gesamtnachfragekurve nach einem Produktionsfaktor fallend verläuft, d. h. die Gesamtnachfrage nach einem Faktor um so größer sein wird, je niedriger der Faktorpreis ist.

13.3.2.2 Faktorpreisbildung beim Monopson

Bisher war die Faktornachfrage des Unternehmens unter den Bedingungen vollständiger Konkurrenz am Güter- und Faktormarkt abgeleitet worden. Wie ändert sich nun das Kalkül, wenn das Unternehmen am Faktormarkt über ein Nachfragemonopol (Monopson) verfügt (vgl. 5. Kapitel)?

Da unterstellt wird, dass am Gütermarkt weiterhin vollständige Konkurrenz herrscht, gilt nach wie vor, dass der Grenzerlös dem Faktorpreis entspricht. Die Grenzausgaben entsprechen dagegen nicht mehr dem Faktorpreis. Die Bedingung für ein Gewinnmaximum lautet damit:

(13.5) $\text{WGP} = \dfrac{\partial x}{\partial m} \cdot p = \text{GA}.$

Abb. 13-4: Gleichgewicht auf einem monopsonistischen Faktormarkt

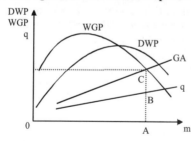

Unter den Bedingungen des Monopsons ist eine Ausdehnung der Faktornachfrage nur auf „Kosten" eines höheren Faktorpreises möglich (eine normal verlaufende Faktorangebotskurve vorausgesetzt). Dieser höhere Faktorpreis gilt aufgrund der Homogenität der Faktorleistungen für alle Faktoreinheiten, d. h. auch für die schon Beschäftigten. Die Grenzausgaben bestehen damit nicht nur in dem Entgelt, dass der letzten Faktoreinheit gezahlt werden muss, sondern auch in den Mehrausgaben für die schon eingesetzten Faktoreinheiten aufgrund des gestiegenen Faktorpreises. Die Grenzausgaben übersteigen also den Faktorpreis.

Aus der Grafik ist ersichtlich, dass in diesem Fall das Wertgrenzprodukt oberhalb des Faktorpreises AB liegt. Der Differenzbetrag – hier die Strecke BC –, der dem Unternehmer zufließt, kann als Ausdruck einer monopsonistischen Ausbeutungsrente interpretiert werden.

13.3.2.3 Der Lohn als Einkommen des Faktors Arbeit

Bisher wurde lediglich gezeigt, wie mit Hilfe des Grenzproduktivitätsprinzips die Nachfrage nach Produktionsfaktoren bestimmt wird; die Faktorpreise wurden dabei als gegeben vorausgesetzt. Um nun Aussagen zur Höhe des Faktorpreises treffen zu können, ist eine Einbeziehung der Angebotsseite erforderlich. Bei der Herleitung des Faktorangebots ist es allerdings unumgänglich, die Spezifika der jeweiligen Produktionsfaktoren zu berücksichtigen. Im Folgenden werden einige Überlegungen zur Bestimmung des Angebots des Produktionsfaktors Arbeit vorgestellt (vgl. dazu auch die entsprechenden Aussagen im 8. und 9. Kapitel). Daraus sollen dann, unter Rückgriff auf die angestellten Überlegungen zur Faktornachfrage, Aussagen über den Lohn als Einkommen des Faktors Arbeit abgeleitet werden.

Bei der Ableitung des Arbeitsangebots wird zunächst unterstellt, dass der Arbeitsanbieter zwischen Freizeit und Arbeitszeit wählen kann. Arbeit stiftet dabei keinen Nutzen an sich. Der Nutzen der Arbeit besteht darin, dass mit dem erzielten Einkommen Güter nachgefragt werden können. Arbeit bedeutet dabei allerdings einen Verzicht auf Freizeit. Wie reagiert nun der Haushalt auf Lohnveränderungen? Steigt der Lohn, so steigt der Nutzen der Arbeit relativ zum Nutzen der Freizeit. Dies führt zu einer Substitution von Freizeit durch Arbeit (Substitutionseffekt der Lohnerhöhung). Andererseits könnte der Haushalt die Lohnerhöhung dazu nutzen, bei gleich bleibendem Konsum seine Freizeit zu erhöhen (Einkommenseffekt der Lohnerhöhung). Da Substitutions- und Einkommenseffekt entgegengesetzt auf das Arbeitsangebot wirken, ist die Gesamtwirkung der Lohnerhöhung auf das Arbeitsangebot nicht eindeutig bestimmt. In der Theorie wird aber davon ausgegangen, dass der Substitutionseffekt den Einkommenseffekt überwiegt, und damit eine Lohnsatzerhöhung dazu führt, dass das Arbeitsangebot steigt. Eine Lohnsatzsenkung würde dann analog zu einer Verringerung des Arbeitsangebots führen.

Allerdings sind so genannte anomale Reaktionen des Arbeitsangebots denkbar. Wenn jemand zur Existenzsicherung auf Arbeitslohn angewiesen ist, muss er, wenn eine Lohnsenkung sein Einkommen unter das Existenzminimum drückt, darauf mit einer Ausdehnung seiner Arbeitszeit reagieren. Die Arbeitsangebotskurve weist dann einen fallenden Verlauf auf, und das Arbeitsmarktgleichgewicht kann instabil sein. Wächst z. B. bei einer Lohnsenkung das Arbeitsangebot stärker als die Arbeitsnachfrage, dann führt der damit verbundene Angebotsüberschuss zu einer weiteren Lohnsenkung, und der Lohn wird sich immer weiter vom Gleichgewicht entfernen.

Unterstellt man „normale" Angebots- und Nachfragekurven, dann erhält man ein Arbeitsmarktgleichgewicht wie in Abb. 13-5 dargestellt. Multipliziert man den gleichgewichtigen Lohnsatz OC mit der gleichgewichtigen Arbeitsmenge OB erhält man das Gesamteinkommen des Faktors Arbeit, aus dem bei gegebenem Volkseinkommen die Lohnquote bestimmt werden kann. Ähnliche Überlegungen ließen sich auch für die anderen Produktionsfaktoren anstellen. Das dargestellte Gleichgewicht ist stabil, d. h. Datenänderungen rufen Anpassungsreaktionen hervor, die immer wieder zum Gleichgewicht zurückführen.

Abb. 13-5: Gleichgewicht auf dem Arbeitsmarkt

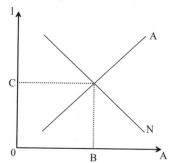

13.3.3 Die makroökonomische Grenzproduktivitätstheorie der Verteilung

Nach der mikroökonomischen Grenzproduktivitätstheorie der Verteilung wird jeder Produktionsfaktor entsprechend seinem Grenzprodukt entlohnt. Diese Überlegungen können nun auf die gesamte Volkswirtschaft ausgedehnt werden. Neben den Prinzipien der Faktorpreisbildung ist in diesem Zusammenhang insbesondere die Frage nach dem Anteil der einzelnen Faktoren am gesamtwirtschaftlichen Produktionsergebnis von Interesse, d. h. es sollen theoretische Aussagen zur funktionellen Verteilung abgeleitet werden.

Für die folgenden Überlegungen wird eine makroökonomische Produktionsfunktion vom Typ Cobb-Douglas zugrunde gelegt, die das reale Volkseinkommen als Funktion der eingesetzten Mengen der Produktionsfaktoren
Arbeit und Kapital beschreibt:

(13.6) $Y_r = F(A,K) = A^\alpha \cdot K^\beta$ mit $\alpha > 0$; $\beta > 0$ und $\alpha + \beta = 1$

Diese Produktionsfunktion weist folgende wichtige Eigenschaften auf: Die
Produktionsfaktoren Arbeit und Kapital sind substituierbar. Bei partieller
Faktorvariation (Mehreinsatz eines Faktors bei Konstanz der Einsatzmen-
gen der übrigen Faktoren) gilt das Gesetz vom abnehmenden Ertragszu-
wachs, d. h. der durch den Einsatz einer zusätzlichen Faktoreinheit bewirkte
Ertragszuwachs nimmt mit zunehmendem Faktoreinsatz ab (vgl. 5. Kapitel).

Weiterhin werden gewinnmaximales Verhalten aller Unternehmer und vollständige Konkurrenz auf Güter- und Faktormärkten unterstellt.

Die Faktornachfrage wird dann ausgedehnt, so lange das Erlösgrenzprodukt
des Faktors größer als die zusätzlichen Kosten einer Faktoreinheit ist. Bei
vollständiger Konkurrenz entspricht der Grenzerlös dem Preisniveau P und
die Grenzausgabe dem Faktorpreis. Bezeichnet man den Faktorpreis der Arbeit (Lohn) mit l und den Faktorpreis des Kapitals (Zins) mit i, erhält man
die folgenden Bedingungen für gewinnmaximale Faktoreinsatzmengen:

(13.7a) $P \cdot \dfrac{\partial Y_r}{\partial A} = 1$ bzw. (13.7b) $\dfrac{\partial Y_r}{\partial A} = \dfrac{1}{P}$

(13.8a) $P \cdot \dfrac{\partial Y_r}{\partial K} = i$ bzw. (13.8b) $\dfrac{\partial Y_r}{\partial K} = \dfrac{i}{P}$

Bei vollständiger Konkurrenz ist also der Reallohn gleich dem Grenzprodukt der Arbeit und der Realzins gleich dem Grenzprodukt des Kapitals.

Damit kann nun auch die Frage nach der Verteilung des Produktionsergebnisses auf die Produktionsfaktoren Arbeit und Kapital beantwortet werden.
Dies soll im Folgenden exemplarisch für den Faktor Arbeit erläutert werden.

Den Anteil der Löhne am Volkseinkommen (die **Lohnquote**) erhält man,
wenn man die Lohnsumme L (Lohnsatz pro Faktoreinheit multipliziert mit
der Faktoreinsatzmenge) zum Volkseinkommen $Y = Y_r \cdot P$ ins Verhältnis
setzt:

(13.9) $\dfrac{L}{Y} = \dfrac{l \cdot A}{Y}$

Da die Produktionsfaktoren entsprechend ihrem Grenzprodukt entlohnt werden (13.7a) und da $Y = Y_r \cdot P$ lässt sich (13.9) wie folgt schreiben:

$$(13.10) \qquad \frac{L}{Y} = P \cdot \frac{\partial Y_r}{\partial A} \cdot \frac{A}{Y_r \cdot P}$$

Durch weitere Umformung erhält man:

$$(13.11) \qquad \frac{L}{Y} = \frac{\partial Y_r}{\partial A} \div \frac{Y_r}{A} = \frac{\partial Y_r}{Y_r} \div \frac{\partial A}{A}$$

Die Lohnquote entspricht damit dem Verhältnis der Grenz- zur Durchschnittsproduktivität der Arbeit (linker Ausdruck in Gleichung 13.11). Der Ausdruck rechts stellt die Produktionselastizität des Faktors Arbeit dar, die angibt, um wie viel Prozent sich das Produktionsergebnis ändert, wenn der Faktoreinsatz um 1 % variiert wird. Unter den Bedingungen vollständiger Konkurrenz ist also die Lohnquote gleich der Produktionselastizität des Faktors Arbeit und damit allein von den technischen Bedingungen der Produktion abhängig.

Für die in Gleichung (13.6) dargestellte Cobb-Douglas-Produktionsfunktion gilt:

$$(13.12) \qquad \frac{\partial Y_r}{\partial A} = \alpha \cdot A^{(\alpha-1)} \cdot K^{\beta}$$

Setzt man dies in Gleichung (13.11) ein, erhält man für die Lohnquote:

$$(13.13) \qquad \frac{L}{Y} = \alpha \cdot A^{(\alpha-1)} \cdot K^{\beta} \cdot \frac{A}{Y_r} \qquad \text{und schließlich}$$

$$(13.14) \qquad \frac{L}{Y} = \alpha \cdot A^{(\alpha-1)} \cdot K^{\beta} \cdot \frac{A}{A^{\alpha} \cdot K^{(1-\alpha)}} = \alpha$$

In gleicher Weise lässt sich ableiten, dass die Kapitaleinkommensquote gleich der Produktionselastizität des Faktors Kapital ist:

$$(13.15) \qquad \frac{Z}{Y} = \frac{\partial Y_r}{\partial K} \div \frac{Y_r}{K} = \frac{\partial Y_r}{Y_r} \div \frac{\partial K}{K} = \beta \qquad \text{mit } Z = i \cdot K.$$

Eine weitere interessante Frage ist, ob das Volkseinkommen vollständig auf die vorhandenen Produktionsfaktoren aufgeteilt wird, oder ob Unternehmergewinne oder -verluste verbleiben. Eine Antwort darauf liefert das **Ausschöpfungstheorem**.

Geht man von zwei Produktionsfaktoren Arbeit und Kapital aus, dann wird das gesamte Volkseinkommen Y vollständig auf beide Produktionsfaktoren aufgeteilt, wenn gilt:

(13.16) $L + Z = Y$

Oder anders ausgedrückt, die Summe von Lohnquote und Kapitaleinkommensquote muss 1 betragen, d. h. es muss gelten:

(13.17) $\dfrac{L}{Y} + \dfrac{K}{Y} = 1$

Mit (13.11) und (13.15) erhält man:

(13.18) $\dfrac{\partial Y_r}{Y_r} \div \dfrac{\partial A}{A} + \dfrac{\partial Y_r}{Y_r} \div \dfrac{\partial K}{K} = \alpha + \beta = 1$

als Bedingung dafür, dass das Volkseinkommen vollständig auf die beiden Produktionsfaktoren Arbeit und Kapital aufgeteilt wird. Das heißt das Volkseinkommen wird dann vollständig auf beide Produktionsfaktoren aufgeteilt, wenn die Summe der Produktionselastizitäten 1 beträgt. Dies ist für die gegebene linear-homogene Cobb-Douglas-Produktionsfunktion erfüllt. Als Ergebnis kann also festgehalten werden, dass unter den Bedingungen einer linear-homogenen Produktionsfunktion das Volkseinkommen vollständig auf die Produktionsfaktoren Arbeit und Kapital verteilt wird.

Abschließend soll die Frage beantwortet werden, wie sich eine **Variation der Faktormengen** auf die Faktoreinkommen und auf das Verteilungsergebnis auswirkt. Dies soll für ein vermehrtes Angebot des Faktors Arbeit exemplifiziert werden. Eine Vermehrung des Arbeitsangebots wird ceteris paribus zu einer Senkung des gleichgewichtigen Reallohnes und einem vermehrten Faktoreinsatz bei verringertem Grenzprodukt führen.

Ob das Arbeitseinkommen insgesamt fällt oder steigt, hängt von der Lohnelastizität der Arbeitsnachfrage, die das Verhältnis von relativer Änderung der Einsatzmenge des Faktors Arbeit zur einer relativen Änderung des Lohnsatzes angibt, ab. Das Arbeitseinkommen steigt, wenn die Lohnelastizität der Arbeitsnachfrage $dl/l : dA/A$ größer als 1 ist. Bei einer Cobb-Douglas-Produktionsfunktion beträgt die Lohnelastizität $1/(1-\alpha)$, d. h. eine Vergrößerung der Einsatzmenge des Faktors Arbeit führt zu einer Zunahme des Arbeitseinkommens. Da eine erhöhte Arbeitsmenge bei konstantem Kapitalbestand das Grenzprodukt des Kapitals und damit den Zins erhöht, steigt das Zinseinkommen ebenfalls an.

Die Wirkung auf das Verteilungsergebnis hängt von der Substitutions-elastizität ab, die im 5. Kapitel als Verhältnis der relativen Veränderung des Einsatzverhältnisses zweier Produktionsfaktoren zur relativen Veränderung des reziproken Verhältnisses der Grenzproduktivitäten dieser Faktoren defi-niert worden war. Da nach (13.7b) und (13.8b) die Faktoren nach ihrem Grenzprodukt entlohnt werden, beschreibt die Substitutionselastizität zu-gleich das Verhältnis der relativen Änderung des Mengenverhältnisses zweier eingesetzter Faktoren zur relativen Veränderung des reziproken Ver-hältnisses der Faktorpreise:

$$(13.19) \qquad \sigma = \frac{d\left(\dfrac{A}{K}\right)}{\dfrac{A}{K}} \div \frac{d\left(\dfrac{i}{l}\right)}{\dfrac{i}{l}}$$

Das Verhältnis von Lohn- und Kapitaleinkommen L/Z lässt sich auch wie folgt darstellen:

$$(13.20) \qquad \frac{L}{Z} = \frac{lA}{iK} = \frac{A}{K} \div \frac{i}{l}$$

Das Verhältnis von Lohn- und Zinseinkommen wird nach (13.20) genau dann unverändert bleiben, wenn Veränderungen des Faktoreinsatzverhält-nisses zu gleichen Veränderungen der reziproken Verhältnisses der Faktor-preise führen, d. h. wenn die Substitutionselastizität 1 ist. Diese Bedingung ist für eine Cobb-Douglas-Produktionsfunktion erfüllt; Änderungen des Faktoreinsatzverhältnisses beeinflussen also die Verteilung nicht. Dies ist auch nicht weiter verwunderlich, wurde doch oben gezeigt, dass das Vertei-lungsergebnis unter den gegebenen Bedingungen ausschließlich von den technischen Bedingungen der Produktion abhängt.

Gegen die Ergebnisse der makroökonomischen ebenso wie die der mikro-ökonomischen Grenzproduktivitätstheorie der Verteilung lassen sich einige kritische Einwände vorbringen. Ein Kritikpunkt ist die Vernachlässigung makroökonomischer Kreislaufzusammenhänge. Die Grenzproduktivitäts-theorie betrachtet ausschließlich die Produktionsseite; die Nachfrageseite bleibt in der Regel unberücksichtigt. Darüber hinaus werden Machtproble-me weitgehend vernachlässigt, dies gilt beispielsweise für den Lohnbil-dungsprozess. Diese Aspekte werden in den nachfolgend dargestellten Mo-dellen thematisiert.

13.3.4 Der Kreislaufansatz als Verteilungstheorie

Der kreislauftheoretische Ansatz von **Nicholas Kaldor** (1908 - 1986) erklärt Veränderungen der makroökonomischen Verteilung durch Variationen des Spar- und Investitionsverhaltens. Da dieser Ansatz auf der Theorie von J. M. Keynes basiert, handelt es sich um einen nachfrageorientierten Ansatz. Grundlage ist das Kreislaufmodell einer geschlossenen Volkswirtschaft.

Das bei der Produktion der Konsumgüter C und der Investitionsgüter I entstandene Volkseinkommen Y fließt als Faktoreinkommen den Haushalten in Form von **Lohneinkommen** L und **Gewinneinkommen** G zu und wird für Konsumzwecke verausgabt oder gespart. Daraus ergeben sich folgende Beziehungen:

(13.21) $Y = C + I$

(13.22) $Y = C + S$

(13.23) $Y = L + G$

Daraus ergibt sich die bekannte Gleichgewichtsbedingung:

(13.24) $I = S$

Kaldor übernimmt von Keynes die Annahme, dass die Ersparnis vom Volkseinkommen abhängt, unterstellt jedoch unterschiedliche Sparquoten der Lohn- und Gewinneinkommensbezieher. Bezeichnet man die Sparquote der Lohneinkommensbezieher mit s_l und die Sparquote der Gewinneinkommensbezieher mit s_g, so ergibt sich daraus:

(13.25) $S = s_l \cdot L + s_g \cdot G$

Kaldor geht weiter davon aus, dass die Gewinneinkommensbezieher einen größeren Anteil ihres Einkommens sparen als die Lohneinkommensbezieher, d. h. es gilt $s_g > s_l$.

Die gesamtwirtschaftliche Sparquote ergibt sich dann folgendermaßen:

(13.26) $s = \dfrac{S}{Y} = \dfrac{s_l \cdot L}{Y} + \dfrac{s_g \cdot G}{Y}$

Die Investitionen werden als exogene Größe betrachtet. Da auch das reale Volkseinkommen kurzfristig als konstant betrachtet wird (es wird Vollbeschäftigung unterstellt), ist auch die Investitionsquote kurzfristig konstant:

(13.27) $k = \dfrac{I}{Y}$

Daraus ergibt sich die gleichgewichtige Sparquote wie folgt:

$$(13.28) \quad k = s = \frac{s_1 \cdot L}{Y} + \frac{s_g \cdot G}{Y}$$

Aus dieser Beziehung können nun die gleichgewichtigen Lohn- und Gewinnquoten abgeleitet werden. Ausgehend von der Tatsache, dass $G = Y - L$ gilt, lässt sich Gleichung (13.28) wie folgt schreiben:

$$(13.29) \quad k = \frac{s_1 \cdot L}{Y} + \frac{s_g (Y - L)}{Y} = \frac{s_1 \cdot L + s_g \cdot Y - s_g \cdot L}{Y}$$

Durch weitere Umformung erhält man:

$$(13.30) \quad k = \frac{L(s_1 - s_g)}{Y} + s_g$$

und schließlich die **Lohneinkommensquote**

$$(13.31) \quad \frac{L}{Y} = \frac{k - s_g}{s_1 - s_g}$$

Für die **Gewinnquote** ergibt sich:

$$(13.32) \quad \frac{G}{Y} = \frac{k - s_1}{s_g - s_1}$$

Die gleichgewichtigen Lohn- und Gewinnquoten hängen in diesem Modell allein vom Investitions- und Sparverhalten ab. Diese Zusammenhänge lassen sich auch grafisch veranschaulichen.

Abb. 13-6 Gleichgewichtige Gewinnquote im Kaldor-Modell

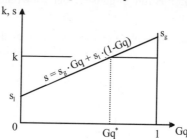

Auf der Ordinate wird die gesamtwirtschaftliche Investitions- und die gesamtwirtschaftliche Sparquote abgetragen, auf der Abszisse die Gewinnquote $G/Y = Gq$. Da die Investitionsquote k exogen gegeben und damit von der

Gewinnquote unabhängig ist, kann sie als Parallele zur Abszisse abgetragen werden, der Abstand zur Abszisse gibt die Höhe der Investitionsquote an. Die gesamtwirtschaftliche Sparquote ist eine Gerade, die mit zunehmender Gewinnquote ansteigt. Für Gq = 0 ist die gesamtwirtschaftliche Sparquote s gleich s_l, für Gq = 1 ist s = s_g. Der Schnittpunkt von Investitions- und Spar- kurve markiert die Gewinnquote, für die gesamtwirtschaftliches Gleichge- wicht herrscht. Sowohl aus der oben dargestellten Gleichung als auch aus der Grafik lässt sich erkennen, dass die Gewinnquote um so höher ist

- je größer ceteris paribus die Investitionsquote ist;
- je kleiner ceteris paribus die Sparquote der Gewinneinkommensbezieher ist;
- je kleiner ceteris paribus die Sparquote der Lohneinkommensbezieher ist.

Das heißt die Gewinneinkommensbezieher können ihren Anteil am Volkseinkommen steigern, indem sie die Investitionsquote erhöhen oder ihre Sparquote verringern. Umgekehrt können die Lohneinkommensbezie- her ihren Anteil am Volkseinkommen durch eine Vergrößerung ihrer Spar- quote steigern. Dieses auf den ersten Blick paradoxe Ergebnis soll im Fol- genden etwas näher erläutert werden.

Erhöht sich die Investitionsquote, übersteigt die güterwirtschaftliche Ge- samtnachfrage das güterwirtschaftliche Angebot. Da diesem Nachfrage- überschuss annahmegemäß angebotsseitig nicht entsprochen werden kann (Vollauslastung aller Produktionsfaktoren), steigt das gesamtwirtschaftliche Preisniveau. Dies wiederum führt bei konstanten Nominallöhnen (die von Kaldor unterstellt werden) zu einem Anstieg der Gewinne. Dadurch steigt die gesamtwirtschaftliche Ersparnis. Ein ähnlicher Prozess läuft ab, wenn die Gewinneinkommensbezieher ihre Sparquote verringern. Auch hier ent- steht ein Nachfrageüberschuss, der über Preiserhöhungen abgebaut wird, und die Verteilungssituation zugunsten der Gewinneinkommensbezieher verbessert.

Erhöhen dagegen die Arbeitnehmer ihre Sparquote, d. h. leisten sie Kon- sumverzicht, führt dies zu einem gesamtwirtschaftlichen Nachfragerück- gang. Die Folge sind sinkende Preise, die dazu führen, dass die Lohnein- kommensbezieher ihre Verteilungsposition verbessern können.

Voraussetzung für das Funktionieren des geschilderten Mechanismus ist allerdings, dass die Sparquote der Lohnempfänger tatsächlich unter der Sparquote der Gewinneinkommensbezieher liegt. Andernfalls würde eine durch einen Nachfrageüberschuss ausgelöste Erhöhung der Gewinnquote zu einem Rückgang der gesamtwirtschaftlichen Ersparnis führen, was eine Vergrößerung des bestehenden Ungleichgewichtes zur Folge hätte.

Darüber hinaus wird der Erklärungswert des Modells durch die Annahme einer gegebenen Nominallohnhöhe gemindert. Sind die Arbeitnehmer jedoch in der Lage, bei Preissteigerungen Nominallohnerhöhungen durchzusetzen, können die Nachfrageüberschüsse auf die beschriebene Art nicht abgebaut werden. Zu berücksichtigen ist ferner, dass die abgeleiteten Ergebnisse nur unter der Voraussetzung eines gegebenen Vollbeschäftigungseinkommens und einer gegebenen Investitionsquote gelten. Problematisch ist auch, dass im Kaldor-Modell die Einkommensverteilung allein durch den IS-Mechanismus bestimmt wird und Aussagen über den Einfluss von Grenzproduktivität, Marktformen und Marktmacht fehlen. Eine Verteilungstheorie, die diese Aspekte mit den hier analysierten Nachfrageaspekten verbindet existiert bisher nur im Ansatz.

13.3.5 Die Monopolgradtheorie von Kalecki

Bei der Darstellung der mikroökonomischen Grenzproduktivitätstheorie der Verteilung wurde bereits deutlich, dass die Marktform das Verteilungsergebnis entscheidend beeinflusst. Nach **Michael Kalecki** (1899 - 1970) und der von ihm entwickelten Monopolgradtheorie der Verteilung beeinflusst das Ausmaß der Monopolisierung die Verteilung auch gesamtwirtschaftlich. Kalecki übertrug den mikroökonomischen Monopolgradbegriff auf die Gesamtwirtschaft und zeigte, dass der Monopolgrad und die Lohnquote in einem negativen Zusammenhang stehen.

Ausgehend vom Gewinn G als Differenz aus dem Umsatz U und der Summe aus variablen Kosten K_v und Fixkosten K_f

(13.33) $G = U - K_v - K_f$

definiert Kalecki den **Monopolgrad** m der Volkswirtschaft als Quotient aus Umsatz und variablen Kosten:

(13.34) $m = \dfrac{U}{K_v}$

Der so definierte Monopolgrad gibt an, in welchem Grad die Unternehmen in der Lage sind, Preisaufschläge auf ihre Produkte vorzunehmen und kann als Ausdruck der Marktmacht der Unternehmen interpretiert werden.

Damit lässt sich (13.33) wie folgt umformen:

(13.35) $G + K_f = (m - 1)\, K_v$

Kalecki unterstellt vereinfachend, dass die Fixkosten gleich den Gehältern der Angestellten sind und die variablen Kosten sich aus den **Lohnkosten** L und den **Rohstoffkosten** R zusammensetzen:

(13.36) $K_v = L + R$

Für das Volkseinkommen gilt folglich:

(13.37) $Y = G + L + K_f$

Der Lohnanteil am Volkeinkommen beträgt damit

(13.38) $\dfrac{L}{Y} = \dfrac{L}{L + G + K_f}$

und unter Berücksichtigung von (13.35) und (13.36)

(13.39) $\dfrac{L}{Y} = \dfrac{L}{L + (m-1)K_v} = \dfrac{L}{L + (m-1)(L+R)}$

Mit dem von Kalecki kurzfristig als konstant unterstellten Verhältnis j von Rohstoffkosten und Löhnen

(13.40) $j = \dfrac{R}{L}$

und nach weiterer Umformung (Division von Zähler und Nenner durch L) erhält man die **Lohnquote**:

(13.41) $\dfrac{L}{Y} = \dfrac{1}{1 + (m-1)(1+j)}$

Die Gleichung zeigt, dass die Lohnquote um so geringer ist, je höher der Monopolgrad m ist. Kalecki unterstellt, dass der Monopolgrad langfristig ansteigen und dementsprechend negativ auf die Entwicklung der Lohnquote wirken wird.

Gleichung (13.41) zeigt weiterhin, dass auch das Verhältnis von Rohstoffpreisen zu Lohnsätzen negativ auf die Lohnquote wirkt. Kalecki nimmt jedoch an, dass die Lohnsätze schneller wachsen als die Rohstoffpreise – begründet u. a. durch die Ausbeutung der Kolonialvölker – und j damit eine fallende Tendenz aufweise, was dem aus der zunehmenden Monopolisierung der Wirtschaft resultierenden Rückgang der Lohnquote entgegenwirke.

Mit der Herausarbeitung dieser gegenläufigen Tendenzen versuchte Kalecki, die von ihm empirisch beobachtete Konstanz der Lohnquote zu erklären. Für das dauerhafte Zurückbleiben der Rohstoffpreise hinter den Löhnen gibt es allerdings keine Garantie, so dass es – nach dieser Theorie – langfristig doch zu einem Rückgang der Lohnquote kommen könnte. Kritisch anzumerken ist allerdings, dass Kaleckis Lohnquotengleichung rein definitorischer Art ist und erst durch Hypothesen über die Entwicklung der Parameter m und j zu einer Theorie wird. Die diesbezüglichen Aussagen Kaleckis sind jedoch relativ vage; dies gilt sowohl für den postulierten Anstieg des Monopolgrades als auch für die Entwicklung des Verhältnisses von Rohstoffkosten zu Löhnen.

13.3.6 Das Collective-Bargaining-Modell von Hicks

Mit dem Problem der Lohnbildung unter den Bedingungen des bilateralen Monopols – eine für Deutschland und andere hochentwickelte Volkswirtschaften, in denen die Lohnverhandlungen von Gewerkschaften und Arbeitgebern geführt werden, typische Situation – beschäftigen sich die Collective-Bargaining-Modelle. Nach einem einfachen Modell von **J. R. Hicks** hängt das Verteilungsergebnis von der Verhandlungsmacht der beteiligten Parteien ab. Die Verhandlungsmacht der Gewerkschaften hängt dabei im Wesentlichen von ihrer Streikfähigkeit ab. Die Verhandlungsposition der Gewerkschaften ist um so stärker, je länger sie einen Streik durchhalten können. Die Streikbereitschaft ist um so höher, je geringer die Lohnzugeständnisse der Arbeitgeber ausfallen. Diese Beziehung wird durch die **Widerstandskurve** abgebildet. Die Arbeitgeber wägen die Kosten von Lohnzugeständnissen gegen die Kosten eines Streiks ab. Je höher die erwarteten Streikkosten (d. h. je länger die erwartete Streikdauer), um so eher werden sie zu Lohnzugeständnissen bereit sein. Diese Beziehung zwischen Lohnerhöhung und Streikkosten wird durch die **Konzessionskurve** wiedergegeben. Die Widerstandskurve hat damit einen mit steigenden Lohnzugeständnissen fallenden, die Konzessionskurve einen mit steigenden Lohnforderungen steigenden Verlauf. Der Schnittpunkt beider Kurven markiert den Gleichgewichtslohn.

Abb. 13-7 Collective-Bargaining-Modell von Hicks

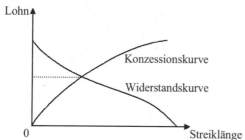

Kritisiert wird an diesem Ansatz unter anderem, dass im Modell unterstellt wird, dass beide Seiten die jeweiligen Kurven ihrer Gegenseiten kennen. Gibt man diese Annahme auf, hängt das Verhandlungsergebnis wesentlich vom strategischen Verhalten beider Seiten ab (so können z. B. die Gewerkschaften versuchen durch Vortäuschen einer höheren Streikbereitschaft, die Arbeitgeber zu höheren Lohnzugeständnissen zu bewegen). Die Analyse solcher Verhandlungsprozesse ist Gegenstand der Spieltheorie, die die hier behandelte Collective-Bargaining-Problematik auch aufgegriffen und weiterführende Lösungsansätze entwickelt hat.

14. Außenwirtschaft

Dieser Abschnitt des Lehrbuches beinhaltet Aspekte der realen und monetären Außenwirtschaftstheorie und Grundfragen der Außenwirtschaftspolitik.

Die reale **Außenwirtschaftstheorie** hat im Gegensatz zur monetären, die sich mit der Zahlungsbilanz und den Wechselkursen beschäftigt, die Ursachen internationaler Wirtschaftsbeziehungen und die Erklärung von Höhe und Richtung realer Handels- und Kapitalströme zum Gegenstand.

Außenwirtschaftspolitik umfasst Maßnahmen zur Gestaltung, Erhaltung oder Veränderung ordnungspolitischer Rahmenbedingungen internationaler Wirtschaftsbeziehungen und die prozesspolitische Beeinflussung internationaler Transaktionen zur Unterstützung außen- und binnenwirtschaftlicher Ziele. Zum einen wird sie im nationalen Rahmen ausgeübt und ist Teil der allgemeinen Wirtschaftspolitik eines Landes, kann aber zum anderen auch im Kompetenzbereich supra- und internationaler Behörden und Institutionen liegen.

Auf nationaler Ebene ist es das primäre Ziel der Außenwirtschaftspolitik, die Wohlfahrt des eigenen Landes zu steigern. Internationale und supranationale Wirtschaftspolitik verfolgt länderübergreifende Ziele und orientiert auf eine internationale Wirtschaftsordnung, die zumindest die Wohlfahrt der Mitgliedsländer gewährleistet und darüber hinaus zu einer leistungsgerechteren Weltwirtschaftsordnung beitragen soll.

14.1 Die klassische Begründung des internationalen Handels

14.1.1 Außenhandelsgewinne bei absoluten und komparativen Kostenvorteilen

Jedes Land kann spezifische Bedingungen aufweisen, die es zur Produktion eines bestimmten Gutes prädestinieren, da dieses spezielle Gut mit geringerem Faktoreinsatz hergestellt würde als in anderen Ländern. Gerade auf die Herstellung solcher Güter wird sich das betreffende Land konzentrieren. Die Funktion des Außenhandels besteht darin, im Austausch gegen diese Güter Produkte zu beziehen, die im eigenen Land nur zu höheren Kosten hergestellt werden könnten.

Der englische Nationalökonom David Ricardo führte den Beweis, dass sich Arbeitsteilung zwischen Ländern auch dann lohnt, wenn eine der beiden im Außenhandel verbundenen Nationen in der Lage wäre, alle Güter kostengünstiger als die andere zu produzieren. Ricardos **Theorem der komparativen Kosten** basierte auf der Frage, warum das hoch industrialisierte England Tuch nach Portugal exportierte und dafür Wein importierte, obwohl Portugal beide Produkte kostengünstiger produzieren konnte:

England benötigte zur Herstellung einer bestimmten Menge Tuch 100 Arbeitseinheiten (AE). Bei dem Versuch, eine bestimmte Menge Wein zu produzieren, müsste es 120 AE einsetzen.

Portugal benötigte für die Produktion der gleichen Menge Wein nur 80 Arbeitseinheiten und für die Produktion der gleichen Menge Tuch 90 AE.

Zweifelsohne läge es im englischen Interesse, Wein aus Portugal zu importieren und mit Exporterlösen aus dem Tuch zu finanzieren.

Für Portugal, das ja beide Güter günstiger produziert als England, könnte es dennoch richtig sein, sich auf die Weinproduktion zu konzentrieren und Tuch aus England zu importieren, weil es vorteilhafter wäre, sein Kapital für die Herstellung von Wein zu verwenden, für welchen es von England ein größeres Quantum Tuch erhielte als es durch die Produktion von Tuch in Portugal selbst erzielen könnte.

Werden die Opportunitätskosten - in (14.1a) z. B. die Kosten für eine bestimmte Einheit Wein, ausgedrückt in den Kosten für eine bestimmte Einheit Tuch jeweils für England und Portugal - bei einem Vergleich zugrunde gelegt, kommt ein Handel zwischen zwei Ländern mit den Gütern Wein und Tuch dann zustande, wenn ein Unterschied in den Opportunitätskosten besteht:

$$(14.1a) \quad \frac{K_{W_E}}{K_{T_E}} \neq \frac{K_{W_P}}{K_{T_P}} \quad \text{oder} \quad (14.1b) \quad \frac{K_{W_E} \cdot K_{T_P}}{K_{T_E} \cdot K_{W_P}} \neq 1$$

daraus folgen die beiden Tauschbedingungen:

$$(14.2a) \quad K_{W_E} \cdot K_{T_P} > K_{T_E} \cdot K_{W_P},$$

für den Tausch von englischem Tuch gegen portugiesischen Wein (in Ricardos Beispiel ist 10 800 > 8000)

bzw.

$$(14.2b) \quad K_{W_E} \cdot K_{T_P} < K_{T_E} \cdot K_{W_P}$$

für den Tausch von englischem Wein gegen portugiesisches Tuch.

Beide Länder profitieren vom gegenseitigen Güteraustausch, weil die Aufwandsunterschiede in Portugal und England in ihrer Relation zueinander unterschiedlich hoch sind.

Ricardo unterstellt in diesem Zusammenhang, dass der Handel in Form des Naturaltausches stattfindet, folglich ohne die Zwischenschaltung von Geld vor sich geht, vom Entstehen von Transportkosten wird ebenfalls abstrahiert.

14.1.2 Erweiterung der klassischen Begründung

Komparative Kostenunterschiede erklären sich aus der unterschiedlichen Produktivität der Produktionsfaktoren in den jeweiligen Ländern. Diesen Interpretationsansatz bemühten die Klassiker, indem sie sich auf das Verhältnis zwischen Produktionsergebnissen und aufgewendeten Einsatzmengen aller Produktionsfaktoren, also globale Faktorproduktivitäten, bezogen.

Die Weiterführung der Theorie der komparativen Kosten in der neoklassischen Theorie geht davon aus, dass die einzelnen Länder mit ihren jeweiligen Produktionsfaktoren in unterschiedlichem Verhältnis ausgestattet sind. Sie stellt folglich auf Unterschiede in den Faktorproportionen ab. Unterschiedliche absolute Faktormengen werden nicht in die Betrachtung einbezogen.

Von diesem Ausgangspunkt formulierten Eli F. Heckscher (1879 - 1952) und Bertil Ohlin (1899 - 1979; Nobelpreis 1977) ihr **Faktorproportionentheorem**:

„Die komparativen Kostenunterschiede resultieren aus der unterschiedlichen Ausstattung mit Produktionsfaktoren. Diejenigen Güter werden exportiert, die mit Faktoren hergestellt werden, mit denen die Volkswirtschaft besonders gut ausgestattet ist und die deshalb relativ billig sind." (Dieckheuer, 1990)

Gemäß dem Heckscher-Ohlin-Theorem wird ein Land eben das Gut exportieren, dessen Produktion im Vergleich zur Herstellung eines anderen Gutes mehr von dem im Vergleich mit einem anderen Land reichlich vorhandenen Produktionsfaktor erfordert.

So werden relativ kapitalreiche Länder kapitalintensive Güter exportieren, zu deren Produktion vor allem ein hoher Kapitalaufwand erforderlich ist und arbeitsintensive Produkte importieren, da es ihnen im Vergleich zum Faktor Kapital am Faktor Arbeit mangelt.

Leontief (1953) setzte sich mit der Gültigkeit dieses Aspekts des Heckscher-Ohlin-Theorems mittels eines empirischen Tests auseinander, der auf einer Input-Output-Tabelle für den Außenhandel der USA in 1947 beruhte. Mangels fehlender ausländischer Input-Output-Tabellen für die amerikanischen Importe wurde von inländischen Importsubstitutionsgütern ausgegangen. Unbestritten durfte Leontief die USA als kapitalreichstes Land der Welt einstufen und schlussfolgern, dass gemäß Faktorproportionentheorem die USA kapitalintensive Güter exportieren und arbeitsintensive Güter importieren müssten. Das Ergebnis des empirischen Tests widersprach allerdings dieser Hypothese, weil sich die Kapitalintensität der amerikanischen Exporte als geringer herausstellte als die der Importsubstitute. Da die USA vornehmlich arbeitsintensive Produkte aus- und kapitalintensive einführten, ergab sich das so genannte **Leontief-Paradoxon**, ein Widerspruch zwischen untersuchter USA-Außenhandelsstruktur und der Prognose des Heckscher-Ohlin-Theorems.

Den Versuch, das Leontief-Paradoxon zu lösen, indem für die Produktionsfaktoren Arbeit oder Kapital die ursprünglichen Homogenitätsannahmen aufgehoben werden, unternahmen Keesing (1965) und Kenen (1965). Von ihnen wurde das homogene Arbeitspotential in verschiedene Kategorien von Arbeitskräften unterschiedlichen Qualifikationsniveaus zerlegt oder das homogene Kapital um das Humankapital erweitert und auf dieser Grundlage das Faktorproportionentheorem modifiziert formuliert:

Das arbeitsreiche Land besitzt komparative Kostennachteile, das kapitalreiche Land komparative Kostenvorteile in der Erzeugung qualifikationsintensiver Güter. Kapitalstarke Länder, zudem reichlich mit hoch qualifizierten Arbeitskräften ausgestattet, werden überwiegend Güter exportieren, deren Erzeugung qualifizierte Arbeit voraussetzt, während ihre Importe aus Ländern bezogen werden, die mit einem hohen Anteil gering qualifizierter Arbeitskräfte produzieren.

Vor allem angewendet auf den Außenhandel zwischen hoch entwickelten Industrieländern und den Entwicklungsländern ist die um das **Neo-Faktorproportionen-Theorem** erweiterte Heckscher-Ohlin-Theorie sehr aussagekräftig. Sie bestätigte sich aber auch angewendet auf empirische Untersuchungen deutscher Außenhandelsstrukturen in den Jahren 1962 und 1972 anhand eines **Drei-Faktoren-Modells** (ungelernte Arbeit, Humankapital, Sachkapital).

Neuere Außenhandelstheorien favorisieren Handel, auch ohne das Existieren komparativer Kostenvorteile, bei Identität der Produktionsbedingungen zweier Länder hinsichtlich Technologie, Faktorausstattung usw. und erklären den intra-industriellen Handel durch **Größenvorteile (economies of scale)** bei der Bereitstellung von Gütern, **unvollständige Konkurrenz** und **differenzierte Nachfragestrukturen**.

Größenvorteile liegen vor, wenn es in der Produktion bei proportionaler Erhöhung aller Produktionsfaktoren zu einer überproportionalen Vergrößerung der Outputmenge kommt, sich die Gesamtkosten der Produktion unterproportional zum steigenden Output entwickeln und die Durchschnittskosten mit steigenden Outputmengen abnehmen.

Unvollkommene Konkurrenz resultiert daraus, dass sich Produzenten auf die Herstellung eines bestimmten Gutes spezialisieren und infolge dieser Spezialisierung bei Vergrößerung der Output-Menge in einem Unternehmen die Durchschnittskosten gesenkt werden. Handel fände statt, weil die zusätzliche Erschließung ausländischer Märkte eine bessere Auslastung der Produktionskapazitäten, verbunden mit einer kostengünstigeren Herstellung und steigenden Gewinnen (sinkenden Verlusten) bedingen würde.

Differenzierte Nachfragestrukturen werden zur Ursache intra–industriellen Handels, da die Produktdifferenzierung aufgrund angenommener oder behaupteter Qualitätsunterschiede oder einer größeren Produktvielfalt der Konsumentennachfrage den Import von Güter ermöglichen würden, obwohl ähnliche Produkte im Inland hergestellt werden.

Neuere Außenhandelstheorien erklären außerdem die Vorteile großer Länder mit großem Binnenmarkt bei geschlossenen Außengrenzen und bieten so eine konzeptionelle Grundlage für die Behauptung, dass vor allem kleinere Staaten durch handelspolitische Integration hohe Wohlfahrtsgewinne ernten können. Die Unbestimmtheit der internationalen Standortverteilung bietet nationalen Industriepolitiken Handlungsspielräume, die dem „historischen Zufall" zum tatsächlichen oder vermeintlichen Nutzen der eigenen Volkswirtschaft auf die Sprünge helfen.

Dynamische Außenhandelstheorien begründen Handel mit Hilfe der **Produktlebenszyklustheorie** oder der **Theorie der technologischen Lücke**.

Beide Theorien zielen auf unterschiedliche Möglichkeiten des Absatzes im Außenhandel in Abhängigkeit vom Produktions- und Konsumniveau des Handelspartners ab.

14.2 Grundlagen monetärer Außenhandelstheorie

Bei der Darstellung wichtiger Grundbegriffe der monetären Außenhandelstheorie wird sich auf Wechselkurs und internationale Preisdifferenzen konzentriert (zu Zahlungsbilanz vgl. Kapitel 6). Der **Wechselkurs** einer Währung[1] bestimmt das Austauschverhältnis zwischen Inlandwährung und ausländischer Währung bzw. den Preis einer ausländischen Währungseinheit in heimischer Währungseinheit (Wie viel Yen erhalte oder zahle ich für einen Euro? - z. B. 137 760 Yen = 1 € am 1. 7. 2003).

Der Wechselkurs bildet sich auf dem **Devisenmarkt**, dem Markt, auf dem angebotene und nachgefragte Beträge an Devisen (vor allem Sichtguthaben bei ausländischen Geschäftsbanken) aufeinander treffen (wie in Abb. 14-1 am Beispiel dargestellt) aus **Euroangebot** A_ϵ und **Euronachfrage** N_ϵ.

Das Euroangebot A_ϵ dokumentiert:

- Einnahmen aus dem Waren- und Dienstleistungsexport;

- empfangene Übertragungen;

- Kapitalimport.

Die Euronachfrage N_ϵ resultiert aus:

- Zahlungen für den Waren- und Dienstleistungsimport;

- geleisteten Übertragungen;

- Kapitalexport.

Abb. 14-1: Wechselkursbildung

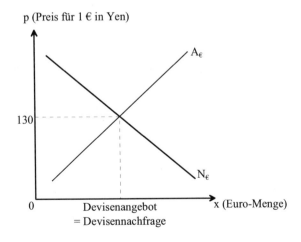

---

[1] Währung ist im engeren Sinne das in einem Land gesetzlich anerkannte Zahlungsmittel; im weiteren Sinne die gesetzliche Ordnung des Geldwesens eines Landes oder einer Ländergemeinschaft.

Der Wechselkurs würde auf Veränderungen des Devisenangebots oder der Devisennachfrage entsprechend reagieren. Ein gestiegenes Euroangebot, z. B. durch Exportüberschüsse oder gestiegene Nettokapitalimporte, würde bei konstanter Euronachfrage zu einer Rechtsverschiebung der Nachfragekurve führen; der Wechselkurs des Euro würde sinken.

Umgekehrt könnten verstärkte Nettokapitalexporte – grafisch über eine Linksverschiebung der Angebotskurve – den Wechselkurs des Euro steigen lassen.

Wenn sich Kurse frei nach oben und unten bewegen können (wie im Beispiel), handelt es sich um **freie (flexible, floatende)** Wechselkurse. Bei flexiblen Wechselkursen sind die Notenbanken nicht zu Interventionen am Devisenmarkt verpflichtet. Der Kurs bildet sich allein aus dem Zusammenwirken von Angebot an und Nachfrage nach Devisen. Wenn inländische Halter ihre Devisen nicht verwenden, um Importe oder Kapitalexporte zu tätigen, werden sie die Devisen auf dem freien Devisenmarkt in Inlandwährung tauschen. Das erhöhte Devisenangebot erzeugt ein Ungleichgewicht; ein Gleichgewicht kann sich erst dann wieder einstellen, wenn durch Aufwertung der inländischen Währung eine Preissenkung der Devisen realisiert wird. Dadurch würden sich Exporte verteuern und abnehmen.

Feste (fixe, starre) Wechselkurse schließen Kursschwankungen gänzlich aus oder ermöglichen sie nur innerhalb bestimmter Bandbreiten. Bei einem System fester Wechselkurse, wie z. B. historisch im System von Bretton-Woods oder gegenwärtig im Europäischen Währungssystem) werden also feste Paritäten (Leitkurse) zu den anderen Währungen fixiert. Sie sind dadurch gekennzeichnet, dass durch den jeweiligen Staat vereinbarte Paritäten zwischen Währungen langfristig ein Wechselkursrisiko ausschließen, dem kurzfristig mit Ankaufverpflichtungen der Notenbanken zur Stützung des festgelegten Währungskurses begegnet werden soll (Intervention).

Das finanztechnische Pendant zum Wechselkurs als Preis ist der **Devisenkurs**, der von einem gegebenen Land aus gesehene in Inlandwährung notierte Preis für die Einheit der ausländischen Währung. (Wie viele Euro erhalte oder zahle ich, um einen Yen zu bekommen?)

(z. B. 1 Yen $= 0,007261 €$ am 1. 7. 2003)

Zwischen dem Devisenkurs und dem Wechselkurs zweier Währungen besteht die Beziehung:

(14.3) $d \cdot w = 1$

Flexible Währungskurse ändern sich - dem Verhältnis von Angebot und Nachfrage nach der Währung am Devisenmarkt entsprechend - ständig, unterliegen **Aufwertungen** und **Abwertungen**.

Eine Aufwertung beinhaltet einen steigenden Wechselkurs (und einen sinkenden Devisenkurs) der Währung. Abwertungen schließen sinkende Wechselkurse (und steigende Devisenkurse) ein.

Die Änderung des Wechselkurses Δw berechnet sich als der Quotient aus der Differenz zwischen neuem (w^1) und Ausgangswechselkurs (w^0) bezogen auf den Ausgangskurs:

$$(14.4) \qquad \Delta w = \frac{w^1 - w^0}{w^0}$$

Wenn $\Delta w > 0$, fand eine Aufwertung, bei $\Delta w < 0$ eine Abwertung der Inlandwährung statt. Das jeweilige Resultat beschreibt, um wie viel sich diese Währung auf- bzw. abgewertet hat.

Während sich der Binnenwert einer Währung, ihre Kaufkraft, aus den inländischen Güterpreisen ergibt, leitet sich der **Außenwert einer Währung** von ihrem Währungskurs (Wechselkurs und Devisenkurs) und den entsprechenden Preisen im jeweiligen Land ab. Berücksichtigt man dabei nicht nur die Entwicklung des Währungskurses, sondern zusätzlich die Preisentwicklung, lässt sich der nominale Außenwert einer Währung durch einen realen Außenwert objektivieren.

Die Außenwirtschaftstheorie zeigt für Währungsauf- und -abwertungen drei Ursachenkomplexe auf:

- veränderte Kaufkraftparitäten aufgrund unterschiedlicher Kosten- und Preisniveaus zweier Länder (**Kaufkraftparitätentheorie**);
- internationale Zinsunterschiede (**Zinsarbitrage**, d. h. die gezielte Ausnutzung von Zinsdifferenzen zu Kapitalbewegungen zwischen den Ländern);
- spekulative Erwartungen (die zu spekulativen Käufen oder Verkäufen von Devisen führen).

Für Exporteure bedeutet die Aufwertung einer Währung eine Verschlechterung ihrer Konkurrenzfähigkeit auf Auslandsmärkten, da die Produkte in Fremdwährung teurer werden. Importe hingegen würden sich verbilligen.

Kostet eine Maschine, die von der BRD in die USA verkauft werden soll, bei einem Währungskurs von 2 : 1 und einem Inlandpreis von 10 000 € auf dem US-Markt 5 000 $, wird sich dieser Preis nach einer Aufwertung des

Euro gegenüber dem Dollar auf 1 : 1 auf dem amerikanischen Markt in Dollar verdoppeln.

Umgekehrt „halbieren" sich die Europreise für nach Deutschland importierte amerikanische Waren infolge der Aufwertung des Euro gegenüber dem Dollar.

Für den Außenhandel ist es unerlässlich, Kenntnisse über die Entwicklung der Import- und Exportpreise eines Landes zu besitzen, da sie Einfluss auf die Preisbildung im Import-/Exportland ausüben, wenn das gehandelte Gut als Vorleistung in heimischer Produktion verwendet wird. Das Verhältnis von Export- zu Importpreisen, gemessen in gleicher Währung, wird als **terms of trade** bezeichnet:

Die BRD exportiere einen Pkw zum Preis von 20 000 € nach Japan und importiere dafür Reis zu 0,25 €/kg. Modelltheoretisch kann Außenhandel dann als Tauschgeschäft aufgefasst werden. Es würde ein Auto gegen 80 000 kg Reis getauscht:

Die terms of trade stellten sich dar als

$$\frac{20\ 000\ \text{€/Pkw}}{0,25\ \text{€/kg Reis}} = \frac{80\ 000\ \text{kg Reis}}{1\ \text{Pkw}}$$

Interessanter als die Messzahl selbst ist die Entwicklung dieses Tauschverhältnisses im Zeitablauf. Stiege z. B. der Preis des Pkw, während der Reispreis konstant bliebe, müssten für den Kauf eines Autos durch das den Reis exportierende Land mehr Produktionsfaktoren aufgewendet werden, um das gewachsene Äquivalent für den Tausch gegen einen Pkw zu erwirtschaften. Für dieses Land verschlechterten sich die terms of trade.

Um das Realtauschverhältnis grafisch zu verdeutlichen, kann sich einer Tauschkurve, der **Marshalls offer curve**, bedient werden, die angibt, wie viele Mengeneinheiten eines Importgutes eines Landes sich gegen wie viele Mengeneinheiten eines Exportgutes eines anderen Landes bei unterschiedlichen Preisrelationen (Austauschverhältnissen) austauschen würden.

Abb. 14-2: Weltmarktgleichgewicht

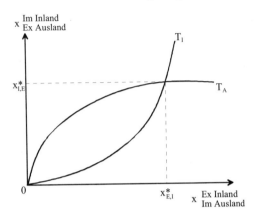

Mit zunehmender Menge des Importgutes nimmt der Sättigungsgrad im Inland zu und desto weniger Bereitschaft besteht, für das importierte Gut inländische Güter zu tauschen. (Dieser Fakt dokumentiert sich im gekrümmten Verlauf der Tauschkurve T_I.)

Analog zur inländischen Tauschkurve T_I soll eine ausländische Tauschkurve T_A eingeführt werden. Im Schnittpunkt beider Tauschkurven ergibt sich das **Weltmarktgleichgewicht**, in dem die Tauschpläne von In- und Ausland genau übereinstimmen.

Bei einer Veränderung der terms of trade kann das beschriebene Gleichgewicht gestört werden. Eine erneute Gleichgewichtssituation könnte nur über erneute relative Preisänderungen bewirkt werden.

14.3 Formen des internationalen Kapitalverkehrs

14.3.1 Lang- und mittelfristiger Kapitalverkehr: Ausländische Direktinvestitionen

Begleiterscheinungen und gleichzeitig Mittel der wachsenden internationalen Arbeitsteilung sind die weltweit zunehmenden **Direktinvestitionen (FDI)**. Direktinvestitionen werden definiert als Einsatz von Eigenkapital (einschließlich reinvestierter Gewinne) und Gesellschaftsdarlehen zum Zweck der dauerhaften Kontrolle eines ausländischen Unternehmens, der Errichtung ausländischer Töchter oder zur Kapitalaufstockung eines bereits kontrollierten Unternehmens.

Die „Kontrolle" wird international an einer Beteiligungshöhe von 10 % des haftenden Kapitals festgemacht. Beteiligungen unterhalb dieser Schwelle gelten als **Portfolioinvestitionen**. Portfolioinvestitionen in Form von Wertpapieranlagen (hauptsächlich öffentliche und private Anleihe-Obligationen) und ausländischen Anleihepapieren werden mit dem Ziel der Ertragserzielung durch Ausnutzung internationaler Zinsdifferenzen, erwartete Marktpreis- bzw. Kursänderungen der Wertpapiere motiviert.

Das weltweit fließende Kapital, das im Ausland zum Erwerb von Beteiligungen oder zur Gründung von Tochterfirmen eingesetzt wird, erreichte in 2000 die Höhe von 1,3 Bio. US-Dollar (UNCTAD, Weltinvestitionsbericht 2001) und wurde vor allem von Unternehmen aus den USA, Japan und der EU investiert.

Motive für Neugründungen, Fusionen, Firmenkäufe oder - für den Fall, dass der Erwerb von Beteiligungen durch nationale Wirtschaftsgesetzgebung erschwert wird - Joint Ventures über Direktinvestitionen resultieren aus Standortvorteilen im internationalen Wettbewerb hinsichtlich des Absatzpotentials, dem Bestreben zur Nutzung unternehmensspezifischer Wettbewerbsvorteile und der Realisierung von Skalenvorteilen durch Marktnähe infolge lokaler Präsenz, geografisch angepasster Produktdifferenzierung, globaler Substitutionsmöglichkeiten, globaler Expertise, von Größenvorteilen im Marketing und in der Streuung von Chancen und Risiken.

Bis zum Jahr 2000 erreichten die kontinuierlich wachsenden weltweiten ausländischen Direktinvestitionen eine Dimension, die erklärt, dass gegenwärtig die weltweiten Umsätze von global operierenden transnationalen Unternehmen das Doppelte der Weltexporte umfassen und dabei FDI als dominierendes Vehikel dienen, Produkte auf Auslandsmärkten abzusetzen. Zusätzlich sind FDI zur wichtigsten externen Finanzierungsquelle für Entwicklungsländer geworden und unterstützen den Transformationsprozess der mittel- und osteuropäischen Länder.

Jedoch musste der World Investment Report 2002 der UNCTAD konstatieren, dass in 2001 zum ersten Mal seit über zehn Jahren die FDI nicht gewachsen, sondern um nahezu 50 % rückläufig waren. Die UN-Handelskonferenz führt diesen Einbruch vor allem auf starke Rückgänge bei Fusionen und Übernahmen zurück, da der überwiegende Anteil der Halbierung der Zuflüsse an FDI auf die Industrieländer entfällt und macht dafür die Konjunktureinbrüche in den USA und Westeuropa verantwortlich.

Abb. 14-3: Zuflüsse an Direktinvestitionen 1995 - 2001 in Mrd. USD

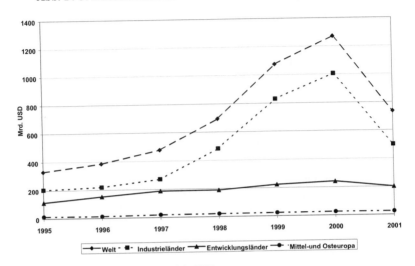

Quelle: UNCTAD, Weltinvestitionsbericht 2002.

14.3.2 Kurzfristiger Kapitalverkehr

Unter kurzfristigem Kapitalverkehr werden vorwiegend Geldmarktanlagen in Form von Terminforderungen, Geldmarktpapieren mit relativ kurzer Laufzeit und kurzfristige Handelskredite verstanden.

Dem Ertragsmotiv entsprechend steht bei Geldmarktanlagen vor allem der Spekulationsgewinn aus Zinsdifferenzen und Wechselkursänderungen im Vordergrund.

Bei Handelskrediten besteht ein direkter Zusammenhang mit Gütertransaktionen. Sie werden von Unternehmen oder Banken im Zusammenhang mit Güterexporten und Güterimporten gewährt bzw. in Anspruch genommen und hängen folglich eher von güterwirtschaftlichen und weniger von finanzwirtschaftlichen Entscheidungskalkülen ab. Darüber hinaus dienen sie als Kurssicherungsgeschäfte, mit denen Importeure und Exporteure Wechselkursrisiken weitestgehend ausschalten wollen.

Gerade auf dem Gebiet des kurzfristigen Kapitalverkehrs offenbaren sich durch die „Asienkrise" im Jahr 1997 erhebliche koordinative Marktmängel. Es wurden Risiken bei kurzfristigen Kapitalanlagen in der Hoffnung ignoriert, der Internationale Währungsfonds würde Fehlentwicklungen schon entgegensteuern („Moral-Hazard-These").

Vergleichbar mit dem Verhalten deutscher Banken in der Weltwirtschaftskrise 1929 – 1932/33, welche die kurzfristigen Kredite des Dawes-Planes langfristig weiterreichten und bei Rückforderung in erhebliche Zahlungsschwierigkeiten gerieten, wurde in so genannten Hedgefonds ein Vielfaches der Eigenmittel in Asien eingesetzt. Als deren Gläubigerbanken fällig stellten, geriet die Kreditfinanzierung durch diese Fonds ins Stocken und löste einen massiven Abzug von Kapital aus, der in einer Kapitalflucht aus den asiatischen Krisenländern gipfelte.

14.3.3 Auswirkungen des Kapitalverkehrs

Die wirtschaftlichen Folgen von Kapitalexporten werden häufig eher negativ beurteilt.

So ist die Meinung, Nettokapitalexporte seien mit einem heimischen Kapitalmangel verbunden und führen über den Zinsmechanismus oder über quantitative Kreditbeschränkungen dazu, dass die Investitionsnachfrage sinkt und damit Produktionseinschränkungen induzieren, weit verbreitet und endet immer wieder in der Forderung, im Fall hoher Kapitalabflüsse ins Ausland direkte und indirekte Maßnahmen zur Verbesserung der Kapitalbilanz zu ergreifen.

Vorgeschlagen werden **Kapitalverkehrskontrollen**, die den Erwerb ausländischer Vermögenstitel durch Inländer bzw. die Repatriierung von Gewinnen aus Direktinvestitionen einschränken (Kapitalexportkontrollen) bzw. den Erwerb inländischer Vermögenstitel durch Ausländer begrenzen sollen (Kapitalimportkontrollen).

Um die Anreize zu kurzfristigen Devisenspekulationen zu vermindern und damit eine wichtige Quelle der Wechselkursschwankungen zu beseitigen, wurde vorgeschlagen, bei Devisenkassageschäften weltweit eine einheitliche Steuer (0,1 – 0,5 % des Devisenumsatzes) auf den Umtausch einer Währung in eine andere, die **Tobin-Steuer**, zu erheben.

Ein weniger rigider Lösungsansatz bezieht sich auf Zinserhöhungen im Inland mit Hilfe einer restriktiven Geldpolitik der Zentralbank.

Obwohl grenzüberschreitende Kapitaltransfers für die Erhaltung der internationalen Zahlungsfähigkeit unerlässlich sind, stoßen Nettokapitalimporte auch in den Empfängerländern nicht ausschließlich auf Zustimmung. Vor allem Direktinvestitionen trügen den Charakter eines „Ausverkaufs" der heimischen Vermögenswerte und ermöglichen eine zu starke Einflussnahme des Auslands auf die Unternehmenspolitik sowie, das gälte für alle Formen des Kapitalimports, unabsehbare Folgelasten aus Zinstilgungspflichten.

Nicht immer profitiere das Zielland durch die Kapitalzufuhr und den damit verbundenen Import von Know how. Direktinvestitionen können den Verdrängungswettbewerb im Empfängerland forcieren und nationale Anbieter vom Markt verdrängen.

Ein (Netto-)Kapitalexport eines Industrielandes in ein Entwicklungs- oder Transformationsland bedeutet, dass Letztere mehr Güter importieren als exportieren. Das entkräftet zwar einerseits das Argument, mobiles Kapital aus Industrieländern flösse in jene Länder, um die Märkte der Industrienationen mit Billigwaren zu überschwemmen, fördert aber wohl andererseits nicht automatisch eine ausgewogene Strukturentwicklung in den unterentwickelten Volkswirtschaften.

Bei der Bewertung der Auswirkungen des Kapitalexports muss aber berücksichtigt werden, dass Direktinvestitionen aus entwickelten Industrieländern für Transformationsländer und Entwicklungsländer oft die einzige Möglichkeit darstellen, den Kapitalstock ihrer Volkswirtschaft zu modernisieren und auf dieser Grundlage ihre Position im internationalen Wettbewerb zu verbessern.

Direktinvestitionen eröffnen den Zugang zu ausländischen Managementstrategien und erleichtern dadurch den Einstieg in die Weltgütermärkte.

Sie bewirken zudem eine längerfristige Orientierung auf das Gastland und begründen dauerhaftere Wirtschaftsbeziehungen als andere Formen des Kapitalexports, sind folglich weniger schwankungsintensiv und krisenanfällig.

14.4 Protektionismus und wirtschaftliche Integration

14.4.1 Protektionismus

Historisch betrachtet bedienen sich nationale Volkswirtschaften unabhängig davon, ob sie grundsätzlich das durch Ricardo begründete Leitbild des Freihandels propagieren, immer dann protektionistischer Maßnahmen, wenn ihnen aus ihren Außenwirtschaftsbeziehungen Nachteile erwachsen. Diese Art der Außenwirtschaftspolitik ist derzeit charakteristisch für Industriestaaten: *„Protektionismus ist ein integraler Bestandteil der internationalen Arbeitsteilung ..., die stetig zugenommen (hat), ebenso aber auch die Wettbewerbsbeschränkungen zugunsten der nationalen Wertschöpfung."* (R. H. Hasse [2002], Protektionismus passè?, HWWA Discussion Paper, Hamburg).

Abb. 14-4: Instrumente der Außenwirtschaftspolitik der Industrieländer

	Internationale Gütermärkte	Internationale Geldkapitalmärkte
Einfluss auf Transaktionsmenge	Kontingentierungen; Ein- und Ausfuhrverbote	Genehmigungspflicht; Verbote; Devisenbewirtschaftung; Konvertibilitätsbeschränkungen; Spaltung der Devisenmärkte
Einfluss auf Marktpreise	Zölle; Steuern; Subventionen; Dumpingpreise	Zinssteuerung; Steuern auf ausländische Kapitalanlagen; Mindestreserven auf Auslandseinlagen; Wechselkursfixierung; Autonome Wechselkursänderungen; Floaten
Rahmenbedingungen	Wettbewerbsrecht; Ein- und Ausfuhrformalitäten; Technische Vorschriften; Qualitätsanforderungen	Rechtssicherheit für Kapitalanlagen; Staatliche Bürgschaften für Direktinvestitionen Vorschriften für die Zulassung zur Börse; Meldevorschriften für den Devisenhandel

Protektionistische Maßnahmen werden häufig mit

- unterschiedlichen nationalen Steuersystemen und zu zahlendem Steuerausgleich an den Grenzen,

- Vergeltungsmaßnahmen gegen ausländische Handelshemmnisse und

- Ausgleichsmaßnahmen gegen internationale Wettbewerbsverzerrungen, wie Subventionen und Dumping,

wirtschaftspolitisch begründet. R. H. Hasse weist zusammenfassend darauf hin, dass protektionistische „internationale Handelskonflikte weitgehend durch nationale Verteilungskämpfe verursacht werden".[2]

Auf der Basis einer kritischen Analyse der Handelspolitik der außenwirtschaftlichen Konkurrenten greift vornehmlich der Staat zu **tarifären** (Erhebung von Zöllen) und **nichttarifären Handelshemmnissen** (u. a. mengenmäßigen Begrenzungen des Imports von im Ausland produzierten Gütern

---

[2] Vgl. *R. H. Hasse* (2002), a. a. O, S. 9.

über Einführung von Importquoten), um die Marktergebnisse, die sich bei einseitigem Freihandel einstellen würden, zu eigenen Gunsten zu verändern.

Zölle sind Steuern auf den grenzüberschreitenden Warenverkehr bei der Ausfuhr, der Einfuhr oder dem Transit. Mit einem Zoll belegt werden kann zum einen die Menge (**Mengenzoll** oder spezifischer Zoll), zum anderen der Wert einer Ware (**Wertzoll**).

Steht bei der Erhebung eines Zolls das Motiv der Ausweitung der Einnahmen des Staates im Mittelpunkt, so wird ein **Fiskalzoll** erhoben. Ein **Schutzzoll**, der die heimischen Anbieter gegen die ausländische Konkurrenz beschützen soll, kann die Form eines **Prohibitivzolls** annehmen, wenn er so hoch angesetzt wird, dass Importe völlig unterbunden werden. Abbildung 14-5 soll die Wirkung eines Mengenzolls t auf den Güterimport veranschaulichen.

Der ausländische Exporteur wird einen Zoll t auf den Preis aufschlagen. Die Importangebotskurve A_{Im0} verschiebt sich nach oben. Es bildet sich ein neuer im Vergleich zum Auslandspreis höherer Gleichgewichtspreis p_1 auf dem Markt des Importlandes, die mögliche Absatzmenge geht auf x_1 zurück. Der Staat realisiert Einnahmen in Höhe von $x_1 * t$, die zum Teil aus inländischer Konsumentenrente (waagerecht linierte Fläche), zum Teil aus ausländischer Produzentenrente (senkrecht gestreifte Fläche) fließen.

Abb. 14-5: Wirkung eines Importzolls

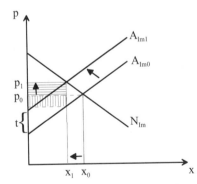

Für den inländischen Anbieter stellt sich die Situation wie in Abb. 14-6 dar. Dabei entspricht

- A_I der Angebotskurve der Inländer,
- A_H dem Gesamtangebot (Inland + Ausland) bei zollfreiem Handel und

- A_Z dem Gesamtangebot (Inland und Ausland) bei Erhebung eines Importzolls.

Abb. 14-6: Wirkung eines Importzolls auf inländische Anbieter

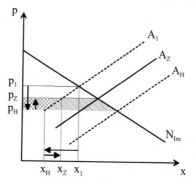

Ohne Außenhandel setzen die inländischen Anbieter zum Preis p_1 eine Menge x_1 um. Durch Ausdehnung des Angebots infolge von Import sinkt der Preis auf p_H. Das inländische Angebot ist rückläufig. Zusätzliche Nachfrage wird durch Importe abgedeckt. Wird nun ein Mengenzoll auf den Import erhoben, steigt der Preis wieder auf p_Z an, eine größere Menge x_Z kann abgesetzt werden. Die Nachfrager erleiden eine Einbuße an Konsumentenrente, die Anbieter realisieren einen zusätzlichen Gewinn.

Die beschriebene **beggar my neighbour policy** ermöglicht es, für das eine Zoll erhebende Land kurzzeitig Vorteile zu erzielen.

Für gewöhnlich lösen aber solche einseitigen Zölle Gegenreaktionen der betroffenen Exportländer aus, die ihrerseits mit **Retorsionszöllen** (Vergeltungszöllen) reagieren, ein Prozess, der in regelrechte Handelskriege münden kann.

Als entwicklungspolitisch gerechtfertigt wird der durch den deutschen Nationalökonomen F. List wissenschaftlich begründete **Erziehungszoll** für so genannte infant industries sich entwickelnder Volkswirtschaften. Geschützt durch Importzölle soll damit einem sich wirtschaftlich im Aufbau befindenden und international noch nicht konkurrenzfähigem Land über einen begrenzten Zeitraum die Möglichkeit eröffnet werden, ohne den Preisdruck der ausländischen Wettbewerber eine langfristig wettbewerbsfähige Wirtschaft zu errichten.

Allerdings wird auf die Unvorhersehbarkeit zukünftiger Entwicklungen hingewiesen. Wenn Aussicht auf eine leistungsfähige Industrie besteht, sollte die wirtschaftliche Entwicklung besser durch offene Subventionierung gefördert werden, die volkswirtschaftliche Belastungen für jeden erkennbar werden ließen. Der Druck auf die neuen Industrien, schnellstmöglich konkurrenzfähig zu werden, sei dann ungleich größer als bei einer Entwicklung hinter Zollmauern.

Nach dem Zweiten Weltkrieg wurden Zölle im Handel zwischen den Industriestaaten durch internationale oder supranationale Konventionen schrittweise gesenkt oder abgeschafft und durch ein System teilweise äußerst subtiler **nichttarifärer Handelshemmnisse** ersetzt: **Einfuhrkontingente** sind mengen- oder wertmäßige Begrenzungen des Imports. Mit so genannten **freiwilligen Selbstbeschränkungsabkommen** verpflichtet sich ein ausländischer Anbieter gegenüber dem importierenden Land meist auf massiven politischen Druck, sein Angebot auf eine Höchstmenge oder einen Höchstwert zu begrenzen. Nichttarifäre Handelsbeschränkungen schließen aber auch das Aufstellen von Normen und Sicherheitsbestimmungen ein, stellen sich als Appelle an das nationale Bewusstsein der Konsumenten dar („Buy British") und erscheinen als bürokratische Vorschriften (administrativer Protektionismus) hinsichtlich der Einfuhrvorschriften, Zollwertermittlungen und Produktionsvorschriften.

Zu den nichttarifären Handelshemmnissen zählen staatliche Maßnahmen zur Verbesserung der Absatzchancen der heimischen Exportwirtschaft, wie z. B. die Gewährleistung von Subventionen und steuerlichen Entlastungen für Exportprodukte, die Übernahme des Wechselkursrisikos und von Ausfallbürgschaften und Zuschüsse für Werbung und Marktforschung.

Der Nachweis des protektionistischen Charakters solcher Maßnahmen ist komplizierter als der bei tarifären Handelshemmnissen. Mit Zöllen und Einfuhrkontingenten werden ausländische Anbieter direkt und offen belastet, den inländischen Exporteuren zufließende Subventionen sind aber häufig nicht offensichtlich und ermöglichen Protektionismus vorbei an internationalen Vereinbarungen im Rahmen der Welthandelsorganisation, die das verbieten.

14.4.2 Wirtschaftliche Integration und Globalisierung

Einerseits sind Bestrebungen von Nationalstaaten, sich im Interesse der Förderung wirtschaftlicher (und politischer) Beziehungen zusammenzuschließen dem Leitbild des Freihandels zuzuordnen, auch wenn andererseits nicht unerwähnt bleiben soll, dass solche regionalen Zusammenschlüsse gleichzeitig verstärkt protektionistisches Vorgehen gegen nicht am Integrationsprozess beteiligte Länder einschließen können.

Im Prozess wirtschaftlicher Integration durchschreiten die beteiligten Staaten **Integrationsstufen**.

Die **Präferenzzone** stellt die niedrigste Integrationsstufe dar. Sie entsteht dadurch, dass zwei oder mehr Länder bilaterale bzw. multilaterale Verträge vereinbaren, in denen sie sich für den Handel mit spezifischen Gütern Vorzugsbedingungen, wie niedrigere Zölle oder die Festlegung weniger begrenzter Ein- und Ausfuhrquoten einräumen.

Die nächst höhere Form des Zusammenschlusses mehrerer Staaten mit dem Ziel, Zölle abzubauen, ist die **Freihandelszone** (Freihandelsassoziation), in die in der Regel der gesamte Güterverkehr einbezogen wird. Während im Inneren einer Freihandelszone eine gemeinsame Zollpolitik betrieben wird, verfolgt jedes Mitgliedsland gegenüber Drittländern seine eigene Außenwirtschaftspolitik. Weichen die Außenzölle der Mitgliedsländer voneinander ab, könnte ein Drittland seine Güterimporte in ein Land der Freihandelszone über das Mitgliedsland mit den niedrigsten Protektionsschranken abwickeln. Um diese Möglichkeit auszuschließen, sind die Länder der Freihandelzone gezwungen, den Güterverkehr untereinander weiter zu kontrollieren und z. B. einen Ursprungsnachweis zu verlangen.

In einer **Zollunion** hingegen werden nicht nur die Zölle zwischen den beteiligten Ländern abgebaut, sondern es besteht auch eine gemeinsame Zollpolitik gegenüber Drittländern, und es werden zusätzlich andere protektionistische Maßnahmen ihnen gegenüber abgestimmt. Innerhalb der Zollunion wird der Handel liberalisiert und bisherige inländische Monopole durch vormals ausländische nun in die Zollunion integrierte Konkurrenz neutralisiert.

Die Zollunion kann, wie am Beispiel der Europäischen Gemeinschaft nachvollziehbar, in einen **Binnenmarkt** (Gemeinsamer Markt) gipfeln, in dem uneingeschränkte interne Mobilität für alle Produktionsfaktoren besteht, Waren-, Dienstleistungs-, Kapital- und Personenverkehr völlig liberalisiert sind.

Abb. 14-7: Die vier Freiheiten des Binnenmarktes

Freier Personenverkehr	**Freier Dienstleistungsverkehr**
- Niederlassungs- und Beschäftigungsfreiheit für Bürger der EG - Wegfall der Binnengrenzkontrollen für Personen - Aufenthaltsrecht für Nichterwerbstätige - Abbau steuerlicher Schranken bezüglich Freizügigkeit für Arbeitnehmer und Niederlassungsfreiheit	- Liberalisierung der Finanzdienste (Banken und Versicherungen, Wertpapierhandel) - Harmonisierung der Banken- und Versicherungsaufsicht - Öffnung der Transport- und Telekommunikationsmärkte - Öffnung des öffentlichen Auftragswesens
Freier Warenverkehr	**Freier Kapitalverkehr**
- Wegfall der Binnengrenzkontrollen - Harmonisierung oder Anerkennung von gegenseitigen Normen und Vorschriften - Steuerharmonisierung - Abbau nichttarifärer Handelshemmnisse	- Freizügigkeit für Geld- und Kapitalbewegungen - Schritte zu einem gemeinsamen Finanzmarkt - Kooperation zur Verhinderung der Steuerhinterziehung und Maßnahmen zur Bekämpfung der Geldwäsche

Die höchste Form der ökonomischen Integration ist eine **Wirtschafts- und Währungsunion,** die schrittweise in eine **politischen Union** münden kann.

Mit Inkrafttreten des **Maastrichter Vertrages** am 1. 11. 1993 ist die Schaffung einer **Europäischen Wirtschafts- und Währungsunion** völkerrechtlich verbindlich beschlossen worden.

Die Durchsetzung einer Währungsunion im europäischen Raum setzte voraus, dass die an ihr beteiligten Staaten hinsichtlich ihrer wirtschaftlichen Entwicklung ein annähernd vergleichbares Niveau aufwiesen, das sich über die Einhaltung so genannter **Konvergenzkriterien** definierte. Die entsprechenden Referenzwerte bezogen sich auf Preisniveaustabilität, langfristig niedrige Zinsen, Sicherung solider Staatsfinanzen durch Haushaltsdisziplin und Wechselkursstabilität und wurden in Ansätzen von den 12 Mitgliedsländern nachgewiesen. Die gemeinsame europäische Währung, der **Euro,** sollte sowohl den Binnenmarkt als auch das weltwirtschaftliche Gewicht der EU stärken.

Die internationale Rolle, die eine Währung spielen kann, resultiert aus dem Vorhandensein einer leistungsfähigen großen Volkswirtschaft. Diese war mit der Vollendung des Binnenmarktes, gekennzeichnet durch einen bedeutenden Anteil am Welthandel, uneingeschränkter Konvertibilität und Vertrauen in die Wertbeständigkeit der betreffenden Währungen, hoch entwickelten Finanzmärkten, einer effizienten Wirtschaftspolitik und politischer Stabilität gegeben.

Die **Vorteile einer Währungsunion** wurden vor allem darin gesehen, dass:[3]

- wegfallende Transaktionskosten im internationalen Güter- und Kapitalverkehr erhebliche Ersparnisse begünstigten;

- Einsparungen hinsichtlich der Transaktionskosten eine Vertiefung der europäischen Arbeitsteilung förderten;

- die Gestaltung eines im Rahmen des EU-Marktes einheitlichen Finanzraumes begünstigt würde;

- sich die Anfälligkeit eines Landes gegenüber monetären Schocks verringere und mit der geld- und währungspolitischen Dominanz bisheriger Leitwährungen gebrochen würde und

- sich die europäische Identität erhöhe.

Tatsächlich trug der Euro zur Weiterentwicklung der Finanzmärkte bei, die Markttransparenz wurde erhöht und der Wettbewerb intensiviert. Der Wegfall der Wechselkursrisiken führte zu verstärkten grenzüberschreitenden, innereuropäischen Portfolioinvestitionen. Die Entwicklung seit Einführung des Euro zeigte aber auch, dass nach wie vor innerhalb der EWWU weiter bestehende nationale Unterschiede in der Besteuerung, der Rechnungslegung und im Rechtsrahmen beträchtliche Integrationshemmnisse darstellen.

Die **Risiken der Währungsunion** kulminierten in der Frage, ob die gemeinsame Währung, der Euro, den Ansprüchen an eine „starke" Währung genügen könnte.

Das **Europäische System der Zentralbanken** (ESZB) wurde mit der Aufgabe betraut, mit der **Europäischen Zentralbank** (EZB) als zentraler Institution die Geldpolitik der Gemeinschaft festzulegen und zu koordinieren, um - und das ist das vorrangige Ziel der EZB - Preisstabilität zu gewährleisten.[4]

---

[3] Vgl. u. a. *R. Neubäumer/B. Hewel* (Hrsg.), Volkswirtschaftslehre, Wiesbaden 1994, S. 542 f.
[4] Vgl. Europäische Gemeinschaft-Europäische Union. Die Vertragstexte von Maastricht, Art. 105 Abs: 1.

Neben dieser Hauptaufgabe hat die EZB

- das alleinige und ausschließliche Recht, die Ausgabe von Banknoten und den Umfang der Münzprägung zu genehmigen;
- in Einklang mit Art. 109 des EG-Vertrages Devisengeschäfte zur Wechselkurspolitik durchzuführen;
- die offiziellen Währungsreserven zu halten und zu verwalten und
- den reibungslosen Zahlungsverkehr im Euro-Raum zu gewährleisten.

Der **Aufbau der ESZB** soll den weit gefächerten und im Spannungsfeld zwischen nationalen und europäischen Interessen sehr anspruchsvollen Aufgaben gerecht werden.

Abb. 14-8: Europäisches System der Zentralbanken (ESZB)

Europäische Zentralbank (EZB)	Beschlussorgane der EZB	Nationale Zentralbanken (NZB)
EZB-Rat (Legislative) Direktorium der EZB	Direktorium (Exekutive)	Erweiterter Rat Präsident und Vizepräsident der EZB
Präsident der Zentralbanken der dem Euro-Währungsraum angehörenden Länder	Präsident, Vizepräsident und vier weitere Mitglieder	Präsidenten der nationalen Zentralbanken einschließlich der Länder, die noch nicht Mitglied der Währungsunion sind

Quelle: Europäische Zentralbank.

Die EZSB setzt sich aus der Europäischen Zentralbank als zentraler Institution und den Nationalen Zentralbanken zusammen. Der EZB-Rat mit seinem Präsidenten, Vizepräsidenten und vier weiteren Mitgliedern des Direktoriums sowie den Präsidenten der Nationalen Zentralbanken bildet das zentrale Entscheidungsgremium für die einheitliche europäische Geld- und Währungspolitik. Das Direktorium ist das zentrale Exekutivorgan zur Ausführung der Geldpolitik mittels der Nationalen Zentralbanken. Der Erweiterte Rat der EZB wird von dem Präsidenten und Vizepräsidenten der EZB und den Präsidenten der Nationalen Zentralbanken aller EU-Mitgliedsländer, auch jener, die noch nicht an der Währungsunion beteiligt sind, gebildet und koordiniert die Geld- und Währungspolitik zwischen der EZB und den Ländern mit so genannter Ausnahmeregelung im Sinne des EWS 2. (zur Funktionsweise vgl. Kapitel Geld).

Wird wirtschaftliche Integration nicht nur als regionales, sondern weltwirtschaftliches Phänomen analysiert, kann konstatiert werden, dass sich seit etwa dreißig Jahren eine neue Form der internationalen Arbeitsteilung zeigt. Sie ist gekennzeichnet durch die Tendenz, Wertschöpfungsketten und betriebliche Verwaltungshierarchien zu internationalisieren bzw. zu **globalisieren**, um weiterhin bestehende nationalstaatliche oder auch überregionale Regulierungen im Waren-, Dienstleistungs- und Kapitalverkehr unterlaufen zu können bzw. günstigere Faktorpreisrelationen zu nutzen. Ehemals rein nationale Märkte für Produktionsfaktoren sind mittlerweile global zu Weltmärkten verschmolzen. Die Tendenz, die Beschaffungspolitik eines Unternehmens auf die weltweit vorhandenen Märkte auszurichten, wird als **global sourcing** bezeichnet.

Während die Arbeitsmärkte noch weitgehend national geprägt sind, lässt sich die Globalisierung der Finanzmärkte vor allem an der Zunahme der internationalen Kapitalverflechtung über Direktinvestitionen festmachen. Als Voraussetzung für den Globalisierungsprozess gelten u. a.:

- niedrige Kosten auch für qualifizierte Arbeit in jungen Industriestaaten;
- wegfallende „Mobilitätsschranken" für Güter, Kapital und Technologie;
- sinkende Transportkosten und
- der „globale", ideologische und realwirtschaftliche Sieg der Marktwirtschaft über die sozialistische Planwirtschaft.

Kritiker der Globalisierung geben zu bedenken, dass durch diese Form internationaler Arbeitsteilung in den traditionellen Industrieländern der Strukturanpassungsdruck und die Arbeitsplatzunsicherheit wachse, sich die Lohnschere zwischen höher und geringer qualifizierten Arbeitskräften öffne und eine sozial benachteiligte Gruppe der „working poor" entstünde, da vor allem unkomplizierte Arbeit in Entwicklungsländer verlagert würde. Sie weisen darauf hin, dass der Globalisierungsprozess zwar Wohlfahrtsgewinne durch Realeinkommenswachstum schaffen würde, an denen aber die ärmeren Entwicklungsländer nicht oder nur unvollkommen partizipieren könnten. Zudem manifestieren sich „unfaire Wettbewerbsvorteile" für Produzenten aus Ländern mit schlechten Arbeitsbedingungen, niedrigen Sozialstandards und geringeren Anforderungen an den Umweltschutz, so dass Anreize zur Absenkung von Sozial- und Umweltstandards, ein so genanntes Sozial- und Umweltdumping, weiter forciert würden.

Folglich wird die **World Trade Organization** (WTO) immer stärker unter Druck gesetzt, „ihren Aufgabenbereich zu vergrößern, da sie mehr und mehr als Brennpunkt der vielen Herausforderungen und Bedenken um die Globalisierung gesehen wird" (Renato Ruggiero, ehem. WTO-Generalsekretär).

Die WTO, 1995 im Zuge der „**Uruguay-Runde**" des General Agreement on Tariffs and Trade (GATT) gegründet, ist die internationale Organisation zur Umsetzung eines multilateralen Handelsabkommens, das auf drei Säulen steht (Abb. 14-9).

Abb. 14-9: Die drei Säulen der WTO

GATT-1994	GATS	TRIPS
MULTILATERAL TRADE IN GOODS AGREEMENT	GENERAL AGREE-MENT ON TRADE IN SERVICES (Dienstleis-tungsabkommen)	TRADE-RELATED ASPECTS OF INTEL-LECTUAL PROPERTY RIGHTS (Abkommen über Rechte am geistigen Eigentum)
Traditionelle GATT-Regeln		
Anwendungsbereich auf Agrarprodukte, Textilien und Bekleidung erweitert	Dienstleistungshandel wird den GATT-Prinzipien unterworfen	Rahmen für multilaterale Standards zum Schutz geistiger Eigentumsrech-te (Patente, Urheberrech-te, Marken etc.) im inter-nationalen Handel
Voraussetzungen zur Anwendung von Anti-dumping- und selektiven Schutzmaßnahmen präzisiert	Rahmenbedingungen für weltweite Liberalisierung der Dienstleistungsmärkte entstehen	

Bis zur Ablösung des GATT durch die WTO fanden viele Verhandlungen zur Beseitigung von Dumping, Subventionen und öffentlicher Beschaffung parallel zum GATT statt. Die gefassten Beschlüsse waren nicht für alle Mitgliedsländer bindend. Dem sollte durch eine Eingliederung in die WTO ebenso begegnet werden wie mittels der Einführung eines Mechanismus zur Lösung von Streitigkeiten und der Ableitung für die Mitgliedsländer allgemein verbindlicher Rechtsnormen (Dispute Settlement Mechanism).

Im November 2002 einigten sich die 144 Mitgliedsländer der WTO im Golfemirat Katar auf eine neue **Welthandelsrunde**. Der in **Doha** ausgehandelte Kompromiss über einen weltweiten Abbau der Agrarsubventionen beinhaltet die langfristige Senkung der Zuschüsse zu Agrarprodukten in der EU und den USA, nicht aber, wie ursprünglich gefordert, den schrittweisen Abbau der Subventionen.

Besonders auffällig zeigte sich in dieser Verhandlungsrunde die Abschottungstendenz der westlichen Industrieländer in gerade den Sektoren, die für viele Entwicklungsländer die einzige Einnahmequelle sind, wie die Landwirtschaft oder die Textilproduktion.

Abb. 14-10: Entwicklungsländer in der WTO

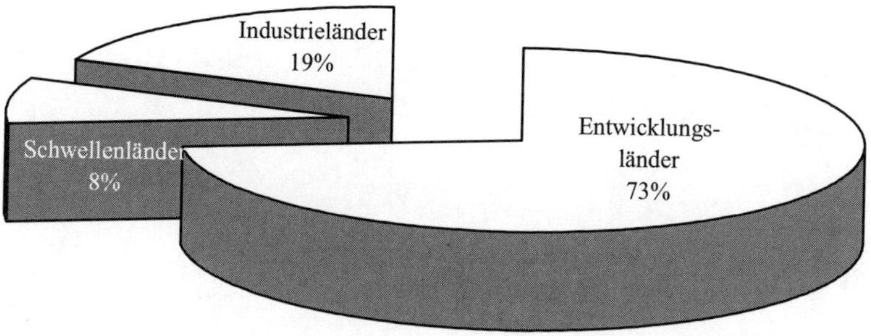

In 2002 waren 105 der 144 Mitgliedsländer der WTO Entwicklungsländer einschließlich 30 so genannter Least Developed Countries (LDCs).

Vor allem asiatische und lateinamerikanische Länder konnten ihren Anteil am internationalen Handel steigern und - zumindest bis zum Ausbruch der Finanzkrise – auch in erheblichem Umfang Auslandsinvestitionen anziehen.

Das starke Engagement der Entwicklungsländer in der WTO resultiert aus der Tatsache, dass die Industrieländer vor allem solche Exportgüter der Entwicklungsländer stark mit Zöllen oder nichttarifären Handelshemmnissen belasten, die besonders kostengünstig und, aus der Faktorallokation resultierend, oft ausschließlich produziert werden können. Noch immer unterliegen z. B. etwa 80 % der Textilien aus der Dritten Welt strikten Importkontingenten in der EU und den USA.

Abb. 14-11: Anteil der Entwicklungsländer am Welthandel mit Waren und Dienstleistungen (in v. H.)

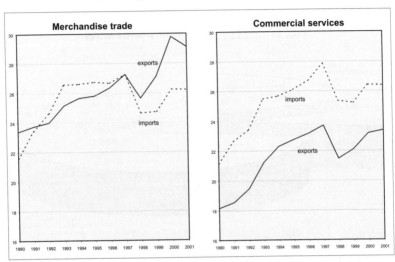

Quelle: WTO, International Trade Statistics 2002.

Neben der WTO, die gemäß dem Programm der Doha-Runde dafür sorgen soll, dass

- Zoll- und Mengenbeschränkungen für Exporte aus LDCs konsequent beseitigt werden;

- der Handel mit Agrargütern weiter liberalisiert und von den entwickelten Industrieländern weniger subventioniert wird;

- die Entwicklungsländer über Kapitalexport stärker in den Genuss technischer Zusammenarbeit und Hilfe (capacity building) kommen und

- eine exportgestützte Handelsförderung für Entwicklungsländer erfolgt,

sollen Institutionen, wie der Internationale Währungsfond (IWF), die Weltbank und die Europäische Bank für Wiederaufbau und Entwicklung (EBWE), den Entwicklungsprozess dieser Länder unterstützen.

14.4.3 Einbeziehung der Entwicklungsländer in die Weltwirtschaft: IWF, Weltbank, EBWE

Der **Internationale Währungsfonds (IWF)** wurde 1944 ursprünglich im Zusammenhang mit dem Währungssystem von Bretton Woods geschaffen, um

- die internationale Zusammenarbeit auf dem Gebiet der Währungspolitik zu fördern und damit die Ausweitung und ein ausgewogenes Wachstum des Welthandels zu erleichtern,
- die Stabilität der Wechselkurse zu fördern,
- bei der Errichtung eines multilateralen Zahlungssystems mitzuwirken,
- den Mitgliedsländern in Zahlungsbilanzschwierigkeiten die allgemeinen Fondsmittel zeitweilig und unter angemessenen Sicherungen zur Verfügung zu stellen und
- die Dauer und das Ausmaß der Ungleichgewichte der internationalen Zahlungsbilanzen der Mitgliedsländer zu verringern.

Heute agiert der IWF im Rahmen verschiedener Verschuldungskrisen auf internationalen Kapitalmärkten, betätigt sich im Bereich der Entwicklungspolitik und unterstützt die ehemals sozialistischen Volkswirtschaften bei Problemen der Transformation.

Die Finanzkrisen der vergangenen Jahre, die verdeutlichten, dass Globalisierung sowohl beträchtliche Vorteile als auch Risiken mit sich bringen kann, haben Schwächen im internationalen Finanzsystem offen gelegt, von denen viele mit der zunehmenden Größe und Bedeutung grenzüberschreitender Kapitalströme zusammenhängen. Als Reaktion darauf setzten sich die Mitgliedsländer des IWF dafür ein, die Architektur des internationalen Finanzsystems zu stärken. Der IWF vergibt Kredite zur Währungsstabilisierung und Stärkung des Außenhandels an Mitgliedsländer, wenn sie in Zahlungsbilanzschwierigkeiten sind, d. h. nicht genug Devisen einnehmen, mit denen sie ihre Einfuhren aus anderen Ländern bezahlen können. In diesem Fall muss sich der Kreditnehmer verpflichten, das geliehene Geld effektiv einzusetzen und Reformen durchzuführen, die die Ursachen der Zahlungsbilanzschwierigkeiten beseitigen.

Wirtschaftlich unterentwickelten Ländern wird mittels einer **Strukturanpassungsfazilität** Geld zu sehr niedrigen Zinssätzen zur Verfügung gestellt. In diesem Verfahren arbeiten der IWF und die Weltbank, eine Schwesterorganisation des IWF, die sich ausschließlich mit der wirtschaftlichen Entwicklung dieser Länder befasst, zusammen

Die Hauptquelle für die Finanzmittel des IWF sind die **Quoten** – ein Pool von Ressourcen, bestehend aus Kapitalsubskriptionen, die die einzelnen Mitgliedsländer eingezahlt haben.

Das Sonderziehungsrecht **SZR** ist ein internationales Reservemedium, das der IWF im Anschluss an die Erste Änderung des Übereinkommens 1969 zur Aufstockung der bestehenden Reserveguthaben der Mitglieder - offizielle Goldbestände, Devisen und Reservepositionen im IWF - einführte.

Wie der Internationale Währungsfonds wurde die **Weltbank** in 1944 im Zusammenhang mit der Wirtschaftskonferenz von Bretton Woods gegründet. Ihre ursprüngliche Aufgabe, den wirtschaftlichen Aufbau nach dem Zweiten Weltkrieg durch die Schaffung von Währungsstabilität zur Vermeidung von Finanzkrisen zu unterstützen, trat nach dem Zerfall des Bretton-Woods-Systems immer mehr in den Hintergrund.

Die Weltbank ist der größte existierende Kreditor der Entwicklungs- und Transformationsländer. In der Regel vergibt sie zweckgebundene sektorale Kredite in Zusammenhang mit Struktur- und Sektoranpassungsprogrammen, welche die internationale Entwicklungsfinanzierung und das Management der internationalen Schuldenkrisen maßgeblich beeinflussen. Die Weltbank berät die oben genannten Länder bei wirtschaftlichen, technischen und organisatorischen Problemen und fördert die Zufuhr privater Kapitalanlagen.

Das Mandat der Weltbank, Entscheidungen ausschließlich auf der Grundlage wirtschaftlicher Gesichtspunkte zu treffen und sich jeglicher Bewertungen politischer Art zu enthalten, ist nicht umsetzbar, weil sich die wirtschaftliche und die politische Sphäre immer wieder überschneiden. Folglich steht die Kreditvergabepolitik der Weltbank angesichts der hohen Auslandsverschuldung der Entwicklungsländer häufig in der Kritik.

Die Bank refinanziert sich in erster Linie über Mittelaufnahmen auf internationalen Kapitalmärkten. Dies ist gerade in Zeiten, in denen die Ausgaben aus Steuermitteln eingeschränkt werden sollen, von besonderer politischer Bedeutung für die entwickelten Industrieländer.

Die 1990 in London auf Initiative des französischen Präsidenten Mitterand gegründete **Europäische Bank für Wiederaufbau und Entwicklung** Osteuropas (EBWE), auch als „Osteuropabank", „Europabank" oder „Ostbank" bezeichnet, unterstützt den Reformprozess in den demokratischen Ländern Osteuropas durch finanzielle Hilfe in den Bereichen:

- Förderung des Aufbaus eines privaten Sektors der jeweiligen Volkswirtschaft durch günstige Kreditvergabe (satzungsgemäß ist die Bank gehalten, bei ihrer Finanzierung bis zu 60 % private und höchstens 40 % öffentliche Projekte zu unterstützen!);

- Mobilisierung von Privatkapital für Investitionen in diesen Ländern durch Übernahme von Garantien (Bürgschaften und Wertpapieremissionen),

- Unterstützung von Infrastruktur- und Umweltschutzmassnahmen (Priorität haben dabei die Sektoren Energie, Transport, Fernmeldewesen, Wohnungsbau);

- Gewährung technischer Hilfe bei der Vorbereitung, Finanzierung und Durchführung solcher Projekte und

- beratende Förderung von Reformen im Finanzsektor.

Zur Finanzierung der Projekte dient zum einen das Eigenkapital der Bank. Am Grundkapital der EBWE von 10 Mrd. ECU halten die EU-Länder 51 %; davon entfallen auf Deutschland, Frankreich, Großbritannien und Italien jeweils 8,5 %. Die Vereinigten Staaten sind mit 10 %, Japan ist mit 8,5 % beteiligt; osteuropäische Empfängerländer besitzen 13,5 %. Das Bankstatut beinhaltet den Passus, dass bei Neuaufnahmen zu gewährleisten ist, dass die EU-Mitgliedsländer Mehrheitseigner bleiben und dokumentiert, dass es sich bei dieser Bank um eine europäische Institution handelt. Die Schuldnerstaaten können mit ihren relativ geringfügigen Anteilen keinen Einfluss auf die Geschäftspolitik der Bank nehmen.

Zum anderen nutzt die EBWE Möglichkeiten zur günstigen Refinanzierung auf internationalen Kapitalmärkten. Sie gilt als sicherer Schuldner und kann die Kredite zu wesentlich günstigeren Konditionen aufnehmen als private, vor allem mittelständische Investoren.

Abb. 14-12: Projekte der EBWE in 2002

Land	Anzahl der Projekte	Millionen €
Lettland	0	9
Litauen	1	5
Estland	4	72
Slowenien	1	181
Tschechische Republik	2	69
Slowakische Republik	4	121
Kroatien	8	318
Ungarn	1	27
Polen	10	463
Insgesamt	31	1.265

Quelle: EBRD, Jahresbericht 2002.

Literatur zu Teil III
Kapitel 6

Brümmerhoff, D. (2000), Volkswirtschaftliche Gesamtrechnungen, 6. Auflage, München/Wien.

Brümmerhoff, D./Lützel, H.(2002), Lexikon der Volkswirtschaftlichen Gesamtrechnungen, 3. Auflage, München/Wien.

Frenkel, M./John, K. (2002), Volkswirtschaftliche Gesamtrechnung, 5. Auflage, München.

Haslinger, F. (2002), Volkswirtschaftliche Gesamtrechnung, 7. Auflage, München.

Rettig, R./Böckmann, L./Voggenreiter, D. (1998), Makroökonomische Theorie, 7. Auflage, Düsseldorf, Kapitel II: Gesamtwirtschaftliche Kreislaufzusammenhänge, S. 33 ff.

Ruckriegel, K. (2002), Die Zahlungsbilanz, in: das Wirtschaftsstudium, Heft 10, S. 1218 ff.

Statistisches Bundesamt (Hrsg.) (2003), Wichtige volkswirtschaftliche Zusammenhänge im Überblick 2002, Wiesbaden (online verfügbar unter www.destatis.de).

Statistisches Bundesamt (Hrsg.) (2000), Input-Output-Rechnung: Instrumente zur Politikberatung, Wiesbaden (online verfügbar unter www.destatis.de).

Wagner, H. (2003), Makroökonomie, Kapitel 2: Konzeptionelle Grundlagen, S. 13 ff., München.

Kapitel 7 – 9

Barro, R./Grilli, V. (1996), Makroökonomie: Europäische Perspektive, München.

Branson, W. H. (1997), Makroökonomie: Theorie und Politik, 4. Auflage, München/Wien.

Dieckheuer, G. (2003), Makroökonomik: Theorie und Politik, 5. Auflage, Berlin.

Dornbusch, R./Fischer, S./Startz, R. (2003), Makroökonomik, 8. Auflage, München/Wien.

Felderer, B./Homburg, S. (2003), Makroökonomik und neue Makroökonomik, 8. Auflage, Berlin.

Mankiw, N. G. (2000), Makroökonomik, 4. Auflage, Stuttgart.

Mussel, G. (2002), Einführung in die Makroökonomik, 7. Auflage, München.

Paraskewopoulos, Sp. (1995), Makroökonomik: Eine Einführung, Stuttgart/Berlin/Köln.

Rettig, R./Böckmann, L./Voggenreiter, D. (1998), Makroökonomische Theorie, 7., neubearb. Auflage, Düsseldorf.

Rittenbruch, K. (2000), Makroökonomie, 11. Auflage, München/Wien.

Wagner, A. (1998), Volkswirtschaftliche Strukturen II, Makroökonomik, Stuttgart.

Wagner, H. (2003), Makroökonomie, München.

Kapitel 10

Bofinger, P. (1996), Geldpolitik – Ziele, Institutionen, Strategie und Instrumente, München.

Cassel, D. (2003), Inflation, in: Vahlens Kompendium der Wirtschaftstheorie und Wirtschaftspolitik, Band I, München.

Duwendag, D. u. a. (1999), Geldtheorie und Geldpolitik: Entwicklung, Stand und systemvergleichende Anwendung, Berlin.

Issing, O. (1996), Einführung in die Geldpolitik, München.

ders. (2001), Einführung in die Geldtheorie, München.

Jarchow, H.-J. (1998), Theorie und Politik des Geldes I, UTB, Göttingen.

ders. (1995), Theorie und Politik des Geldes II, UTB, Göttingen.

Paraskewopoulos, Sp./Steinmüller, P. (1996), Klassischer, keynesianischer und monetaristischer Ansatz im Vergleich, in: Das Wirtschaftsstudium (WISU), Heft 5, S. 179 ff.

Thieme, H.-J. (1985), Geldtheorie, Baden-Baden.

Vollmer, U. (2003), Geld und Kredit, in: Vahlens Kompendium der Wirtschaftstheorie und Wirtschaftspolitik, Band I, München.

Kapitel 11

Assenmacher, W. (1998), Konjunkturtheorie, 8. Auflage, München.

Bombach, G. u. a. (Hrsg.) (1984), Der Keynesianismus V, Makroökonomik nach Keynes, Berlin.

Gabisch, G. (1999), Konjunktur und Wachstum, in: Vahlens Kompendium der Wirtschaftstheorie und Wirtschaftspolitik, Band I, 7. Auflage, S. 351 ff., München.

Haberler, G. (1955), Prosperität und Depression: Eine theoretische Untersuchung der Konjunkturbewegungen, 2. Auflage, Tübingen.

Kromphardt, J. (1989), Konjunkturtheorie heute: Ein Überblick, in: Zeitschrift für Wirtschafts- und Sozialwissenschaften, Jhg. 109, S. 173 ff.

ders. (1993), Wachstum und Konjunktur, 3. Auflage, Göttingen.

Maußner, A. (1994), Konjunkturtheorie, Berlin.

Ramser, H.-J. (1988), Neuere Beiträge zur Konjunkturtheorie: Ein Überblick, in: ifo Studien, Zeitschrift für empirische Wirtschaftsforschung, Jhg. 34, S. 95 ff.

Tichy, G. (1994), Konjunktur: Stilisierte Fakten, Theorie, Prognose, 2. Auflage, Berlin.

Kapitel 12

Arnold, L. (1995), Neue Wachstumstheorie: Ein Überblick, in: ifo Studien, Zeitschrift für empirische Wirtschaftsforschung, Jhg. 41, S. 409 ff.

ders. (1997), Wachstumstheorie, München.

Barro, R. J. (1994), Recent Research on Economic Growth, NBER Reporter, Summer 1994, S. 6 f.

Barro, R. J./Sala-i-Martin, X. (1998), Wirtschaftswachstum, München/Wien.

Bender, D./Gabisch, G. (2003), Wachstum und Entwicklung, in: Vahlens Kompendium der Wirtschaftstheorie und Wirtschaftspolitik, Band 1, 8. Auflage, S. 397 ff., München.

Bretschger, L. (1998), Wachstumstheorie, 2. Auflage, München.

Frenkel, M./Hemmer, H.-R. (1999), Grundlagen der Wachstumstheorie, München.

Kromphardt, J. (1993), Wachstum und Konjunktur, 3. Auflage, Göttingen.

Maußner, A./Klump, R. (1993), Grundlagen der „neuen Wachstumstheorie", in: WiSt - Wirtschaftwissenschaftliches Studium, Jhg. 22, Heft 3, S. 117 f.

Rose, K. (1995), Grundlagen der Wachstumstheorie: Eine Einführung, 6. Auflage, Göttingen.

Romer, P. M. (1989), Capital Accumulation in the Theory of Long-Run-Growth, in: Barro, R. J. (Hrsg.), Modern Business Cycle Theory, Oxford, S. 51 ff.

Solow, R. M. (1994), Perspectives on Growth Theory, Journal of Economic Perspectives, Jhg. 8, Nr. 1, S. 45 ff.

Kapitel 13

Bartmann, H. (1981), Verteilungstheorie, München.

Blümle, G. (1975), Theorie der Einkommensverteilung, Berlin.

Krelle, W. (1962), Verteilungstheorie, Wiesbaden.

Kruse, A. (1991), Geschichte der volkswirtschaftlichen Theorien, Berlin.

Külp, B. (1994), Verteilung, Theorie und Politik, 3. Auflage, Stuttgart/New York.

Scheele, E. (1988), Einkommensverteilung I: Theorie, in: Handwörterbuch der Wirtschaftswissenschaft, Band 2, S. 257 ff.

Woll, A. (2000), Allgemeine Volkswirtschaftslehre, 13. Auflage, München.

Kapitel 14

Borchert, M. (2001), Außenwirtschaftslehre – Theorie und Politik, Wiesbaden.

Dieckheuer, G. (1990), Internationale Wirtschaftsbeziehungen, München.

Gandolfo, G. (1998), International Trade Theory and Policy, Berlin.

Hemmer, H.-R. (2002), Wirtschaftsprobleme der Entwicklungsländer, 3. Auflage, München.

Maennig, W./Wilfling, B. (1998), Außenwirtschaft – Theorie und Politik, München.

Rose, K./Sauernheimer, K. (1999), Theorie der Außenwirtschaft, München.

Siebert, H. (2000), Außenwirtschaft, Stuttgart.

Ströbele, W./Wacker, H. (2000), Außenwirtschaft – Einführung in Theorie und Politik, München/Wien.

Personenverzeichnis

Stichwortverzeichnis